罪犯劳动改造学

柯淑珍　著

厦门大学出版社　国家一级出版社
XIAMEN UNIVERSITY PRESS　全国百佳图书出版单位

图书在版编目（CIP）数据

罪犯劳动改造学 / 柯淑珍著. -- 厦门：厦门大学
出版社，2024.2
ISBN 978-7-5615-9042-3

Ⅰ. ①罪… Ⅱ. ①柯… Ⅲ. ①犯罪分子-劳动改造-
中国 Ⅳ. ①D926.7

中国版本图书馆CIP数据核字(2023)第119572号

责任编辑　李　宁
美术编辑　李嘉彬
技术编辑　许克华

出版发行　*厦门大学出版社*
社　　址　厦门市软件园二期望海路 39 号
邮政编码　361008
总　　机　0592-2181111　0592-2181406(传真)
营销中心　0592-2184458　0592-2181365
网　　址　http://www.xmupress.com
邮　　箱　xmup@xmupress.com
印　　刷　厦门市明亮彩印有限公司

开本　787 mm×1 092 mm　1/16
印张　17.25
插页　1
字数　400 千字
版次　2024 年 2 月第 1 版
印次　2024 年 2 月第 1 次印刷
定价　58.00 元

本书如有印装质量问题请直接寄承印厂调换

厦门大学出版社
微信二维码

厦门大学出版社
微博二维码

前　言

本书是普通高等教育监狱学专业特色课程——"罪犯劳动改造学"之教材。

新中国成立以来,监狱学学科领域经过长期的发展和变革,已经形成由"监狱学基础理论""罪犯教育学""狱政管理学""罪犯劳动改造学""罪犯心理学""罪犯心理矫正技术""狱内侦查学""监狱史学"等课程组成的监狱学学科体系。罪犯劳动由来已久,几乎与监狱相伴而生,但对罪犯劳动改造的研究则是从新中国成立后开始的。在监狱工作实践中,通常将劳动改造、监管改造与教育改造并称为罪犯改造三大手段。

"罪犯劳动改造学"是研究监禁行刑中罪犯劳动改造现象及其运行规律,探讨如何运用劳动手段改造罪犯、预防和减少犯罪的关键课程,它是维护社会安全稳定,降低再犯罪率的有力抓手。习近平总书记在党的二十大报告中对"推进国家安全体系和能力现代化,坚决维护国家安全和社会稳定"作出专章论述和战略部署,充分体现了党中央统筹发展和安全、协调推进构建新发展格局和新安全格局、实现高质量发展和高水平安全动态平衡的重大战略考量。作为监狱学专业骨干课程,"罪犯劳动改造学"要紧紧围绕如何构建新发展格局和新安全格局这项新时代重大课题,深化理论研究,推进实践创新,加快构建罪犯劳动改造新体系,以提高罪犯改造整体质量。

根据《教育部关于 2012 年度普通高等学校本科专业设置备案或审批结果的通知》(教高〔2013〕4 号)文件,福建警察学院新增本科监狱学专业获教育部批准,自 2013 年开始招生。2019 年监狱学专业获批为"福建省高等学校服务产业特色专业建设点"。"罪犯劳动改造学"作为福建警察学院监狱学专业着力打造的特色课程,近几年重点围绕课程教材、课程教学体系等方面进行建设。2018 年该课程被评为福建省"课程思政"精品项目,2021 年"罪犯劳动改造学"被列为省级线下一流课程。

笔者在长期的教学基础上,聚焦罪犯劳动改造中出现的各种问题,顺应监狱学学科发展的客观需求,根据监狱学人才培养目标,结合中国监狱罪犯劳动改造实际,广泛借鉴中国罪犯劳动改造已有的理论和研究成果,构建了"罪犯劳动改造学"的课程新体系,完成了对本书的撰写。本书在撰写过程中,得到了中央司法警官学院监狱学院院长王雪峰教授的积极鼓励,福建省司法警察训练总队郑祥调研员的精心指导,福建省监狱管理局劳动改造处林宇处长的热情帮助,以及福建警察学院领导、同行、广大师生的大力支持,在此表示深深的谢意!

本书已经在福建警察学院 2019 级至 2021 级监狱学专业学生中使用。由于水平有限,不当之处在所难免,恳请读者批评指正。

柯淑珍

2023 年 11 月 1 日

目　录

第一章　坚定罪犯劳动改造理论自信

重点提示

1. 中国特色的罪犯劳动改造理论,是中国特色社会主义法治体系中无法否定、不可分割、活跃且历史传承性较完整的有机组成部分。

2. 罪犯劳动改造学是研究监禁行刑中罪犯劳动改造现象及其规律,探讨如何运用劳动手段管理和改造罪犯、预防和减少犯罪的关键课程。

3. 中国特色社会主义罪犯劳动改造制度建立的指导思想和理论基础是马克思劳动价值论、认识论、唯物论、唯物辩证法的思想和毛泽东改造罪犯理论。

4. 罪犯劳动改造理论是经过中国改造罪犯实践检验的,具有不可替代性的罪犯改造理论。该理论从罪犯改造的现实出发,从解决罪犯犯罪的根源出发,着眼于解决罪犯生存、新生与发展的根本性问题。

5. 罪犯劳动是我国罪犯改造工作中不可或缺、无法替代的刑罚执行方式和刑罚执行内容,是中国特色刑罚执行制度的根基和精髓,是改造罪犯的重要手段。

新中国成立以来,我国已经走出一条接地气、有效果的罪犯①劳动改造道路,取得了举世瞩目的成就。中国特色的罪犯劳动改造理论,是中国特色社会主义法治体系中无法否定、不可分割、活跃且历史传承性较完整的有机组成部分。正确认识和把握有中国特色的罪犯劳动改造理论,是坚定不移走中国特色社会主义法治道路的重要体现。罪犯劳动改造理论是中国共产党在长期的罪犯改造实践中对罪犯改造发展历史进程的实践思考与经验总结,是基于我国特定社会的政治、经济、文化之背景,立足于中国罪犯改造实践而开创的富有鲜明时代特色的罪犯改造理论,它系统回答了作为社会主义法治国家,中国监狱如何运用劳动手段有效改造罪犯的关键性问题。

第一节　中国特色罪犯劳动改造理论及其渊源

对罪犯实施劳动改造在新中国监狱史上具有重要的意义。很长一段时间内劳动改造是中国监狱工作的代名词。具有中国特色的罪犯劳动改造理论研究,萌芽于新中国成立前的新民主主义革命时期,初步发展于新中国成立后新生人民政权改造战争罪犯、反革命罪

---

①　本书中的罪犯是指依法关押在监狱内服刑的犯罪人。

1

犯和其他刑事罪犯的历史时期,深入发展于改革开放和社会主义法治国家建设的历史进程中。

一、罪犯劳动改造学理论研究历史

罪犯劳动改造学是监狱学专业的一门骨干课程。在监狱工作实践中,通常将劳动改造、监管改造、教育改造并称为罪犯改造的三大手段。罪犯劳动改造学是研究监禁行刑中罪犯劳动改造现象及其规律,探讨如何运用劳动手段管理和改造罪犯、预防和减少犯罪的关键课程,对罪犯劳动改造学的理论研究大致经历了以下四个时期。

(一)萌芽阶段

罪犯劳动改造学根植于丰富的中国罪犯改造实践。早在新民主主义革命时期,各根据地人民民主政权的监所,积极施行劳动改造工作实践,在不同程度上以各种不同的形式组织犯人参加生产劳动,并明确组织罪犯劳动的意义在于"保持刑罚的严肃性,检验犯人思想意识的好坏和改造好坏的客观尺度,不让犯人坐吃闲饭,发挥犯人劳动力的作用,组织犯人学习生产劳动技术等等"[①],并在实践中总结了一些经验,如:对犯人实行"感化教育与劳动改造相结合";把改造罪犯劳动的目的定位为"转变其劳动观念,培养其热爱劳动的自觉性和积极性,赋予其谋生的技能"[②]等。

抗日战争时期,各抗日根据地建立了罪犯劳动制度,确立监所[③]管理、教育、生产的三项主要任务,其中生产就是"组织犯人从事劳动,既为社会创造物质财富,减轻人民负担,又对犯人进行劳动改造、培养劳动习惯、学习生产技能"[④]。抗日战争胜利后,人民政府接管旧监狱,开展监狱生产、建立劳动改造制度,取得了重大的成果。"生产是为了教育,管理也是为了教育,进行思想的感化教育,是监狱、看守所工作的中心一环。"[⑤]由于处于战争环境,人民政府只能对颁行的制度、规定作一些解读和诠释,但这些解读和诠释为新中国罪犯劳动改造理论研究奠定了初步基础。

(二)初步开展阶段

对罪犯劳动进行理论研究开始于20世纪50年代后至60年代中期。此阶段的理论研究"主要是开展劳动改造罪犯的方针政策和工作方法等方面的研究,同时初步开展了劳动改造学理论研究和教学工作"[⑥]。

---

① 劳改专业教材编辑部《罪犯劳动改造学》编写组:《罪犯劳动改造学》,社会科学文献出版社1989年版,第6页。
② 中国监狱工作协会编:《新中国监狱工作五十年(1949.10—2000)》,法律出版社2019年版,第420页。
③ 抗日民主政权时期的监所,主要包括看守所、监狱、自新学艺所三种类型。
④ 王志亮:《中国监狱史》,中国政法大学出版社2017年版,第316~317页。
⑤ 此系太行区司法会议观点。
⑥ 中国监狱工作协会编:《新中国监狱工作五十年(1949.10—2000)》,法律出版社2019年版,第420页。

"罪犯劳动改造的实践过程,实际上也就是罪犯劳动改造学的孕育过程。"①1951年,第三次全国公安会议(以下简称"三公"会议)通过了《关于组织全国犯人劳动改造问题的决议》,明确劳动改造工作的指导思想:一是为了改造犯人,二是为了解决监狱的困难,三是为了不让判处徒刑的犯人坐吃闲饭。"三公"会议通过的决议是创建中国特色监狱工作的重要指导性文件,大规模罪犯劳动改造工作在全国展开。

1954年9月《中华人民共和国劳动改造条例》颁布,为劳改学②研究提供了法律依据并奠定了理论基础。《人民日报》《政法研究》等报刊先后刊发了研究劳动改造罪犯工作的文章;北京政法学院③、中国人民大学法律系开设了"劳动改造法"课程。伴随着劳改工作干部学校和在职干部培训班的成立,相关院校编写了一些劳动改造法讲义,拟定了教学大纲。劳改工作管理部门编印出版了一批有关劳动改造的资料,翻译了苏联、东欧和西方国家有关监狱的书刊、资料。这些教材和资料较正规的有:1950年3月司法部干部培训班编印的《监狱工作》,1950年东北行政学院编印的《监狱问题》,1951年12月华东公安部编印的《劳改工作业务资料》,1954年公安部编印的《劳改干部学习材料》,1957年3月中央公安学院西安分院编写的《劳动改造工作讲授提纲》,1959年9月北京政法学院刑法教研室编写的《中华人民共和国劳动改造法讲义》,1959年12月中国人民大学苏联东欧研究所编写的《苏联劳动改造立法选编》④,1960年中国人民大学刑法教研室编写的《劳动改造法学讲义》,1963年中国人民大学高铭暄等编写的《中华人民共和国劳动改造学讲义》等,由于受到这一时期理论研究能力和理论研究氛围的限制,作为劳改学研究主要内容的"罪犯劳动改造理论"主要侧重于罪犯劳动改造政策阐述和经验总结,没有形成系统的理论,也未形成独立的课程体系。

"文化大革命"使刚刚起步的劳动改造培训教学以及教材编写等工作遭受沉重打击乃至全部停止,高校招生中断,研究机构停止工作,刚刚起步的劳改学理论研究工作受到了严重的破坏。

(三)蓬勃发展阶段

"文化大革命"结束后到改革开放初,随着各项工作的拨乱反正,劳改干部培训工作和部分高校的劳改专业教学工作开始恢复,逐渐走上正轨,以劳改教材编写为主要形式的理论研究工作重新启动,罪犯劳动改造理论研究进入蓬勃发展阶段。

1981年8月第八次全国劳改工作会议召开,提出了"加强劳改工作政策理论与罪犯心理的研究",要求"成立精干的劳改工作研究所",这次会议成为促进"中国劳改学"形成和发展的一次重要会议。第八次全国劳改工作会议后,劳改工作干部学校相继恢复和建立,形

---

① 杜雨主编:《罪犯劳动改造学》,群众出版社1991年版,第7页。

② 从新中国成立到《中华人民共和国监狱法》颁布前,国家以"劳改"命名刑罚执行机关、刑罚制度,作为中国监狱学前身的中国劳动改造学,则简称劳改学。

③ 系中国政法大学前身。

④ 中国监狱工作协会编:《新中国监狱工作五十年(1949.10—2000)》,法律出版社2019年版,第420页。

成以公安部劳改工作干部学校①为中心,各省、市、自治区劳改工作警官学校为骨干,各监狱、劳动改造队(简称"劳改队")干部培训班为基础的三级教育培训网。1982年9月,公安部十一局召开了劳改干警培训工作第二次会议,提出为加强劳改干部的正规化培训,为适应劳改教育事业的发展需要,必须研究确定劳改学学科的理论体系和基本内容,即创建中国劳改学学科各门分支学科。1983年1月经公安部党组批准,成立了以李石生为总编辑的劳改专业教材编辑部,根据专业教学的实际需要和劳改学学科的体系结构,总体规划编写11门教材,即《劳动改造学基础理论》《中国监狱史》《改造教育学》《罪犯改造心理学》《狱政管理学》《罪犯劳动改造学》《劳改政治工作学》《劳改工作应用文》《犯罪学》《中国劳改史》《劳改经济管理学》。② "这套系列教材的编写出版,标志着中国劳改学理论体系的初步建立,解决了劳改专业教材从无到有的需要,填补了我国劳改专业教材建设空白。"③专门研究劳动改造手段的"罪犯劳动改造学"第一次正式从广义的"劳动改造学"中分离出来,被列为中国劳改学的骨干学科,成为最早组织编写的专业教材之一。1986年杨显光主编的《罪犯劳动学》④、1988年夏宗素主编的《劳改经济管理学》⑤都标志着我国专门研究罪犯劳动改造的分支学科的诞生。1989年由兰洁主编的我国第一本公开出版的《罪犯劳动改造学》教材"代表着'罪犯劳动改造学'作为一门分支学科的正式诞生"⑥。

20世纪80年代后,中国人民大学、中国政法大学等院校先后开设了"劳动改造学"课程。1983年,中国政法大学首次招收劳改法学专业硕士研究生,中国人民大学、北京大学、西南政法学院也在随后一两年内招收该专业硕士研究生。西南政法学院、西北政法学院还成立了劳改管理学系。1984年,教育部把"劳动改造学"作为法律专业的课程,列入综合性大学法律专业四年制的教学计划。1993年7月,国家教委确定的普通高等学校本科专业目录中,劳动改造学作为法学学科之一,与法学、经济学等并列为全国高等院校的本科专业。

罪犯劳动改造学系统性课程教学始于各高校劳改管理学院和劳改管理专业的建设。

---

① 创建于1956年,中央司法警官学院前身,1983年划归司法部领导。

② 劳改专业教材编辑部《劳改学基础理论》编写组:《劳动改造学基础理论》,社会科学文献出版社1990年版;劳改专业教材编辑部《中国监狱史》编写组:《中国监狱史》,群众出版社1986年版;劳改专业教材编辑部《改造教育学》编写组:《改造教育学》,群众出版社1985年版;劳改专业教材编辑部《罪犯改造心理学》编写组:《罪犯改造心理学》,社会科学文献出版社1987年版;劳改专业教材编辑部《狱政管理学》编写组:《狱政管理学》,社会科学文献出版社1987年版;劳改专业教材编辑部《罪犯劳动改造学》编写组:《罪犯劳动改造学》,社会科学文献出版社1989年版;劳改专业教材编辑部《劳改政治工作学》编写组:《劳改政治工作学》,社会科学文献出版社1987年版;劳改专业教材编辑部《劳改工作应用文》编写组:《劳改工作应用文》,社会科学文献出版社1988年版;劳改专业教材编辑部《犯罪学》编写组:《犯罪学》,群众出版社1987年版;《劳改经济管理学》限于条件,没有作为首批教材出版,直至1995年由监狱经济学专业委员会编著,李凤德、律希林主编:《劳改经济管理学》,社会科学文献出版社1995年版。

③ 劳改专业教材编辑部《中国劳改学研究》编写组:《中国劳改学研究》,社会科学文献出版社1992年版,第46页。

④ 杨显光主编:《罪犯劳动学》,西南政法学院出版社1986年版。

⑤ 夏宗素主编:《劳改经济管理学》,科学技术文献出版社重庆分社1988年版。

⑥ 中央司法警官学院课题组:《中国监狱学学科下罪犯劳动分支学科的建设与发展(上)》,载《中国监狱学刊》2015年第3期。

1985年前,罪犯劳动改造学课程开始在西南政法学院、公安部劳改工作干部学校讲授。1985年4月,根据国务院〔1983〕87号文件精神,司法部决定将原劳改工作干部学校改建为中央劳改劳教管理干部学院,由司法部领导。1985年4月,教育部批准同意西南政法学院、西北政法学院首创劳改管理专业,成立劳改管理系并开始招生。在西南政法学院制定的劳改管理专业教学计划中,第一次正式将罪犯劳动改造学列为普通高等教育法学专业的必修课程。同时罪犯劳动改造学成为中央劳改劳教管理干部学院大专班的专业选修课程,1989年成为该院专业证书班的专业必修课。在教学工作中,罪犯劳动改造学课程建设和研究得到了促进和发展。1991年6月,原中央劳改劳教管理干部学院杜雨主编出版了该学院第一本《罪犯劳动改造学》[①]。

劳改学及其分支学科罪犯劳动改造学之命名,既反映了前几十年劳动改造在我国刑罚执行工作中的主体地位,也说明了这一分支学科在劳改学理论体系中的核心地位。1994年12月29日,《监狱法》颁布实施,"劳改队"称谓被"监狱"所替代,罪犯劳动改造学是监狱学学科的一个重要分支学科,2003年10月由司法部法规教育司、司法部监狱管理局、中央司法警官学院共同主办的"全国监狱学学科建设与发展学术研讨会",其成果专辑《期待与时俱进的中国监狱学》中的主要观点仍是将罪犯劳动改造学列为中国监狱学的骨干分支学科。

（四）缓慢发展阶段

1994年1月,司法部《中国司法行政工作五年发展纲要》(1993—1997)的发展目标与措施中提出:以中央劳改劳教管理干部学院为基础,并入西南政法学院、西北政法学院的劳改本科专业,创建中央司法警官学院。2003年,全国开展以"监企分开"为中心的监狱体制改革,对当时的罪犯劳动改造学的课程建设有很大的影响。2003年中央司法警官学院停止开设发展了近20年的罪犯劳动改造学课程,同时撤销了监狱经济管理系和监狱企业管理专业,只有信息管理系保留了一门罪犯劳动组织学。自此,中央司法警官学院再也没有围绕监狱学本科教育组织过罪犯劳动改造学课程的教材编写。

同时,全国高等教育自学考试指导委员会开设的监所管理专业独立本科段[②]自21世纪初开设了罪犯劳动改造学考试课程(5学分),一直保留至今。先后使用过两本教材,即2002年杜雨主编的《罪犯劳动改造学》[③]和2008年宋胜尊主编的《罪犯劳动改造学》[④]。2008年上海政法学院监狱学专业被批准为"上海高校第三期本科监狱学专业教育高地"建设项目,并于2009年9月列为"教育部第四批监狱特色专业点"建设项目,将罪犯劳动改造学列为监狱学专业10门核心课程之一,2010年出版了由贾洛川主编的《罪犯劳动改造学》[⑤]。2009年7月司法部全国高职高专教育法律类专业教育指导委员会初步确定《罪犯

---

① 杜雨主编:《罪犯劳动改造学》,群众出版社1991年版。

② 主要开设的专业课程包括:中国司法制度、罪犯劳动改造学、矫正原理与实务、监所法律文书、矫正教育学、狱内侦察学、罪犯改造心理学、中国监狱史、西方监狱制度概论。

③ 杜雨主编:《罪犯劳动改造学》,法律出版社2002年版。

④ 宋胜尊主编:《罪犯劳动改造学》,法律出版社2008年版。

⑤ 贾洛川主编:《罪犯劳动改造学》,中国法制出版社2010年版。

劳动组织与管理》作为第二批高等法律职业教育规划统编教材,2011 年由周雨臣主编的《罪犯劳动组织与管理》成为我国刑事执行(监狱管理)专业同类教材中"第一本具备警学结合模式的专业教材"①。

　　从目前来看,全国本科高校很少开设"罪犯劳动改造学"课程,2021 年颁布的普通高等法学本科监狱学专业教学质量国家标准并没有将"罪犯劳动改造学"列入监狱学专业核心课程。② 与此相反,很多地方高职高专警官职业学院越来越重视罪犯劳动及其管理方面的教学研究和课程建设。2015 年,福建警察学院在监狱学本科专业中将罪犯劳动改造学作为特色课程予以建设。2021 年,该课程被列入福建省省级线下一流本科课程。罪犯劳动改造学课程建设任重而道远。

二、中国特色罪犯劳动改造理论渊源

　　新中国成立以来,中国共产党领导的人民政府在彻底摧毁旧的国家机器的基础上,创建了中国特色社会主义监狱制度。追本溯源,中国特色罪犯劳动改造理论的指导思想和理论基础来源于马克思劳动价值论、认识论、唯物论思想、唯物辩证法和毛泽东改造罪犯理论。

　　(一)马克思劳动价值论为罪犯劳动改造理论提供了科学依据

　　马克思劳动价值论的思想是无产阶级劳动改造世界和改造人类的科学理论武器。马克思主义认为,劳动对于人类社会的发展有着特殊的意义,劳动创造了人类、创造了社会。"体力劳动是防止一切社会病毒的伟大的消毒剂。"③对于罪犯来说,劳动有其重大意义,马克思甚至把生产劳动看作罪犯"改过自新的唯一手段"④。马克思在《资本论》中指出"一切劳动,从一方面看,是人类劳动力在生理学意义上的耗费;作为相同的或抽象的人类劳动,它形成商品价值。一切劳动,从另一方面看,是人类劳动力在特殊的有一定目的的形式上的耗费;作为具体的有用劳动,它生产使用价值"⑤。具体劳动为人类社会提供生存的物质生活资料,是人类社会生存的条件。劳动是整个人类生活的第一个基本条件,在某种意义上不得不说,劳动创造了人本身。因此,组织罪犯劳动就是要借助劳动的功能改变罪犯。

　　① 周雨臣主编:《罪犯劳动组织与管理》,中国政法大学出版社 2016 年版。
　　② 2021 年版的普通高校法学本科专业教学质量国家标准中明确规定监狱学专业核心课程包括:"习近平法治思想概论""法理学""宪法学""刑法""民法""刑事诉讼法""民事诉讼法""行政法与行政诉讼法""犯罪学""社会学""监狱学""矫正教育学""矫治心理学""狱政管理学""国外矫正制度"。
　　③ 中共中央马克思恩格斯列宁斯大林著作编译局编译:《马克思恩格斯全集》(第 31 卷),人民出版社 1998 年版,第 58 页。
　　④ 中共中央马克思恩格斯列宁斯大林著作编译局编译:《马克思恩格斯全集》(第 31 卷),人民出版社 1998 年版,第 35 页。
　　⑤ 中共中央马克思恩格斯列宁斯大林著作编译局译:《资本论》(第 1 卷),人民出版社 1986 年版,第 60 页。

(二)马克思主义认识论为罪犯劳动改造理论提供了理论基础

马克思主义认识论一般指辩证唯物主义认识论,是关于人类认识来源、认识能力、认识形式、认识过程和认识真理性问题的科学认识理论。实践在马克思主义认识论中占有重要地位,实践是人的存在方式,是认识的基础,实践包括生产劳动、阶级斗争和科学实验。"马克思主义者认为人类的生产活动是最基本的实践活动,是决定其他一切活动的东西。人的认识,主要地依赖于物质的生产活动,逐渐地了解自然的现象、自然的性质、自然的规律性、人和自然的关系;而且经过生产活动,也在各种不同程度上逐渐地认识了人和人的一定相互关系。一切这些知识,离开了生产活动是不能得到的。"①因此,监狱组织罪犯参加劳动,就是要通过劳动转变罪犯对劳动的错误认知,形成正确的劳动观念;在劳动中形成正确的劳动质量、安全和纪律意识,在劳动实践中理解和学会正确的人际沟通技巧。

(三)唯物论思想为罪犯劳动改造理论提供方法论指导

辩证唯物主义认为物质是第一性,意识是第二性的,社会存在决定社会意义,经济基础决定上层建筑。人的意识具有相对独立性,人的意识随着人们的生活条件、社会关系、社会存在的改变而改变。因此,要改变一个人的思想或意识,首先应当改变他的社会条件、社会关系和社会存在,使其生活在与过去完全不同的环境中。但仅仅如此是不够的,人的思想转变在短时期内绝不可能自发产生,必须通过外部灌输,采取科学的教育、管理等方式,使其形成科学的劳动认知,最终促其转变,即经过从强迫到自觉的改造,达到改造人的目的,化消极、破坏因素为积极、建设的因素。

作为触犯法律的受刑人,罪犯有自己的主观意识,他们的犯罪行为是在一定的犯罪意识引导下进行的,而这种犯罪意识也是在一定的社会关系及社会存在的前提下形成和产生的。组织罪犯参加劳动改造就是使其在脱离原有的社会存在的基础上,通过强制与行为激励等方式使其改变乃至形成符合社会规范要求的新观念并养成新的行为习惯。

(四)唯物辩证法为罪犯的劳动改造提供了重要的思想武器

唯物辩证法即马克思主义辩证法,是一种研究自然、社会和思维的哲学方法。唯物辩证法指出,世界处于普遍联系和变化发展之中,联系和发展有其内在的规律性,矛盾是可以转化的,矛盾是事物发展的动力。人是社会的人,必将随着社会环境的变化而不断变化。因此,对罪犯的犯罪原因要进行深入的分析,对罪犯要做一分为二的认识,这是对罪犯进行改造的重要依据与前提。矛盾的转化,内因是变化的根据,外因是变化的条件。罪犯自身的矛盾以及罪犯之间的矛盾都是可以转化的,但是转化要有一定的条件。所以要探寻罪犯劳动改造之规律,在劳动中不断创造实现罪犯意识转变的条件,促进罪犯劳动改造目标的实现。

(五)毛泽东改造罪犯理论

毛泽东改造罪犯理论是指"以毛泽东为主要代表,包括周恩来、刘少奇、朱德、邓小平、

---

① 《毛泽东选集》(第1卷),人民出版社1991年版,第282～283页。

董必武、彭真等老一辈无产阶级革命家有关改造罪犯的思想、理论"①。它是新中国第一代中央领导运用马克思列宁主义关于国家与法、革命与专政的学说,密切联系中国社会实际,借鉴革命根据地监所管理经验,共同创立的理论。毛泽东改造罪犯理论是新中国第一代中央领导核心的集体智慧结晶②,它是毛泽东思想的有机组成部分,"是马克思主义普遍原理同中国实践相结合的理论结晶,是独树一帜的创造性的行刑理论"③。毛泽东改造罪犯理论内容非常丰富,其基本内涵,学术理论界有多种表述。④

1. 中国劳改学会的概括

1993 年 10 月,为了纪念毛泽东同志 100 周年诞辰,中国劳改学会在湖南长沙召开了毛泽东劳动改造罪犯思想理论研讨会,第一次提出了"毛泽东改造罪犯思想"这一命题。根据中国劳改学会在纪念毛泽东 100 周年诞辰理论研讨会上的主旨发言,毛泽东改造罪犯思想主要包括以下 10 个方面:"(1)改造罪犯是无产阶级改造社会、改造人的历史使命的有机组成部分;(2)'人是可以改造的',是改造罪犯的理论基石;(3)人民民主专政、社会主义制度,是改造罪犯的基本条件;(4)把罪犯改造成自食其力的劳动者和守法公民,预防和减少犯罪,是改造罪犯的最终目标;(5)惩罚管制是促进罪犯改造的前提条件,劳动改造与教育改造相结合,是改造罪犯的基本手段;(6)惩罚与改造相结合,以改造人为宗旨,是监狱工作的基本方针;(7)实行正确的政策和方法,是引导罪犯由被迫改造逐步转变为自觉改造的必要条件;(8)坚持马克思主义人权观,依法保障罪犯权利,实行革命人道主义,是促使罪犯改造的法律保障和制度保障;(9)建立集中统一的管理体制,培养一支高素质的干警队伍,是改造罪犯工作的组织保证;(10)坚持党的领导,实行专门机关与群众路线相结合,是改造罪犯的政治保障和工作基础。"⑤

2.《毛泽东改造罪犯理论研究》论著的主要理论观点

2003 年,由中央司法警官学院辛国恩牵头,组织全院教学科研骨干承担了司法部重点课题"毛泽东改造罪犯理论研究",历经两年完成了对毛泽东改造罪犯理论的系统梳理,编撰了一部全面的、系统的理论专著——《毛泽东改造罪犯理论研究》。该著作将毛泽东改造罪犯理论的主要内容概括为"三观",即刑罚使命观、监狱观、改造观;"四论",即方法论、策略论、管理论、社会改造论。

(1)刑罚使命观。毛泽东改造罪犯理论中的刑罚使命观认为改造罪犯是无产阶级伟大历史使命的组成部分。"毛泽东等党和国家第一代领导人关于这个方面的论述和阐释代表

---

① 中国监狱工作协会编:《新中国监狱工作五十年(1949.10—2000)》,法律出版社 2019 年版,第 423 页。

② 辛国恩、孙绍斌、曾小滨等:《毛泽东改造罪犯理论研究》,人民出版社 2006 年版,第 2 页。

③ 中国监狱工作协会编:《新中国监狱工作五十年(1949.10—2000)》,法律出版社 2019 年版,第 423 页。

④ 中国监狱工作协会编:《中国监狱类图书总目录(1950—2012)》,中国政法大学出版社 2013 年版。从该书中可查的关于毛泽东改造罪犯思想的理论专著主要有:王耿心主编的《毛泽东劳动改造思想研究》,社会科学文献出版社 1993 年版;辛国恩、孙绍斌、曾小滨等的《毛泽东改造罪犯理论研究》,人民出版社 2006 年版。

⑤ 中国监狱工作协会编:《新中国监狱工作五十年(1949.10—2000)》,法律出版社 2019 年版,第 423 页。

了中国共产党和中国政府的刑罚思想"①,它把刑罚使命与社会理想、社会发展的伟大前景密切地联系在一起,给国家的刑罚以极高的立意和定位,增加了国家刑罚的神圣感,从而使刑罚制度及其运行机制受到各级党政领导的高度重视和关注,这就是新中国监狱一开始创设即高起点,站在当时世界刑罚制度前列的根本原因。

(2)监狱观。毛泽东在 1960 年 10 月接见美国记者斯诺时说:"我们的监狱不是过去的监狱。我们的监狱其实是学校,也是工厂,或者是农场。"我们的监狱其实是学校,不是过去的监狱,而是强制性教育改造罪犯的特殊场所。监狱其实是学校的观点代表了毛泽东改造罪犯理论新颖的监狱观,代表了人类监狱观的进步与飞跃,符合人类刑罚制度文明进步的根本趋势。"监狱是学校"并不是否认监狱作为刑罚执行机关和国家机器的性质,强调"监狱是学校"实质是强调刑罚执行机关应始终把改造人放在第一位,这有助于监狱人民警察(以下简称"监狱民警")强化监狱的改造功能。

毛泽东以工厂、农场来定位刑罚执行机关,实质就是劳动改造罪犯的战略思想,认为只有让罪犯参加生产劳动,在劳动中结合罪犯的各种改造表现做深入细致的思想教育工作,才能有效发挥劳动改造的效果。同时,监狱作为特殊的工厂和农场,应当建设不同于社会的、相对独立的生产和管理体系。

(3)改造观。以毛泽东为代表的中国共产党人坚信"人是可以改造的",通过实践活动,特别是通过生产劳动可以改造罪犯成为新人,成为自食其力的劳动者。"人是可以改造的"论断为监狱有效改造罪犯,保卫社会,实现罪犯的转化和再生奠定了理论基础,提高了监狱的存在价值,领导监狱在改造罪犯的途径和方法上不断努力改革和创新。

(4)方法论。毛泽东科学运用并发展了马克思主义关于改造人类社会的思想,在指导中国劳动改造罪犯的实践中,又系统地发展了"人是可以改造的,但政策和方法必须正确"的思想,认为罪犯改造方法有很多,但最重要、最能从根本上解决问题的方法则是以思想改造为中心的教育改造和劳动改造。改造罪犯不触及思想,不转变人生观、价值观就抓不住要害,而将改造的主攻方向指向犯罪思想和恶习,指向扭曲的人生观、价值观则是治本之举。

(5)策略论。"对罪犯实行革命的人道主义"和"让罪犯在希望中改造"是毛泽东改造罪犯理论中"策略论"的内容。"实行革命的人道主义"与"罪犯人权保护"在根本内涵上具有一致性。一方面,罪犯是人,在衣、食、住、行、教育、医疗等方面给予罪犯人道主义待遇,尊重其人格,不侮辱体罚虐待罪犯,在改造上强调教育、感化、挽救的方式,而不是实行压制和酷刑。另一方面,要"让罪犯在希望中改造",对认罪悔罪、改恶扬善的罪犯给予鼓励,关心罪犯的前途和新生,让罪犯对未来抱有希望,让罪犯看到自己的存在价值,从而激发罪犯的改造积极性和主动性,实现改造效益最大化。

(6)管理论。"劳改工作的领导和管理要集中"是毛泽东改造罪犯理论的管理论部分的核心内容。毛泽东在谈到监狱工作时多次强调,劳改工作的领导和管理要集中,必须加强党对劳改工作的领导。劳改工作干部不能太弱,要经常进行教育培训。实践证明,我国多

---

① 辛国恩、孙绍斌、曾小滨等:《毛泽东改造罪犯理论研究》,人民出版社 2006 年版,第 6 页。

年来形成的国家和省两级管理监狱的体制,实行省以下垂直管理的方式有力保障了监狱工作规范运用和整体质量。

(7)社会改造论。依靠人民群众就地监督改造反革命分子和各种破坏分子的理论,是毛泽东改造罪犯理论中的"社会改造"理论。这一理论深刻地阐述了应对和治理犯罪仅仅依靠行政的手段、法律的手段是不够的,改造人是长期的任务,也是全社会的任务,必须依靠群众,组织群众共同完成改造任务。社会改造论将刑罚执行工作与社会治安综合治理紧密地联系在一起,从而找到了一条治理犯罪的科学途径。

毛泽东改造罪犯理论"涵盖了我国改造罪犯工作的政治基础、指导思想、方针政策、保障条件、策略方法、领导体制、队伍建设、改造手段等一系列重大问题"[1],但是"这种概括仅仅是课题组成员及部分专家的意见,是否准确体现出毛泽东改造罪犯理论的精华和全貌,有待于后人的评判"[2]。

毛泽东改造罪犯理论是新中国监狱制度及其运行机制的实质和内涵的高度概括,"是我国的监狱哲学、监狱基础理论"[3],只有掌握和深刻领会毛泽东改造罪犯理论的基本立场、观点和方法,才能深刻理解我国监狱法规的立法精神和执法改造的基本原则和价值追求。毛泽东劳动改造罪犯思想正是以毛泽东为主要代表的中国共产党人,运用马克思主义关于劳动改造人类社会的思想,科学指导中国劳动改造罪犯的伟大实践经验的理论概括和总结。因此,对毛泽东劳动改造罪犯理论的深入研究和在监狱民警队伍中的普及,可以极大地提高监狱民警的整体素质,可以使监狱民警具备较深厚的理论功底和掌握强大的思想武器,培养适应社会发展需要的职业理想和职业道德,从而有力地推动监狱事业的发展。

阅读资料

开辟马克思主义中国化时代化新境界[4]

党的二十大报告指出,马克思主义是我们立党立国、兴党兴国的根本指导思想。实践告诉我们,中国共产党为什么能,中国特色社会主义为什么好,归根到底是马克思主义行,是中国化时代化的马克思主义行。拥有马克思主义科学理论指导是我们党坚定信仰信念、把握历史主动的根本所在。

推进马克思主义中国化时代化是一个追求真理、揭示真理、笃行真理的过程。中国共产党人深刻认识到,只有把马克思主义基本原理同中国具体实际相结合、同中华优秀传统文化相结合,坚持运用辩证唯物主义和历史唯物主义,才能正确回答时代和实践提出的重

① 辛国恩、孙绍斌、曾小滨等:《毛泽东改造罪犯理论研究》,人民出版社 2006 年版,序,第 1~2 页。
② 辛国恩、孙绍斌、曾小滨等:《毛泽东改造罪犯理论研究》,人民出版社 2006 年版,前言,第 2 页。
③ 辛国恩、孙绍斌、曾小滨等:《毛泽东改造罪犯理论研究》,人民出版社 2006 年版,第 14 页。
④ 习近平:《高举中国特色社会主义伟大旗帜 为全面建设社会主义现代化国家而团结奋斗——在中国共产党第二十次全国代表大会上的报告(2022 年 10 月 16 日)》,https://www.chinacourt.org/article/detail/2022/10/id/6979112.shtml,最后访问日期:2023 年 12 月 15 日。

大问题,才能始终保持马克思主义的蓬勃生机和旺盛活力。

坚持和发展马克思主义,必须同中国具体实际相结合。我们坚持以马克思主义为指导,是要运用其科学的世界观和方法论解决中国的问题,而不是要背诵和重复其具体结论和词句,更不能把马克思主义当成一成不变的教条。我们必须坚持解放思想、实事求是、与时俱进、求真务实,一切从实际出发,着眼解决新时代改革开放和社会主义现代化建设的实际问题,不断回答中国之问、世界之问、人民之问、时代之问,作出符合中国实际和时代要求的正确回答,得出符合客观规律的科学认识,形成与时俱进的理论成果,更好指导中国实践。

坚持和发展马克思主义,必须同中华优秀传统文化相结合。只有植根本国、本民族历史文化沃土,马克思主义真理之树才能根深叶茂。中华优秀传统文化源远流长、博大精深,是中华文明的智慧结晶,其中蕴含的天下为公、民为邦本、为政以德、革故鼎新、任人唯贤、天人合一、自强不息、厚德载物、讲信修睦、亲仁善邻等,是中国人民在长期生产生活中积累的宇宙观、天下观、社会观、道德观的重要体现,同科学社会主义价值观主张具有高度契合性。我们必须坚定历史自信、文化自信,坚持古为今用、推陈出新,把马克思主义思想精髓同中华优秀传统文化精华贯通起来、同人民群众日用而不觉的共同价值观念融通起来,不断赋予科学理论鲜明的中国特色,不断夯实马克思主义中国化时代化的历史基础和群众基础,让马克思主义在中国牢牢扎根。

第二节　罪犯劳动改造理论评价

1949 年 10 月 1 日,中华人民共和国宣告成立。在根据地监所工作的基础上,随着对国民党政权旧监狱的接管改造和大规模劳动改造罪犯工作的开展,罪犯劳动改造理论逐渐与新型监狱工作相伴而生。从新中国成立到我国《监狱法》的颁布,劳动改造始终是监狱改造罪犯的主要手段,劳动改造在罪犯改造中具有不可替代的作用。

一、确定了我国罪犯劳动改造的目标和改造的方法

以劳动为手段对罪犯进行改造,是毛泽东等老一辈领导人根据马克思主义关于劳动的基本原理,总结新中国成立前后监狱工作经验而形成的改造罪犯的理论。该理论从罪犯劳动目的、方针、原则、手段、战略、政策等方面对罪犯劳动作了系统阐述:"把罪犯改造成能够遵守法律、自食其力的新人,并让他们回归社会成为自由公民,是中国改造罪犯的基本目标"[1],认为"劳动改造必须同政治思想教育相结合,使强迫劳动逐渐接近于自愿劳动,从而达到改造犯人成为新人的目的"[2],强调"劳动改造与政治改造的结合"[3],强调"罪犯劳动改

---

[1]　1992 年《中国改造罪犯的状况》白皮书前言部分。

[2]　1954 年政务院颁布的《中华人民共和国劳改条例》第 25 条规定。

[3]　1952 年召开的第一次全国劳改工作会议,提出对罪犯的改造工作要本着"政治改造与劳动改造相结合""惩罚与教育相结合"的方针。

造必须同法制、道德、文化、技术教育结合起来"①，认为罪犯改造手段运用中的偏离与顾此失彼都可能导致罪犯改造的失败，只有与其他改造手段有机结合与综合运用，劳动改造的作用才能有效发挥。同时，该理论针对罪犯劳动执行中的主要矛盾先后确定了三个不同表述的监狱工作方针：一是"惩罚管制与思想改造相结合，劳动生产与政治教育相结合"的方针②。二是"改造与生产相结合，改造第一，生产第二"的方针③。三是"惩罚与改造相结合，以改造人为宗旨"④的监狱工作方针。这些方针准确定位了改造与生产的地位与关系，试图避免监狱在组织罪犯劳动中受经济利益影响而出现改造与生产地位倒挂的现象发生。

▌二、立足罪犯的发展需求，管根本、管长远

罪犯劳动改造理论是一个经过几十年⑤中国罪犯改造实践证实了的不可替代的罪犯改造理论。该理论从罪犯改造的现实出发，从解决罪犯犯罪根源出发，着眼于解决罪犯生存、新生与发展的根本性问题。

《监狱法》第 70 条规定"监狱根据罪犯的个人情况，合理组织劳动，使其矫正恶习，养成劳动习惯，学会生产技能，并为释放后就业创造条件"。这明确了监狱组织罪犯劳动的目的：一方面，要通过劳动改造从根本上解决某些罪犯对劳动的错误认知，促其正确理解劳动，从而形成正确的劳动观念，矫正其好逸恶劳、不劳而获的恶习，并在劳动中学会与人交往，学会团队合作。另一方面，要让罪犯和社会普通公民一样通过劳动养活自己，成为自食其力的公民；要让罪犯在劳动中看到自己的价值，增强改造的信心与勇气，让罪犯学会劳动技能，并通过劳动态度上的转变、劳动能力的提升为其回归社会后适应社会生活创造条件。同时，该理论从创建开始就"将罪犯刑满释放后谋求职业的顾虑，国家解决失业问题的困难以及刑满犯人找不到生活出路而可能重新犯罪的危险进行考量和解决"⑥，力求从劳动报酬的使用、劳动技能的培养等方面实现罪犯劳动能力的延续和保护。罪犯劳动改造理论无论从罪犯劳动态度的改变、劳动能力的保护和提升，还是从罪犯出监回归社会都作了设计，管根本、管长远。

▌三、经过中国罪犯改造实践检验的科学有效的理论

新中国的罪犯劳动改造实践证明，罪犯劳动改造是我国罪犯改造中不可或缺、无法替

---

① 1992 年《中国改造罪犯的状况》白皮书第四部分"对罪犯的法制、道德、文化和技术教育"。

② 《中华人民共和国劳改条例》中制定的监狱工作方针，简称"两个结合"方针。

③ 因为"两个结合"方针没有明确惩罚管制、生产劳动与思想改造、政治教育之间的轻重主次和目的手段的关系，1964 年中央批转的全国"六劳"会议纪要正式确定了此劳改工作方针。

④ 1995 年 2 月，《国务院关于进一步加强监狱管理和劳动教养工作的通知》（国发〔1995〕4 号）提出的监狱工作方针。

⑤ 大规模组织罪犯劳动改造始于 1951 年，是中国共产党执政之初，基于我国的历史背景和现实状况，在借鉴苏联劳动改造经验的基础上，提出的第一个有关监狱工作的重大决策。

⑥ 参照 1951 年《刑释安置就业办法》。

代的刑罚执行方式和刑罚执行内容,是中国特色刑罚执行制度的根基和精髓,是改造罪犯的重要手段。在 1994 年《监狱法》颁布之前,罪犯劳动改造是我国监狱行刑活动的代名词,足以彰显罪犯劳动改造在我国罪犯改造中的价值和地位,罪犯劳动改造理论在我国监狱理论与实践中占据主导地位。

（一）以罪犯劳动改造理论为指导,成功改造罪犯

中国在劳动改造实践中积累了许多有益的经验。许多在押罪犯在劳动改造过程中改掉了入狱前的恶习,树立了正确的人生观,培养了尊重他人、尊重社会、遵纪守法的良好习惯。许多罪犯由于在劳动改造过程中表现突出,依法获得减刑、假释;一些罪犯在刑满释放回归社会后,成为企业的生产骨干、工程师、厂长、经理,有些还当上了先进生产者、劳动模范。

（二）偏离劳动改造目标,监狱工作经受挑战

新中国成立之初,在罪犯劳动改造中过度追求罪犯劳动经济价值,忽视对罪犯的劳动改造,出现了湖北"四排水工程"、福建"鹰厦铁路工程"罪犯非正常死亡的重大事件,造成了不良的社会影响;"文化大革命"期间,大批劳改单位交给专政机关管理,对罪犯劳动的组织与管理完全偏离罪犯劳动改造的方针与方法,罪犯劳动与改造脱离,完全按照经济管理的方式来管理罪犯劳动,忽视了罪犯劳动改造的规律,打破了长期以来形成的劳动改造与思想改造相结合的罪犯改造模式,导致重新犯罪率攀升。据当时 8 个省、市的调查,重新犯罪率约占 20%,最高的达到 48%;[1]1990 年到现在,我国许多省份的重新犯罪率已经突破两位数。攀升的原因是多维的,但与当前我国罪犯劳动改造理论指导弱化,劳动改造与监管改造、教育改造关系失衡有着一定的关系。

经验证明,在科学的罪犯劳动改造理论指导下,"国家对罪犯的劳动改造政策,不仅可以把许多罪犯改造过来,而且也是消灭反革命残余的重要手段之一"[2],"这一做法是卓有成效的"[3]。中国劳动改造罪犯中的成绩受到了国际社会中有识之士客观公正的称赞和评价,英国教授洪岩认为劳动改造罪犯是"中国对人类文明作出的伟大贡献"[4]。

四、坚持和发展有中国特色的罪犯劳动改造理论

中国特色的罪犯劳动改造理论是中国监狱长期以来形成的集体智慧结晶。即便在当下,监狱与罪犯连接最广泛、最紧密的依然是劳动。劳动是改造罪犯的重要手段,不论是现在还是将来,我们都要坚信劳动在改造罪犯中的价值和地位。坚持发展有中国特色的罪犯劳动改造理论具有双重使命。一是要不断研究有中国特色的罪犯劳动改造理论,在实践中

---

[1]　中国监狱工作协会编:《新中国监狱工作五十年(1949.10—2000)》,法律出版社 2019 年版,第 164 页。

[2]　1954 年 9 月 23 日,周恩来在第一届全国人民代表大会第一次会议上所作的《政府工作报告》的表述。

[3]　1992 年《中国改造罪犯的状况》白皮书中对罪犯劳动改造的评价。

[4]　中国监狱工作协会编:《新中国监狱工作五十年(1949.10—2000)》,法律出版社 2019 年版,第 125 页。

不断构建与发展完善中国特色的罪犯劳动改造理论体系。二是要敢于发声,坚定我国罪犯劳动改造的道路自信和理论自信。对罪犯劳动改造理论的构建与完善,当前要着重做好以下三个方面的工作。

(一)要从根本上解决好改造与生产的矛盾

纵观我国罪犯劳动改造的历史,不难看出,从我国执行罪犯劳动改造时起,改造与生产的矛盾成为监狱组织罪犯劳动的主要矛盾,成为困扰我国罪犯劳动改造实践的主要问题。改造与生产原本属于不同领域的工作,二者之间本没有矛盾,罪犯劳动同时被赋予改造与生产两项使命,当监狱经济压力凸显时,改造与生产的矛盾便逐渐显现出来。

新中国成立之初,百废待兴,政府无法为监狱的正常运行提供必要的资金保障,当时罪犯劳动改造是与解决监狱困难联结在一起的,罪犯劳动开创之初的"三个为了",即"为了改造他们,为了解决监狱的困难,为了不让判处徒刑的反革命分子坐吃闲饭",明确了罪犯改造的经济目标,罪犯劳动"从一开始就印上了物质和经济利益的烙印"[①]。罪犯劳动中对经济价值的追求也说明了经济是基础这一基本哲学原理的发挥机制,在监狱运行经费无法保障的前提下,虽然国家强调"劳动改造罪犯,生产是手段,主要目的是改造,不要在经济上做许多文章"[②],"劳动是增强他的劳动观点,而不是从犯人身上生产出来的利润办更多的工厂"[③],甚至以劳动改造方针的形式规定了"改造第一,生产第二",都无法从根源上解决罪犯劳动中改造与生产的矛盾。这是因为当时罪犯劳动承担着解决监狱资金缺口的重任,监狱中任何一个环节资金链的断裂都可能危及整个监狱工作的正常运行与安全稳定。

自《监狱法》[④]颁布以来,国家逐步解决了监狱的主要资金困难,虽然资金缺口依然存在,但资金问题不再是困扰监狱发展的主要问题。然而,由于受目前的监狱绩效考核中生产产值的刚性指标驱动,很容易使其对罪犯劳动效益的追求成为监狱、监狱民警乃至罪犯在劳动上达成的一致目标,如何运用劳动手段来改造罪犯往往容易被忽略,所以改变这种评价体系成为破解当前改造与生产矛盾的关键。

(二)要遵循劳动改造规律

任何事物的发展都有其内在的规律性。规律是客观的,是不以人的意志为转移而又是可以被人们认识和把握的。"人们要想得到工作的胜利即得到预想的结果,一定要使自己的思想合于客观外界的规律性,如果不合,就会在实践中失败。"[⑤]只有真正认识和遵循事

---

① 张绍彦:《刑罚实现与行刑变革》,法律出版社 1999 年版,第 203 页。

② 1962 年 3 月 22 日,毛泽东同志在听取工作汇报时强调的观点,参见辛国恩、孙绍斌、曾小滨等:《毛泽东改造罪犯理论研究》,人民出版社 2006 年版,第 187 页。

③ 1956 年 7 月 15 日,在全国省、市检察长、法院院长、公安厅局长联席会议上,周恩来同志所指出的观点,参见辛国恩、孙绍斌、曾小滨等:《毛泽东改造罪犯理论研究》,人民出版社 2006 年版,第 187 页。

④ 《监狱法》第 8 条明确规定"国家保障监狱改造罪犯所需经费。监狱的人民警察经费、罪犯改造经费、罪犯生活费、狱政设施经费及其他专项经费,列入国家预算","国家提供罪犯劳动必需的生产设施和生产经费"。

⑤ 《毛泽东选集》(第 1 卷),人民出版社 1991 年版,第 284 页。

物发展的客观规律，才能有效地指导实践，推动实践的发展。遵循客观规律是做好任何一项工作的基本原则，劳动改造罪犯也不例外。罪犯劳动改造的规律是什么？这是罪犯劳动改造理论首先要解决的关键性问题。

毛泽东对劳动改造罪犯的客观规律性认识是来自中国改造罪犯的实践经验。其在《实践论》一文中指出："无产阶级和革命人民改造世界的斗争，包括实现下述的任务：改造客观世界，也改造自己的主观世界——改造自己的认识能力，改造主观世界同客观世界的关系……所谓被改造的客观世界，其中包括了一切反对改造的人们，他们的被改造须要经过强迫的阶段，然后才能进入自觉的阶段。"[①]这一劳动改造罪犯规律，包括四个方面的意义和内容，即改造一切反对改造的人们的历史任务，只有无产阶级和革命人民在改造客观世界的斗争中才能完成；反对改造的人们，主要指剥削阶级的人们及一切犯罪分子；他们的改造需要外部强迫条件；罪犯必须通过强迫劳动的改造过程，才能进入自觉改造，成为新人。[②]

对行为矫正进行系统的研究可以追溯到20世纪早期和中期，其主要理论基础包括巴甫洛夫的经典条件反射、斯金纳的操作性条件反射、班杜拉的社会学习理论、认知行为矫正理论（包括贝克的认知理论、艾里斯的合理情绪理论、自我控制理论以及积极行为支持理论等），这些理论为揭示劳动行为的养成规律提供了理论支撑。

作为我国改造罪犯的主要手段，罪犯劳动是通过劳动来达到改造人的目的，通过劳动改造活动，使罪犯改变对劳动的错误认知，逐渐养成和习得新的生存方式，成为适应社会生活的自食其力的新人。罪犯劳动改造必须遵循人的行为改变与养成规律，这就意味着组织和实施罪犯劳动必须遵循人的行为转变和养成规律来设计劳动改造的流程和进行改造方法的选择。

实现劳动改造人的目标，就必须在组织罪犯劳动过程中对人的行为改变作必要的研究，要探索人的行为改变规律，按照人的行为改变规律来构建罪犯改造体系、流程和方法，这是实现罪犯劳动改造目的最根本和最关键的环节。

专栏 1-1　态度变化三阶段理论[③]

美国社会心理学家凯尔曼认为，社会环境中个体态度形成的过程分为三个阶段，即顺从、认同和内化阶段。顺从阶段即"个体总是按社会规范和社会期待或他人意志，表现出某种态度的外显行为，以获得奖励，避免惩罚。在这个阶段，个体处于外在的社会力量影响下还没有形成深刻的认知和情感成分，一旦外部的影响消失，个体的态度可能就会发生变化"；认同阶段即个体自愿接受他人的观点、信息或群体规范，使自己与他人一致；内化阶段即"个体已经发自内心地接受了某种态度"，"意味着个体已经将某种事物的情感与自己的判断联系起来，纳入自己的价值体系中"。

① 《毛泽东选集》（第1卷），人民出版社1991年版，第296页。
② 王耿心主编：《毛泽东劳动改造思想研究》，社会科学文献出版社1993年版，第121页。
③ 范迎春：《管理心理学》，中国人民大学出版社2013年版，第75～76页。

（三）积极构建中国特色的罪犯劳动改造理论体系

没有革命的理论就没有革命的行动，这是千古不变的真理。对罪犯劳动改造的理论研究要科学化、系统化和常态化。当下，除了要从我国罪犯劳动改造历史经验总结中梳理出我国罪犯劳动改造理论的历史脉络，从具体的论述中概括出原有的理论体系，从其目标体系、组织体系以及评估体系等方面来构架中国特色的罪犯劳动改造理论体系。

中国罪犯劳动改造理论并不是落后的理论，必须实事求是地正视罪犯劳动改造在中国监狱工作中的重要地位和作用，在坚持和拓展中国特色罪犯劳动改造方法上，我们要树立自信、保持定力。"要按照立足中国、借鉴国外，挖掘历史、把握当代，关怀人类、面向未来的思路，着力构建中国特色哲学社会科学，在指导思想、学科体系、学术体系、话语体系等方面充分体现中国特色、中国风格、中国气派"[1]，加强对中国特色罪犯劳动改造理论体系的创新与发展，着力构建与完善中国特色的罪犯劳动改造理论体系，科学有效地指导中国的罪犯改造实践。

阅读资料

阅读原文

《中国改造罪犯的状况》[2] 白皮书

1992年，我国政府发布《中国改造罪犯的状况》白皮书，系统地介绍了"中国改造罪犯的基本原则""依法保障罪犯的权力""对罪犯的劳动改造""对罪犯的法制、道德、文化和技术教育""对罪犯的感化""对罪犯的依法文明管理""对罪犯的刑罚执行""对刑满释放人员的就业安置与教育保护"等八个方面。在国内外引起了广泛的反响，在国际人权斗争中发挥了积极的作用。

第三节　需要厘清的几对关键术语

在罪犯劳动改造理论研究和罪犯劳动改造实践过程中，有几对经常遇到的术语需要加以探讨与厘清，对这些经常混淆的术语加以区别是正确理解罪犯劳动改造理论的前提。

一、"一般社会劳动"与"罪犯劳动"的关系

按照马克思主义的观点，"劳动"一般是指"劳动力的使用"，是人们以自身的活动来引

---

①　习近平：《论坚持全面依法治国》，中央文献出版社 2020 年版，第 175～176 页。

②　《中国改造罪犯的状况》，http://www.gov.cn/zhengce/2005-05/25/content_2615733.htm，最后访问日期：2023 年 3 月 19 日。

起、调整和控制人和自然之间物质变换的过程。① 什么是一般社会劳动？创造财富实现价值的活动就是一般社会劳动，它是获取经济效益的手段。罪犯劳动是指"在监狱组织和监督下罪犯从事的创造产品、提供劳务或者发展自身的活动"②。"对于罪犯来说，从事劳动是执行监禁刑的必要组成部分，是在监狱中执行刑罚的具体体现，而不是单纯地从事生产劳动或其他劳动。"③罪犯劳动是改造罪犯的一种手段。二者所遵循的科学规律有所不同。"一般社会劳动"是按照经济规律的方式去追求劳动的经济价值，而"罪犯劳动"是按照人的行为转变规律来设计流程以期达到改造罪犯错误劳动认知，矫正劳动恶习，养成劳动习惯，学会生产技能之目的。它是正确的劳动观念与错误的劳动观念不断斗争与较量的过程；是劳动态度不断改变，劳动习惯逐步养成的过程。但是，在实际工作中人们很容易被罪犯劳动的表象所迷惑，改造意义上的劳动很容易被经济学意义上的一般社会劳动所覆盖和替代。如若混淆二者间的本质区别，将作为改造手段的罪犯劳动等同于经济学意义上的劳动，其运行的结果必然陷入改造效果与经济效益的两难。

二、"罪犯劳动"与"罪犯劳动改造"的关系

虽然"罪犯劳动"与"罪犯劳动改造"二者都是具有特定含义的法律术语，但是二者是两个不同的概念。"罪犯劳动"指被依法判处有期徒刑、无期徒刑和死刑缓期二年执行的罪犯，在监狱服刑期间，根据《监狱法》及其他与刑罚执行有关的法律、法规，在监狱机关的安排下从事的劳动活动。罪犯劳动包括所有与劳动有关的活动，它既可以是罪犯的改造活动，也可以是监狱组织的生产劳动，还可以是罪犯的自我服务的活动。"罪犯劳动改造"是指专门针对其劳动恶习、劳动能力而设计的改造活动，罪犯劳动改造属于罪犯劳动范畴。就二者的关系而言，罪犯劳动除了改造功能之外还兼有其他功能，在实践中不加区分地混同二者的关系，很容易给理论研究和实际工作造成困难。

三、"强制"与"惩罚"的关系

《监狱法》规定，"具有劳动能力的罪犯，必须参加劳动"。带有"必须"的法律条文，在法律规范中属于义务性规范，规定的是一种责任，没有例外和特殊，必须一律执行。"必须"彰显了罪犯劳动具有强制性，不少人认为强制罪犯参加劳动，就是对罪犯的一种惩罚。《现代汉语词典》对惩罚的解释是"严厉的处罚"，这显然不符合当前罪犯劳动的事实。从当前罪犯劳动的情况来看，罪犯劳动无论在劳动时间、劳动强度还是劳动保护上都受到法律的严格约束。罪犯劳动过程不仅不追求痛苦，反而鼓励罪犯以良好的劳动表现来减少强制所带来的痛苦。就此而言，罪犯劳动所体现的强制性、痛苦性并不意味着罪犯劳动就具有惩罚

---

① 张卓元主编：《政治经济学大辞典》，经济科学出版社 1998 年版，第 29 页。
② 吴宗宪主编：《刑事执行法学》，中国人民大学出版社 2007 年版，第 250 页。
③ 吴宗宪：《监狱学导论》，法律出版社 2012 年版，第 525 页。

性——"监狱的惩罚性是指监狱剥夺罪犯人身自由和限制罪犯法律权利的特性,监狱对于罪犯的惩罚,体现在依法剥夺罪犯人身自由和限制罪犯法律权利方面,而不包括其他内容"[①]。"社会化过程中伴随的痛苦,只是为了使个人更好适应社会从而获得更大利益的必要代价"[②],并非惩罚的措施和手段。强调罪犯劳动的惩罚性不利于罪犯对狱内劳动的认同,容易导致罪犯对狱内劳动产生抵触,甚至催生警囚矛盾;强调罪犯劳动的惩罚性也无助于劳动改造手段的有效实施,无助于罪犯重新社会化的顺利完成。

■ 四、"罪犯劳动改造目的的实现"与"获取经济利益"的关系

纵观我国罪犯劳动的整体运行情况,生产和改造的矛盾始终存在。任何时候对罪犯劳动经济效益的过度强调和追求,都会给罪犯改造工作造成困难。1956 年 7 月 15 日,在全国省、市检察长、法院院长、公安厅局长联席会议上,周恩来同志指出:"劳改的目的,是要把犯人改造成为新人,政治教育是第一,使他觉悟,劳动是增强他的劳动观点,而不是从犯人身上生产出来的利润办更多的工厂,这还是第二。"[③]1962 年 3 月 22 日,毛泽东同志听取汇报时强调:"劳动改造罪犯,生产是手段,主要目的是改造,不要在经济上做许多文章","究竟是人的改造为主,还是劳改生产为主,还是两者并重","有些同志就是只重物,不重人。其实人的工作做好了,物也就有了"。[④]

实践证明,罪犯劳动伴随着罪犯服刑改造生涯的整个过程,在罪犯错误的劳动观念还未改变,劳动意识还未形成,劳动习惯还未养成时一味强调和追求罪犯劳动的经济效益,既达不到所期望的经济目的,也不利于监内的安全与稳定。必须通过劳动这种独特的改造手段、精心设计改造方案,最终实现对罪犯的改造。也只有当罪犯真正实现对劳动的认同,实现劳动态度的转变和劳动习惯的养成时,罪犯的劳动积极性和主动性乃至创造性才可能有效发挥,罪犯劳动的经济效益才可能显现出来。因此,罪犯劳动的经济效益能否取得,关键取决于罪犯劳动改造的进程能否顺利实现。换言之,"获取经济利益"是"劳动改造改造目的的实现"后的劳动价值效能的体现,而非罪犯劳动的目的。

研究与思考

1. 中国特色罪犯劳动改造的理论渊源是什么?

2. 如何理解中国特色的罪犯劳动改造理论是科学的理论?

3. 如何理解"一般人类劳动"与"罪犯劳动"的区别与联系?

4. 如何理解"罪犯劳动"与"罪犯劳动改造"的关系?

5. 如何理解"强制"与"惩罚"的区别?

6. 如何理解"罪犯劳动改造目的的实现"与"获取经济利益"的关系?

---

① 吴宗宪:《监狱学导论》,法律出版社 2012 年版,第 93 页。

② 戴玉忠、刘明祥:《刑罚改革问题研究》,中国人民公安大学出版社 2013 年版,第 95 页。

③ 辛国恩、孙绍斌、曾小滨等:《毛泽东改造罪犯理论研究》,人民出版社 2006 年版,第 187 页。

④ 辛国恩、孙绍斌、曾小滨等:《毛泽东改造罪犯理论研究》,人民出版社 2006 年版,第 187 页。

第二章 我国罪犯劳动改造的历史源流

重点提示

1. 在中国古代强迫囚犯服劳役的刑罚,一般统称为"徒刑"。与之相适应的"刑徒"则是指被判处劳役刑之人。

2. 我国囚犯劳动产生于商朝,在历代刑罚体系中,劳役占有重要地位。

3. 西周时期,劳役发展成为一种监狱制度。

4. 在秦朝劳役刑成为独立刑种。秦朝的劳役刑包括:城旦、舂,鬼薪、白粲,司寇,罚作、复作,候等。

5. 劳役刑正式使用"徒刑"开始于北周。

6. 赣东北革命根据地创建者方志敏在弋阳设立了弋阳县劳动感化院,是革命根据地最早的监所形式,也是苏维埃政权首创的第一所劳改农场。

7. 第三次全国公安会议通过了《关于组织全国犯人劳动改造问题的决议》。

8. "三个为了"指导思想:为了改造这些犯人,为了解决监狱的困难,为了不让判处徒刑的犯人坐吃闲饭。

9. "一劳"会议提出了"政治改造与劳动改造相结合""惩罚与教育相结合"的劳改工作方针。"一劳"会议是在新中国监狱工作创建的重要关头,承前启后,开创中国特色刑罚执行制度的里程碑。

10. 《劳改条例》确定了"惩罚管制与思想改造相结合、劳动生产与政治教育相结合"的新中国劳改工作的方针。

11. "改造第一,生产第二"的原则,突出了劳动改造的目的,指导劳改机关始终把"将罪犯改造成为守法公民"作为第一任务。

12. "大跃进"运动,对监狱生产带来消极影响,产业结构失衡,粮食产量严重下降,亏损增加。

13. "六劳"会议,明确规定了劳改工作方针是"改造与生产相结合,改造第一,生产第二"。把改造放在第一位,生产放在第二位,分清了改造、生产的轻重关系,对监狱生产进行了合理的定位。

14. 1994 年 12 月 29 日,《监狱法》颁布,对罪犯劳动的性质、劳动目的、劳动时间、劳动报酬、劳动保护等作了具体的规定,为监狱正确组织罪犯从事生产劳动提供法律保障。

15. 司法部《关于监狱体制改革试点工作的指导意见》明确提出了"全额保障、监企分开、收支分开、规范运行"的监狱体制改革目标。

我国囚犯①劳动产生于商朝,在历代刑罚体系中,劳役占有重要地位,随着清末变法修律进程的推进,中国传统的劳役刑被废除并为自由刑所取代,经过新民主主义革命,我国的罪犯劳动制度逐渐建立和发展。我国历史上共出现过五种类型的监狱:奴隶制监狱、封建制监狱、半殖民地半封建制监狱、新民主主义时期人民民主专政的监狱、新中国的监狱。罪犯劳动的历史演变伴随着我国监狱制度的改变而改变,我国罪犯劳动制度走过了一条迂回曲折但逐步走向文明化和科学化的道路。

第一节　我国古代罪犯劳动的历史沿革

我国古代与罪犯劳动有关的制度被称为劳役制度,"劳役制度,是统治集团凭借国家强制力为后盾,在拘束、限制犯人人身自由的基础上,强制犯人进行劳役,形成的制度"②。中国古代的刑罚可分为奴隶制五刑与封建制五刑。前者是指墨、劓、膑、宫、大辟,后者是指笞、杖、徒、流、死。奴隶制五刑在汉文帝之前通行,封建制五刑在隋唐之后通行。

一、奴隶制监狱——劳役刑的萌芽时期

奴隶制国家普遍奉行报应主义,在报应主义思想下,刑罚体系中占主导地位的是剥夺生命和残废肢体的生命刑和身体刑③,囚犯的地位在奴隶之下,没有被剥夺生命的囚犯必须从事繁重的体力劳动。

（一）商朝的囚犯劳役

在中国,囚犯劳役始于商朝。商朝监狱对囚犯处遇集中表现在刑具使用与囚犯劳役上。《墨子·尚贤下》记载了傅说为囚时的情景:"昔者傅说居北海之洲,圜土之上,衣褐带索,庸筑于傅岩之城。"④真实再现了商朝强迫囚犯从事苦役的情景。圜土原意专指夏王朝囚禁犯人的地方,后世的商、周两朝也沿用了这一称呼,圜土就成了夏、商、周三个朝代普通监狱的通称。商朝改变了夏朝监狱单纯拘禁囚犯的方法,规定了囚犯在关押期间要戴上刑具参加劳动。这是监狱发展史上的一大进步,不仅有利于维护统治阶级的利益,促进监狱职能的发展,也有利于开发囚犯劳动力资源,对监狱囚犯的劳动作了有益的尝试。

（二）西周的囚犯劳役制度

"明德慎罚"是西周重要的刑法原则和治狱思想。西周时期,劳役发展成为一种监狱制度,这是西周狱制成熟的标志之一。

---

① 在中国古代,将因犯罪接受刑罚处罚之人统称为囚犯。

② 万安中:《劳役制度的历史嬗变及人文思考》,载《政法学刊》2013 年第 8 期。

③ 又称肉刑,是摧残受刑人肉体的刑罚方法的总称。

④ 《墨子·尚贤下》,https://ctext.org/mozi/exaltation-of-the-virtuous-iii/zhs,最后访问日期:2023 年 12 月 1 日

西周狱制具有代表性的有圜土制、嘉石制。西周的监狱,多为圜土。《周礼·秋官·大司寇》记载:"以圜土聚教罢民。凡害人者,置之圜土而施职事焉,以明刑耻之。其能改过,返于中国,不齿三年。其不能改而出圜土者,杀。"又据《周礼·秋官·司圜》:"司圜掌教罢民。凡害人者,弗使冠饰,而加明刑焉,任之以事而收教之。"从以上记载中可以看出,对被拘禁在圜土里的囚犯"施职事""任之以事"就是通过强制囚犯劳动,以此达到教化的目的。

嘉石制是西周创制的对犯有更轻微犯罪人的一种处罚制度。《周礼·秋官·大司寇》记载:"以嘉石平罢民","凡万民之有罪过而未丽于法而害于州里者,桎梏而坐诸嘉石,役诸司空;重罪,旬有三日坐,期役;其次九日坐,九月役;其次七日坐,七月役;其次五日坐,五月役。其下罪三日坐,三月役。使州里任之,则宥而舍之"。西周的嘉石制,既对犯罪人锁拘示众耻辱之,又劳役教化之,其内容有拘坐、劳役和期限。

西周在沿用奴隶制社会"五刑"的基础上,在对待囚犯的惩罚上有了较大的发展。已经执行了肉刑的囚犯,不能恢复自由,还要根据每个囚犯所处肉刑种类的不同,被派往不同场所服不同种类的劳役。《周礼·秋官·掌戮》记载:"墨者使守门,劓者使守关,宫者使守内,刖者使守囿,髡者使守积。"

(三)春秋时期的囚犯劳役

春秋时期,中国奴隶制社会发生的剧烈动荡和一系列变化必然反映到上层建筑上来。春秋初期,各诸侯国基本上沿用西周的法律,但由于诸侯割据,各自为政,狱制不尽统一。频繁的战争,各诸侯国亟须兵源与劳动力,监狱囚犯成为各诸侯国战争力量的重要组成部分,各国纷纷把监狱囚犯武装起来送上战场,监狱中的众多囚犯便成为兵力和劳动力的主要来源。不少诸侯国逐步废除刖刑和宫刑,由原有的以肉刑为中心的刑罚体系向以劳役为中心的刑罚体系转变。

专栏 2-1　奴隶制五刑[①]

　　奴隶制五刑是指墨、劓(yì)、膑(刖、剕)、宫、大辟五种刑法。墨刑——在额头上刻字涂墨,劓(yì)刑——割鼻子,膑——去膝盖骨,宫刑——毁坏生殖器,大辟——死刑。奴隶制五刑作为中国奴隶时代具有代表性的刑法,始于夏,发达于商、周,影响及至三国两晋南北朝,延续了数千年之久。其从夏朝开始逐步确立,于西周时期写入吕侯编著的《吕刑》,是一种野蛮的、残忍的、不人道的、故意损伤受刑人肌体的刑罚。进入封建社会后,奴隶制肉刑开始逐渐被废除。

---

　① 奴隶制五刑,https://baike.so.com/doc/6605598-6819385.html,最后访问日期:2022 年 7 月 1 日。

二、封建制监狱——劳役刑独立刑种的形成与发展时期

战国时期是我国封建社会的开端,各诸侯国通过变法自上而下地完成了由奴隶制狱制向封建制狱制的转变。在封建社会强迫囚犯服劳役的刑罚,一般统称为"徒刑",与之相适应的"刑徒"则是指被判处劳役刑之人。徒刑的出现,是刑罚历史上的一个重大贡献。

(一)战国时期的囚犯劳役制度——刑徒制的兴起

战国时期,大批劳动力在战争中丧失,统治阶级意识到,保持犯罪者身体的完整性,并付之于劳役刑罚,比单纯地施以肉刑更为有利。于是,有罪的人和战争中俘虏被施行一种或两种肉刑后,会被强制服一定期限的劳作,这些囚犯就是刑徒。刑徒制的兴起,"反映出随着人类社会的文明与进步和刑罚由重向轻的方向发展的历史规律"[①]。战国时期,刑徒在劳作时要戴刑具。刑徒从事劳役的种类很多,有修城、筑路、冶铁、冶铜等。劳役制在实践中的尝试,促进了劳役刑的立法定名,推动了监狱的发展。

(二)秦朝时的囚犯劳动——劳役刑成为独立的刑种

劳役制度在秦朝得到了较大的发展,劳役刑成为独立刑种。秦朝的劳役刑包括:城旦、舂,鬼薪、白粲,司寇,罚作、复作、候等。秦朝的徒刑是无期的,其惩罚程度按照劳役的轻重程度来划分,最重的是城旦与舂,其次是鬼薪和白粲,再次是司寇,再轻是罚作、复作,最轻是候。不同等级的刑徒原则上有固定的劳役内容。

城旦、舂是最重的徒刑。城旦是指强制男犯从事筑城劳役的刑罚,舂是强制女犯从事舂米劳役的刑罚。鬼薪是指强制男犯去山中砍柴以供宗庙祭祀之用的刑罚,白粲是指强制女犯从事择米以供宗庙祭祀之用的刑罚。司寇是指强制男犯从事伺察寇贼的刑罚,如果女犯受此刑罚,则叫作如司寇。罚作是强制男犯到边远地区戍边,复作是强迫女犯到官府服劳役。候是指强制囚犯到边境充当斥候以伺察敌情的刑罚。候这种劳役刑在汉代以后再未出现。

秦朝对囚犯劳役有专门的管理。秦朝把罪犯的身高作为刑徒是否要劳作的法定标准,而不是按照罪犯的年龄来确定。秦朝规定凡身高达到五尺二寸(约1.25米)的刑徒就要服劳役,还规定了徒刑管理的内容:劳役时须戴戒具,以防刑徒在劳役期间逃亡。刑徒的手工业产品要符合规格,要求按照规定制作,产品次等的刑徒要受到惩罚。

(三)汉朝的囚犯劳动

汉朝进行了刑罚改革,废除了肉刑,以徒刑取代肉刑,"当黥者,髡钳为城旦舂";劳役刑从无期刑罚变为有期刑罚,"汉罚作为一岁刑,正司寇为二岁刑,鬼薪白粲为三岁刑,城旦舂为四岁刑,其所为并徒役之事"[②]。汉朝发展了劳役监,汉朝的劳役刑基本上是从秦朝继承

---

① 王志亮:《中国监狱史》,中国政法大学出版社2017年版,第71页。

② 沈家本:《历代刑法考》,张全民点校,中国检察出版社2003年版,第350页。

过来的,按照犯人罪行的轻重,主要分为以下六个不同的等级:

1.髡钳城旦舂,五岁刑。据《汉书·惠帝纪》注引应劭的话曰:"城旦者,旦起行治城","舂者,妇人不豫外徭,但舂作米"。在汉朝,髡钳城旦舂是死刑之下的一个刑名,适用于重罪犯人,通常所受的刑罚有三方面:首先是"髡","髡"就是要剪掉犯人的长发;其次是"钳","钳"是用铁钳束住头颈,有的还要加上铁桎;然后再从事筑城池、防敌寇的工作。

2.完城旦舂,四岁刑。完城旦舂是低于髡钳城旦舂一等的刑罚。"完"就是不伤害身体,有完全的意思。相对于髡钳而言,完是指既不髡犯人的头发,也不在其颈上戴铁钳,完城旦舂可以赎罪。

3.鬼薪、白粲。《汉旧仪》记载:"鬼薪三岁。鬼薪,男当为祭祀鬼神,伐山之薪蒸也","女为白粲者,以为祠祀择米也,皆作三岁"。鬼薪与白粲刑名不同,刑期则完全一样。

4.隶臣妾。隶臣妾是指将囚犯罚作官府奴婢为国家服各种劳役的刑罚,男犯称隶臣,女犯称隶妾,汉朝新增的劳役刑。隶臣妾,二岁刑,其名与奴婢相近,而实际并非奴婢。魏、晋以后就没有此类劳役刑。

5.司寇。《汉旧仪》云:"罪为司寇,司寇男备守,女为作如司寇,皆作二岁。"司寇本是秦汉时代管理刑徒的官名,因为主要役使刑徒劳动,故逐渐成为刑徒的一种称呼。

6.罚作、复作。《汉旧仪》云:"男为戍罚作,女为复作,皆一岁到三月。"男犯为罚作,就是强制男犯去边疆地区戍边;女犯为复作,就是去官府服劳役。罚作、复作的刑期最短,仅一年或数月,也不遭受髡钳。

在汉朝,凡被判处劳役刑的囚犯,都要到指定的地点服刑。汉朝的刑徒是国家的公共工程及官府手工业中最主要和最基本的劳动者,他们被广泛地派往筑城、筑陵、修路、建桥、矿冶、铸造等部门,从事最繁重、最粗笨、最危险的劳动。

(四)三国时期的囚犯劳动

公元220年曹丕废汉自立为帝,国号魏。以曹魏为代表的三国时期的法律制度不论在内容和形式上都发生了重大变化,为两晋及隋唐以后建立完备的封建法律制度奠定了基础。

曹魏政权的刑事法律制度,完全废除了肉刑。魏律所规定的刑罚体系比较规范,既有别于奴隶制五刑,又有别于隋唐以后的封建制五刑。曹魏律不以囚犯所从事的劳役活动作为劳役刑的名称,"将劳役刑分为髡刑、完刑、作刑三等,是从毛发刑的等级及不附加毛发刑来区别其轻重"[1]。《晋书·刑法志》载魏"髡刑有四",其中髡钳城旦舂是劳役五年的劳役刑。完刑,是指剃去犯人的鬓毛和胡须,但保留头发并使之劳作的一种劳役刑。完刑主要包括:完城旦舂,四岁刑;鬼薪白粲,三岁刑;司寇,二岁刑。作刑,也称罚作、复作,一岁刑。

在东吴,囚犯除女子输入织室以外,男子则大多罚作造船。东吴的造船业很发达,需要大量的劳动力,所以罚作造船是补充劳动力的一种方法。

(五)两晋南北朝时期的监狱

晋律把曹魏律的三种劳役刑合并为髡刑;南朝一改西晋以来的传统,将劳役刑统称为

---

[1]　宁汉林、魏克家:《中国刑法简史》,中国检察出版社1997年版,第224页。

耐刑。从北朝来看,北魏立国初期,以年刑为劳役刑刑名。

劳役刑正式使用"徒刑"开始于北周,"北周之徒刑即旧日之年刑也,改名为徒,实自周始,惟其年数为一年至五年,隋改为一年至三年,分五等。自唐以后,历代相沿,至今不改"①。

专栏 2-2　封建制五刑②

唐律中的五刑制度是隋《开皇律》中首次确立的,包括笞、杖、徒、流、死五种基本的法定刑罚。

(1)笞刑,即用法定规格的荆条责打犯人的臀或腿,自十分至五十分为五等,每等加十,是五刑中最轻的一等,用于惩罚轻微或过失的犯罪行为。

(2)杖刑,即用法定规格的"常行杖"击打犯人的臀、腿或背,自五十分至一百分为五等,每等加十,稍重于笞刑。

(3)徒刑,即在一定时期内剥夺犯人的人身自由并强迫其戴着钳或枷服劳役,自一年至三年分为五等,每等加半年,是一种兼具羞辱性和奴役性的惩罚劳动。

(4)流刑,即将犯人遣送到指定的边远地区,强制其戴枷服劳役一年,且不准擅自迁回原籍的一种刑罚,自二千里至三千里分为三等,每等加五百里,是仅次于死刑的一种较重的刑罚。妇女"判流刑"的在原地服劳役三年。

(5)死刑,即剥夺犯人生命的刑罚,是五刑中最重的一种,分为斩、绞两等,绞因得以保全遗体而稍轻于斩。

(六)隋唐宋元明清时期的劳役刑的发展

隋统一中国后,制定《开皇律》,把刑罚分为死刑、流行、徒刑、杖刑、笞刑等五类,奠定了"封建制五刑"体系。自隋唐以来,徒刑正式成为重于杖刑而轻于流刑的刑罚;除隋唐以外,徒刑一般都要附加笞刑和杖刑。

唐朝是封建社会的鼎盛时期,唐朝将徒刑分为三年五等并准以铜赎刑罚。唐"狱官令"记载:"犯徒应配居作,在京送将作监,在外州者供当处官役。"③其监狱制度已较为完备,形成了系囚制度、恤囚制度、居作制度和录囚制度等,其中居作制度就是强制判处徒刑、流刑的罪人的劳役制度。

《宋刑统·名例律》疏议曰:"徒者,奴也,盖奴辱之。"刑徒如同奴隶一样,被剥夺人身自由,强迫戴枷,从事苦役,徒刑不仅具有惩罚性,而且具有耻辱性。此外,明确规定沿用三年五等。同时,规定了用铜钱赎徒刑以及以杖刑替代徒刑的制度。《宋刑统·名例律》记载:

---

① 沈家本:《历代刑法考》,张全民点校,中国检察出版社 2003 年版,第 356 页。
② 封建制五刑,https://baike.so.com/doc/5166744-5397298.html,最后访问日期:2022 年 7 月 20 日。
③ 万安中主编:《中国监狱史》,中国政法大学出版社 2010 年版,第 56 页。

"徒刑一年赎铜二十斤,一年半赎铜三十斤,二年赎铜四十斤,二年半赎铜五十斤,三年赎铜六十斤","徒三年决脊杖二十,放;徒二年半决脊杖十八,放;徒二年决脊杖十七,放;徒一年半决脊杖十五,放;徒一年决脊杖十三,放"。犯徒罪者决杖后即放免,不用再服劳役。

元朝的徒刑,"皆先决讫,然后发遣合属,带镣居役"。徒刑分五等:徒1年,决杖67下;徒1年6个月,决杖77下;徒2年,决杖87下;徒2年6个月,决杖107下。囚犯服役地点"有金银铜铁洞冶、屯田、堤岸、桥道,一切工役去处"。服役期满释放后"充警迹人"。"警迹人"是为犯盗者所立的特殊户籍,在警迹人门首立红泥粉壁,开具姓名,犯事情由,每月分上、下半月面见官府接受监督。

明朝的徒刑基本延续唐代的刑律,但刑罚制度更加残酷,对徒、流、充军等刑罚的执行以及囚犯的劳役制度作了规定,同时规定了"以役代刑"制度。明朝徒刑仍然分为五等。凡是判徒刑者,必先受杖刑,然后再服徒刑。根据《大明律》五行图的解释,徒者,谓人犯罪稍重,拘收再官,煎盐炒铁,一应用力辛苦之事,自一年至三年为五等,每杖一十及半年为一等加减。

清朝在明律的基础上,制定大清律和有关监狱章程、法令。清朝第一部成文法典《大清律集解附例》中有关劳役的条文基本与明律相同;乾隆五年(1740)修订的《大清律例》在劳役刑上做了一些新的规定,增加了"发遣";康熙十九年(1680)奏准的《刑部现行则例》中规定对徒罪人犯罚役。鸦片战争后,中国狱制进入半殖民地半封建社会时期,罪犯劳役制度发生了巨大变化。

■ 三、半殖民地半封建制监狱——罪犯劳役刑的终结

徒刑的发展不断催生自由刑,在自由价值萌发的清朝末年,徒刑为嫁接西方刑罚理念提供了土壤。

1. 劳役刑的终结。清末监狱改良本着"中体西用"的指导思想,从监狱立法活动和设置新式监狱两个方面进行改革。首先,将笞杖改为罚金或折作工时,"罚一两折作工四天,拟判笞刑的犯人改科作工一月,杖六十改科作工两月,每等递加两月,直到杖一百改作工二十个月为止"[1]。其次,将发遣、充军、流刑、徒刑四刑合一为徒刑,送习艺所习艺。1908年完成的《大清新刑律》,确定了中国最早的自由刑——徒刑和拘役,标志着中国劳役刑的终结,同时明确规定凡是徒刑和拘役以强制劳役的制度。[2]

2. 《大清监狱律草案》规定的作业制度。1908年清政府聘请日本监狱学家小河滋次郎为顾问,主持起草《大清监狱律草案》。其中第五章第75条至第98条对罪犯作业的作用、收入、作业赏与金等作了明确的规定。

3. 北洋军阀政府的作业制度。1912年4月,经对1911年颁布的《大清新刑律》稍作删改而成《中华民国暂行新刑律》,其中把自由刑改为徒刑和拘役,同时规定了所有在押罪犯

---

① 于连涛、许国忠:《中国监狱文明的进程研究》,中国社会科学出版社2007年版,第160页。
② 由于守旧派的反对,直到1911年1月25日才公布,不久清王朝灭亡,该法律并未实施。

都必须进行劳役的制度;1913 年 12 月 1 日,北洋军阀政府颁布的《中华民国监狱规则》第五章"作业制度",对罪犯从事作业的种类、作业的时间、工作量、作业的收益处理以及服外役、免作业的条件都作了明确的规定。把劳役、教诲和教育视为犯人行刑感化的三大要素。1916 年,北洋军阀政府规定,监狱作业由案牍、工艺、庶务三科主管。

4. 国民党政府的劳役制度。1928 年 10 月,国民党政府以北洋军阀政府的监狱规则为蓝本,制定颁布了监狱基本法——《中华民国监狱规则》,共 14 章 109 条。1934 年公布了《监犯外役规则》《徒刑人犯移垦暂行条例》《监狱工厂管理法》;1937 年公布了《战时监犯调服军役办法》,对罪犯劳动作了详细的规定;1946 年,国民党政府颁行的《监狱行刑法》中明文规定"徒刑拘役之执行,以使受刑人改悔向上,适于社会生活为目的",并且陆续修订完善了其他监狱法规和细则。表面上看,国民党统治时期的监狱法律法规比较健全,且具有教育改造方面的内容,但实际上,这些法律法规并没有真正施行。

第二节　新中国罪犯劳动改造的萌芽与初创

20 世纪中国新型狱制的产生和演进,是中国共产党领导下的人民意志在中国监狱史上的首次体现。新中国的罪犯监狱制度经历了两个历史进程:从 1927 年至 1949 年,是革命根据地时期民主政权监狱制度的萌芽期;从 1949 年 1 月 1 日新中国成立后,经过 3 年的艰苦奋斗,到 1954 年第一部《宪法》颁布,是中华人民共和国监狱制度的初创期。这两个时期的罪犯劳动呈现了不同的特色和使命。

■一、革命根据地时期——大规模劳动改造罪犯的萌芽期

当中国资产阶级旧民主主义革命向无产阶级领导的新民主主义革命转变的时候,1927 年,蒋介石发动了"四一二"反革命政变,建立了国民党统治的国民政府,中国共产党领导人民走上了武装割据、开辟革命根据地建立人民政权的道路。随之,"革命根据地民主政权及其新型的司法狱政体制相应创立,中国新旧狱制的分界从此划定"①。根据地监所的罪犯劳动大体分为以下三个时期:

(一)工农民主政权监所初创阶段的罪犯劳动改造

1928 年,随着苏维埃政权的建立,工农专政机关如监所、法庭也随之产生。1928 年初夏,赣东北革命根据地创建者方志敏领导弋阳、横峰农民暴动胜利后,建立了弋阳县苏维埃政权,并在弋阳赖家村设立了"弋阳县劳动感化院",主要"收押各区、乡妨害苏维埃政权的被判处徒刑的土豪劣绅、坏分子"②,并把他们集中在一起劳动改造,使他们悔过自新,重新做人。劳动感化院有自己简单的组织机构和管理制度。"这应该是革命根据地最早的监所

---

① 中国监狱工作协会编:《新中国监狱工作五十年(1949.10—2000)》,法律出版社 2019 年版,第 3 页。
② 中国监狱工作协会编:《新中国监狱工作五十年(1949.10—2000)》,法律出版社 2019 年版,第 4 页。

形式,也是苏维埃政权首创的第一所劳改农场。"[1]

1932 年,在苏维埃人民委员会召开的第七次常委会上通过了梁柏台[2]提议创办劳动感化院,对犯人实行感化政策的决议案以及《劳动感化院组织法》。"这是共和国人民委员会正式创办劳动感化院、实行教育感化犯人政策,并上升为法律的首次提出,是苏维埃法制的一项创新。"[3]毛泽东在中华苏维埃共和国工农兵代表大会上的报告中确定了犯人必须参加强制性生产劳动的原则。劳动感化院也明确了"特别注意生产与感化"的要求。

在激烈的革命战争时期,苏维埃共和国人民委员会、司法人民委员部为适应战争的需要,将部分判决的犯人编成苦工队。1932 年 9 月,人民委员会在第 22 号命令中明确指令:"各地政府裁判部判决监禁在两年以内的贫苦群众,只要不是主要的反革命犯,均须一律编成苦工队。即使是豪绅地主等阶级异己分子,无特别反动事实,已判决监禁一年半以内者,亦可编为苦工队。"[4]1934 年 5 月,训令又扩及地主、富农,一般情况下"地主编为永久劳役队,富农编为临时劳役队,军事必要时,两者可以合并"[5]。苦工队的任务"就是到前方担任运输工作"[6],"苦工队是工农民主政权执行徒刑的一种特殊方式,对于解决革命战争勤务工作产生了一定效果"[7]。

组织犯人参加劳动是根据地监所的重点工作,劳动感化院、苦工队强调犯人必须参加劳动生产,作为他们学习和改造的过程与手段。各地感化院主要组织犯人垦荒,兼打草鞋、烧石灰、做缝工、篾工、木工、制香糊、信封、粉笔、毛笔等,也允许打零工。在当时的战争形势下,犯人的生产劳动,增加了收入,在一定程度上打破了国民党对根据地经济的封锁,这种创造性劳动对改造罪犯和支援战争勤务工作发挥了重要的作用。

(二)抗日民主政府监所的罪犯劳动改造

1937 年日本发动"七七事变",中国革命进入了全民全面抗日战争时期。1937 年 9 月 22 日,国共两党抗日民主统一战线宣告成立。老根据地的西北办事处转变为陕甘宁边区政府,形成了在国民政府"统一"之下的边区独立政权。这些特殊范围内的抗日民主政权监所也陆续建立起来。1939 年,为了克服抗战困难,给罪犯表现转变思想的机会,陕甘宁边区高等法院发布了第一号通令:"全边区各县已判决人犯,均一致参加生产工作……并随时注意加紧教育。"[8]

1938 年至 1944 年,晋察冀边区的监所劳动生产工作取得了重大进展。1941 年 7 月,

① 中国监狱工作协会编:《新中国监狱工作五十年(1949.10—2000)》,法律出版社 2019 年版,第 4 页。

② 1931 年 11 月 7 日,在第一次全国苏维埃代表大会上被任命为副司法人民委员。

③ 中国监狱工作协会编:《新中国监狱工作五十年(1949.10—2000)》,法律出版社 2019 年版,第 5 页。

④ 《福建苏维埃政府命令》(1932.9.8),载《根据地法治文献选编》(第 3 卷),中国社会科学出版社 1981 年版,第 344 页。

⑤ 《中华苏维埃共和国人民委员会训令》(中字第 3 号),载《中华苏维埃共和国司法行政史料选集》,江西省司法厅编(内部资料),第 204 页。

⑥ 中国监狱工作协会编:《新中国监狱工作五十年(1949.10—2000)》,法律出版社 2019 年版,第 7 页。

⑦ 中国监狱工作协会编:《新中国监狱工作五十年(1949.10—2000)》,法律出版社 2019 年版,第 7 页。

⑧ 中国监狱工作协会编:《新中国监狱工作五十年(1949.10—2000)》,法律出版社 2019 年版,第 19 页。

为配合抗日民主政权建设,晋察冀边区将感化院改建为自新学艺所,具有收容审查、感化教育的性质,主要收容"受日伪训练派遣的少年犯和由沦陷区逃到边区的政治嫌疑分子"[1]。1942 年后规定,凡 18 岁以上 50 岁以下徒刑犯,无论犯罪性质均可入学艺所,收押的包括有判处较长刑期的罪犯,甚至包括一些无期徒刑犯和女犯。此时的学艺所,"其实已相当于监狱"[2]。为了适应战争状态,各抗日民主根据地的司法机关在实践中探索了徒刑犯回村易服公役的"回村执行"制度,进一步放松了对参加劳动改造罪犯执行环境的限制,准许大量符合条件的徒刑犯回村参加生产劳动。回村执行是将判处短期徒刑的罪犯,在一定条件下,交由当地基层政权监督执行的一种刑罚执行方式。1938 年 9 月 9 日发布的《陕甘宁边区高等法院第五号通令》指出,凡是群众,刑期在一年以下者,各机关部队如需要苦役,可分送至各机关部队做劳动工作,否则遣送各区乡,由区乡政府执行,限令帮助抗日军人家属,或工作人员家属,做劳动工作。1943 年 4 月 15 日,晋察冀边区行政委员会颁布《关于处理监押犯之决定》,晋冀鲁豫边区高等法院 1943 年 7 月 5 日颁布《自新人回村服役暂行办法》,晋绥边区行政公署 1946 年 5 月 20 日公布《关于人犯监外执行暂行办法》。伴随这些法令的相继公布实施,回村执行制度在各抗日民主根据地逐步建立和完善,并在司法实践中取得良好的效果。让罪犯回村参加劳动生产,既能减轻人民负担,又解决了边区政府在抗战中执行徒刑的困难,更重要的是参加劳动生产可以改造罪犯的思想意识。回村执行制度的实施扩大了抗日民族统一战线,稳定了边区社会秩序,巩固了抗日民主政权。

(三)解放区人民政府监所的罪犯劳动改造

解放战争时期,根据地的边区已经发展成几个大的解放区。解放区监所的建置也有了新的发展。一方面吸取了早年边区劳动生产所和自新学艺所组织犯人生产劳动的经验;另一方面借鉴苏联"劳动改造"的理念和制度,促进了"劳改队"这一新形式的发展。劳改队是"补充监狱、看守所执行徒刑、教育改造罪犯的较好形式"[3],组织罪犯参加劳动是根据地监所的重点工作。1945 年,时任高等法院代院长的王子宜在陕甘宁边区第二届司法会议总结报告中介绍罪犯劳动和教育时间之比是:二流子犯,生产占 75％,教育占 25％;其他犯人,生产占 60％,教育占 40％,这是我国监狱在组织罪犯劳动时根据不同对象在教育形式和教育时间上区别对待的最好体现。1946 年年初,太行区司法会议总结出"劳动生产是对自新人的一种改造教育"[4]。陕甘宁边区在 1949 年下半年边区监狱工作总结中指出:"对犯人进行劳动改造,是改造犯人最有效的方法之一。"自此,"'劳动改造'成了中国监狱史和监狱学上新生的专用术语"[5]。

组织犯人参加劳动是解放区监所的重点工作,在组织犯人劳动改造中形成了这样的原

---

① 薛梅卿、黄新明:《中国革命根据地狱制史》,法律出版社 2011 年版,第 25 页。

② 中国监狱工作协会编:《新中国监狱工作五十年(1949.10—2000)》,法律出版社 2019 年版,第 9 页。

③ 中国监狱工作协会编:《新中国监狱工作五十年(1949.10—2000)》,法律出版社 2019 年版,第 11 页。

④ 《太行区司法工作概况》(1946 年)。"自新人",晋冀鲁豫高等法院在 1941 年成立后,提出对犯人的管理民主化的口号时对犯人的改称。

⑤ 中国监狱工作协会编:《新中国监狱工作五十年(1949.10—2000)》,法律出版社 2019 年版,第 19 页。

则和政策:一是"反对单纯经济观点,不许把增加经济收入作为主要目的"[1];二是"通过劳动给犯人出路的政策"[2]。民主政府的工作总结中一致认为组织犯人参加劳动是"改善犯人生活,减轻人民负担、改造犯人思想意识、减少社会犯罪行为的好方法;认为通过生产劳动教育可以收取改造犯人品质,树立劳动观点,养成劳动习惯,学得劳动技术,出狱后能成为自谋生计的健全公民的成效"[3]。

二、新中国监狱工作——大规模劳动改造罪犯工作的初创阶段

新中国成立以后,罪犯生产劳动在监狱的现代化进程中被赋予了特殊意义。新建立的人民政权的监狱机关以毛泽东改造罪犯理论为指导,依据《中国人民政治协商会议共同纲领》[4]关于"对于一般的反动分子、封建地主、官僚资本家,在解除其武装、消灭其特殊势力后,仍须依法在必要时期内剥夺他们的政治权利,但同时给以生活出路,并强迫他们在劳动中改造自己,成为新人"的法律规定,开创了新中国劳动改造罪犯工作的新局面。

(一)组织罪犯劳动改造决策的提出

新中国成立初期,被人民民主政权接收的旧监狱破旧不堪,难以解决罪犯人数激增后的收押问题[5],更难以解决罪犯劳动改造问题,大批罪犯由于无劳动项目而坐吃闲饭,监狱对罪犯的教育改造难以开展。如果这些被依法判处死刑缓期二年执行、无期徒刑、有期徒刑刑罚的反革命罪犯和其他刑事罪犯在监狱内不能得到有效改造,那么改造罪犯成为新人的目的就难以实现。

1. 关于组织全国犯人劳动改造问题的决议。1951 年 5 月 10 日至 15 日,在北京召开了第三次全国公安会议[6],把组织全国罪犯劳动改造问题作为会议的一项重要内容进行讨论,并通过了《关于组织全国犯人劳动改造问题的决议》,指出全国各地羁押的反革命犯和普通犯,已超过百万,这是一个很大的劳动力。为了改造这些犯人,为了解决监狱的困难,为了不让判处徒刑的犯人坐吃闲饭,必须根据惩办与改造相结合的原则,并适应全国各项建设的需要,立即着手制定通盘计划,组织罪犯劳动改造工作。凡有劳动条件的犯人,应一律强迫其参加,此次会议的基本内容如下:

(1)规定了犯人劳动改造的组织和管理体制。"由县一级、专署一级、省市一级、大行政区一级和中央一级共五级分工负责。"

(2)规定了劳改队的类型。按照犯人刑期长短设置四种类型的劳改队:一是判处 5 年

---

[1]　中国监狱工作协会编:《新中国监狱工作五十年(1949.10—2000)》,法律出版社 2019 年版,第 20 页。

[2]　中国监狱工作协会编:《新中国监狱工作五十年(1949.10—2000)》,法律出版社 2019 年版,第 20 页。

[3]　中国监狱工作协会编:《新中国监狱工作五十年(1949.10—2000)》,法律出版社 2019 年版,第 19 页。

[4]　1949 年 9 月 29 日中国人民政治协商会议第一届全体会议通过。

[5]　据统计,1949 年全国在押罪犯仅 60999 人,1950 年增加到 151441 人,1951 年猛增至 872951 人。中国监狱工作协会编:《新中国监狱工作五十年(1949.10—2000)》,法律出版社 2019 年版,第 45 页。

[6]　全国劳改工作自 1950 年由司法部移交公安部管理。

以上徒刑的犯人组成劳改大队,由省以上各级政府负责管理,按照国家建设的需要,随时调动,从事大规模的水利、筑路、垦荒、开矿等生产事业;二是判处 2 年至 5 年徒刑的犯人,一般由专署管理,必要时可由省以上政府调用;三是判处 2 年以下 1 年以上徒刑的犯人,原则上在本市、本县参加各种劳动,不宜调往远地,以免劳民伤财;四是判处 1 年以下徒刑的犯人,在当地群众和原告同意的条件下,可交群众管制,从事公共工程或为军属和孤寡老弱代耕及打零工等,这种犯人原则上应自食其力,不领囚粮。

(3)规定了劳改队的编制。按劳改队所从事的生产情况和需要定编:专区以上的劳改队,百人为一队,设队长和指导员;千人为一大队,设大队长和教导员。对于所有从事劳动改造的犯人,一律采用军事管制的办法,强迫其劳动。

(4)规定了工作干部和监护武装的调配。专署以上劳改队的干部,按犯人总数的 3%~5%配备,由各级党委自行调配。此项干部,可以荣军和地方及公安干部为骨干并吸收一部分新旧知识分子组成。监护武装,应按犯人百人配备武装一班的原则配备,由各军区调配使用。

(5)规定了劳改队经费的分配。属于中央计划范围的,分配水利、铁道、锡、钨等矿业生产的劳改队,用来代替民工,原来雇佣民工的经费,拨付其主管机关使用,中央不另拨经费;专属以上劳改队的经费,第一年按每个犯人生产基金 50 万元(旧币)和半个供给制机关工作人员的供给标准,由中央拨付,第二年做到全部或大部分自给;县以下劳改队和其他犯人,仍按相当于供给制机关工作人员 1/3 的标准供给,必要时以县为单位,由省政府酌发少量生产基金。

(6)规定了对犯人的教育。对参加劳动的犯人进行政治、思想、文化教育,做好卫生医疗工作,并按其劳动和政治表现的好坏给予奖惩。

(7)规定各级公安部门内增设专门的管理机构。大行政区、省和大市设劳动改造管理处,每处 20~30 人,分教育、管理、生产三科;专署一级设科,每科 5~10 人;县设股,每股 2~3 人。

《关于组织全国犯人劳动改造问题的决议》对劳动改造罪犯的组织和管理进行了详细的规定,是新中国成立后基于当时形势作出的第一个有关罪犯劳动的重大决策,具有重大的意义。

2."四公"会议对罪犯劳动改造工作的总结与调整。1951 年 9 月 11 日至 17 日,公安部召开了"四公"会议,会议总结了"三公"会议以来刑罚执行情况。

一方面强调了劳动改造罪犯工作的重要意义,在"四公"会议决议中明确指出"对罪犯实行强迫劳动,是消灭反革命分子的一个重要手段,也是彻底改造犯人成为新人的一项基本政策,这是包含着极端重要的政治意义和经济意义的一项工作,必须十分重视"。劳动改造工作是政治改造和劳动改造相结合,是惩罚与教育相结合。要把罪犯改造成为新人,就要在政治上、思想上铲除他们反革命的立场、观点,同时在生产技能上锻炼他们成为一个熟练的劳动者,使他们以一个罪犯的身份进去,以一个熟练的劳动者身份出来。这个任务是很艰巨的,但又是光荣的。

另一方面明确了犯人生产的指导思想和调整劳动场所的方针。会议指出,犯人生产,必须适应国家经济建设的需要,必须纠正和预防单纯营利,或与民争利,或与国家经济建设计划脱节的错误偏向。会议针对劳改场所小而分散的特点,作了场所调整的决定,这为集中力量建大中型劳动改造场所指明了发展方向。会议要求要保证应该劳动改造的犯人都能在年内投入生产,并争取在 1952 年至 1953 年两年内,由部分自给逐步做到全部自给。"四公"会议为推动我国罪犯劳动改造工作指明了方向。

(二)"一劳"会议[①]召开

"三公""四公"会议关于劳动改造罪犯的决议执行以来取得了明显的效果。1952 年 6 月 23 日至 30 日,"一劳"会议在北京召开,通过了《第一次劳改工作会议决议》。

1. 决议肯定了组织劳动改造决策的重大成绩。一年来投入生产劳动的犯人占押犯总数的比例超过 62%,其中 1/3 做到了生产自给,为国家节省了一笔囚粮开支,创造了进一步开展劳动改造犯人工作的条件;全国先后创立劳改农场 640 座,开垦荒地 127.9 万余亩,其中押犯 1000 人以上的大农场 56 所;分散在专区、县的临时性劳改生产,在解决监狱拥挤,避免犯人坐吃闲饭,力求生产自给,减轻人民负担方面,发挥了较大作用。

2. 决议总结经验教训。会议指出:一年来的经验证明,组织大规模农场、工程队进行集中劳动,无论是对犯人的改造教育,还是对国家的经济建设都是有利的。但是在运行中也存在问题,诸如:劳改农业生产与工矿业生产容纳犯人不同,犯人改造适应程度不一,发展不平衡;有的劳改生产与国家经济建设结合不够紧密;专区、县劳改生产场所小而分散,临时性生产多,缺乏长期计划;贯彻"惩罚管制与教育改造相结合"的方针不够有力;干部的思想政治工作还需加强等。

会议针对劳动改造存在的问题,进一步提出了"自力更生"的原则;会议强调劳改生产应列入国家生产总计划,明确了劳改生产与国家经济建设密切结合,不与民争利的指导思想,该思想迄今仍为中国监狱生产所遵循。

最后,"一劳"会议提出了"政治改造与劳动改造相结合""惩罚与教育相结合"的劳改工作方针。"'一劳'会议是在新中国监狱工作创建的重要关头,承前启后,开创中国特色刑罚执行制度的第一个里程碑。"[②]

(三)《中华人民共和国劳动改造条例》(以下简称《劳改条例》)颁布

1954 年 9 月 7 日,政务院颁布实施《劳改条例》,共有 9 章 77 条。其中对罪犯劳动改造作了明确的规定,具体为:

1. 明确了新中国监狱工作的根本任务。《劳改条例》第 1 条把"强迫他们在劳动中改造自己,成为新人"作为新中国劳动改造工作的根本任务。

2. 规定了新中国劳改工作的方针。《劳改条例》第 4 条规定:"劳动改造机关对于一切反革命犯和其他刑事犯所实施的劳动改造,应当贯彻惩罚管制与思想改造相结合、劳动生产与政治教育相结合的方针"。这是我国第一次在法律上提出了具有中国特色的改造罪犯的方法体系。

---

① 第一次劳改工作会议简称"一劳"会议,依此顺序简称其他劳改工作会议为"二劳""三劳"……会议。
② 中国监狱工作协会编:《新中国监狱工作五十年(1949.10—2000)》,法律出版社 2019 年版,第 50 页。

3. 对不同劳改机关的罪犯劳动作了规定。《劳改条例》第 9 条规定:看守所"在不妨碍侦查、审判的条件下,应当组织未决犯进行适当的劳动","看守所代为监管的已决犯,应当同未决犯分别管押,并且强迫他们劳动生产和对他们进行政治教育";第 14 条规定:监狱"在严格管制的原则下,并且分别犯人的不同情况,实施强迫的劳动和教育";第 18 条规定:劳动改造管教队"应当组织犯人有计划地从事农业、工业、建设工程等生产,并且结合劳动生产,进行政治教育";第 22 条规定:少年犯管教所"应当对少年犯着重进行政治教育、新道德教育和基本的文化与生产技术教育,并且在照顾他们生理发育的情况下,使他们从事轻微劳动"。

4. 高度重视劳动改造。《劳改条例》专章介绍了罪犯劳动改造;第三章"劳动改造与教育改造"使劳动改造和教育改造一道成为监狱改造罪犯的两大基础手段。第四章"劳动改造生产",明确规定了劳动改造生产的目标、管理体制、管理机构、发展方向、安全生产制度等内容,这也使得劳动改造和生产劳动区分开来,也就是使罪犯劳动改造这种以改造人为宗旨的活动与生产劳动这种以追求经济效益为目标的活动区别开来,从而为罪犯劳动改造的顺利发展扫清了道路。这些规定促进了对罪犯劳动改造工作的深化和发展。

5. 规定了罪犯劳动时间。《劳改条例》第 52 条规定:"犯人每日实际劳动时间,一般规定九小时到十小时,季节性的生产不得超过十二小时。"

6. 对罪犯劳动情况的奖励和惩罚作了具体的规定。《劳改条例》第 68 条第 3 项、第 4 项、第 5 项规定,"积极劳动,能完成或者超额完成生产任务的;节约原料,爱护公共财物有特殊成绩的;精研技术、有发明创造或者把自己技术教会别人有特殊表现的"可以根据不同表现,给予表扬、物质奖励、记功、减刑或者假释等奖励。第 69 条第 2 项、第 3 项规定:"不爱惜和破坏生产工具的,在劳动中懒惰怠工的"可以根据不同情节给予警告、记过或者禁闭等惩罚。

7. 在经费保障上明确规定。监狱经费来源分为两个部分:一是国家预算内拨款,二是劳改机关的生产收入。

《劳改条例》是新中国初创时期最重要的劳动改造罪犯立法,是一部独立的部门法,它的诞生标志着中国监狱立法的新起点,具有重要的历史意义。

(四)《关于劳改生产财务管理的暂行办法(草案)》制定

1954 年 7 月制定了《关于劳改生产财务管理的暂行办法(草案)》,共 6 章 21 条,主要规定了全国劳改生产财务预算管理办法,规定了劳改生产基金开支的范围,并规定了犯人假定工资制①和奖金的计算与处理。

综上所述,新中国监狱初创时期的大规模组织罪犯劳动改造的策略取得了卓越的成效。1954 年 9 月 23 日,周恩来在第一届全国人民代表大会第一次会议上所作的《政府工作报告》中指出,经验证明:国家对罪犯的劳动改造政策,不仅可以把许多犯罪分子改造过来,也是消灭反革命残余的重要手段之一。

---

① 假定工资制指劳改单位对于参加生产劳动的犯人,按照当地同类型地方国营企业同工种、同技术等级、同劳动能力的基本工资标准计算和提取工资的一种特殊制度。由于所提取的工资并不直接发给参加劳动的犯人,而是集中起来部分用于他们的生活消费,部分用于劳改业务费开支,所以称为犯人的假定工资,目的在于使劳改企业更好地开展经济核算,考察经营效果。

阅读资料

关于组织全国犯人劳动改造问题的决议①

1951 年,全国各地羁押的反革命犯和普通犯,已超过百万,这是一个很大的劳动力。为了改造这些犯人,为了解决监狱的困难,为了不让判处徒刑的犯人坐吃闲饭,必须根据惩办与改造相结合的原则,并适应全国各项建设的需要,立即着手制定通盘计划,组织劳动改造工作。1951 年 5 月 22 日,中共中央批发第三次全国公安会议《关于组织全国犯人劳动改造问题的决议》②送各中央局、各大军区,并转分局,省市区党委、地委、县委,地方军区,各级公安部门,及县以上各级人民政府党组,要求组织犯人开展劳动改造,规定凡有劳动条件的犯人,应一律强迫其参加。

劳改条例③(已失效)

根据《中国人民政治协商会议共同纲领》第 7 条的规定,为了惩罚一切反革命犯和其他刑事犯,并且强迫他们在劳动中改造自己,成为新人,1954 年 8 月 26 日政务院第 222 次政务会议通过,1954 年 9 月 7 日政务院发布。本条例共 9 章 77 条:第一章总则;第二章劳动改造机关;第三章劳动改造和教育改造;第四章劳动改造生产;第五章管理犯人制度;第六章监督管理委员会;第七章奖惩;第八章经费;第九章附则。该条例已被 1994 年 12 月 29 日全国人大常委会通过并公布的《中华人民共和国监狱法》、1990 年 3 月 17 日国务院发布的《中华人民共和国看守所条例》代替。

第三节　新中国罪犯劳动改造的巩固与初步发展

新中国罪犯劳动改造经历了新中国成立初期的艰苦创建,在原有基础上,以 1954 年《劳改条例》为契机,进入了一个全面发展阶段。

一、劳动改造工作全面规划

从 1954 年 9 月颁布《劳改条例》后,我国罪犯劳动改造呈现一片欣欣向荣的景象。这个时期,召开了多次全国劳改工作会议和专题会议,每一次会议都对罪犯劳动改造工作进

---

① 《关于组织全国犯人劳动改造问题的决议》,https://wenku.baidu.com/view/cdd1cdb6bfeb19e8b8f67c1cfad6195f312be869.html?_wkts_=1679352588868,最后访问日期:2023 年 3 月 21 日。

② 《关于组织全国犯人劳动改造问题的决议》,https://wenku.baidu.com/view/cdd1cdb6bfeb19e8b8f67c1cfad6195f312be869.html?_wkts_=1679352588868,最后访问日期:2023 年 3 月 21 日。

③ 《劳改条例》,https://law.pkulaw.com/chinalaw/e027309aaa368467bdfb.html,最后访问日期:2023 年 3 月 21 日。

行认真总结,并进行新的调整和部署。

为全面贯彻落实《劳改条例》,从根本上解决创建时期监狱工作存在的问题,1955 年 9 月 5 日至 15 日公安部组织召开了"三劳"会议,对罪犯劳动改造中存在的问题进行了重点解决。

(一)首次划清了犯人使用的范围

为了克服犯人滥用的现象,"三劳"会议首次划清了犯人的使用范围:"生产基建工作上的勘察、设计、制图,原料、成品的化验、检查,会计、车间原始记录,劳改场所的医生、医助、卫生员、犯人小组长和犯人的文体活动、炊事、理发等一般技术性的工作,可适当使用具有以上技术并确已认罪服法的犯人担任,但在使用时必须建立严格的管理制度,勤加检查;超出上述范围而又必须使用的,应报请省(区、市)劳改局批准。"[①]

(二)对劳改生产进行了全面的规划

针对一些地区组织罪犯劳动中出现的无计划、盲目性的弊端,为使罪犯劳动适应改造的需要,将一大批新逮捕的罪犯顺利投入劳动改造,"三劳"会议提出对劳改生产进行全面规划。

1. 确定劳改生产的发展方向。"三劳"会议决定:在今后一定时期内劳改生产的发展方向应以农业为主;并在供、产、销平衡的原则下,适当发展一些工业;结合国家各项建筑工程,组织水利、筑路等工程队;同时,对现有劳改单位进行全面规划、整顿和巩固,提高并发展生产,支援新建劳改单位的需要。

2. 七个方面的注意问题。为了落实劳改生产方针,"三劳"会议提出了罪犯劳动应注意的七个方面的问题:必须和国家经济建设密切结合;工、农业生产应保持一定比例;注意专业化和适当的建厂规模;生产安排与犯人劳动力尽可能达到平衡;生产建设应和狱政管教业务建设密切结合;地区分布应注意安全;计划必须积极、可靠。

3. 劳改生产计划的制定。"三劳"会议制定的 1955—1957 年劳改生产计划:农业计划新建 342 个农场,扩建 188 个农场,开垦荒地 2093 万亩,到 1957 年年底,耕地面积扩大到 2919 万亩;工业计划新建 152 个厂、矿,扩建 257 个厂、矿,到 1957 年总产值将达到 12.5 亿元;建筑工程计划增加 9 个工程队,扩大 26 个工程队,1957 年的工程总量将达到 1.7 亿元。[②]

二、改造与生产关系的调整

《劳改条例》确定了"惩罚管制与思想改造相结合,劳动生产与政治教育相结合"的劳改工作方针,但由于生产效果的显性与改造效果的隐性,一些单位出现"重生产轻改造"的偏差,影响了罪犯改造的质量。

(一)"改造第一,生产第二"方针的提出

正确处理改造与生产的关系,是充分发挥罪犯劳动在改造中作用的关键。在组织犯人

---

① 转引自中国监狱工作协会编:《新中国监狱工作五十年(1949.10—2000)》,法律出版社 2019 年版,第 107 页。(李石生副局长在"三劳"会议上的报告,《劳改工作文献汇编》第 2 册,第 85 页。)

② 中国监狱工作协会编:《新中国监狱工作五十年(1949.10—2000)》,法律出版社 2019 年版,第 108 页。

参加修建鹰厦铁路和湖北四湖排水工程中一度出现"超时间、超体力劳动的偏差；加上劳动环境艰苦，供应紧缺，医疗条件又差，发生了犯人死亡事故"①。于是对改造和生产关系的调整成为中国劳改工作进入巩固和初步发展时期的一项重大决定。

1. 中央主要领导对改造与生产关系的重要指示

1956 年年初，在听取罗瑞卿对参加鹰厦铁路建设和湖北四湖排水工程劳改队的情况汇报后，毛泽东指出"要阶级斗争和人道主义相结合"，刘少奇提出"劳改工作的方针，第一是改造，第二是生产"②。

1956 年 7 月 15 日，周恩来在全国省、市检察长，法院院长，公安厅局长联席会议（以下简称"三长"会议）上的报告中强调"劳改的目的，是要把犯人改造成为新人，政治教育是第一，使他觉悟，劳动是增强他的劳动观点，而不是从犯人身上生产出来的利润办更多的工厂，这还是第二"。

1956 年 7 月 13 日，罗瑞卿在"三长"会议上提出"劳动要搞好，方针是：第一是改造，第二是生产"，"有些地方不是相结合，而是赚钱第一，这当然在过去也是不对的，因为这样犯人就改造不好"③。

2. "改造第一，生产第二"原则的确立

1958 年 8 月 16 日"九公"会议通过的《关于劳动改造工作的决议》明确指出：劳改工作必须继续坚持"惩罚管制与思想改造相结合、劳动生产与政治教育相结合"的方针，在执行这一方针中必须正确贯彻"阶级斗争与人道主义相结合""改造第一，生产第二"的原则。"改造第一，生产第二"的原则，突出了改造的目的，不但指导劳改机关始终把"将罪犯改造成为守法公民"作为第一任务，而且为此后新的监狱工作方针中把改造犯人作为监狱工作的宗旨奠定了基础。

（二）罪犯生产劳动的相关制度

1956 年 5 月 22 日至 29 日，公安部劳改局在北京清河农场召开了全国管教工作座谈会。针对罪犯劳改问题，会议根据《劳动条例》，制定了犯人劳动生产的相关制度。

1.《犯人劳动生产的物质鼓励试行办法》的制定

（1）明确了奖励的目的：鼓励犯人改造的积极性。通过奖励，改善生产中的薄弱环节。

（2）奖励的原则：从生产需要和实际情况出发，一般规定和重点要求相结合，按成绩贡献大小，多劳多奖。

（3）奖励的种类：属于一般规定的奖励，有超额奖、安全奖以及发明、技术改进和合理化建议奖等。另外，为了在一定时期内解决生产中关键性的薄弱环节，如产品质量、成本消耗、全面平衡完成计划、新产品试制、重大安全等问题，还可以根据实际情况，给予重点奖励。

（4）奖励覆盖面：受奖励的罪犯人数，一般最高不超过参与劳动罪犯人数的 50％，最低不少于 5％。

---

① 中国监狱工作协会编：《新中国监狱工作五十年（1949.10—2000）》，法律出版社 2019 年版，第 110 页。
② 中国监狱工作协会编：《新中国监狱工作五十年（1949.10—2000）》，法律出版社 2019 年版，第 111 页。
③ 中国监狱工作协会编：《新中国监狱工作五十年（1949.19—2000）》，法律出版社 2019 年版，第 111 页。

（5）评奖手续：经犯人讨论提名，罪犯改造积极分子委员会①（以下简称"积委会"）提出建议，最后由评定委员会审定。

2．规定了犯人劳动和休息制度

（1）犯人劳动时间一般不超过 9 小时；季节性的劳动时间不超过 11 小时；暑天、井下、高温和有害身体健康的劳动，可以实行 8 小时或更短一些。犯人住地距离生产劳动工地较远者，往返时间应包括在劳动时间内。

（2）不得任意加班加点，延长劳动时间。

（3）对于女犯、体力衰弱和年龄较老的犯人，以及酷暑、严寒天气的野外劳动，各地可根据具体情况适当减少劳动时间。

（4）对于体力差的犯人不得安排强体力劳动。

（5）病犯经医生确定不能参加劳动时，严禁强迫其劳动。

（6）少年犯的劳动时间一般不要超过 3 小时，学习时间一般不要少于 4 小时。

1959 年 5 月 11 日至 21 日，公安部劳改局在天津再次召开全国管教工作座谈会，针对当时犯人病亡上升的情况，采取更加切实有效的措施：发展自种自养，保证犯人吃饱穿暖；限定劳动时间，保证犯人休息和睡眠等。两次全国性管教工作座谈会，都对罪犯劳动作了具体的规定，使罪犯劳动改造工作思路更加清晰，有力地推动了罪犯劳动改造工作的发展。

专栏 2-3　罪犯劳动初创时期苏联专家对罪犯劳动工作的建议②

1950 年 2 月 14 日签订《中苏友好同盟互助条约》后，苏联先后派马卡列夫、法捷扬诺夫和普高夫根等专家到公安部劳改局指导工作。1954 年《对组织试点监狱和劳改队工作的计划和建议》提出了五项建议，即组织为消除监狱和劳改队逃跑犯人及其他事故的内外警卫工作；加强对犯人的管理制度，争取很快地改造好犯人和改善生产工作；改进生产，提高劳动生产率，降低成本，实行计划生产，制定生产标准，建立劳动报酬奖金制；有效地采用各种教育形式和方法，组织和进行对犯人的教育，促进思想改造、强化对干部的教育工作、加强纪律性和提高业务能力。专家还建议对犯人进行文化教育、劳动教育和生产技术教育。同时，苏联专家在天津市监狱调研中还针对劳动现场管理问题提出了具体措施。关于监狱生产问题，专家建议改进生产，提高劳动生产率，降低成本，实行计划生产，制订生产标准，合理布局，建立劳动报酬奖金制。具体为：一是原料不能到处扔，应划分一定地区保存，以便利用；二是规定车间纪律，不能让犯人随便进出；三是搞好统计工作，正确统计成品数额以计划推销；四是正确使用与调配劳动力；五是工资的确定，劳动要有利于刺激犯人劳动的积极性。

---

① 罪犯改造积极分子委员会是监狱中罪犯自我管理、自我教育改造的组织，是调动罪犯改造积极性的一种手段。监狱积委会主任由每年一次的罪犯改造积极分子代表大会选出，而且每年都要进行一次换届选举。

② 中国监狱工作协会编：《新中国监狱工作五十年（1949.10—2000）》，法律出版社 2019 年版，第 58～59 页。

第四节　新中国罪犯劳动改造的曲折发展

在庆祝中华人民共和国成立十周年之际,公安部在北京市地坛公园公开举办了全国劳动改造罪犯工作展览会,直观形象地向全国人民汇报了改造罪犯工作的情况。"十年来在政治上改造了大多数罪犯,使他们养成劳动习惯,学会生产技术,转变仇视劳动人民的反动思想,而且在经济上生产了大量的有益于社会的产品,对地方经济建设起到一定的积极作用。"①新中国罪犯劳动改造工作的发展并非一帆风顺,而是在曲折中迂回发展。

一、"大跃进"运动对罪犯劳动改造工作的影响与调整

由于1957—1958年全面开展的"大跃进"运动,违背了经济建设的客观规律,给监狱生产带来了消极影响,使产业结构失衡,粮食产量严重下降,亏损增加。

（一）"大跃进"运动对罪犯劳动改造工作的影响

1. 浮夸风的出现。1958年1月25日,公安部劳改局制定《1958年劳改工作计划》,提出了"争取实现大跃进"的口号,对监狱农场除新建单位外,要求"彻底扭转赔钱局面,达到生产盈利"。"在轰轰烈烈地开展'大跃进'运动的推动下,监狱系统在1958—1959年相继有一批'卫星'上天,河南五一农场1.02亩水稻产58499斤;白条河农场1.17亩花生亩产23643斤;云南元江、化念两个农场的甘蔗最高亩产达70多万斤;江西芙蓉农场1亩棉花亩产皮棉1520斤;安徽蒙城农场2亩棉花亩产皮棉高达1882斤;广西新兴农场创造的'快速肥猪法',使百斤重的克朗猪,日增重达44.5斤及64.5斤。"②同时,有的地区在大炼钢铁、大建土高炉、大办工业中,由于财力、资源缺乏、技术力量不足,产品质量差、成本高,浪费严重。

2. 产业结构失衡。"大跃进"运动中由于受"左"的影响,给监狱生产带来了消极的影响。为了大炼钢铁,有的农业单位被挤掉了,造成经济比例失调,产业结构失衡;不少强劳力被转移到工矿业上去,相对减少了农业方面的劳动力,粮食产量严重下降,亏损增加。

3. 工矿企业的发展。由于"大跃进"运动是在为尽力摆脱落后状态、努力把经济建设搞上去的思想指导下进行的,广大干部、职工不辞劳苦为实现"大跃进"所付出的辛勤劳动,监狱生产在"大跃进"中也有一些收获。"包括当时新建水库、修建渠道、平整土地等农田水利设施,新建矿山、厂房和新增生产能力的工业设备等,为今后发展监狱生产、开展改造罪犯工作奠定了一定的物质技术基础,也使那些原来没有工业基础的地区,开始有了自己的工矿企业。"③

公安部劳改局在《1958年劳改工作基本总结》中指出"劳改机电工业,原来虽有一些基

---

① 中国监狱工作协会编:《新中国监狱工作五十年(1949.10—2000)》,法律出版社2019年版,第120页。
② 中国监狱工作协会编:《新中国监狱工作五十年(1949.10—2000)》,法律出版社2019年版,第127页。
③ 中国监狱工作协会编:《新中国监狱工作五十年(1949.10—2000)》,法律出版社2019年版,第129页。

础,但小厂较多,设备较差,一般只能生产简单、小型的产品,主要搞修配。去年(1958年)以来,各地大大解放了思想,自己装备自己,由修配发展到制造。有些单位开始进到可以生产某些精、尖、重、大范围的产品,如制造多种重型机床、拖拉机、载重汽车、六千千瓦发电机、七千五百千伏安变压器等"①。"大跃进"时期,福建省监狱系统在福州市繁华的东街口地段,建设了当时福州市最高层建筑——福州邮电大楼,负责此项工程设计施工的工程师是刑满留场人员,这座大楼一度成为当地的标志性建筑,至今依然坐落在福州的中心地块。

(二)"调整、巩固、充实、提高"方针的贯彻

如何尽快克服"大跃进"运动对监狱经济产生的不良影响,纠正"左"的思想影响,各地监狱相继调整了产业结构和生产计划,加强了农业,使整个监狱生产在曲折中获得发展。

1. 毛泽东、刘少奇对监狱劳动生产的指示

为了使罪犯劳动改造工作尽快摆脱困境,国家领导人高度重视。从1960—1965年,毛泽东给予监狱工作积极的关怀,对监狱工作的指示达18次之多,使监狱工作及时拨正前进方向健康发展。尤其是在监狱劳动生产方面,毛泽东指出:"劳动改造罪犯,生产是手段,主要目的是改造,不要在经济上做许多文章","有些人只爱物不爱人,只重生产,不重改造,把犯人当成劳役,只有压服不行。其实抓紧思想政治工作,以思想工作第一,人的因素第一,做好这一面,不仅不会妨碍生产,相反还会促进生产"。②刘少奇在1962年4月指出:"劳改生产,国家不打主意,自己独立核算,不足的补贴一些,以改造为主","生产多少,公安部独立核算,财政部不打收入,办得差的,一下子不能自给的,国家还可以补贴一点"。③

2. "调整、巩固、充实、提高"方针(以下简称"八字"方针)的贯彻

1961年1月召开的中共八届九中全会上,正式通过并批准了国民经济实现"调整、巩固、充实、提高"的八字方针。为了贯彻"八字"方针,各地监狱相继调整了产业结构和生产计划,在罪犯劳动生产上作了调整。

(1)降低罪犯劳动强度。实行劳逸结合,以减少体力消耗。做到工矿业单位每天劳动时间不超过8小时,睡眠时间不少于8小时;农业单位在冬闲时间劳动4～6小时。在减少劳动时间的同时引导犯人通过开展技术革新和改进操作方法等措施来提高劳动生产率。

(2)建立副业基地。建立副业基地,以增加副食品供应。"湖南省监狱系统从1958年开始,共建立蔬菜、副食品基地3.2万亩,一年收获蔬菜3500万公斤""内蒙古自治区8个工业单位,在1959年即利用空隙地种菜2124亩,收获蔬菜150万公斤,养猪1119头,以后又逐年增加""湖北沙洋第三农场八中队发动犯人开种小片荒地、'十边'地,收获按场、队三七分成,用于补贴犯人口粮""在犯人中,实行包产奖和超产奖、多劳多得等经济措施,调动犯人的改造、生产积极性"④。

(3)明确监狱企业的管理体制。1964年8月23日,国家计划委员会、国家经济委员

① 中国监狱工作协会编:《新中国监狱工作五十年(1949.10—2000)》,法律出版社2019年版,第129页。
② 中国监狱工作协会编:《新中国监狱工作五十年(1949.10—2000)》,法律出版社2019年版,第131页。
③ 中国监狱工作协会编:《新中国监狱工作五十年(1949.10—2000)》,法律出版社2019年版,第131页。
④ 中国监狱工作协会编:《新中国监狱工作五十年(1949.10—2000)》,法律出版社2019年版,第132页。

会、财政部、公安部下达《关于劳改企业管理体制规定的联合通知》对监狱企业的性质、管理原则、生产计划、财务等方面进行了规定。[①]

监狱企业是特殊性质的地方国营企业,应当实行"改造与生产相结合,改造第一,生产第二"的方针,在体制上改造和生产由省(区、市)公安厅、局集中统一管理,非监狱机关不能管理监狱企业。监狱企业的计划、产品处理、资产管理、劳动力调配和干部任免、奖惩由省(区、市)公安厅、局统一管理。

监狱企业的生产、基建和物资供应计划,由省(区、市)公安厅、局负责编制,报送同级计委、经委,单独立户,纳入地方计划。监狱企业的预算缴款和预算拨款,列入省(区、市)级预算,实行全额管理,不实行预算外自收自支的办法。其基建预算拨款,由省(区、市)公安厅、局根据批准的基建计划,编制基建财务收支计划,由同级财政厅、局审查核定。

监狱企业及事业单位的基建计划、生产计划,由公安部审核汇总报送国家计委,同时抄送有关工业、农垦部门归口平衡。计划批准后由国家计委下达,单独列出监狱基建指标,由省级公安厅、局组织执行。直接承担中央有关生产任务的监狱厂矿,产品由归口部调拨,基建投资由归口部统一安排。监狱企业的生产利润或计划亏损、基本折旧基金、固定资产变价收入、增拨流动资金、四项费用和事业费等控制指标,由省级公安厅、局会同财政厅、局提出建议数字,经公安部协同财政部审核纳入预算;其中流动资金、四项费用和事业费指标,由国家计委综合平衡列入国家经济计划,经国务院批准后下达,纳入地方预算管理。监狱生产在业务、技术上受中央、地方有关部门指导。

(4)产业结构调整。各地监狱在贯彻"八字"方针中,坚决执行以农业为基础和"改造第一,生产第二"的方针,按照农、轻、重的顺序,调整产业结构。

第一,以农业为基础。缩短工业战线,拉长农业战线;调整现有工业和县办劳改场所的劳动力,之后所有新捕犯人全部投入充实农业,现有农场的劳动力,要集中80%以上投入生产第一线;基建投资应保证建场扩场,扩大耕种面积;在粮食自给的前提下,发展经济作物,让很多农场成为我国城市的副食品基地;监狱工业要积极支援农业、增产化肥、农药、农具、排灌机械等;调整部分厂矿机床,建立和充实监狱农场的修配设备系统。

第二,工业结构调整。工业的调整着重撤销了一些钢铁工业和工程队,压缩机械、建材行业,重点办好某些有生产任务的轻工业和矿山。按照留强去弱的原则,对原材料供应有保障、技术基础较好、产品质量过关、国家需要的产品、经营有利的单位,原则上都予以保留。

(5)重视对罪犯劳动的物质奖励。各地监狱实行了生产物质奖,采用发放犯人零用钱、技术津贴、假定工资提成等措施,调动犯人参与劳动的积极性与主动性。

(三)《劳动改造管教队工作细则》(以下简称《工作细则》)

1962年10月30日至11月15日召开的"十二公"会议,通过了《工作细则》,共分8章55条,其中与罪犯劳动有关的条目包括:

---

① 中国监狱工作协会编:《新中国监狱工作五十年(1949.10—2000)》,法律出版社2019年版,第135页。

1. 第一章对罪犯劳动生产、监狱企业作了专门规定。首次以部门规章的形式提出了"通过劳动生产和思想改造，促使反革命犯和重大刑事犯改恶从善，促使人民内部犯法分子悔过自新"，"监狱企业是特殊性质的社会主义全民所有制的国营企业，应当实行集中领导、改造和生产统一管理的原则，在中央的统一方针政策下，由省、区、市公安机关的监狱部门管理；非监狱机关不得管理劳改队，任何机关不得使用犯人搞机关生产"。

2. 第二章对管理体制作了规定。对劳改队的建制作了规范，分支队、大队、中队，人数多的可在支队之上设置总队。同时对劳改队的领导体制和人员配置也作了明确的规定，政委、教导员、指导员主要掌握干部的思想政治工作和犯人的改造工作，队长主要掌握生产和行政管理工作。

3. 第五章对生产管理作了规定。除对监狱农场的生产责任制、生产计划、技术管理、劳动管理、财务管理、监狱工矿的生产管理、安全管理、安全教育进行规范外，还规定：监狱农场产品属于统购物质的必须出售给国家规定的收购部门，不属于统购物质的必须出售给国家规定的收购部门或经商业部门同意直接销售给工厂、机关、学校等单位，不得在自由市场上出售；应按国营企业的标准，定期评定犯人的技术等级或劳动等级，对具有专门技术的犯人，给予一定数量的技术津贴；对因公伤残、死亡的犯人，应当对本人和家属给予一次性的生活补助。

4. 第八章对干部利用犯人劳动明确规定。不准使用犯人进行私人家务劳动。

（四）"改造与生产相结合，改造第一，生产第二"方针的确立

关于劳改工作方针的问题，早在 1956 年，刘少奇就指示："劳改工作的方针，第一是改造，第二是生产。"随后，该方针又多次被中共中央以及毛泽东、周恩来等中央领导人所肯定。但在监狱系统内部认识未完全统一，主要是监狱机关有没有惩罚的任务，以及劳动与教育在改造罪犯中的作用与地位问题。在具体提法上，直到"六劳"会议前，在有关文件和会议的表述中，基本是按照《劳改条例》所规定的"两个结合"的方针，而把"改造第一，生产第二"列为劳改工作应当遵循的原则。1964 年 7 月 6 日至 20 日召开了"六劳"会议，明确规定了劳改工作方针是"改造与生产相结合，改造第一，生产第二"。"改造第一，生产第二"的方针，把改造放在第一位，生产放在第二位，分清了改造、生产的轻重关系，对监狱生产进行了合理的定位。

1964 年 8 月，党中央在批转公安部《关于第六次全国劳改工作会议精神的报告》时明确指出："要做好这项工作，必须坚决执行中央的既定方针，即改造与生产相结合，改造第一，生产第二的方针。"从此，"改造与生产相结合，改造第一，生产第二"作为我国改造罪犯的工作方针被确定下来并沿用了很长时间。

■ 二、"文化大革命"对罪犯劳动改造的影响及整顿、恢复

1966 年 5 月至 1976 年 10 月，"文化大革命"对监狱生产造成了严重破坏。

（一）"文化大革命"对罪犯劳动的影响

1965 年，全国有省属劳改单位 561 个，地属劳改单位 268 个，总计 829 个。[1] 但是从 1966 年开始逐年撤销和移交，至 1971 年全国押犯场所及事业单位只有 485 个。[2] 有些单位被移交给当地作为企业进行管理，有些单位被移交给生产建设兵团、国营工厂、当地政府管理等，将大批劳改单位交给非专政机关管理给罪犯劳动改造工作带来了很多问题。

1. 偏重生产，忽视改造。由于许多地区把劳改单位交给省、市生产指挥部，出现了多头领导、分散管理的局面，实际工作中多数生产指挥部只抓生产，任务层层加码，不注重罪犯劳动改造工作。不少监狱干部被"批斗"或调出，罪犯劳动改造的秩序受到严重破坏，已制定实施的各项劳动改造制度、规章被冲击，把改造与生产对立起来，罪犯劳动改造的质量大幅度下降。由于监管不严，重新犯罪的很多。据 8 个省、市的调查，重新犯罪的罪犯约占罪犯总数的 20%，最高达到 48%。[3]

2. 罪犯生产劳动保障受到破坏。一些监狱打破原有制度规定，随意延长罪犯劳动时间，克扣衣物、食物。"福建生产建设兵团某些单位，明文规定犯人每天劳动 12 小时，有的长达 15 小时，又不按规定供应衣被、食物，犯人体质下降，死亡率上升，逃跑不断发生。"[4]监狱劳动生产力受到严重破坏。

有些地区随意调拨劳改单位的物质设备，随意调用犯人搞机关生产，随意抽调劳改工作干部到其他部门工作。对于劳改部门生产必须的原材料和设备，不少部门却实行管、卡、压，调用劳改单位资金财产的现象极为普遍，致使生产中的很多问题都无法解决。

（二）罪犯劳动的初步恢复、整顿

1. "十五公"会议与罪犯劳动改造的初步恢复。1970 年 12 月 12 日至 1971 年 2 月 11 日，公安部召开"十五公"会议，会议的主题是"无产阶级专政下基础革命的理论"。1971 年 2 月 8 日，周恩来接见会议全体代表时指出："要恢复、整顿劳改农场、工厂，劳改农场要好好整顿"，"判刑的要劳动改造，未决犯也要劳动改造，监狱的犯人也要劳动改造。抚顺战犯管理所的改造工作是搞得好的，是为人们称道的，为什么不好好办"。[5] 这为罪犯劳动改造的全员参与提供了依据。1971 年 2 月 26 日，中共中央批转了"十五公"会议纪要，指出："要恢复和整顿劳改农场、工厂。坚决执行改造第一的方针，用毛泽东思想改造犯人。"

2. "七劳"会议召开。1972 年 11 月 20 日至 12 月 18 日，经国务院批准，公安部在北京召开"七劳"会议。"七劳"会议是在"文化大革命"期间召开的一次全国劳改专业会议，推动了劳改工作的恢复与整顿。会议检查了"十五公"会议以来劳改农场、工厂恢复整顿情况，总结交流了恢复整顿劳改工作的经验。针对罪犯劳动，会议提出劳改工作必须坚持"改造

① 中国监狱工作协会编：《新中国监狱工作五十年（1949.10—2000）》，法律出版社 2019 年版，第 159 页。
② 中国监狱工作协会编：《新中国监狱工作五十年（1949.10—2000）》，法律出版社 2019 年版，第 159 页。
③ 中国监狱工作协会编：《新中国监狱工作五十年（1949.10—2000）》，法律出版社 2019 年版，第 164 页。
④ 中国监狱工作协会编：《新中国监狱工作五十年（1949.10—2000）》，法律出版社 2019 年版，第 161 页。
⑤ 中国监狱工作协会编：《新中国监狱工作五十年（1949.10—2000）》，法律出版社 2019 年版，第 176 页。

与生产相结合,改造第一,生产第二"的方针。

(三)罪犯劳动改造的逐步发展

经过恢复整顿,广大劳改工作干部经受了严峻的考验,他们高度的政治责任心以及认真抓改造、抓生产的工作态度,促使罪犯劳动改造得到恢复和发展。

1. 稳定秩序,工业生产有所发展。在监狱犯人及干部人数总数减少,原料供应不足的情况下,全国劳改工业生产除了个别年份外,仍呈逐年增长之势。"1973 年劳改工业生产总产值达到 196780 万元,到 1975 年增加到 245863 万元,比 1965 年增长了 64.35%。"[①]

2. 因地制宜,农业增产增收。农业在"文革"中遭受到严重损失,劳改农业单位由 1965年的 356 个降到 1970 年的 128 个。经过恢复,1976 年达到 208 个。[②] 由于广大干部的努力,劳改农业生产比过去有所发展。"1976 年,全国劳改农业产值达到 66334.92 万元,比1965 年增长了 79%。"[③]

各地劳改农业单位的恢复整顿,以治水治土为中心,大搞农田基本建设。一些劳改农场建起科学试验田,成立科研组织,推广和培育良种。"不断改革耕作制度和栽培技术,推行合理密植、化学除草、化肥深施、浅水勤灌、实时烤田等农业技术。许多劳改农场基本实现了耕耙、排灌、植保、脱粒、运输和加工的机械化或半机械化。"[④]

阅读资料

劳动改造管教队工作细则[⑤]

为具体贯彻《中华人民共和国劳动改造条例》,1962 年公安部制定《劳动改造管教队工作细则(试行草案)》(以下简称《工作细则》),1962 年 12 月 4 日由公安部通知各地普遍试行。该《工作细则》共 8 章 55 条:第一章,总则。规定了劳动改造管教队(以下简称"劳改队")的性质、任务、工作方针及管理机关。第二章,管理体制。规定了劳改队的管理体制。第三章,管押制度。规定了劳改队的管押制度。第四章,教育改造。规定了劳改队实施教育改造的一般原则和方法。第五章,生产管理。规定了劳改队进行劳动生产的管理制度。第六章,生活管理。规定了劳改队的生活管理制度。第七章,奖励惩罚。规定了劳改队对犯人实施的奖惩制度。第八章,干部。规定了劳改工作干部应具备的基本条件和应遵循的组织、纪律原则等。

---

① 司法部监狱管理局编:《当代中国监狱概览(1949—1989)(统计资料卷)》,法律出版社 2000 版,第21 页。

② 中国监狱工作协会编:《新中国监狱工作五十年(1949.10—2000)》,法律出版社 2019 年版,第 182 页。

③ 中国监狱工作协会编:《新中国监狱工作五十年(1949.10—2000)》,法律出版社 2019 年版,第 182 页。

④ 中国监狱工作协会编:《新中国监狱工作五十年(1949.10—2000)》,法律出版社 2019 年版,第 183 页。

⑤ 邹瑜:《法学大辞典》,中国政法大学出版社 1991 年版,第 732 页。

第五节 改革开放后的罪犯劳动改造工作

1978 年 12 月,党中央召开了十一届三中全会,把全党工作的重点转移到社会主义现代化建设上来,党的十一届三中全会后,我国监狱工作开始进入一个改革开放、全面建设社会主义现代化的新的历史发展时期。

一、生产秩序的拨乱反正

公安部为了整顿监狱生产秩序,以适应改造罪犯和生产发展的要求。1980 年,公安部连续下发关于整顿生产秩序的三个文件,即《劳改农业生产座谈会纪要》《关于切实加强劳改单位安全生产工作的意见》《关于劳改机械工业企业管理整顿现场会座谈纪要》。这三个文件强调了整顿监狱生产秩序的重要性和必要性,提出做好全面规划,落实"调整、改革、整顿、提高"八字方针等具体要求。

二、"八劳"会议召开

1981 年 8 月 18 日至 9 月 9 日,"八劳"会议在北京召开。这次会议总结了新中国 30 年来监狱工作的基本经验,尤其是劳动改造方面的经验。会议提出和解决的一系列重大问题,在新中国劳改工作发展史上具有深远的意义,劳动改造罪犯工作是党和国家改造人、改造社会的伟大、光荣事业的一部分,切实做好这一切工作对争取社会治安的根本好转,对进一步巩固人民民主专政具有重要意义。1981 年 12 月 11 日,中共中央、国务院批准了《第八次全国劳改工作会议纪要》。

(一)对罪犯劳动改造工作的经验总结

1. 正确执行"改造与生产相结合,改造第一,生产第二"的方针。罪犯改造工作中教育改造与劳动改造是相辅相成、不可偏废的。只有这样,才能把罪犯改造成为拥护社会主义制度的守法公民和社会主义建设的有用之才。

2. 组织好劳改生产,进行科学的生产管理。会议指出,监狱既不能让犯人坐吃闲饭,也不能搞超体力劳动。罪犯每天劳动一般不要超过 8 小时,要通过生产劳动,使犯人养成劳动习惯,学会生产技能。同时,肯定了罪犯劳动中对井下、高温作业的保健费和健康补助费按照国家规定发放是对罪犯劳动的保护。

3. 组织罪犯劳动改造,支援社会主义建设。从经济上看,将罪犯组织起来进行劳动改造,为国家创造大量财富,支援了社会主义建设。据统计,30 年来,服刑罪犯共开垦荒地 1100 多万亩,建设工场、矿山、农场 800 多个,累计生产粮食 300 多亿斤,工农业总产值 646

多亿元,还参加了修筑铁路、公路、治理江河和开发边远地区。①

(二)确定了罪犯劳动改造的新政策与方法

针对监狱改造工作出现的新情况和新问题,在总结评估以往改造工作中的经验、方法、措施基础上,中央确立了一些新的政策和方法。有关罪犯劳动改造方面的新政策和方法有:

1. 对参与技术学习考工合格的罪犯,发给技术等级证书。

2. 对从事井下、高温作业罪犯的保健费和健康补助费,按国家规定发放,并保证物资供应。

3. 完善生产体制。劳改单位是特殊的地方国营企业,将劳改单位列入地方经济建设计划。劳改单位生产体制上的调整必须适应劳动改造罪犯的需要,取得当地经济主管部门的支持,在计划、投资、生产项目的改建、扩建等方面给予照顾。劳改单位积极推行各种经济责任制。也可以参加企业之间的产、供、销联合体,将其纳入地方同类企业产业链中,加快劳改企业发展。

4. 关于计划财政体制,要切实解决劳改企业指标过高、生产任务过重、利润效益过低问题,生产、狱政等基本建设单立户头,列入本省(市、区)的基建计划。

■ 三、《监狱、劳改队管教工作细则》的颁布试行

1979 年 7 月 1 日,第五届全国人民代表大会第二次会议通过《中华人民共和国刑法》和《中华人民共和国刑事诉讼法》。为强化监狱、劳教工作的法制建设,经广泛调研,根据当时我国押犯实际情况,公安部劳改局制定了《监狱、劳改队管教工作细则》(以下简称《管教工作细则》),经"八劳"会议讨论修改后,1982 年 2 月 18 日由公安部颁布试行。该细则侧重于管教工作,是劳改工作方针、政策的具体体现,对加强改造工作的基础建设,改进管教工作,发挥了重要作用。

《管教工作细则》共 7 章 137 条,其中涉及罪犯劳动改造的有以下几个方面:

1. 规定教育与劳动的关系。《管教工作细则》第 3 条规定,管教工作应当认真贯彻执行"改造与生产相结合,改造第一,生产第二"的劳改工作方针。监管、教育、劳动生产和生活卫生工作,要密切配合,相辅为用,不可偏废。

2. 犯人的劳动权利。《管教工作细则》第 42 条规定,犯人在服刑期间必须积极参加劳动生产;接受政治、文化、技术教育;对管理教育,劳动生产和生活卫生工作,犯人有提出合理化建议的权利。

3. 犯人劳动管理。《管教工作细则》第 43 条规定,要切实掌握犯人的思想情况,并建立定期分析研究和逐级汇报的制度。犯人的一切活动必须置于干警的直接控制之下,犯人

---

① 中国监狱工作协会编:《新中国监狱工作五十年(1949.10—2000)》,法律出版社 2019 年版,第 195 页。

出工收工,开大会,看电影,以及其他集体活动,干部要亲自清点人数,整理队形,带去带回。犯人的劳动、学习、生活现场,干部必须在场指挥、监督,不得擅离岗位。必须执行早晚点名和查铺制度。

4.劳动工具管理。《管教工作细则》第44条规定,劳动工具要集中统一保管,不准犯人带入监舍区。第50条规定,要建立、健全生产工具和设备的使用、维修和保管制度。

5.劳动纪律管理。《管教工作细则》第45条规定,要教育犯人服从管教,遵守学习、劳动、生活、卫生制度;不准超越警戒线和私自串队。第55条规定,犯人有破坏劳改场所设施、秩序和国家物资等行为的可以使用手铐或者脚镣。凡加戴戒具的犯人,均不应再出工劳动。

6.劳动工种管理。《管教工作细则》第48条规定,可以使用犯人搞生产记录,学习记录,医护卫生,炊事、理发和文化技术教育等项事宜。但不准使用犯人带领犯人出工,利用犯人办理案件,看管禁闭室,检查犯人信件、物品,外出采购,管理仓库、变电所、广播室,整理、抄写、保管有关管教工作方面的材料和其他机密材料。

7.分散劳动管理。《管教工作细则》第49条规定,应当严格控制脱离武装看押,从事零星分散劳动的犯人。监狱里的犯人,不准脱离武装看押,从事监外劳动,工业劳改队的犯人,原则上也不能脱离武装看押到监外进行分散劳动。遇有特殊情况,需要使用少量犯人到监外劳动时,必须由干部带领。农业劳改队要尽量由刑满留场就业人员,从事零星分散的生产劳动。如果顶替有困难,必须由犯人从事分散劳动时,一般应当控制在押犯总数的5%以内,农忙季节不得超过10%。对于从事分散劳动的犯人,应当选用改造表现好的过失犯、渎职犯和原判刑期十年以下、已执行二分之一以上的一般刑事犯。并要指定专人加强对他们的管理教育,发现问题要及时调换。

8.劳动定额管理。《管教工作细则》第50条规定,要加强对犯人的劳动管理。对犯人的劳动,要根据体力强弱合理安排。建立生产责任制,规定犯人每个劳动日应当完成的作业定额,实行评工记分制。制订各种生产技术、工艺和操作规程,要求犯人严格遵守。

9.劳动安全管理。《管教工作细则》第128条规定,工业劳改队,特别是矿山劳改队,要加强对犯人的安全教育,建立安全生产制度,设置必要的安全防护设施。要严格防止发生伤亡事故和职业病。由于玩忽职守,造成严重后果的,应当追究责任。

10.劳动教育。《管教工作细则》第97条规定,为了有效地实现教育改造工作的任务,各省、市、自治区劳改局和监狱、劳改队都要根据实际情况,分别制定政治思想教育和文化技术教育的长期规划和年度计划。第98条把劳动教育列入罪犯教育内容。第100条规定,生产技术教育,要本着做什么学什么的原则,采取包教包学、技术讲座、开训练班等形式进行。还应当积极创造条件,逐步推行技工学校或职业中学主要课程的教育。对犯人的技术教育要定期考核,并按照国家的有关规定,评定技术等级。在犯人刑满释放时,要发给技术等级证书。

11.劳动保护。《管教工作细则》第30条规定,对在劳动改造期间因公致残的,释放时可根据国家规定和具体情况发给生活补助费,或由国家养起来。第119条规定,监狱、劳改队对犯人按规定应得的零用钱和技术津贴费,要如数发给,不准挪用和克扣,也不准作为奖惩的手段。第 120 条规定,犯人的伙食费,应当按照规定的标准执行,不得挪用、克扣或大量结余。参加劳动的犯人,其粮食定量和品种,应当按照当地同类国营企业同工种同等劳动力的标准供应;不劳动的犯人,按当地居民的标准供应。第 127 条规定,组织犯人生产要注意劳动保护,改善劳动条件。对参加劳动的犯人,应当按照当地同类国营企业同工种的规定标准,发放劳动服和劳动保护用品、保健食品。并要做好犯人的冬季防寒保暖、夏季防暑降温工作。

12. 劳动时间。《管教工作细则》第 108 条规定,把劳动生产作为入监教育的内容,入监队实行半天教育,半天劳动。第 109 条规定,由出监队介绍当前社会形势和有关政策,教育罪犯出监后应当遵守法纪、正确对待就业等问题。对出监队的犯人,可以半天劳动、半天学习,管理上也可适当放宽。第 118 条规定,犯人每天劳动时间一般为 8 小时。工业劳改队要积极创造条件,逐步推行每天劳动 6 小时的制度。农业劳改队每天学习时间一般为 2 小时,在抢收抢种的大忙季节,劳动时间可以适当延长。犯人每天睡眠时间必须保证 8 小时。犯人的休息日,除法定节日休息外,每周休息 1 天。农业劳改队在生产大忙季节,休息日可以调整。

13. 劳动考核与奖惩。《管教工作细则》第 129 条规定,要按照惩办与宽大相结合的政策,对犯人实行赏罚严明的奖惩制度。第 133 条规定,犯人能够遵守监规纪律,努力学习,积极劳动,确有认罪服法表现的;超额完成生产任务的;节约原料,爱护公物有显著成绩的;革新或传授生产技术有一定成效的;在防止或消除灾害事故中,有一定贡献的应当给予表扬、记功或物质奖励。第 134 条规定,犯人消极怠工,违反操作规程,屡教不改的;有意损坏生产工具的应当给予警告、记过或禁闭等行政处罚。第 136 条规定,犯人在生产中有发明创造或有重大技术革新的;抢救国家财产,消除灾害事故,或制止罪犯逃跑、行凶等破坏活动,有立功表现的应当依法减刑或假释。对生产技术有发明创造的犯人,还应当按照国家规定发给奖金。一半发给本人,一半作为劳改机关教育经费的收入。第 137 条规定,犯人公开抗拒劳动,屡教不改的;破坏生产或其他破坏行为,构成犯罪的应当依法惩处。

四、监狱生产的改革与发展

(一)管教、生产双承包责任制(以下简称"双承包责任制")的推行

根据改革形势的发展和党对监狱工作的新要求,监狱机关遵循"改造与生产相结合,改造第一,生产第二"的方针,探索管教与生产紧密结合的新途径,推行管教、生产双承包责任制。

1. 双承包责任制的试行。监狱机关试行的双承包责任制是在学习借鉴地方实行经济责任制的基础上,结合监狱工作的实际发展起来的。1979 年上半年,云南省监狱系统在学习首钢经验和其他国营农场搞"定、包、奖"过程中,结合监狱自身情况,逐步探索了改造、生产双承包责任制。在 1980 年全国监狱系统实行财务包干的基础上,许多单位逐步实行双承包责任制,初步改变了监狱企业管理"大锅饭"状况,较好解决了管教、生产脱节的问题,

做到了责、权、利相结合,体现多劳多得、少劳少得、不劳不得的原则,较好地调动了民警、职工的积极性,也使大部分罪犯增强了生产的责任心、提高了罪犯劳动出勤率,并努力学习文化技术,促进了思想改造。

2. 双承包责任制的全面推行。1984年6月司法部[1]在得到中央领导对双承包责任制的肯定后,召开了全国劳改、劳教工作会议,下达了《关于在劳改、劳教单位进一步推行经济责任制的意见》要求监狱系统必须推行双承包责任制。

其主要内容:在改造上的指标包括罪犯脱逃和捕回率、发破案率、非正常死亡率、在监内的违纪和重新犯罪率、"三课"教育入学率和考试合格率等指标;在生产上的指标包括产值、产量、质量、消耗、成本、利润及其他主要经济技术指标。会议强调要将各项任务指标分解到科室、车间、大队、中队,层层指标落实到班组、机台,责任到人。对罪犯要逐步完善考核办法,完成和超额完成承包任务的要给予应得的奖金,改造、生产表现突出的还可以依法减刑。到1985年,双承包责任制在全国监狱系统普遍推行,全国监狱系统完成工农业生产总值比上年增长15%。1988年12月司法部在北京召开全国劳改、劳教工作会议,肯定了5年来全国监狱系统推行双承包责任制所取得的成绩和经验。会议认为双承包责任制是监狱工作的基本责任制度,要在全面推行的基础上不断完善和发展,在内容上包括管教、生产承包指标和政治工作承包指标。[2]

(二)产业、产品结构的调整与优化

20世纪80年代以来,监狱企业开始着手全面整顿、调整产业、产品结构,转换经营机制,实施企业升级创优工作,加强生产经营管理,挖掘内部潜力,探索现代企业制度,增强监狱系统的经济实力,为改造罪犯奠定物质基础,也为国家创造了大量财富。[3]"1994年同1982年相比,监狱系统的工农业总产值增长了390%","监狱生产担负着本系统80%左右的经费开支,承担着消化大量的增支因素、'自办小社会'、偿还贷款以及解决历史欠账等方面的经费开支,为监狱事业的发展作出了不可磨灭的贡献"。[4]

1. 产业、产品结构调整

改革开放使中国由计划经济体制逐步转变为社会主义市场经济体制。监狱系统坚决贯彻国家和地方的产业、产品结构调整政策,把资金投向优势企业,改造基地、重点产业和产品,并注意发展第三产业。

(1)抓住国家鼓励发展能源、原材料工业的有利时机,促使在监狱经济中占有较大比重的煤炭、有色金属、建材、化工原料工业有较大进展。

(2)把握国家调整地区产业布局机遇,把一批地处中小城市,在资源、技术、资金上占有一定优势的企业发展成改造基地和经济支柱;积极争取把地处城市周围的监狱农场纳入国

---

[1]　1983年,为了加强对劳改工作的领导,中共中央发出通知,决定将劳改工作由公安部移交给司法部管理,同年8月,移交工作全部完成。

[2]　中国监狱工作协会编:《新中国监狱工作五十年(1949.10—2000)》,法律出版社2019年版,第245页。

[3]　中国监狱工作协会编:《新中国监狱工作五十年(1949.10—2000)》,法律出版社2019年版,第245页。

[4]　中国监狱工作协会编:《新中国监狱工作五十年(1949.10—2000)》,法律出版社2019年版,第245页。

家的"粮袋子""菜篮子"工程的规划。

(3)根据国家鼓励发展农业的政策,充分利用监狱农场土地、山林等资源优势,使农业生产取得较大发展。

(4)利用治理整顿的时机,把监狱经济重点转移到提高经济效益上来,摒弃过去那种重速度轻效益,重外延轻内涵,重"等、靠、要"轻内部挖潜的传统做法,对产业、产品的调整与生产的发展,起到了较大的推动作用。

2. 以科技为先导优化产业、产品结构

1990年后,根据司法部的部署,开展了"质量、品种、效益年"和"企业管理年"活动,积极探索建立现代企业制度,使监狱企业的整体素质得到提升,为依靠科技进步,促进产业、产品结构的优化创造了条件。

(1)加强科学管理,全面提升企业素质。20世纪90年代,全国监狱系统积极试行"改造工作依法办事,生产经营放权搞活"的"统一领导,双轨运行"的管理体制和运行机制。从1994年起,全国监狱把转换经营机制,创建现代企业制度和依法治监,创建现代化文明监狱作为工作目标。深化改革,加强管理,艰苦奋斗,逐步分解计划经济留给监狱企业的人员多、债务重、企业办社会的三大包袱,使企业包袱得到减轻,为创立现代企业制度创造了条件。

(2)依靠科技进步,优化产业、产品结构。监狱系统尊重知识、尊重人才、爱护人才,对学有专长的优秀民警,注意发挥他们的特长,解决其政治、生活待遇,选送他们进行培训;组织他们对一些重大产业、项目进行集体攻关,开展学术讨论,加强信息交流,推动科研和生产发展。建立科研开发基金,为科研人员提供科研手段、资料、试验材料等。对犯人中有专长的人员,"实行技术津贴、奖励等制度,并为其中有专长的高级知识分子安排了工作室"[1]。在科技进步的推动下,产业的优化得到了长足的发展,产品的科技含量不断提高,应用新技术、开发新产品,生产名优产品的工作取得了显著的成就。如1991年至1995年,山东省监狱系统共开发了新产品80项,新技术、新工艺、新品种172项;获司法部科技进步奖48项,获山东省科技进步奖25项,优秀新产品奖8项,有10项产品申报专利,其中,大罐气装置被评为1995年专利金奖。[2]

3. 发挥监狱农业经济的作用

监狱农业不仅是监狱经济的基础,而且是重要的犯人改造基地。"1987年,全国监狱农场总产值达到12亿元,粮食总产值突破14亿斤,第一次实现全国农业经营有盈利的目标,成为监狱农业的一大转折","1997年,全国监狱农场总产值已达43亿多元,经营继续盈利"。[3] 监狱农场在发展农业的同时,大力发展场办工业和"两高一优"农业,取得了显著成就。

(1)调整产业结构,促进农工副业协调发展。在改革开放国策指导下,监狱在发展农业的同时,大力发展场办工业,实现了监狱由以农业为主向农、工、商综合经营转变,农业由以种植业为主向农、牧、副、渔共同发展转变。场办工业在全国监狱经济中成了一支举足轻重

① 中国监狱工作协会编:《新中国监狱工作五十年(1949.10—2000)》,法律出版社2019年版,第247页。
② 中国监狱工作协会编:《新中国监狱工作五十年(1949.10—2000)》,法律出版社2019年版,第247页。
③ 中国监狱工作协会编:《新中国监狱工作五十年(1949.10—2000)》,法律出版社2019年版,第247页。

的力量,"产量由 1984 年的 4.82 亿元增加到 1989 年的 9.29 亿元,占农场产值比重,1984 年为 39.68％,1989 年达 59.85％"[①]。监狱农场在发展场办工业中坚持"四抓":一是抓因地制宜,扬长避短、资源转化、深度加工、抓拳头产品,大上消耗资金少、见效快、效益高的"短、平、快"项目;二是抓产品开发,以市场为导向,优先发展适销对路产品;三是抓经营管理,大力提高企业的素质和经济效益;四是在系列产品开发的同时,抓好综合利用,把场办工业与种养业的配套成功结合起来,形成良性循环的生产体系。

(2)科技兴农,发展"两高一优"农业。随着农业现代化建设的不断发展,全国监狱系统都很重视科技兴农,以此提高农业的发展水平。一是农技队伍和科研(所)建设,这是实现科技兴农的前提条件。"据 1990 年统计,黑、辽、甘、皖、苏、沪、浙、鄂、湘、粤、滇 11 个省、市劳改局有直属科研所 4 个,场办科研所、站 71 个,基本实现了一场一所(站)或一场多站。"[②]二是监狱在推广先进适用技术上,良种良法配套,带动其他多项技术的推广。

■五、《中华人民共和国监狱法》对罪犯劳动改造作了明确的规定

1994 年 12 月 29 日,第八届全国人大常委会第十一次会议通过了新中国历史上首部监狱法典——《中华人民共和国监狱法》(以下简称《监狱法》)。《监狱法》的颁布实施,进一步完善了中国的刑事法律体系,为监狱工作法制化建设奠定了坚实的基础,是新中国监狱史上一座里程碑,具有划时代的意义。《监狱法》对罪犯劳动性质、劳动目的、劳动时间、劳动报酬、劳动保护等作了具体的规定,为监狱正确组织罪犯从事生产劳动提供了法律保障。

《监狱法》的立法指导思想:"根据宪法的基本原则,站在国家同刑事犯罪作斗争的战略高度,从惩罚罪犯、改造罪犯和国家长治久安的全局出发,总结监狱工作的实践经验,并参考借鉴国外的有益做法,使监狱工作进一步纳入规范化、法制化的轨道,更好地发挥监狱职能,预防和减少犯罪,把罪犯改造成为遵纪守法、自食其力的公民。"《监狱法》共 7 章 78 条,其中涉及罪犯劳动改造的有以下几个方面:

(一)确定监狱的性质

通过劳动改造罪犯是中国监狱制度的一个重要特色,长期以来,劳改机关既是刑罚执行机关,又是生产单位,是国有企业,它不仅要承担执行刑罚的职能,还要完成一定的经济任务,结果导致监狱把大部分精力用于组织犯人生产,参与市场竞争,影响了刑罚执行和改造罪犯职能的正常发挥。《监狱法》第 2 条明确规定了监狱、劳改队是人民民主专政的工具之一,是对犯人实施惩罚和改造的机关。监狱、劳改队管教工作的具体任务是:健全监管制度,准确地执行刑罚;实行严格管理,防止犯人逃跑、破坏活动,维护监管、劳动秩序;结合劳动生产,有效地实施政治思想教育和文化技术教育;切实管理好生活卫生工作,以保证完成

---

① 司法部监狱管理局编:《当代中国监狱概览(1949—1989)(统计资料卷)》,法律出版社 2000 年版,第 36 页。

② 中国监狱工作协会编:《新中国监狱工作五十年(1949.10—2000)》,法律出版社 2019 年版,第 249 页。

对犯人执行惩罚和改造的任务。这明确了监狱性质及其在司法体系中的地位，全面体现中国特色社会主义监狱的基本特征。

（二）罪犯改造原则与手段

《监狱法》第 3 条规定，监狱对罪犯实行惩罚和改造相结合、教育和劳动相结合的原则，将罪犯改造成为守法公民。第 4 条规定，对罪犯应当依法监管，根据改造罪犯的需要，组织罪犯从事生产劳动，对罪犯进行思想教育、文化教育、技术教育。这就从法律上确定了监管、劳动、教育是我国监狱改造罪犯的三大基本手段。

（三）罪犯劳动改造

《监狱法》第 7 条规定，罪犯必须严格遵守法律、法规和监规纪律，服从管理，接受教育，参加劳动。第 69 条规定，有劳动能力的罪犯，必须参加劳动。

1. 罪犯劳动改造的目的

《监狱法》第 70 条规定，监狱根据罪犯的个人情况，合理组织劳动，使其矫正恶习，养成劳动习惯，学会生产技能，并为释放后就业创造条件。

2. 罪犯劳动经费、物质保障

《监狱法》第 8 条规定，国家保障监狱改造罪犯所需经费。国家提供罪犯劳动必需的生产设施和生产经费。第 9 条规定，监狱依法使用的土地、矿产资源和其他自然资源以及监狱的财产，受法律保护，任何组织或者个人不得侵占、破坏。

3. 罪犯劳动奖惩

《监狱法》第 29 条规定，被判处无期徒刑、有期徒刑的罪犯，在服刑期间确有悔改或者立功表现的，根据监狱考核的结果，可以减刑。罪犯在劳动方面有发明创造或者重大技术革新的；在日常生产、生活中舍己救人的；在抗御自然灾害或者排除重大事故中有突出表现的；对国家和社会有其他重大贡献的应当减刑。第 57 条规定，罪犯能遵守监规纪律，努力学习，积极劳动，有认罪服法表现的；超额完成生产任务的；节约原材料或者爱护公物，有成绩的；进行技术革新或者传授生产技术，有一定成效的，监狱可以给予表扬、物质奖励或者记功。第 58 条规定，有劳动能力拒不参加劳动或者消极怠工，经教育不改的；以自伤、自残手段逃避劳动的；在生产劳动中故意违反操作规程，或者有意损坏生产工具的，监狱可以给予警告、记过或者禁闭。

4. 罪犯劳动保护

《监狱法》第 72 条规定，监狱对参加劳动的罪犯，应当按照有关规定给予报酬并执行国家有关劳动保护的规定。第 73 条规定，罪犯在劳动中致伤、致残或者死亡的，由监狱参照国家劳动保险的有关规定处理。第 71 条规定，监狱对罪犯的劳动时间，参照国家有关劳动工时的规定执行；在季节性生产等特殊情况下，可以调整劳动时间。罪犯有在法定节日和休息日休息的权利。

5. 罪犯职业技术培训

《监狱法》第 64 条规定，监狱应当根据监狱生产和罪犯释放后就业的需要，对罪犯进行职业技术教育,经考核合格的,由劳动部门发给相应的技术等级证书。第 66 条规定,罪犯职业技术教育,应当列入所在地区教育规划。第 75 条规定,未成年犯的劳动,应当符合未成年人的特点,以学习文化和生产技能为主。

六、全国监狱工作会议召开

进入市场经济之后,"监狱经济遇到前所未有的困难。监狱工作难以适应越来越繁重的罪犯改造任务;监狱经费不足和监狱企业大面积亏损,阻碍了狱政设施的更新改造,影响了监狱民警、职工工作、生活条件的改善;部分领导和民警对解决监狱困难的信心不足,不同程度上影响了监狱工作的改革和发展"。[①] 在这关键时刻,1995 年 2 月 14 日至 16 日,全国监狱工作会议在北京召开。这是继"八劳"会议召开 13 年后的又一次重要会议。这次会议是在深入改革开放、发展社会主义市场经济和健全社会主义民主与法制的形势下,监狱工作面临新的挑战、新的机遇、新的发展时期召开的。本次会议对罪犯劳动改造工作作了规定。

(一)提出监狱企业要适应社会主义市场经济的发展

会议提出要实现监狱工作的三个转变:一是在刑罚执行中,由以往主要依靠政策调整,向贯彻依法治国方略,实施依法治监转变;二是监狱财政由基本依靠生产收入、执行国家经济计划,向建立国家财政保障体制、监狱企业适应社会主义市场经济转变;三是罪犯改造工作由传统型、粗放型和经验型管理,向依法、严格、文明、科学管理转变,最终达到依法治监和从严治警的目的。

(二)强调组织罪犯生产劳动要以改造人为中心

会议指出,监狱工作要紧紧围绕"改造人"这个宗旨,充分发挥监管、劳动、教育三大改造手段的整体功能。随着财政保障体制的逐步落实,在组织罪犯生产劳动中要克服以往存在的单纯追求经济效益的现象,充分发挥劳动在罪犯恶习矫正、观念改变、行为养成、技能培训中的作用。劳动教育要以克服好逸恶劳思想、培养劳动习惯为主要任务。

七、创建现代化文明监狱战略目标的提出

为全面认真贯彻实施《监狱法》,适应我国社会主义现代化建设的发展进程,展示我国监狱的现代、文明形象,司法部要求全国的监狱和监狱管理部门要把创建现代化文明监狱作为我国监狱建设和发展的总体奋斗目标,按一定标准,有计划、有步骤、量力而行、坚定不移地推进我国现代化文明监狱建设。1995 年 9 月 14 日,司法部印发了《关于创建现代化文明监狱的标准和实施意见》,规定现代化文明监狱的标准,指出现代化文明监狱是以比较

---

① 中国监狱工作协会编:《新中国监狱工作五十年(1949.10—2000)》,法律出版社 2019 年版,第 267 页。

先进、完善的监狱设施和健全、有效的改造制度为基础,依法对罪犯实施科学、文明管理和教育改造,具有较高改造质量的场所,确定了现代化文明监狱应具备必要的、适应监管改造工作需要的监狱设施和技术装备。在这些标准中,与罪犯劳动改造有关的标准主要有以下几个方面:

(一)职业技术培训师资标准

1.要求建立一支具备高中以上文化程度的教师队伍。其中技术教师应占在押罪犯总数的 3％以上。少年管教所教员应全部由警察担任。

2.对罪犯实行正规、系统的政治思想、文化、职业技术教育,实行考试、升级和发证制度。每年三课教育的总课时,成年罪犯不少于 500 课时,未成年犯不少于 1000 课时。

(二)劳动改造质量综合指标

1.刑期届满时获得职业技术证书的罪犯,分别达到应入学人数的 70％以上。

2.刑期 3 年以上的罪犯,刑满时掌握 1 门实用技术;其中 1/3 以上的罪犯掌握 2 门以上实用技术。

(三)劳动改造手段的科学运用

1.建立文明、规范、合理的劳动管理制度,调动罪犯劳动改造和学习生产技能的积极性。

2.坚持对罪犯实施岗前培训。罪犯独立上岗前能掌握基本的安全知识和符合该岗位要求的生产技能。

3.罪犯劳动现场管理良好,符合文明生产、安全生产的要求,罪犯的工伤死亡事故发生率不超过行业规定的标准。

4.罪犯劳动现场的环境良好,对噪声、粉尘与有害气体的控制和照明、通风、降温、保暖等条件符合国家有关规定。对罪犯按规定实行劳动保护和劳动保险。

5.成年罪犯一般每日劳动 8 小时,季节性生产可适当调整,但加班后应执行补休制度;执行节日、休息日制度。逐步实行罪犯工资制度。

6.根据女犯和未成年犯的生理、心理特点,为其安排适宜的劳动。未成年犯半天学习文化、技术知识,半天参加习艺劳动。

7.监狱生产有比较稳定的项目和相应的技术保证手段,具有一定的经济规模和效益。固定资产要实现保值增值。

8.建立一整套科学规范、具有行业生产特点的管理制度和快捷有效的经营决策与生产指挥机制,管理基础扎实。经济责任制落实,开展全面质量管理和班组建设工作;严格执行工艺操作和现场管理规程,不发生重大生产和重大设备事故,不良品率和综合能耗要达到有关行业的先进水平;综合经济效益指标要达到系统内先进水平。

为科学有效地推进现代化文明监狱的创建工作,司法部立足中国监狱的具体情况,与国家的政治、经济、社会发展相协调,借鉴世界各国监狱管理的有益经验,明确提出硬件建设与软件建设并重,更重视软件建设;注重实效;量力而行,从实际出发,分阶段实施;分层次创建等原则。同时,要求广泛发动,深入调研,制定规划,先行试点,逐步推广。在司法部创建现代化文明监狱的目标指引下,全国监狱广泛开展了现代化文明监狱创建评比活动,从 1994 年至 21 世纪初期,全国有大批监狱建设成为部级或省级现代化文明监狱。1996年 10 月 20 日,司法部首批授予浙江省第一监狱、北京市监狱、山东省第一监狱、云南省小龙潭监狱、河南省豫东监狱为部级现代化文明监狱。1997 年 12 月 5 日,司法部授予河北省沧州监狱等 15 所监狱为部级现代化文明监狱。1999 年 10 月 10 日,司法部授予山东省北墅监狱、河北省少年管教所、辽宁省鞍山监狱、辽宁省沈阳市东陵监狱、上海市少年管教所、江苏省苏州监狱、浙江省宁波望春监狱、山东省滕州监狱、河南省第四监狱、河南省郑州市监狱、广西壮族自治区柳州监狱、广西壮族自治区女子监狱、四川省少年管教所等 13 所监狱为部级现代化文明监狱。在此期间,各地还建成一大批省级现代化文明监狱和监区。这些先进单位的涌现,为监狱整体工作上水平作出榜样,为提高罪犯改造质量作了贡献。

通过创建现代化文明监狱活动,全国大部分监狱步入公正、廉洁、文明、高效的新型监狱管理模式,大大推进了监狱工作法制化、科学化、社会化建设进程。为全面加强监狱管理,严格公正文明执法,提高罪犯改造质量,奠定了坚实的基础。

八、监企分开

20 世纪 90 年代下半期以来,随着社会主义市场经济体制的逐步建立和完善,在计划经济体制下建立的监狱企业在市场经济发展中的多种不适应问题逐步显现出来。一方面,由于监狱企业自身的不足,使监狱经济进入了一个缓慢发展时期,有些监狱企业负债累累,举步维艰,出现了停滞和倒退;另一方面,由于监狱经费保障不足,导致监狱企业对监狱经济效益的过度追求,使罪犯劳动在监狱实际工作中的经济地位已然超过了改造工作,监狱把大量的精力投放到监狱经济发展上,弱化了罪犯劳动的改造功能。尽管国家对监狱经济发展给予一定的优惠政策扶持,但监狱经济陷入困境的局面仍难以改变,原有监狱"监企社合一"的体制越来越不能适应新的形势发展的要求,推进监狱体制改革,促进罪犯劳动改造职能回归已成为罪犯劳动发展的必然趋势。

为了从根源上解决监狱发展问题,2003 年 1 月,国务院批转司法部《关于监狱体制改革试点工作指导意见的通知》(国函〔2003〕15 号),监狱体制改革正式启动。2007 年 11 月,国务院批转司法部《关于全面实行监狱体制改革指导意见的通知》(国函〔2007〕111 号),决定 2008 年起在全国全面实行监狱体制改革。监狱体制改革主要围绕"全额保障、监企分开、收支分开、规范运行"的目标,突出落实"一个保障"即全额保障,推进"三个分开"即监企分开、收支分开、监社分开,探索建立公正、廉洁、文明、高效的中国特色社会主义新型监狱体制。全面铺开的监狱体制改革要求切实落实全额保障政策,确保中央财政补助资金及时下达监狱,地方改革资金及时足额到位;要求监狱切实实行监企分开,建立健全监管改造、生产经营两套管理体系;要求监狱与监狱企业切实实行收支分开,严格二者之间的资金往来,努力实现规范运行。

监企分开实质是将监狱企业与监狱功能分离,恢复罪犯劳动的本质属性,以实现罪犯劳动改造的目标要求。在监狱体制改革时期,监狱的财政支持力度有了较大改观,改变了以往监狱依靠监狱企业支持各项支出的状况。将监狱和监狱企业分开,由监狱党委统一领导,设立监狱、监狱企业及职能机构;将监狱执法经费和监狱企业生产经费分开,并在人事管理、经营范围、政府采购等方面享受国家的扶持、优惠。同时,这一时期确立了我国监狱工作"以改造人为宗旨"的总方针,确定了监狱企业作为监狱劳动改造罪犯的组成部分,必须始终"以改造人为宗旨"的目标来运营监狱企业的总要求。

2009年在全国范围内第一次基本实现监狱经费按标准财政全额保障。实行监企分开,初步建立了刑罚执行和生产经营管理分开运行的监狱体制,形成相对独立、有机联系、密切配合、规范运行的管理机制;实行收支分开,实现监狱经费与监狱企业收入脱钩;实行收支两条线管理,形成执法经费支出和生产收入分开的运行机制;推进监社分开,逐步解决监狱办社会问题。通过实行监狱体制改革,监狱整体工作全面加强,监狱面貌发生了根本性变化。

阅读资料

阅读原文

中华人民共和国监狱法①

1994年12月29日,第八届全国人大常委会第十一次会议通过了新中国历史上首部监狱法典——《监狱法》。《监狱法》全面总结和概括了新中国40多年来监狱工作的历史经验,进一步明确了中国监狱工作的指导思想和基本原则,确立了监狱作为国家刑罚执行机关及监狱民警作为执法人员的法律地位,规定了罪犯的权利和义务,概括了改造罪犯的手段,提出了社会各界协助监狱做好改造工作的明确要求,确立了国家对监狱的财政、投资保障体制。它的颁布和实施,对于进一步强化监狱职能,维护社会稳定,有着十分重要的意义,标志着中国监狱工作进入了新的发展时期。《监狱法》的颁布实施,进一步完善了中国的刑事法律体系,为监狱工作法制化建设奠定了坚实的基础,是新中国监狱史上的一座里程碑,具有划时代的意义。

《监狱法》共7章78条:第一章,总则。明确规定了监狱机关的性质、监狱工作的原则、手段和对监狱的监督,规定了罪犯的基本权利与义务,确立了监狱的财政、投资保障体制和领导管理体制。第二章,监狱。规定了监狱的设置、监狱的组织机构、监狱民警法律地位及在监狱执法活动中应遵守的义务等内容。第三章,刑罚的执行。规定了监狱执行刑罚的程序。第四章,狱政管理。规定了狱政管理的原则、分押分管的管理方式,警械具使用,生活卫生管理、奖惩考核等方面的内容。第五章,对罪犯的教育改造。规定了对罪犯进行教育改造的原则、方法、内容、种类以及罪犯劳动等内容。第六章,对未成年犯的教育改造。规定了对未成年犯执行刑罚

---

① 《中华人民共和国监狱法》,http://www.gov.cn/ziliao/flfg/2005-09/12/content_31186.htm,最后访问日期:2023年1月22日。

的原则、执行机关、教育、劳动等方面的要求。第七章,附则。规定了《监狱法》的生效时间。

中国共产党领导下中国监狱改造罪犯的初心和使命(上)①、(下)②

　　1949 年 10 月 1 日中华人民共和国成立后,新中国监狱工作彻底废除了为国民党统治时期服务的旧监狱制度,在全面总结解放区、根据地监狱工作经验的基础上,以毛泽东等老一辈无产阶级革命家创立的改造罪犯理论为指导,紧紧围绕党和国家的中心工作,坚持正确的监狱工作方针、政策,逐渐形成了具有中国特色的社会主义监狱制度,并在实践中不断加以完善和发展,监狱工作取得了举世瞩目的伟大成就,为维护社会的和谐稳定作出重大贡献。1954 年 9 月,中华人民共和国政务院公布施行《劳动改造条例》,表明新中国监狱法规制度进入了一个有序规范的发展阶段。《监狱法》的公布实施,监狱工作获得了突飞猛进的发展。2014 年 5 月习近平总书记对监狱工作提出了明确的指示要求,近几年又多次对监狱工作作出明确的指示批示,为新时代构建具有中国特色的监狱工作发展道路指明了前进方向。

研究与思考

1. 归纳梳理中国罪犯劳动改造工作经历的几个关键节点。
2. 如何正确评价新中国成立以来的罪犯劳动改造工作?
3. 如何理解监狱工作方针经历的三次不同的变化?

---

　　①　李豫黔:《中国共产党领导下中国监狱改造罪犯的初心和使命》,http://www.moj.gov.cn/pub/sf-bgw/jgsz/jgszzssdw/zsdwzgjygzxh/zgjyjygzxhxwdt/202106/t20210625_428859.html,最后访问日期:2023 年 1 月 22 日。

　　②　李豫黔:《中国共产党领导下中国监狱改造罪犯的初心和使命》,http://www.moj.gov.cn/pub/sf-bgw/jgsz/jgszzssdw/zsdwzgjygzxh/zgjyjygzxhxwdt/202106/t20210630_429492.html,最后访问日期:2023 年 1 月 22 日。

第三章　罪犯劳动本质、特点与功能

重点提示

1. 罪犯劳动的本质：罪犯劳动是以刑事法律为依据的执法活动，罪犯劳动是以劳动为基本手段的改造活动，劳动是罪犯的权利和义务，罪犯劳动是载体。

2. 凡有劳动能力的罪犯，都应当参加劳动，接受教育和改造。

3. 罪犯劳动是其他改造方法与能量的传递者，是其他改造方法效果的承担者和呈现者，是其他改造方法与效果的验证者，是罪犯改造情况的"晴雨表"。

4. 罪犯劳动具有法定性、改造性、强制性、罪犯劳动权利有限性等特点。

5. 罪犯劳动功能是罪犯劳动可能产生的积极作用；罪犯劳动功能是多维度的，从罪犯劳动功能的内涵来看，应从罪犯劳动对罪犯、受害人、罪犯家庭、监狱、监狱民警乃至社会的视角，全方位定位和解读罪犯劳动的功能。

6. 当前，我国罪犯劳动具有改造功能、经济功能、稳定功能、维护身心健康、推动民警改造能力提升等功能。

劳动是人最基本的实践活动，是人的基本生存方式。作为特殊社会人群，罪犯服刑过程也应以劳动作为最基本的实践活动。罪犯劳动是继监狱之后产生的，监狱组织有劳动能力的罪犯从事有益的劳动，在我国乃至世界许多国家都是刑罚执行法律制度的重要内容，是监狱工作的重要组成部分。"如果把监狱作为社会文明进步的标尺，罪犯劳动的不同价值蕴含就是衡量监狱这一文明标尺的刻度。"①

第一节　罪犯劳动本质

罪犯劳动的本质问题是罪犯劳动的实质与核心问题，研究罪犯劳动的本质就是要揭示罪犯劳动内部特殊的矛盾属性。正确认识和科学界定罪犯劳动本质，对于充分发挥罪犯劳动功能，正确认识罪犯劳动在监狱工作中的地位和作用，实现罪犯劳动的科学化和规范化有着十分重要的意义。

---

① 张晶：《罪犯劳动的源流及其对未来走向的启示》，载《金陵法律评论》2002 年春季卷。

■ 一、罪犯劳动是以刑事法律为依据的执法活动

监狱组织罪犯劳动是建立在严格的刑事法律基础之上。我国《刑法》《监狱法》等法律对罪犯劳动都有明确的规定。《刑法》第 46 条规定："被判处有期徒刑、无期徒刑的犯罪分子，在监狱或者其他执行场所执行，凡有劳动能力的，都应当参加劳动，接受教育和改造。"《监狱法》第 70 条规定："监狱根据罪犯的个人情况，合理组织劳动，使其矫正恶习，养成劳动习惯，学会生产技能，并为释放后就业创造条件。"有劳动能力的罪犯参加劳动，不仅是法律赋予罪犯的权利与义务，而且是以强制执行为前提的严格的刑事执法活动，是刑罚执行的重要内容。

"对罪犯来说，从事劳动是执行监禁刑的必要组成部分，是在监狱中执行刑罚的具体体现，而不是单纯地从事生产劳动或其他劳动。"[①]罪犯劳动有明确的法律规定和法律要求，罪犯必须依法履行自己的法定义务，任何罪犯均不得抗拒、逃避劳动，罪犯必须按照监狱的有关规定参与劳动，没有权利选择劳动的单位、管理者、工种、期限和劳动时间等。

对于监狱而言，组织罪犯劳动是国家赋予监狱的法定权力。在组织罪犯进行劳动的过程中，应严格遵守有关法律法规，秉公执法，不徇私情，规范执行监狱工作的方针和政策，切不可在罪犯劳动问题上执法不公，对罪犯劳动要做到科学组织、依法管理、文明管理。

■ 二、罪犯劳动是以劳动为基本手段的改造活动

我国监狱以组织罪犯从事劳动作为改造其犯罪思想和行为的一个基本手段，是罪犯实现再社会化的主要方式和途径。通过劳动能够使罪犯养成自食其力的品格，学会谋生的技能，是预防其再犯罪的重要途径，这个观点早已成为国际社会行刑之共识。2015 年修订的联合国《囚犯待遇最低限度标准规则》（以下简称《纳尔逊·曼德拉规则》）规则 96 第 2 条规定"在正常工作日，应交给足够的有用工作，使囚犯积极去做"；规则 98 第 1 条规定"可能时，所交工作应足以保持或增进囚犯出狱后诚实谋生的能力"。罪犯劳动"不仅是一种学艺，而且也是一种思想改造的活动；它不仅重建了'经济人'特有的利益情结，而且也整顿了道德主体的责任"[②]。罪犯劳动主要致力于改造罪犯好逸恶劳的劳动恶习，培养其劳动技能，养成劳动习惯，为其释放后顺利回归社会，实现自食其力创造条件。

作为改造罪犯的重要手段，监狱民警在组织罪犯劳动时应深刻理解和把握好罪犯劳动的真实内涵，要有效地区分罪犯劳动与一般社会劳动的本质区别；要不断研究和挖掘罪犯劳动的功能；要按照人的行为改变和养成的规律来组织和策划罪犯劳动的项目和流程；要采取科学有效的方式来组织和管理罪犯劳动，避免罪犯劳动中的随意性与盲目性，提高罪犯劳动改造的效果和质量。

---

① 吴宗宪：《监狱学导论》，法律出版社 2012 年版，第 525 页。
② ［法］米歇尔·福柯：《规训与惩罚》，刘北成、杨远婴译，生活·读书·新知三联书店 2012 年版，第 138 页。

▌三、劳动是罪犯的权利和义务

罪犯是特殊公民,参加劳动依然是其作为公民的基本权利。组织罪犯参加劳动是保障罪犯权利和义务有效实施的体现,也是实现罪犯自食其力的保证。

(一)劳动是罪犯劳动权利的体现

《宪法》第42条规定:"中华人民共和国公民有劳动的权利和义务。"罪犯是特殊公民,参加劳动是其作为公民的基本权利,任何组织和个人都无权剥夺。《纳尔逊·曼德拉规则》规则98规定:"对能够从中受益的囚犯,特别是对青少年囚犯,应该提供有用行业方面的职业训练","在符合正当职业选择和监所管理及纪律要求的限度内,囚犯应得以选择所愿从事的工作种类"。

监狱有义务为每位有劳动能力的罪犯提供劳动机会与劳动岗位。监狱企业的主要任务在于"为监狱改造罪犯提供劳动岗位,为改造罪犯服务"[①]。通过为罪犯提供参加狱内劳动的机会,罪犯恢复了作为公民的最基本的实践活动——生产劳动的权利。即便在生产力高速发展的今天,监狱企业在面临巨大的生存压力的情况下也必须为所有有劳动能力的罪犯提供劳动岗位,这充分说明了在我国参加劳动是罪犯的基本权利,是对其劳动权利保护的体现。

(二)参加劳动是罪犯的义务

劳动是改造罪犯的重要手段之一,只有罪犯积极主动地参与劳动,才能发挥劳动的改造作用。《纳尔逊·曼德拉规则》规则96第1条规定:"服刑囚犯应有机会工作和(或)积极参与恢复正常生活,但以医生或其他合格医疗保健专业人员断定其身心健康为限。"监狱对罪犯劳动的强制保障措施,就是确保这些罪犯在参与狱内劳动的过程中,不断接受改造。有劳动能力的罪犯如果拒不参加劳动或者消极怠工,经教育不改的,监狱可以给予警告记过或者禁闭处罚,司法部《监狱计分考核罪犯工作规定》(司规〔2021〕3号)第15条规定:"受到禁闭处罚的,禁闭期间考核基础分记0分。"入监服刑并不能成为罪犯"坐吃闲饭"[②]的理由,通过劳动谋生是社会人生存的基本方式,劳动依然应为罪犯谋生的手段,是罪犯应履行的法定义务。

---

① 2007年,国务院批转司法部《关于全面实行监狱体制改革指导意见的通知》。文件对监狱企业的职能给予了明确定义:"监狱企业集团公司及其分公司、子公司是改造罪犯工作的组成部分,主要任务是为监狱改造罪犯提供劳动岗位,为改造罪犯服务。"

② 1951年5月召开的第三次全国公安会议,通过了《关于组织全国犯人劳动改造问题的决议》,决议明确指出:大批应判处刑的犯人,是一个很大的劳动力。为了改造他们,为了解决监狱的困难,为了不让判处徒刑的反革命分子坐吃闲饭,必须立即着手组织劳动改造工作。

四、罪犯劳动是载体

在 1958 年 8 月 16 日"九公"会议通过的《关于劳动改造工作的决议》中明确了"改造第一，生产第二"的原则，用"第二"这种表述，"确定了作为对罪犯实施劳动改造的载体——监狱生产不是可有可无，而是必须进行，但又是从属于改造工作需要的"①。载体的定位充分肯定了"罪犯劳动"在我国监狱工作中的地位和价值。何为载体？它是"指能传递能量或运载其他物质的物体"②。罪犯劳动的载体定位，主要体现在以下两个方面。

（一）罪犯劳动是其他改造方法与能量的传递者

就罪犯而言，狱内劳动是其参与劳动实践活动的过程，是其思想和行为外显的过程，如果没有狱内的劳动实践，我们很难对罪犯心理和思想意识等方面作出判定。罪犯劳动的载体作用，揭示了民警可以通过罪犯在劳动中呈现的各种行为表现来解读其心理和思想意识，从而有针对性地运用劳动改造、教育改造、监管改造等方法对罪犯实施有效改造。

（二）罪犯劳动是罪犯改造情况的"晴雨表"

罪犯劳动是罪犯改造的"晴雨表"，阐明了罪犯劳动是其他改造方法效果的呈现者，是检验罪犯改造成效及其水平的重要渠道。在通常情况下，罪犯教育改造效果好坏、狱政措施的科学与否可以通过罪犯劳动展示出来。罪犯在劳动过程中呈现的各种问题，都可能是罪犯自身、改造手段、政策措施、民警管理等诸多问题的反映。因此，重视罪犯劳动中出现的各种问题，是管理和改造罪犯的关键环节。

罪犯劳动的载体定位，实事求是地正视劳动改造在中国监狱工作中的重要作用，尊重我国劳动改造广泛存在的客观需求，在坚持和拓展中国特色罪犯劳动改造问题上，树立自信，保持定力。

阅读资料

监狱计分考核罪犯工作规定③

为正确执行刑罚，规范监狱计分考核罪犯工作，根据《监狱法》等有关规定，结合实际，制定《监狱计分考核罪犯工作规定》，经中央政法委审批同意于 2021 年 8 月 24 日起执行该

---

① 中国监狱工作协会编：《新中国监狱工作五十年(1949.10—2000)》，法律出版社 2019 年版，第 112 页。

② https://guoxue.baike.so.com/query/view? type = phrase&title = % E8% BD% BD% E4% BD% 93，最后访问日期：2022 年 7 月 15 日。

③ 《监狱计分考核罪犯工作规定》，http://www.gov.cn/gongbao/content/2021/content_5662011.htm，最后访问日期：2022 年 12 月 28 日。

工作规定。本《规定》为7章57条:第一章总则,第二章日常计分的内容和标准,第三章等级评定,第四章考核程序及规则,第五章考核结果运用,第六章考核纪律和监督,第七章附则。

联合国囚犯待遇最低限度标准规则(纳尔逊·曼德拉规则)①

联合国大会2015年12月17日第70/175号决议通过

"据说一个人只有被关进监狱后才能真正了解这个国家。评判一个国家的好坏不应看它如何对待自己最高等的公民,而要看它如何对待其最低等的公民。"

—— 纳尔逊·曼德拉

1955年
第一届联合国预防犯罪和罪犯待遇大会

1955年,第一届联合国预防犯罪和罪犯待遇大会率先通过了《囚犯待遇最低限度标准规则》,就监狱设施管理和罪犯待遇的最低限度标准达成共识,至今对全世界会员国的监狱法、监狱政策和监狱发展都有巨大的价值和影响。

2015年
纳尔逊·曼德拉规则

阅读原文

2015年12月,联合国大会通过了经修订的《囚犯待遇最低限度标准规则》。根据专家组所有人的建议,该规则又称《纳尔逊·曼德拉规则》,以纪念这位在狱中为全球人权、平等、民主和推广和平文化抗争27年之久的已故南非总统。本规则包括序言部分,一般适用的规则(1—85),适用于特殊类别的规则(86—122)。其中规则96至规则103对囚犯工作作了详细规定。

第二节　罪犯劳动特点

罪犯劳动是刑罚执行的一个重要内容,罪犯劳动在新中国监狱历史上具有特别重要的意义,劳动改造一度成为新中国监狱工作的代名词,监狱与罪犯连接最为广泛、最为紧密的是劳动,罪犯劳动是改造罪犯的重要手段。罪犯劳动的特点是由其内在矛盾的特殊性所决定的,是罪犯劳动本质的外部表现和主要特征。罪犯劳动的特点主要有以下几个方面。

---

① The United Nations Standard Minimum Rules for the Treatment of Prisoners ,https://www.un-odc.org/documents/justice-and-prison-reform/GA-RESOLUTION/E_ebook.pdf ,最后访问日期:2023年1月22日。

一、罪犯劳动的法定性

罪犯劳动的法定性是指罪犯劳动由法律规定并且要依法进行的特征。与一般社会劳动不同,罪犯劳动并不属于《中华人民共和国劳动法》(以下简称《劳动法》)①调整的范畴。我国《刑法》《监狱法》都明确了组织罪犯参加劳动是国家赋予监狱的法定职权,也是国家要求监狱必须履行的法定义务,监狱不能自主放弃和不作为,否则就是一种违法行为。同时,监狱在组织罪犯劳动过程中要严格遵守有关法律规定。对于罪犯而言,劳动既是其基本权利也是一项法定义务。

二、罪犯劳动的强制性

罪犯劳动的强制性是指有劳动能力的罪犯必须参加劳动的特征。这就意味着罪犯是否参加劳动,并不由罪犯自己决定。法律规定,罪犯只要有劳动能力就必须参加劳动。罪犯劳动的强制性是一种法律属性,是由罪犯劳动的刑事法律属性所决定的。《刑法》第46条和《监狱法》第69条都明确了罪犯参加劳动的强制性,如果罪犯不参加劳动,就要承担相应的法律后果。《监狱法》第58条第5项规定"有劳动能力拒不参加劳动或消极怠工,经教育不改的",监狱可以给予警告、记过或者禁闭。

罪犯劳动虽然具有强制性,但不等于野蛮性、报应性和惩罚性。罪犯劳动的强制性是对于有劳动能力的罪犯而言的,对于丧失劳动能力的罪犯,国家出于人道主义考虑则实行特殊保护,并不强制他们进行劳动。对于部分丧失劳动能力或老弱病残的罪犯,监狱则组织他们开展力所能及的劳动项目,且不对他们实行劳动定额考核,这体现了我国法律的人道性和区别对待原则。

三、罪犯劳动的改造②性

罪犯劳动的改造性是指罪犯劳动具有改造罪犯的作用和功能。罪犯劳动是我国改造罪犯的三大手段之一。罪犯劳动是改造罪犯的一种手段和载体,是实现改造罪犯目的的一种途径。罪犯劳动主要通过改造罪犯好逸恶劳的劳动恶习,逐步养成劳动习惯,学会生产技能,逐

①　《劳动法》第2条规定,在中华人民共和国境内的企业、个体经济组织(以下统称用人单位)和与之形成劳动关系的劳动者,适用本法。罪犯和监狱不存在劳动关系,因此,不属于《劳动法》调整范围。

②　在理论界许多学者用当代国际社会表达"使罪犯改变之意"使用最多的词语——"矫正"来替代我国的"改造"一词。我国刑罚理论中的"改造"与西方国家的"罪犯改造"时代的"改造"是有本质区别的,我国的"改造"是一个与时俱进的词语,它具有丰富的内涵,不是一个西方的"矫正"一词所能涵盖的词语,坚持使用"改造"是对中国罪犯改造历史的尊重,也是对中国罪犯改造理论的自信与坚守。文中的劳动"改造"既包括犯人劳动观念上的改变,劳动态度的转变,劳动恶习的矫正,劳动技能的提高,劳动习惯的养成,自食其力的实现,也包括促进罪犯重返社会等方面的内容。

渐实现和提高罪犯自食其力和适应社会的能力。罪犯劳动的改造性，一方面要求监狱组织的罪犯劳动必须立足于改造罪犯的需要，必须根据罪犯劳动的实际情况有计划、有针对地组织安排罪犯从事劳动；另一方面，要求监狱组织罪犯劳动必须讲求科学性，根据人的行为养成的规律性采取科学有效的劳动措施，以便达到矫正劳动恶习、养成劳动习惯、学会生产技能之目的。

专栏 3-1 西方国家的改造①、矫治②与矫正③

纵观西方各国的监狱制度，涉及监狱功能和刑罚目的，常用"改造"（reformation）、"矫治"（treatment、rehabilitation）、"矫正"（correction）等术语，都有"使罪犯改变"之意。

翟中东教授认为，"改造"是西方矫正领域最先出现的表达改变罪犯之义的词语。其基本内涵是使用劳动、宗教教诲等方式，使罪犯由"罪人""恶人"改变为善人。西方国家的"改造"是一个与基督教关系非常密切的词语。西方国家的"罪犯改造"与中国的"罪犯改造"内涵不同，"改造"在我国监狱工作领域蕴含着比较丰富的内容，不仅包括使犯人改变的方式，也包括刑罚目的。

吴宗宪教授认为，"矫治"这个术语与医学的关系比较密切。20世纪二三十年代，人们普遍认为犯罪行为是疾病的另一种表现，需要通过医疗模式对犯罪人进行治疗；翟中东教授认为，矫治的含义就是将被视为"病人"的罪犯矫治为"健康人"。姚建龙教授认为，随着20世纪六七十年代医疗模式的衰退，罪犯矫治更多是与心理矫治和医学治疗等具体方式联系在一起的，不再适宜代表"监狱刑罚制度"这一系统概念。

"矫正"是当代国际社会表达使罪犯改变之意所使用最多的词语。翟中东教授认为，该词不但包含"改造罪犯""矫治罪犯"之意，而且包含通过帮助罪犯提高劳动技能、帮助罪犯就业等，使罪犯重返社会之意，包含通过控制导致罪犯重新犯罪的外在因素，使罪犯不再犯罪之意。

四、罪犯劳动权利的有限性

与一般社会劳动不同，罪犯劳动在法律规定上有别于一般的社会劳动，罪犯劳动的某些权利受到了法律规定和执法过程的限制。具体表现为：

（一）劳动选择的有限性

罪犯劳动选择的有限性主要指罪犯自主选择参加劳动的权利有限，具体表现在罪犯无

---

① 翟中东：《矫正的变迁》，中国人民公安大学出版社2013年版，第4页。
② 吴宗宪：《当代西方监狱学》，法律出版社2006版，第23页；翟中东：《矫正的变迁》，中国人民公安大学出版社2013年版，第4页；姚建龙等：《矫正学导论》，北京大学出版社2016年版，第120页。
③ 翟中东：《矫正的变迁》，中国人民公安大学出版社2013年版，第4页。

权选择服刑场所,无权选择监狱管理人员、无权选择劳动项目等。当然,这里所说的罪犯劳动选择有限,并不意味着罪犯劳动完全缺乏选择权。随着法治理念的深入发展,监狱更加关注罪犯的劳动需要,更加注重罪犯劳动选择权的行使,例如,有些监狱鼓励罪犯竞争上岗,通过竞聘的方式鼓励罪犯自主择岗,且岗责相协调,这有利于培养罪犯的竞争、进取、自主、责任的意识。随着监狱企业的发展,罪犯劳动的选择权将逐步得到扩大。

(二)劳动的低报酬制

罪犯劳动报酬是指因使用罪犯的劳动力而支付给罪犯的报酬。[①]《监狱法》第72条规定:"监狱对参加劳动的罪犯,应当按照有关规定给予报酬并执行国家有关劳动保护的规定。"这意味着,支付劳动报酬是监狱机关的义务,而获得劳动报酬是罪犯的权利,监狱必须依法保障。虽然我国监狱实现了对参加劳动罪犯劳动报酬的全覆盖,但罪犯劳动报酬权基本停留在应然权利的状态。劳动报酬发放的原则、标准,至今没有法律和制度上的规定,从支付情况来看,我国监狱支付给罪犯的劳动报酬普遍较低,罪犯月劳动报酬全国平均数不超过200元。[②] 不同省份、不同监狱罪犯劳动报酬差别很大。经济发达地区,监狱经济发展水平高,生产经营状况较好的监狱,罪犯劳动报酬就高,反之亦然。

(三)罪犯工伤补偿偏低

罪犯工伤补偿是指对于在监狱服刑期间因参加劳动而伤残或者死亡的罪犯给予经济补偿。由于罪犯和监狱之间不存在劳动关系,罪犯与监狱之间不属于《劳动法》所调整的范畴,所以《监狱法》第73条规定:"罪犯在劳动中致伤、致残或者死亡的,由监狱参照国家劳动保险的有关规定处理。"这就意味着罪犯工伤补偿问题无法纳入《工伤保险条例》的范畴。为了规范罪犯工伤补偿活动,司法部在2001年11月2日发布了《罪犯工伤补偿办法(试行)》(司发通〔2001〕013号),对罪犯工伤的认定与补偿作了明确的规定,与社会劳动者工伤补偿相比,监狱对罪犯工伤的补偿普遍偏低。

阅读资料

罪犯工伤补偿办法(试行)[③]

阅读原文

为了规范全国监狱系统罪犯工伤补偿工作,依法保障罪犯的合法权益,促进安全生产,司法部于2001年11月2日颁行《罪犯工伤补偿办法(试行)》,本办法共18条,具体包括工伤的适用对象、认定机构、认定条件、认定流程以及待遇赔偿问题等。

---

① 吴宗宪:《监狱学导论》,法律出版社2012年版,第546页。
② 高寒、张崇脉:《罪犯劳动报酬权实现问题研究》,载《犯罪与改造研究》2020年第9期。
③ 《罪犯工伤补偿办法(试行)》,http://qyjy.gd.gov.cn/××gk/zywj/content/post_3308841.html,最后访问日期:2022年12月23日。

第三节　罪犯劳动功能

对罪犯劳动功能的探讨,是监狱组织罪犯劳动的前提。罪犯劳动的功能决定了监狱组织罪犯劳动的目标定位。

▌一、罪犯劳动功能的内涵

根据《现代汉语词典》,功能是指"事物或方法发挥的有利的作用,效能"[①]。据此,罪犯劳动的功能,是指监狱组织罪犯劳动可能产生的积极作用。

(一)罪犯劳动的功能是对多客体产生的作用

罪犯劳动产生的作用是多维的,不仅包括对罪犯本身,还应包括对被害人、罪犯家人、社会上的其他人乃至监狱所产生的各种积极作用。所以研究罪犯劳动功能,不能仅研究罪犯劳动对罪犯本身的作用,还应当从其他客体的视角来研究罪犯劳动带来的作用,只有这样才能对罪犯劳动功能有全方位的了解和把握。

(二)罪犯劳动功能是罪犯劳动可能产生的积极作用

罪犯劳动可能产生的积极作用,意味着罪犯劳动在客观上具有产生相应积极作用的可能性,这种可能性对于罪犯劳动本身有其存在的根据,也就是说罪犯劳动功能是客观的,不是人们主观臆断的,不会因为人们意志的改变而改变,任何夸大和缩小罪犯劳动功能都可能给罪犯劳动带来不良影响。同时,罪犯劳动功能是一种可能性,可能性转化为现实性需要条件,如果缺乏必要的条件,罪犯劳动功能就不可能发挥作用。因此,在组织罪犯劳动过程中要不断为罪犯劳动功能的发挥和实现创造条件。

▌二、理论界关于罪犯劳动功能的不同见解

对罪犯劳动功能的探讨,是所有罪犯劳动改造理论研究绕不开的内容,从当前理论界对罪犯劳动功能的主要论述来看,存在诸多观点。

(一)改造及其他功能

吴宗宪教授在其著作《监狱学导论》[②]中将罪犯劳动功能分为罪犯劳动的改造功能及其他功能:(1)罪犯劳动的改造功能包括:帮助树立劳动观念、矫正好逸恶劳习惯、训练罪犯劳动技能、培养罪犯劳动纪律、锻炼罪犯协作精神。(2)罪犯劳动的其他功能:创造财富、维

[①]　《现代汉语词典》,商务印书馆1983年版,第382页。
[②]　吴宗宪:《监狱学导论》,法律出版社2012年版,第537～540页。

护秩序、维护健康。

（二）惩罚教育等功能

上海高校本科监狱学专业教育高地建设、教育部监狱学特色专业建设点系列教材《罪犯劳动改造学》中将罪犯劳动的功能定位为：惩罚功能、教育功能、养成功能、锻炼功能、激励功能、保障功能、经济功能、稳定功能。[①]

（三）矫正罪犯恶习，调节不良心理状态等功能

全国司法职业教育"十二五"规划教材《罪犯劳动组织与管理》中认为罪犯劳动的功能包括：（1）劳动改造构筑了狱内新的社会存在方式，从而为罪犯消极意识的转化奠定了基础；（2）罪犯劳动使罪犯新的生存价值得以实现，人格尊严得以肯定；（3）劳动改造能使罪犯培育和养成正当和谐的人际关系；（4）劳动改造能够矫正罪犯恶习，调节罪犯不良心理状态；（5）劳动改造的科学实施为罪犯正确审美观的建立奠定了基础；（6）劳动改造能够促进罪犯生理机能的增强和身体素质的提高；（7）劳动改造的实践活动是检验罪犯改造成效及其水平的重要渠道。[②]

■三、罪犯劳动功能探讨的不足

（一）研究语境

目前对罪犯劳动功能的探讨基本是在"罪犯劳动改造"的语境下来阐述罪犯劳动的功能，把罪犯劳动可能产生的积极作用，都归结为劳动改造的积极作用，这显然有些不妥，罪犯劳动的功能在外延与内涵上都比罪犯劳动改造功能来得更加广泛，罪犯劳动改造功能属于罪犯劳动的功能范畴。

（二）罪犯劳动功能的维度

罪犯劳动的功能是多维度的，既可以对罪犯产生作用，也可以对其家庭、受害人、监狱、民警等产生不同的积极作用，而关于罪犯劳动功能的理论研究中，很少从受害人、罪犯家庭、民警等视角来研究罪犯劳动的作用，忽略了罪犯劳动对他人、对社会的作用。

（三）罪犯劳动惩罚功能是否具备实现的可能性

当前罪犯劳动是否具有惩罚功能？理论界对此存在争议。有人认为罪犯劳动具有惩罚功能，研究者显然忽视当下罪犯劳动惩罚功能实现的条件。无论国内法还是国际法，都规定罪犯劳动不得有任何惩罚职能。从我国当前监狱组织罪犯劳动的情况来看，监狱这几

---

① 贾洛川主编：《罪犯劳动改造学》，中国法制出版社 2012 年版，第 51～56 页。

② 周雨臣主编：《罪犯劳动组织与管理》，中国政法大学出版社 2016 版，第 66～73 页。

年不断地通过规范劳动时间、改善劳动条件、提高劳动报酬、增加岗位竞争、加强劳动保护等方面来提高罪犯对劳动的认同,激发罪犯参与劳动的积极性。罪犯劳动过程不仅不追求痛苦,反而鼓励罪犯以良好的劳动表现来减少强制所带来的痛苦,忽视罪犯劳动惩罚功能存在和实现的条件性,来谈论罪犯劳动的惩罚功能,不仅毫无意义,在实践中还容易产生误导作用,不利于罪犯劳动改造工作的顺利开展。

▌ 四、我国罪犯劳动的功能

罪犯劳动功能是多维度的,从罪犯劳动功能的内涵来看,要从罪犯劳动对罪犯、受害人、罪犯家庭、监狱、民警乃至社会的视角全方位定位和解读当前我国罪犯劳动的功能。

(一)改造功能

对于某些罪犯来说,好逸恶劳、缺乏劳动技能等是其走上犯罪道路的主要原因,通过组织罪犯参加劳动可以矫正这些罪犯的劳动恶习,养成劳动习惯,学会生产技能并为释放后就业创造条件。

1. 帮助树立正确的劳动观念

通过组织罪犯劳动和进行劳动教育,可以帮助罪犯树立正确的劳动观念。2021 年全国检察机关主要办案数据显示,起诉人数最多的五个罪名是:危险驾驶罪 35.1 万人,盗窃罪 20.2 万人,帮助信息网络犯罪活动罪 12.9 万人,诈骗罪 11.2 万人,开设赌场罪 8.4 万人。[①] 除危险驾驶罪外,其他四项罪名的罪犯走上犯罪的道路与其错误的劳动观念有着直接的关系。

通过组织有劳动能力的罪犯进行劳动,并且在组织罪犯劳动的同时进行劳动观教育,可以帮助罪犯正确理解劳动的内涵、性质以及参加劳动的目的和意义;让罪犯明白劳动只有分工的不同而无等级贵贱之分,只有辛勤、诚实劳动才可以得到他人和社会的认可,才可以在劳动中创造和实现自我价值;让罪犯明白以法律法规为底线的合法劳动是进行劳动的前提,任何投机取巧、耍贱偷懒、巧取豪夺,任何弄虚作假、坑蒙拐骗等违法行为最终都是害人害己,必定受到法律的制裁。进而帮助罪犯树立"以辛勤劳动为荣,好逸恶劳为耻""不劳动者不得食""劳动是公民的权利、义务和光荣职责""勤劳致富""用劳动创造幸福人生"等劳动观念。

2. 矫正好逸恶劳习性

罪犯劳动具有矫正罪犯好逸恶劳不良习性的作用。对贪欲型罪犯犯罪原因进行研究发现,多数罪犯犯罪的原因是与其好逸恶劳、追求不劳而获、唯利是图的不良劳动品质有着直接的关系。通过组织罪犯参加劳动,可以使他们体验到劳动的艰苦,以及劳动成果的来之不易,逐渐认识到自己不劳而获、损人利己、损公肥私与掠夺他人劳动成果的可耻,并在劳动中体会到劳动给自己带来的幸福和喜悦,逐渐消除贪图安逸、奢侈浪费、用非法手段追

---

① 2021 年全国检察机关主要办案数据,https://www.spp.gov.cn/spp/xwfbh/wsfbt/202203/t20220308_547904.shtml#1,最后访问日期:2022 年 3 月 8 日。

求个人享乐的恶习,在劳动中养成珍惜劳动成果,尊重别人劳动成果的习惯,提升罪犯劳动热情,学会劳动技能,逐步使其成为自食其力的劳动者。

3. 培训罪犯的劳动技能

缺乏劳动技能不仅是某些罪犯犯罪的重要原因,也是影响某些罪犯释放后顺利回归社会,适应社会生活的重要因素。通过组织罪犯参加劳动,在劳动中培养和训练罪犯的劳动技能,一方面,针对狱内劳动让罪犯边实践边学习,掌握劳动技能适应狱内劳动的技术需要;另一方面,根据罪犯出监后就业的需要,合理组织罪犯参加劳动技能培训,为其出监后就业劳动提供技术支持。同时,通过劳动实践培养罪犯的劳动品质,形成正确的职业道德观念和质量观念,预防他们重新犯罪,为其顺利回归社会提供职业技术支持。

4. 培养罪犯的劳动纪律观念

罪犯劳动具有培养罪犯遵守劳动纪律的作用。很多罪犯不仅缺乏劳动技能和劳动习惯,还具有自由散漫、不遵守劳动纪律等行为习惯。在劳动实践过程中要求罪犯除了遵守劳动的一般纪律外,还要遵守监狱机关制定的其他特殊的劳动纪律,这些纪律对罪犯有着极大的限制和约束作用。违反这些纪律,不仅会导致罪犯受到某些纪律处罚甚至会导致法律的制裁。狱政部门制定了严格的罪犯劳动纪律考核标准,在劳动过程中,通过管理、考核、监督等环节不断约束、引导和规范罪犯的劳动行为,从而使罪犯掌握劳动纪律的内容及其要求,逐渐养成遵守劳动纪律的习惯,塑造良好的职业品质。

5. 培养罪犯的协作精神

参与集体劳动有利于培养罪犯的协作精神。缺乏相互配合、相互协作的精神,导致一些罪犯在工作和生活中形成自以为是、唯我独尊、为所欲为、自私自利,不顾他人的感受和想法的习性。通过组织罪犯参加集体劳动,劳动中的分工与协作、严格的岗位职责、罪犯劳动考核办法、劳动激励以及民警的教育指导等都能让罪犯认识到尊重他人劳动的重要性,使其正视自己与其他罪犯的劳动价值,有利于培养其责任观念,让罪犯在集体劳动中学会配合协作、学会沟通、学会换位思考,逐渐培养他们的协作精神和团队精神,养成协作习惯。这种协作精神与团队精神的养成对于罪犯适应未来社会人际协作与沟通之需求具有重要意义。

(二)经济功能

1. 为国家创造经济效益

自新中国大规模罪犯劳动开展以来,罪犯劳动就被赋予改造罪犯、解决监狱资金困难和解决罪犯坐吃闲饭的使命。新中国罪犯劳动的历史证明,监狱组织罪犯参加劳动,不仅可以创造大量的物质财富,满足社会需要,为监狱自身的生存和发展提供必要的物质基础,还可以为监狱的再生产提供资金和劳动力资源。回顾新中国罪犯劳动的历史,不难发现罪犯劳动曾在一些地区的社会生活和生产建设中发挥重要作用。通过有计划地使用罪犯劳动,修建了很多公路、铁路和大量公用设施;通过开垦荒地和进行种植、养殖活动,为社会提供了大量种类繁多的产品;通过罪犯在监狱中从事的劳动所生产的产品以及获得的利润,在一些地方的经济生活和经济建设中发挥了举足轻重的作用,有力地支援了国家的经济建设,有效地促进了当地社会经济的发展。

《监狱法》第 8 条规定:"国家保障监狱改造罪犯所需经费,监狱人民警察经费、罪犯改造经费、罪犯生活费、罪犯医疗费、狱政设施经费及其他专项经费,列入国家预算。"监狱财政保障一般由省级财政负担,由于监狱医疗费用,监狱固定资产折旧、更新以及监狱生产等费用的不断变化,监狱资金缺口仍然长期存在,在积极争取国家对监狱经费保障的同时,监狱依然要通过合理组织罪犯劳动,在改造罪犯的同时,创造经济效益,弥补国家财政拨款的不足,减轻国家财政负担,为罪犯改造创造更好的条件与环境。

2. 为罪犯提供资金来源

罪犯劳动在为社会创造财富的同时,也为罪犯提供了劳动报酬的来源,部分罪犯能够利用劳动报酬满足生活其他开支,培养自食其力的生存能力,不再成为家庭的负担;通过劳动报酬为未来出监积累储备资金,通过劳动报酬承担部分家庭责任和赔付受害人等。

(三)稳定功能

罪犯劳动具有维护监狱秩序,实现监狱稳定的重要作用。犯罪学研究表明,正常的学习、生活和工作等活动,可以减少无事可做的时间,是预防犯罪行为发生的重要因素。"各地监狱的实践都表明,生产活动组织得越充实、越紧凑、越充分,狱内的改造秩序越好;越是停工待料、人浮于事,罪犯越容易串组串队,无事生非,传播犯罪伎俩,搞低级下流活动及其他违纪活动,导致改造秩序的混乱与恶化。"[①]

通过组织罪犯从事劳动,一方面,能够在紧张有序、纪律严明、互相协作的生产劳动中将罪犯的注意力吸引到生产劳动上,将罪犯的能量消耗在劳动中,就可以使罪犯没有更多的时间去胡思乱想和进行违法犯罪活动,这样就可以有效避免罪犯由于无所事事而寻求刺激、寻衅滋事,进而产生违法违纪行为。另一方面,可以在劳动中通过严明的劳动纪律约束和规范罪犯的劳动行为,不断矫正罪犯错误的劳动认知,使罪犯逐渐形成遵守纪律的内在要求,从而自觉地遵守和维护监规纪律,有效维护监狱的安全稳定。

(四)维护身心健康

罪犯劳动具有充实罪犯生活和维持罪犯身心健康的重要作用,在我国有劳动能力的罪犯必须参加劳动,组织罪犯劳动的实践证明,"组织他们从事适宜的劳动,可以增强体质,保持健康,避免在单纯的监禁中,长年无所事事,导致他们心情压抑、意志消沉,精神颓废,甚至萌生逃跑、自杀和重新犯罪等念头"[②]。

1. 有利于增强罪犯体质

中国监狱中的大部分罪犯劳动都是体力劳动,经常从事适宜的体力劳动,使身体各器官得到锻炼,从而增强罪犯体质,保持健康,这有利于降低发生身体疾病的可能性。

2. 有利于培养罪犯的兴趣

在从事劳动的过程中,罪犯有可能发现自己喜欢的事项,产生良好的兴趣,有利于罪犯

---

① 金鉴主编:《监狱学总论》,法律出版社 1997 年版,第 595 页。
② 国务院新闻办公室:《中国改造罪犯的状况》,法律出版社 1992 年版,第 8 页。

将自己的精力和能量消耗在自己感兴趣的活动中,而不至于因无法消耗正常精力和能量而发生疾病。

3. 有利于充实罪犯生活

组织罪犯从事劳动,可以使罪犯感到生活内容的丰富,有利于减弱服刑生活的单调乏味感,使罪犯在劳动中度过服刑时间,而不至于在消极等待中消磨时间,在无所事事中度日如年,不至于产生"刑期遥遥、日子难熬"的痛苦体验。

4. 有利于缓解罪犯压力与焦虑

罪犯在服刑期间,遭受压力的可能性比社会普通人大得多,但他们释放压力的渠道受到监禁的影响,非常有限。对于罪犯而言,参加劳动可以转移他们的专注力,在劳动中释放压力,尤其是对于那些处在监禁状态,性能量无法通过正常途径释放的罪犯,组织他们从事劳动,实际上为他们提供了一种释放性能量的途径,以此减轻性压力,减少性冲动,从而降低罪犯由于压力与焦虑过大而发生身心疾病的可能性。

5. 有利于开展正常人际交往

正常的人际交往是人的本能需要,也是正常生活的必要组成部分。组织罪犯劳动则为罪犯进行正常的人际交往提供了合法的机会,使罪犯在劳动过程中相互交往,共同交流。这不仅有利于满足罪犯的本能需要,有利于减轻罪犯的社会隔离和感觉剥夺,也有利于预防罪犯由于孤寂、空闲而陷入悲观抑郁情绪状态中,还有利于预防罪犯因此而产生绝望、自杀等问题。

(五)推动监狱民警改造能力提升

由于罪犯在劳动中所表现出的各种行为问题都是其思想、心理的外在表现,监狱民警必须通过罪犯在劳动中的具体表现,敏锐地捕捉到劳动行为背后所掩盖的真实原因,并综合运用各种教育手段,解决劳动中出现的各种问题。

通过对罪犯劳动情况的观察,能较为准确地检测和反映监狱民警改造罪犯的能力。一般来说,劳动教育的实施效果与监狱民警的改造能力呈正向关系。在劳动过程中监狱民警运用各种教育手段开展教育工作,解决罪犯在劳动中出现的各种问题,这个过程实质上就是监狱民警参与罪犯改造工作从实践—认识—再实践—再认识的过程。罪犯劳动情况是监狱民警劳动教育实施效果检测和评价的"晴雨表",它可以推动监狱民警思考其劳动教育方法选择及运用的恰当性,反思劳动过程控制和管理的有效性,从而不断改进教育方法和监管措施,在教育实践中不断提升自己的判断能力、沟通能力以及分析问题、解决问题的能力。

研究与思考

1. 罪犯劳动的本质是什么?
2. 罪犯劳动有何特点?
3. 如何理解罪犯劳动的功能?
4. 当前我国罪犯劳动功能有哪些?
5. 当前我国罪犯劳动是否具有惩罚功能?

第四章 罪犯劳动的目的发展与定位

重点提示

1. 罪犯劳动目的是指监狱通过组织罪犯劳动所要达到的预期结果,是国家意志的体现,具有明确的法定性。不同时期,我国监狱组织罪犯劳动的目的并不相同,劳动目的定位上的差异,直接决定了罪犯劳动发展的趋势和走向。

2. 奴隶制监狱罪犯劳动目的是苦役性惩罚;西周监狱制度建立,在监狱管理中强调感化教育,实行劳动改造罪犯,是教育感化主义的渊源。

3. 封建制监狱罪犯劳动具有惩戒;获取经济效益,巩固统治;戍边、战时充军,巩固国防等目的。

4. 半殖民地半封建制监狱罪犯劳动具有改悔向上、适于社会生活、增加政府财政收入、折磨等目的。

5. 革命根据地监所具有培养罪犯的劳动习惯和劳动技能,解决犯人伙食和其他费用,减轻政府财政负担,增加政府财政收入之目的。

6. 抗日根据地监所罪犯劳动目的是改正轻视劳动观念,锻炼思想意识,消除犯罪邪念,提高生产技能,获得谋生手段,增加财富,解决犯人的生活费用,减轻政府负担。

7. 解放区人民政府组织罪犯劳动的目的是增强他们对劳动人民的感情,培养劳动观念,提高生产技能、获得谋生手段,改变不劳而获的生活方式和习惯,创造财富,减轻人民负担。

8. "三个为了"的指导思想:为了改造他们,为了解决监狱的困难,为了不让判处徒刑的反革命分子坐吃闲饭。

9.《监狱法》第70条明确规定:"监狱根据罪犯的个人情况,合理组织劳动,使其矫正恶习,养成劳动习惯,学会生产技能,并为释放后就业创造条件。"

10. 罪犯劳动目的确定依据:刑罚目的、罪犯劳动功能、罪犯个体差异性。

11. 当前罪犯劳动目的定位:改造目的,实现罪犯自食其力、承担责任之目的,重返社会的目的。

所谓目的,是指主体从事某项活动所期望达到的结果。罪犯劳动目的是指监狱通过组织罪犯劳动所要达到的预期结果。罪犯劳动目的是行刑主体(监狱)对罪犯劳动的一种主观要求,它具有鲜明的主观性。但这种主观要求不是凭空设想的,也不是随意确定的,它是国家意志的体现,具有明确的法定性。我国罪犯劳动目的发展变化显示,不同时期,监狱组织罪犯劳动的目的并不相同,劳动目的的定位的差异性,直接决定了罪犯劳动发展的趋势和走向。

专栏 4-1　罪犯劳动目的与劳动功能的关系①

> 　　罪犯劳动目的与劳动功能是相互依存、相互制约的关系。一方面,罪犯劳动目的的确定要以罪犯劳动功能为基本前提。罪犯劳动功能是客观的、多维的、有条件的,只要条件许可,它就能发挥作用;罪犯劳动的功能是有限的,任意夸大或缩小罪犯劳动功能都将影响罪犯劳动目的的确定与实现,罪犯劳动目的的确定不能超越罪犯劳动功能。另一方面,对罪犯劳动功能的挖掘和研究要以罪犯劳动目的为最终归宿。罪犯劳动具有若干功能,罪犯劳动功能的重要性排序及其功能的发挥关键取决于罪犯劳动目的。
>
> 　　作为一种社会意识形态,罪犯劳动目的是社会上占统治地位的阶级或阶层对罪犯发展作出的符合其阶级利益的设计,是对客观社会存在的反映,有什么样的社会存在,就会有什么样的罪犯劳动目的。国家不同其组织罪犯劳动的目的也不相同。因忽视罪犯劳动目的,把罪犯劳动等同于一般社会劳动,必然导致罪犯劳动的经济功能首要目的的确定,造成罪犯劳动功能排序上的错位,影响罪犯劳动功能的正常发挥,最终出现罪犯劳动目的的偏离。因此,只有将罪犯劳动目的和劳动功能的研究紧密结合,才能真正创设出有利于罪犯改造的劳动机制,才能有力地推动罪犯劳动目的的实现。

第一节　我国罪犯劳动目的历史梳理

　　综观我国监狱的发展历史,罪犯劳动变迁直接反映了我国监狱行刑制度从野蛮残酷向文明人道的嬗变。罪犯劳动目的指的是监狱通过组织罪犯劳动所要达到的目标和效果,对不同历史时期罪犯劳动目的的考察,实际上是对罪犯劳动历史发展动因的考察,对有效推动我国罪犯劳动的高效发展具有重要的现实意义。

一、奴隶制监狱的罪犯劳动目的

　　奴隶制监狱时期是我国罪犯劳动的开始时期,奴隶制监狱罪犯劳动目的是与奴隶制社会的刑罚目的紧密相连、密不可分的。

---

　　① 柯淑珍:《论罪犯劳动的目的》,载《犯罪与改造研究》2016 年第 2 期。

(一)苦役性惩罚

中国监狱起源于夏朝,而罪犯劳动最早起源于商朝。奴隶制的社会关系决定了罪犯作为奴隶的人身依附关系,商朝在刑罚制度上用苦役惩罚代替以往的重杀戮,通过纯粹的苦役惩罚达到惩罚罪犯之目的。所谓的苦役惩罚就是让罪犯身戴刑具或系上绳索,凌虐折磨,强迫罪犯从事繁重的苦役,以使犯罪人感到痛苦不堪为目的。

(二)改造目的的思想萌芽

奴隶制社会监狱的本质属性,决定罪犯劳动的惩罚苦役性,周朝延续夏朝苦役惩罚的具体做法,但同时又融入了"明德慎罚"的思想。《周礼·秋官·大司寇》记载:"以圜土聚教罢民","困苦以教之为善也"[1],就是要通过强制苦役与"幽闭思衍"的途径实现对罪犯的改造。尤其值得一提的是圜土制规定罪犯刑满释放后重新返回乡里,接受 3 年的监督考验,确定其改造好后方能恢复平民资格,目的就是使罪犯"变恶为善"。该做法是中国罪犯劳动改造目的的萌芽。"西周监狱制度的建立,在监狱管理中强调感化教育,实行劳动改造罪犯,是教育感化主义的渊源,为后世徒刑的产生和发展奠定了基础。"[2]

■ 二、封建制监狱的罪犯劳动目的

劳役刑在我国封建制监狱中具有重要的作用,封建统治者非常重视劳役刑在维护其统治中的地位,中国封建制监狱罪犯劳动的目的充分彰显了封建制监狱对犯人所实行的苦辱主义、重刑主义、报复和威吓主义。

(一)罪犯劳动的惩戒目的

纵观中国封建各朝代劳役制度的规定,不难看出,对罪犯的惩戒是它的首要目的。惩戒就是要对违法犯罪人实施惩罚使其害怕从而不敢再犯。同时,犯罪人的苦役也是对其他社会人的警示。这种惩戒目的主要通过以下几方面彰显出来:一是完全剥夺自由,强迫囚徒在异常艰苦的工作条件下从事社会最底层的苦役;二是劳役刑刑徒劳动需穿狱衣、戴狱具;三是对消极怠工或反抗者予以严惩,对完不成定额或被评为下等者施以笞打以及减少口粮等方式予以严厉惩罚,很多囚犯是徒刑未尽,而人先亡;四是封建社会劳役刑基本和耻辱刑复合使用,以达到惩戒罪犯的目的。

(二)获取经济效益,巩固统治的目的

与奴隶制社会相比,封建社会的社会生产力水平有了较大程度的提高,封建经济的发展加大了社会对劳动力的需求,劳动力的价值得到了重视,随着封建社会大量刑徒的出现,

---

① 《周礼·秋官·大司寇》,转引自马卫国编:《囹圄内外》,浙江大学出版社 2013 年版,第 19 页。

② 万安中:《论西周监狱管理制度及其启示》,载《当代法学》2004 年第 3 期。

统治者越来越重视劳役刑给国家带来的经济利益,罪犯成为社会的重要劳动力来源,利用罪犯劳动,国家获得大量的物质财富,巩固了统治基础。

从战国开始,罪犯分担了农民的部分徭役,不仅参加修城、筑路等土木工程,还参加冶铜、冶铁等一些技术要求高的复杂劳动。秦朝罪犯承担了各种巨大工程诸如修宫殿、筑长城,从事农业和手工业劳动。西汉时期大量刑期不同、刑种各异的男女刑徒,被迫从事筑城、造陵、修宫殿、采矿、冶炼等繁重劳动。魏晋南北朝时期,政府工业中大量使用刑徒,从事手工业生产的刑徒也有相当的规模。宋代统治者将一些杂役、官办盐场、矿坑等场务的工作交由囚犯承担。到了唐朝,统治者更加清晰地看到囚犯从事劳役给国家带来的巨大财富,推出了以役代刑的制度。明朝取法唐宋朝,以役代刑制度得到了极大的发展。唐以后劳役制度不仅内容丰富,而且相当完善,各代统治者根据每个罪犯的技能和特点来确定他们的劳动形式,让他们为国家创造最大财富。可以说,罪犯劳动在封建社会的经济发展中发挥了重要的经济作用。

（三）戍边、战时充军,巩固国防

封建社会早期,治乱交替,战时充军、繁重的边防任务主要由囚犯来担任。据史料记载,"发罪人以从军自秦始,即其谪戍,亦充军也"[1],谪戍"此以有罪而迁,为实边","此策汉亦用之"[2];秦朝劳役刑中的"司寇、作如司寇""罚作"都与戍边有关,其中男犯为司寇,即伺察寇贼,罪犯去边疆,一边服劳役,一边防外寇;而女犯为作如司寇,在内地从事相当于司寇的劳役;罚作是强制男犯去戍守。西汉时期,边事严峻,故戍边是刑徒的重要任务;东汉虽然边塞急事已解,但刑徒从军戍边制度仍存;同时,两汉经常赦宥囚犯,但赦后仍让他们从事种田或戍守边塞,保证了戍边的生产力来源。《后汉书·明帝记》记载:"诏之共募郡国中都官死罪系囚,减罪一等,勿笞,诣度辽将军营,屯方五原之边县;妻子自随,便占著边县;父母同产欲相代者,恣听之",这里描述的就是徙边的囚犯;流行北齐的"投于边裔,以为兵卒"展示了囚犯戍边的规定;"在南北朝时期各民族政权分裂割据,战争频繁,士兵伤亡过多,将流犯徙边为兵,补充兵源,体现了实边与惩戒并重的目的"。《隋志》记载:"开皇十三年,改徒及流并为配防","配防似即戍边之意"。"配"字之使用,始于隋代。按沈家本的解释,配防即戍边之意。隋唐对"配"字的使用,有配防戍边之意,也有将囚犯配军效力的意思。清朝沈家本在《历代刑法考》中认为以罪人充军自秦始,其谪戍亦充军,进一步证实了在封建社会囚犯劳动充军、戍边之目的。

■三、半殖民地半封建制监狱的罪犯劳动目的

（一）"改悔向上,适于社会生活"之目的

从封建社会脱胎而出的北洋政府和南京国民政府具有很强的封建性特征。1913年12月1日,北洋政府(亦称民国北京政府)在清末《大清监狱律草案》的基础上,删减、修改、制

---

①　沈家本:《历代刑法考》,张全民点校,中国检察出版社2003年版,第239页。

②　沈家本:《历代刑法考》,张全民点校,中国检察出版社2003年版,第290页。

定并颁布了《中华民国监狱规则》(以下简称《监狱规则》)把对犯人进行劳役、教诲和教育三大感化教育写进监狱法律,第 35 条规定:"服劳役者,须斟酌其年龄、罪质、刑期、身份、技能、职业及将来之生计,体力之强弱科之。"1928 年,南京国民政府就专门出台《中华民国监狱规则》,该规则基本是 1913 年《监狱规则》的翻版,只是个别条文有所增减。1946 年 1 月 19 日,国民党政府颁布了《监狱行刑法》。《监狱行刑法》明文规定:"徒刑拘役之执行,以使受刑人改悔向上,适于社会生活为目的。"但北洋政府和南京国民政府在实际执行的劳役制度中处处都显示出野蛮落后,腐败黑暗的封建性。他们用罪犯充当劳役,榨取犯人血汗,用苦役折磨和摧残犯人,用大棒和皮鞭驱使罪犯在毫无劳动保护的条件下,在极端恶劣的环境中,饿着肚子从事繁重的苦役,罪犯体力不支、累死的情况常常发生。所谓通过劳役使罪犯养成劳动习惯,学会劳动技能,以便出狱后能够觅取正当的谋生手段的思想并没有真正被统治当局所重视。特别是在国民党统治时期,连年战争,罪犯承担了更为繁重的苦力劳动。惩罚和无偿榨取罪犯劳动价值,成为其组织罪犯劳动之根本目的。

(二)增加政府财政收入

北洋政府规定犯人劳动收入应上缴国库。南京国民政府对监狱普遍实行劳役制度,规定"因劳役收入所得概归国库"。为了惩罚和无偿榨取犯人的血汗,南京国民政府把作业作为监狱管理的重要内容,为指导监狱作业,扩大监狱作业方式,颁布了一系列专门法规:1928 年《旧监作业办法》,1930 年《监犯外役施行细则》,1934 年《监犯外役规则》,1934 年《徒刑人犯移垦暂行条例》,1934 年《监狱工厂管理法》,1940 年《徒刑人犯移垦实施办法》《移垦人犯累进办法》《移垦人犯减缩刑期办法》等。"据统计材料记载,在 1946 年 1 月至 1947 年 5 月,全国有监所 1472 处,已开办作业的为 1089 处。"①国民党时期,监狱的作业科目繁多,监内主要有纺线、织布、染布、造纸、制鞋、缝纫、编造竹藤制品、皮革、金工、印刷等简单手工作业;监外主要有筑路、垦荒、开矿、耕种、建筑等承揽作业,这些作业收入填补了国民党政府的国库亏虚。

(三)以折磨为目的的罪犯苦役劳动

在我国罪犯劳动史上,单纯以折磨为目的的罪犯劳动是比较少见的。在国民党特务机构控制的专门用于监禁中国共产党人和革命志士的法西斯监狱——集中营中就使用这种目的的劳役制度。如在上饶集中营中的周田村集中营是苦役营,"囚犯在这里被迫从事极其繁重的劳作,诸如垒土墙、修房屋、平操场等,甚至强令犯人无休无止地进行毫无意义的活动,如将刚垒好的土墙推倒重垒,把刚修好平整的操场挖乱重修,无休止的集合、站队、跑步等"②;西北劳动营强迫被囚禁的青年从事极其繁重的劳役,"还经常以毫无意义的体力劳动折磨他们"③。这种劳动是对在押的所谓政治犯肉体和精神上的折磨和摧残,在罪犯劳动中是最不文明、最不人道的劳动。④

① 于连涛、许国忠:《中国监狱文明的进程研究》,中国社会科学出版社 2007 年版,第 172 页。
② 万安中主编:《中国监狱史》,中国政法大学出版社 2010 年版,第 143 页。
③ 万安中主编:《中国监狱史》,中国政法大学出版社 2010 年版,第 144 页。
④ 张晶:《罪犯劳动的源流及其对未来走向的启示》,载《金陵法律评论》2002 年春季卷。

四、新民主主义时期人民民主专政的监狱罪犯劳动目的

（一）革命根据地监所罪犯劳动目的

第二次国内革命战争时期,革命根据地组织罪犯劳动主要在感化院进行。1933年设立劳动感化院企业管理委员会和劳动感化院工厂和营业部,主要负责感化院的生产和销售,感化院的生产与对犯人的管理教育实行两种领导体制,经费来源实施两种不同的渠道制度,表明"劳动感化院既是改造犯人的机关,又是生产的实体"[①],决定了此时监狱劳动目的具有双重性:一是培养罪犯的劳动习惯和劳动技能;二是解决犯人伙食和其他费用,减轻政府的财政负担,增加政府财政收入。

（二）抗日根据地监所罪犯劳动目的

抗日战争时期,战事紧张,根据地经费困难,1939年2月,党中央号召边区开展生产运动。克服困难,组织罪犯参加生产劳动是根据地监所的重要任务。由于根据地监所押犯80％以上都是各种寄生意识严重的犯罪分子,"他们犯罪的根源就是好逸恶劳、不参加生产、缺乏劳动习惯和劳动技能"[②],对他们进行劳动观点教育和生产劳动的锻炼尤为重要,1942年的《陕甘宁边区司法纪要》提出:"监所生产教育的目的是改正轻视劳动观念,锻炼思想意识,消除犯罪邪念,提高生产技能,获得谋生手段。"[③]同时,由于战时根据地经费困难,"增加财富",解决犯人的生活费用,减轻政府负担也成为抗日根据地监所罪犯劳动的目的。

（三）解放区人民政府监所罪犯劳动目的

解放战争时期,押犯构成有了很大的变化,抢劫、盗窃等侵犯财产的罪犯占了半数以上,因此,组织罪犯劳动的目的:一是要增强他们对劳动人民的感情,培养劳动观念,提高生产技能、获得谋生手段,改变不劳而获的生活方式和习惯;二是创造财富,减轻人民负担。

五、新中国罪犯劳动目的

（一）新中国监狱初创阶段的罪犯劳动目的

1951年,"三公"会议召开,针对当时监狱关押犯人坐吃闲饭、监管场所拥挤、监狱经费不足的情况,毛泽东亲自修改审定了会议决议,提出"大批应当判刑的犯人,是一个很大的劳动力,为了改造他们,为了解决监狱的困难,为了不让判处徒刑的反革命分子坐吃闲饭,必须立即着手组织劳动改造工作",把对这三个问题的解决作为组织罪犯劳动的目的来

---

① 万安中主编:《中国监狱史》,中国政法大学出版社2010年版,第163页。
② 万安中主编:《中国监狱史》,中国政法大学出版社2010年版,第168页。
③ 任远见:《新时期加强罪犯劳动教育的思考和建议》,载《犯罪与改造研究》2020年第10期。

执行。

同时,由于作为剥削阶级重要代表人物的战犯中,多数人对劳动不了解,看不起劳动者,因此,组织战犯劳动的目的:一是通过劳动使战犯树立正确的劳动观点,培养其劳动习惯,促进其劳动观的改造;二是通过劳动使战犯达到锻炼身体,增强体质的目的;三是通过劳动调剂战犯的生活。

(二)《劳改条例》中关于罪犯劳动目的的阐述

1954 年政务院颁布实施的《劳改条例》,是新中国第一部劳动改造罪犯的法规。《劳改条例》第 25 条规定:"劳动改造必须同政治思想教育相结合,使强迫劳动逐渐接近于自愿劳动,从而达到改造犯人成为新人的目的。"通过依法强迫罪犯参加生产劳动,使犯人受到教育、学到知识、得到锻炼,从而破除好逸恶劳、不劳而获的思想,端正劳动态度,养成劳动习惯,学会劳动技能,遵守劳动纪律。同时,第 30 条规定:"劳动改造生产,应当为国家经济建设服务,应当列入国家生产建设总计划之内。"这明确了罪犯劳动服务国家经济建设之目的。

(三)《监狱法》规定了罪犯劳动目的

1994 年 12 月颁布的《监狱法》规定:"监狱根据罪犯的个人情况,合理组织劳动,使其矫正恶习,养成劳动习惯,学会生产技能,并为释放后就业创造条件。"这明确了监狱组织罪犯的劳动目的:一是矫正恶习;二是养成劳动习惯;三是学会生产技能;四是为释放后就业创造条件。

阅读资料

监狱规则[①]

1913 年 12 月 1 日,北洋政府(亦称民国北京政府)在清末《大清监狱律草案》的基础上,删减、修改、制定并颁布了《监狱规则》,该规则是规范监狱活动的基本法规,共有 15 章 103 条,分为总则、分则两部分。总则共 14 条,是关于监狱的一般规则;分则共 88 条,对收监、监禁、戒护、劳役、教诲及教育、给养、卫生及医治、接见及书信、保管、赏罚、赦免及假释、死亡等项作了具体规定。尽管《监狱规则》内容大都抄袭当时西方资产阶级国家的监狱原则和监狱法律条文,但《监狱规则》仍然是中国正式颁行的第一部比较完备的监狱法规,具有一定历史意义,这个规则后来又被国民党政府所承袭。

---

① 王志亮:《中国监狱史》,中国政法大学出版社 2017 年版,第 272 页。

监狱行刑法

　　1946 年 1 月 19 日,国民党政府颁布了以《刑事诉讼法》为基础拟定的《监狱行刑法》,1947 年 6 月 10 日施行。《监狱行刑法》共 16 章 98 条:第一章为通则,规定了监狱行刑的目的,对少年犯、女犯的分别拘禁,对监狱的考察监督、参观等;第二章至第十五章分别为收监、监禁、戒护、作业、教化、给养、卫生及医治、接见及书信、保管、赏罚及赔偿、假释、释放及保护、死亡、死刑之执行;第十六章为附则。

第二节　罪犯劳动目的确定依据与要求

　　监狱发展的历史,是监狱行刑制度从野蛮、残酷到文明、人道的过程,每一次刑罚的重大改革,都推动着罪犯劳动的变革。研究罪犯劳动目的的变化,就是要吸取历史的教训,使罪犯劳动目的的制定能够更好地回归罪犯劳动的初衷,有效发挥罪犯劳动改造的功能,促进罪犯改造质量的提升。

一、罪犯劳动目的确定依据

　　罪犯劳动目的的发展与我国经济发展、行刑理念、政治制度,以及传统文化的发展息息相关,罪犯劳动目的的确定主要由以下几个因素决定。

　　(一)刑罚目的——罪犯劳动目的确定之基础

　　国家刑罚目的贯穿于整个刑事法律制度的运行过程中,在法律层面影响到刑事立法、司法和执行的各个领域,刑罚目的对刑罚制度的制定与运作都具有重要的指导意义。

　　作为刑罚执行中改造罪犯的主要手段,罪犯劳动目的从根本上是由刑罚目的决定的。刑罚目的的发展演变促进了罪犯劳动目的的演变。例如,奴隶制国家毫无例外地奉行报应主义,刑罚极端残酷野蛮,整个刑罚体系由生命刑、肉体刑、耻辱刑和财产刑构成,其中生命刑、肉体刑和耻辱刑占主导地位,这时期的罪犯劳动则主要表现为惩罚性、残酷性和补偿性目的。到封建社会时期,西汉"罢黜百家,独尊儒术",儒家的"仁政""德主刑辅"的政治主张在狱政领域则表现为"宽仁治狱",同时也强调"以威治狱",两种思想或并用或交替使用,相对于早期的报应主义,虽然威慑刑下的罪犯劳动仍以惩罚性和折磨性和补偿性为主要目的,但在程度上有了很大的变化,并且罪犯劳动在形式和内容上都得到了发展。

　　社会主义时期,受苏联以"改造罪犯"为罪犯劳动目的的影响,我国的教育刑论得到了一定程度的发展,同时也落实到具体制度和操作上,强调罪犯劳动只是改造罪犯的一种手段,注重罪犯的教育、感化和改造,重视开展培养技能、技艺的罪犯劳动。同时,遵循人道主义原则,设置合理的劳动时间和劳动强度,采取适宜的劳动形式,制定相应的劳动规则。罪犯劳动不再表现出惩罚性、残酷性,这些均是教育刑论进一步发展的体现。

刑罚思想从报应主义到威慑主义再到教育刑主义的发展,决定了罪犯劳动从苦役惩罚到教育改造的发展。这是历史的进步。在当前新形势下,有人认为,中国犯罪率居高不下与我们的刑罚过于轻缓有关。于是,呼唤酷刑,认为要回归到"苦役"惩罚的罪犯劳动目的上,这无疑是一种退步,不符合刑罚发展的目的要求,在理论上行不通,在实践上是极其有害的。

(二)劳动的功能——罪犯劳动目的确定之前提

罪犯劳动目的最终能否实现,关键在于劳动功能的属性与发挥。罪犯劳动目的与罪犯劳动功能并不是对等的两个概念。罪犯劳动目的是监狱通过组织罪犯劳动所要达到的预期目标和效果,是国家意志的体现;罪犯劳动功能是指"监狱通过依法组织罪犯参加劳动所产生的作用和影响"[①]。罪犯劳动功能是客观的、多维的,只要条件许可,它就能发挥作用。

1. 罪犯劳动功能的维度。罪犯劳动目的的确定要以罪犯劳动功能为基本前提,罪犯劳动功能的维度决定了罪犯劳动目的的维度。罪犯劳动功能是有限的,任意夸大或缩小罪犯劳动功能,都将影响罪犯劳动目的的确定与实现。"劳动在改造犯罪人中究竟能发挥多大的作用? 所有的犯罪人都必须通过劳动实现改造吗?"[②]对此问题的叩问,实质是对监狱劳动功能的质疑。《监狱法》第70条规定:"监狱根据罪犯的个人情况,合理组织劳动,使其矫正恶习,养成劳动习惯,学会生产技能,并为释放后就业创造条件。"矫正恶习固然重要,但罪犯劳动能否真正达到矫正恶习之目的,这是由罪犯劳动功能决定的,罪犯劳动功能是有限的。比如,对于罪犯的某些心理的或者其他行为的恶习通过劳动显然难以达到目的。超越罪犯劳动功能谈论的罪犯劳动目的是虚无的、不可实现的目的。

2. 罪犯劳动功能的实现条件。罪犯劳动功能的实现条件决定了罪犯劳动目的的实现。罪犯劳动功能的发挥是有条件的,缺乏应有的条件,罪犯劳动功能不能发挥作用。比如惩罚功能,如果没有允许延长劳动时间、增加劳动强度、恶劣工作环境等条件存在的法律依据,罪犯劳动的惩罚功能就不可能实现。同时,劳动习惯的养成是一个行为矫正的过程,是一个量变引起质变的过程,需要时间的积淀,那么通过劳动能否实现对短刑犯的劳动恶习的改造?"六个月的期限对于改造罪犯和培养他们的劳动精神是太短了。"[③]因此,罪犯劳动目的定位不能超越罪犯劳动功能,离开劳动功能的目的必定无法实现。

(三)群体差异性——罪犯劳动目的确定之依据

罪犯劳动是改造人的工作,改造工作始终要坚持"以人为本"的原则,这就要求罪犯劳动目的定位要从罪犯的不同群体的特点及其现实需求出发,即在确定罪犯劳动目的时要充分考量年龄因素,要重视未成年犯、成年犯以及老年罪犯劳动能力的差异性;要充分考量刑期的因素,要区分重刑犯、一般刑期罪犯、短刑犯在服刑时间上的差异性;要充分考量劳动恶习程度上的差异性等。如果忽视罪犯群体特点,缺乏现实意义的考量,罪犯劳动在实际

---

① 江伟人:《略论罪犯劳动的功能》,载《中国监狱学刊》2014年第4期。

② 辛国恩:《循证矫正的理论与实践》,载《中国监狱学刊》2013年第2期。

③ [法]米歇尔·福柯:《规训与惩罚》,刘北成、杨远婴译,生活·读书·新知三联书店2012年版,第137页。

工作中很难取得实效。

■二、罪犯劳动目的确定要求

(一)处理好生产与改造的关系

"正确处理改造与生产的关系,是充分发挥生产劳动在改造罪犯过程中手段作用的关键。"[1]在刑罚执行过程中,由于"生产效果的显性与改造效果的隐性,一些劳改单位在执行这一方针时,出现了'重生产轻改造'的偏差,特别是在一些时间要求紧迫、生产任务繁重的单位,尤易造成不良的后果"[2]。

在处理生产与改造关系问题上我国曾经用"改造第一,生产第二"的方针以示区别。1964 年,中央批转的全国"六劳"会议《纪要》中正式确立"改造与生产相结合,改造第一,生产第二"的劳改工作方针。"改造第一,生产第二"的基本精神,"就是首先应当强调改造工作的政治目的,而不应当不适应地强调经济利益"[3]。用"第一"表达,突出了改造犯人的政治任务和改造工作的根本目的;用"第二"表达,确定了对罪犯实施改造的载体——监狱生产不是可有可无的,而是必须进行的,但又是从属于罪犯改造工作的需要。

1995 年 2 月,《国务院关于进一步加强监狱管理和劳动教养工作的通知》提出"惩罚与改造相结合,以改造人为宗旨"的监狱工作方针,取代了"改造第一,生产第二"。虽然没有直接提到劳动,但劳动是改造的重要手段,突出改造,将劳动涵盖其中,是不言而喻的。监狱对罪犯实施改造,是由中国社会主义制度、监狱的职能、性质和在刑罚执行过程中的法定任务决定的。如果脱离改造而单纯搞生产劳动,把完成经济指标放在第一位,就失去了组织罪犯参加劳动的初衷。

在罪犯劳动目的制定过程中,如何理解和看待罪犯劳动与经济利益的关系,如何科学处理,采取行之有效的策略,使罪犯劳动中改造与生产二者协调,并朝着有利于罪犯改造的方向行进,这是在制定罪犯劳动目标过程中必须考量和解决的问题。

(二)充分考量罪犯劳动改造目的实现问题

从历史的发展看,各时期的统治者采取了各种方法以便实现其制定的劳动目的:苦役加桎梏成为剥削社会罪犯劳动惩罚目的的实现途径。当前,应以何种方式去实现对罪犯的改造?有些人以为只要把罪犯投入劳动中,罪犯就能改造好,就能培养罪犯正确的劳动观,这种观点显然缺乏科学的理论依据。对罪犯进行的大量访谈后,笔者发现,有些被访罪犯明确表示,以后出监"再也不干这项工作了","干怕了"。目前我国执行的罪犯劳动因为缺乏与罪犯劳动目的相适应的实现方式,很难达到教育人改造人的目的。所以,有必要深入研究罪犯劳动目的的实现方式和有效途径,以便让罪犯劳动发挥其应有的价值。

---

[1] 中国监狱工作协会编:《新中国监狱工作五十年(1949.10—2000)》,法律出版社 2019 年版,第 111 页。
[2] 中国监狱工作协会编:《新中国监狱工作五十年(1949.10—2000)》,法律出版社 2019 年版,第 110 页。
[3] 中国监狱工作协会编:《新中国监狱工作五十年(1949.10—2000)》,法律出版社 2019 年版,第 111 页。

第三节　罪犯劳动目的定位

监狱组织罪犯劳动的价值和意义得到了世界各国的普遍认可,几乎所有的国家都以法律的形式对罪犯劳动作出规定,联合国的文件中也对监狱组织罪犯劳动提出了明确的要求。但是,基于各种因素的考虑,不同国家对罪犯劳动的目的定位存在较大差异,劳动目的定位上的差异,直接决定了罪犯劳动发展的趋势和走向。

一、理论界对罪犯劳动目的的多元看法

对罪犯劳动目的的研究,是当前理论界研究罪犯劳动的一个关键问题。目前,理论界对监狱组织罪犯劳动目的主要有以下几种不同的看法:

1. 矫正目的。该理论研究者认为"组织服刑人劳动的目的是矫正服刑人"[1],"监狱劳动不得以惩罚和营利为目的,使劳动生产成为改造人的手段"[2]。

2. 经济目的与行刑目的。该理论研究者认为"罪犯劳动具有双重目的性即经济目的及行刑目的","行刑目的就是获得对罪犯的改造效益"[3]。

3. 报应、惩役与矫治的目的。该理论研究者认为"罪犯劳动是指由于其本身所具有的惩罚功能和经济属性,行刑者将其运用于罪犯行刑,从而使罪犯遭受摧残、惩罚和痛苦,达到对罪犯进行报应、惩役和矫治目的的活动"[4]。

4. 矫正、惩罚与追求功利性。该理论研究者认为,监狱组织罪犯劳动的性质和目的为"在满足矫正和惩罚的前提下兼顾功利性"[5]。

以上观点集中在组织罪犯劳动是否具有改造目的,是否具有经济目的,是否具有惩罚目的的争论上,不论何种观点都高度一致地认可监狱组织罪犯劳动的改造目的,但在监狱组织罪犯劳动是否具有经济目的和惩罚目的上始终存在较大的分歧。劳动目的认知上的多元性,恰恰反映了在实际工作中监狱组织罪犯劳动方向把握和目标定位上的不确定性与迷惑性。

二、罪犯劳动目的合理定位

监狱组织罪犯劳动的目的,即通过组织罪犯劳动所要达到的效果。作为一种主观意愿,罪犯劳动目的是预先设立的,它贯穿于罪犯劳动组织和实施整个过程。罪犯劳动目的不同,决定了罪犯劳动所采取的措施、手段也不同,最终达到的效果自然也不同。我国向来

---

[1]　王利杰、曹化霞:《监狱学基础理论》,中国检察出版社 2011 年版,第 223 页。

[2]　张绍彦:《中国监狱的发展方向》,载《金陵法律评论》2001 年第 2 期。

[3]　高寒:《罪犯劳动制度构想》,载《中国监狱学刊》2012 年第 3 期。

[4]　周雨臣主编:《罪犯劳动组织与管理》,中国政法大学出版社 2011 年版,第 8 页。

[5]　柏连华、叶美德:《新时期罪犯劳动合理性定位问题研究》,载《中国监狱学刊》2013 年第 3 期。

高度重视罪犯的劳动问题,将罪犯劳动定位为改造罪犯的"三大手段"之一,《监狱法》明确规定:"监狱根据罪犯的个人情况,合理组织劳动,使其矫正恶习,养成劳动习惯,学会生产技能,并为释放后就业创造条件。"以法律的形式规定了罪犯劳动目的的总体框架。社会的进步、刑罚的变迁赋予罪犯劳动更多的内容和要求。对我国罪犯劳动目的的科学定位是提高罪犯劳动实施效果的关键前提。

（一）改造目的

对于绝大部分罪犯来说,好逸恶劳、游手好闲、追求享乐是其实施犯罪的主要动因之一。因此,组织罪犯劳动必须按照人的行为养成规律,有计划、科学地制定罪犯劳动的改造方案,设置科学合理的罪犯劳动项目,在强制力保证实施的劳动中使罪犯逐步改变认知、学会做事、学会协作,养成劳动习惯。

1. 改变认知,树立正确的劳动观

认知也称之为认识,是指人认识外界事物的过程,或者说是对作用于人的感觉器官的外界事物进行信息加工的过程。很多罪犯尤其是贪欲型罪犯由于缺乏正确的劳动意识,劳动观念淡薄,他们有的好逸恶劳,鄙视劳动;有的追求不劳而获,坑蒙拐骗;有的为追求经济利益,不择手段。因此,组织罪犯劳动可以通过有计划地实施劳动项目帮助他们逐步改变错误劳动认知,树立正确的劳动观念。

（1）通过劳动教育和劳动措施的引导,让罪犯明白劳动不是对自己犯罪行动的一种惩罚,而是《宪法》赋予公民的权利和义务,即每一个有劳动能力的人都应该把参加劳动看作自己应尽的职责和神圣的义务,尽己所能地从事劳动。

（2）通过劳动教育以及有效的制度约束,使罪犯在劳动中逐步端正劳动态度,树立劳动纪律意识、安全意识和质量意识;要求罪犯服从劳动安排,遵守劳动操作规程和劳动管理制度,逐步培养罪犯遵守纪律的良好观念与习惯;通过对生产安全知识的讲解、演练与监督管理,增加罪犯的劳动安全知识,提高安全技能;在罪犯劳动中始终贯穿劳动质量教育,促进罪犯形成责任和担当意识。

2. 矫正劳动恶习,养成劳动习惯

监禁,切断了罪犯好逸恶劳、贪图享乐、骄奢淫逸的物质来源,铲除了罪犯损人利己、损公肥私、非法掠夺他人财物的土壤。狱内劳动,一方面对有劳动能力的罪犯实施强制性劳动,对有劳动能力拒不参加劳动或者消极怠工、经教育不改的罪犯,监狱通过警告、记过或者禁闭的方式加以处罚;另一方面遵循按劳分配的原则,实现多劳多得、少劳少得、不劳动者不得食,让罪犯在劳动中不断体验到劳动给其带来的尊严与快乐。这种"大棒"加"胡萝卜"的方式,能够促动罪犯逐渐矫正劳动恶习,养成劳动习惯。

3. 学习劳动知识,提高劳动能力

缺乏劳动知识与劳动技能是某些人犯罪的主要原因之一。监狱组织罪犯劳动,一方面,可以通过劳动培训,使罪犯了解生产劳动的一些基本知识,如技能、成本、效率、质量、安全以及企业管理及其运行模式与流程等。另一方面,可以让罪犯在参与劳动的过程中理解和体验劳动态度、劳动效率、劳动技能、劳动质量以及劳动报酬的相互关系。这种体验有利于罪犯不断挖掘自身的劳动潜力与价值,为出监后参加社会劳动奠定理论与实践基础。

4. 学会尊重与协作

分工与协作是当代社会劳动的主要存在方式。监狱组织罪犯参加劳动,一是可以让罪犯明白只有"和他人协作、交换并得到社会承认的劳动才可能是真正的劳动"①;二是让罪犯在集体劳动中看到别人的价值,从而学会尊重他人的劳动,逐步养成劳动协作的习惯;三是让罪犯在集体劳动中学会沟通,学会换位思考,有效地认知和管理自己的情绪,从而不断地提高处理与其他罪犯之间矛盾的能力,有利于有效消除监狱化的不良影响,为出监后更好地适应社会劳动与生活提供帮助。

(二)实现罪犯自食其力、承担责任之目的

监禁是为了社会的安全对罪犯采取的一种强制性与社会暂时隔离的措施。监禁行刑的目的显然不是使罪犯成为赤贫者,让罪犯及其家庭陷入困境。监狱组织罪犯劳动应当着眼于其继续实现自食其力、承担责任之目的。

1. 实现罪犯自食其力之目的

到目前为止,劳动依然是我国公民的谋生手段,监狱不能剥夺罪犯作为特殊公民的劳动权和报酬权,自食其力是罪犯劳动的重要目标。当前,我国监狱所执行的低报酬以及罪犯狱内生活、教育、医疗等免费制,让罪犯不愁吃、不愁穿、不需要担心狱内的一切生活,这实质上是对罪犯社会适应力的一种割断和阻碍,既不利于罪犯对监狱劳动的认同,不利于其正确劳动观念的形成,也严重阻碍了罪犯的重新社会化进程。因此,通过组织罪犯劳动就是要使罪犯通过劳动获取相应的劳动报酬,承担其监狱生活、教育管理、医疗等费用,学会资金管理,在监狱控制的资金使用范围内有效地积累、规划和使用资金,进而达到自食其力之目的。

2. 确保罪犯继续承担责任之目的

对于绝大部分罪犯来说,亲情的关注贯穿他们服刑始终。那些30~50岁的罪犯正处于上有老、下有小的人生阶段,其本应成为家庭的顶梁柱,但是因为犯罪,他们失去了承担家庭责任的能力。在很多时候,一个家庭成员的犯罪成了一个家庭的灾难,孩子失学,父母无人赡养。罪犯劳动作为产生经济效益的唯一途径,应当为罪犯提供一个继续挣钱养家的平台,让他们在实现自食其力的基础上,继续承担其作为家庭成员所应承担的责任和义务,承担对被害人的赔偿责任。这样,一是能降低罪犯监禁对家庭的危害性,巩固亲情;二是能让罪犯通过自己的劳动所得赔付受害人,有利于赢得受害人及社会对其的谅解,符合恢复性司法的原则和理念;三是有利于促进罪犯对劳动的认同,珍惜劳动机会,为出监顺利回归社会提供坚实的基础。

---

① 朱平:《劳动的手段意义与目的的价值》,载《当代社会与社会主义》2005年第3期。

专栏 4-2　恢复性司法[1]

较早提出"恢复性司法"这一专业术语的是美国学者巴尼特。巴尼特在 1970 年发表了一篇题目为《赔偿——刑事司法中的一种新范式》的文章,明确提出了"restorative justice"一词,之后国外有学者使用了"理性司法""积极司法""重整司法""关系司法""社区司法""平衡司法"等概念,作为恢复性司法的类似概念。西方学者关于恢复性司法概念众说纷纭:1990 年,美国泽尔教授指出,恢复性司法更加重视犯罪行为造成的损害,而不是抽象的法律,被害人、犯罪人和社区是关注的重心。2002 年 4 月,联合国预防犯罪和刑事司法委员会通过的《关于在刑事事项中采用恢复性司法方案的基本原则》中,不仅提出了恢复性司法,还比较完整地给恢复性司法程序作出定义,即"恢复性司法程序,是指在调解人帮助下,被害人、犯罪人和任何其他受犯罪影响的个人或社区成员,共同积极参与解决由犯罪造成的问题的程序"。目前,世界绝大多数国家已接受恢复性司法概念,并在司法实践中加以运用。

(三)重返社会的目的

如何使罪犯更好地重新适应社会生活,正日益成为整个社会普遍的关注点。"罪犯回归社会目的的实现是社会和谐的根本,是整个社会的切实愿望,也是监狱行刑的终极目的。"[2]罪犯劳动不仅为其重返社会能力提供技术支持,也是罪犯重返社会物质保障的重要来源。罪犯劳动必须为罪犯的重返社会提供必要的准备。

1. 通过职业培训,提高重新就业能力

重新就业是罪犯出监后必须面临的一个选择。罪犯群体文化水平较低,监狱组织罪犯劳动必须着眼于"维护或者增强犯人释放后通过诚实劳动谋生的能力"[3]。罪犯这种能力的提升可以依托监狱有针对性开展的职业培训:一是通过日常培训和劳动实践,让罪犯学习和积累生产劳动基本知识和技能;二是让罪犯学习一些有关劳动的理论课程和实践课程,有意识地训练其感兴趣工作的技能,使他们出监后能够适应市场对劳动力的需求;三是要依托出监前有针对性的职业规划培训包括职业技能培训、就业形势的了解以及组织与劳动力需求单位的供需见面会等,提高罪犯出监后的就业机会和能力。

2. 实现罪犯基本保障权利的社会化无缝对接

2011 年 7 月颁布实施的《中华人民共和国社会保险法》第 2 条规定:"国家建立基本养老保险、基本医疗保险、工伤保险、失业保险、生育保险等社会保险制度,保障公民在年老、

---

① 肖爽:《以恢复性司法促进社会和谐稳定》,载《新华月报》2022 年第 13 期。

② 杨锦芳、杨永平:《监狱行刑目的之层次剖析》,载《学术探索》2013 年第 5 期。

③ 1955 年第一届联合国预防犯罪和罪犯待遇大会《关于监狱劳动的建议》,转引自吴宗宪:《监狱学导论》,法律出版社 2012 年版,第 533 页。

疾病、工伤、失业、生育等情况下依法从国家和社会获得物质帮助的权利。"罪犯依然是公民，但其基本医疗保险以及基本养老保险因入监而阻断。"对被判处监禁或类似措施的人所施的待遇应以在刑期许可范围内培养他们出狱后守法自立的意愿和能力为目的。此种待遇应该足以鼓励犯人自尊并树立责任感。"①

一方面，长期以来，我国罪犯普遍实行的"免费医疗"的医疗体制，这种明显高于社会医疗的体制性弊端日益凸显。监禁，并没有剥夺罪犯享有医疗保险的权利和所应承担相应医疗费用的责任。因此，罪犯劳动要为犯人医疗纳入社会保障体系提供必要的资金来源，以确保其医疗保险的社会化模式的实现。另一方面，"出监后如何生活""靠何生活"是罪犯必须面对的问题。《刑法修正案（八）》对刑罚结构作了调整，对罪犯自由刑的长期剥夺，虽然降低了其犯罪激情与犯罪能力，但也必然导致其社会适应能力的降低，使罪犯丧失了对未来生活的依靠与希望。法律并没有对刑期加长导致罪犯社会适应力降低，而在刑罚上作必要的调整。随着刑法的调整，刑罚体系理应作相应的改变。作为罪犯劳动理应和社会劳动一样，为罪犯的养老保险提供必要的资金准备，为罪犯晚年生活提供物质保障，实现与社会保障制度的无缝对接，这是让罪犯在希望中改造的关键之所在，也是实现劳动目的的重要体现。

随着国际行刑的发展，罪犯劳动的价值和地位将越发凸显。在未来罪犯劳动的组织与管理中，监狱应采取什么样的罪犯劳动方针、政策和方法直接关系着罪犯改造质量。加快对罪犯劳动问题的研究，科学合理地定位罪犯劳动目的，对推动我国罪犯劳动的科学化发展，具有重要的现实意义。

研究与思考

1. 罪犯劳动目的确定的依据是什么？
2. 根据未成年犯的特点谈谈当前我国监狱组织未成年犯劳动的目的。
3. 根据重刑犯的特点谈谈当前我国监狱组织重刑犯劳动的目。

---

① 参见《纳尔逊·曼德拉规则》规则91。

第五章 罪犯劳动与罪犯教育

重点提示

1. 监狱对罪犯实行惩罚和改造相结合、教育和劳动相结合的原则,将罪犯改造成为守法公民。

2. 劳动与教育相结合是我国监狱工作的特色与亮点。

3. 罪犯劳动与罪犯教育是相辅相成,缺一不可的。罪犯教育是罪犯劳动顺利开展的前提和基础,罪犯劳动是罪犯教育的载体和检测仪。

4. 罪犯劳动教育的内容主要包括:劳动意义教育、劳动常识教育、与劳动有关的法律知识教育、劳动纪律教育、狱内劳动特殊性教育、职业技术教育。

5. 运用课堂授课法开展劳动教育要注意根据罪犯的文化层次及领悟能力,开展分班教学;重视课堂教学的授课技巧,注意课堂授课法的改革与创新;引导和激发罪犯参与课堂教学的积极性和主动性。

6. 在劳动中开展罪犯个别教育就要按照人的态度转变的规律性来设计个别教育的流程和方法。

7. 练习法是罪犯劳动技能培养的一种基本途径。

8. 开展劳动竞赛,能够巩固和增加罪犯的劳动知识,提升罪犯的劳动技能,增强团队协作,激发绝大多数罪犯的进取心和荣誉感。

9. 榜样激励法,是狱内劳动教育的方法之一,注意榜样的可及性和多维性。

10. 罪犯劳动情况讲评教育涵盖于罪犯日讲评、周讲评、月讲评、专题讲评等讲评教育中。对罪犯劳动情况的讲评是讲评教育的重要内容。罪犯劳动情况进行讲评教育要以对罪犯劳动实际情况的把握为前提,对劳动情况的讲评教育须善于运用数据。

11. 在罪犯劳动过程中组织罪犯对服刑成本进行计算、对劳动报酬使用进行合理分配等都是劳动认知改变的重要方法。

《监狱法》第 3 条规定“监狱对罪犯实行惩罚和改造相结合、教育和劳动相结合的原则,将罪犯改造成为守法公民”。劳动与教育相结合是毛泽东等老一辈领导人根据马克思主义关于劳动的基本原理,总结新中国成立前后监狱工作经验而形成的改造罪犯的基本原则,也是我国监狱工作的特色与亮点。

第一节　罪犯劳动与罪犯教育之关系

罪犯教育是"监狱机关对罪犯开展的,以改造人、教育人为目的,以文化知识、生产技能、思想道德、行为规范为内容,有组织、有计划、强制性的系统影响活动"[①]。目前罪犯劳动在时间上实行"8511",即每天劳动不超过 8 小时,一周工作 5 天,一天教育,一天休息。除去睡眠,罪犯绝大多数时间是在劳动中度过,由于《监狱法》中对罪犯劳动的规定是在第五章"对罪犯的教育改造"中进行阐述的,很容易导致人们忽略罪犯劳动特有的价值和地位,忽视罪犯劳动与罪犯教育平等的相互依存、密不可分的现实。

■ 一、罪犯教育是罪犯劳动顺利开展的前提和基础

就目前监狱押犯情况来看,一些罪犯的犯罪与其好逸恶劳、追求不劳而获、唯利是图的不良劳动品质有着直接的关系。因此,能否通过罪犯教育,有效地改变罪犯的错误劳动认知,改变其错误的劳动观念,是顺利开展罪犯劳动的前提。

（一）罪犯教育有利于改变罪犯错误的劳动认知

劳动教育是罪犯教育的主要内容之一,劳动教育,也就是针对人的劳动品质进行的教育,通过劳动教育可以帮助罪犯理解劳动的内涵、性质以及参加劳动的目的和意义,树立"以辛勤劳动为荣,好逸恶劳为耻"的劳动观,树立正确的劳动价值观,进而改变罪犯好逸恶劳、不劳而获的错误劳动观念,逐步矫正其错误的劳动习惯,进而形成良好劳动品质,提高劳动热情,养成劳动习惯,学会劳动技能,逐步使其成为能够自食其力的劳动者。

（二）罪犯教育有利于提高劳动生产率

罪犯劳动是社会劳动的组成部分,依然要讲效益。通过罪犯教育一方面矫正了罪犯错误的劳动观念和劳动认知,不断提升罪犯的劳动意识,规范罪犯劳动的操作规程,逐步提高罪犯的劳动质量意识和劳动效率意识,提高罪犯参与劳动的积极性和主动性;另一方面,通过罪犯职业技能教育有针对性地开展劳动技能培训,改善罪犯的劳动知识结构,提高劳动技术,提升罪犯劳动能力,这些都有利于提高罪犯的工作绩效,有利于推动罪犯劳动生产率的提高。

（三）罪犯教育有利于罪犯劳动现场的安全稳定

罪犯劳动的强制性,很容易导致罪犯产生抵触、厌恶劳动的心理情绪,从而对狱内劳动产生负面的情感体验,很容易在生产过程中引发警囚矛盾,诱发各种安全隐患,不利于罪犯劳动现场的安全稳定。

[①]　王雪峰主编:《罪犯教育学》,法律出版社 2022 年版,第 5 页。

通过罪犯教育,改变罪犯错误的劳动认知,有利于化解在劳动问题上产生的警囚矛盾,避免警囚冲突,维护了劳动场所的安全;通过劳动教育,增强罪犯的劳动纪律意识,自觉遵守和维护劳动纪律,确保罪犯劳动的有序开展;通过劳动教育,丰富罪犯的安全知识,提高罪犯劳动安全防范的意识和安全防护技能,这有利于消除劳动场所的安全隐患,提升罪犯应对和处理安全事故的能力,从而维护狱内劳动场所的安全与稳定。

二、罪犯劳动是罪犯教育的载体和检测仪

(一)罪犯劳动是罪犯教育之载体

罪犯劳动是罪犯教育之载体,有力地批驳了实践中人为将罪犯劳动与罪犯教育割裂甚至对立的观点,载体作用揭示了罪犯劳动与罪犯教育"你中有我,我中有你"之相互关系。罪犯教育必须结合罪犯劳动之实践,结合劳动中呈现的具体问题开展教育才有价值和意义。罪犯在劳动中所表现出的各种行为问题都是其思想、心理的外在表现,只有紧扣罪犯在劳动中的具体表现,分析和挖掘罪犯劳动行为背后所掩盖的真实原因,综合运用各种教育手段,有的放矢地解决劳动中出现的各种问题,罪犯劳动的教育意义和价值才能得以显现与实现。

(二)罪犯劳动是罪犯教育效果的检测仪

罪犯改造工作的实践证明,罪犯劳动效果好坏与罪犯教育效果成正比例,罪犯劳动教育越有效,罪犯参与劳动的积极性就越高,在劳动中遵守劳动纪律的自觉性和注重质量的意识就越强,罪犯劳动的效果就越理想,每一次罪犯教育工作的突破都有利于促进罪犯劳动效率的提升。

专栏 5-1　罪犯教育与教育改造[①]

> 与罪犯教育同时存在的概念还有教育改造,罪犯教育与教育改造这两个概念分别是以对象、实践为着眼点来命名的,监狱工作实践领域,罪犯教育一般称为教育改造,两者是学术语言与工作语言的关系,某种程度上可以互换。

三、正确处理罪犯劳动与罪犯教育之关系

随着教育刑论和个别预防理论的发展,罪犯劳动中融入和贯穿了大量的罪犯教育的内

[①] 王雪峰主编:《罪犯教育学》,法律出版社 2022 年版,第 5～6 页。

容。正确分析和处理罪犯劳动与罪犯教育之间的关系，对提升罪犯改造效果具有重大意义。

（一）劳动中应始终贯彻改造目的

监狱组织罪犯参与劳动的根本目的在于改造罪犯，这是监狱组织罪犯劳动始终要把握的原则。罪犯劳动的企业化管理和经营，有时很容易给劳动组织和管理者造成劳动效益优先的错误认识，过度重视监狱生产，过度追求经济效益从而容易忽略罪犯的教育改造。当罪犯正确的劳动观念还没形成，劳动行为存在缺陷、劳动习惯未养成之时，或者罪犯还存在其他方面的思想困惑或心理问题时，罪犯很难正常投入劳动中。这时如果没能及时做好罪犯的教育改造工作，不仅达不到劳动效益，强制劳动还可能造成警囚矛盾，不利于罪犯改造，不利于监狱的安全与稳定。因此，在劳动中要时时关注罪犯的行为表现和思想动态，及时采取有效的教育措施解决罪犯的各种问题，使其轻装上阵，方可实现罪犯劳动之目的。

（二）寻找罪犯劳动与罪犯教育的平衡点

罪犯劳动与罪犯教育是改造罪犯的两大手段，二者是相互依存、互相促进的关系。然而，在现实的罪犯改造过程中，管教民警经常抱怨罪犯劳动挤占了罪犯教育改造时间，生产劳动冲击了罪犯的教育改造，呼吁要减少生产任务等，这是不可忽视的现实问题。所以，在劳动过程中民警要区别对待罪犯在劳动中出现的各种问题，从改造的视角，合理安排罪犯劳动教育的时间，针对劳动中出现的问题要区分哪些情况是必须停止劳动，专门安排时间开展教育改造的；哪些情况是可在劳动之余开展教育的。应做好统筹安排，完善罪犯劳动的操作体系，在劳动中贯彻罪犯教育理念，在劳动中结合教育，在教育中更好地完成劳动任务。

第二节　罪犯劳动教育的内容

对于任何一种教育活动来说，教育内容的选择与确定直接影响着教育的效果。罪犯劳动教育目的决定了罪犯劳动教育的内容。从当前我国狱内劳动的总体目标来看，开展劳动教育应当着眼于罪犯劳动态度的改变、劳动恶习的矫正以及劳动能力的提升等方面。

▌一、劳动意义教育

开展劳动意义教育，是帮助罪犯树立正确劳动观的前提。开展劳动意义教育要从罪犯犯罪的根源出发，有针对性地开展教育。在劳动意义教育的过程中讲清劳动在个人生存和社会发展中所起的决定性作用，使罪犯认识到劳动在个人身心健康、智力完善、个人道德品质完善、个人能力提升、家庭幸福维系、受损社会关系修复中的重要作用，从而培养罪犯热爱劳动、崇尚劳动、尊重劳动的情感。

▍二、劳动常识教育

开展劳动常识教育,是帮助罪犯树立正确劳动观的基础。《监狱教育改造工作规定》[①]第 25 条强调了对罪犯劳动常识的教育。劳动常识教育主要包括以下几个方面的内容。

(一)劳动价值教育

劳动价值教育,就是让罪犯对劳动价值及其影响因素有清晰的认识和理解。劳动价值是劳动力的使用价值,是劳动力价格的决定因素。现实生活中的劳动报酬实质就是个人劳动价值的货币表现形式。个体对劳动知识的掌握、个体本身的劳动素质以及个体的劳动技能、个体的劳动态度等都是影响劳动价值的因素。通过劳动价值教育,能够使罪犯理性看待个体的收入差异,消除嫉富和仇富心理,进而积极主动地投入劳动实践中,不断丰富劳动知识,提升劳动技能,在劳动实践中养成踏实、勤奋、严谨的劳动品质,最终实现自我劳动价值。

(二)劳动类别教育

教育哲学奠基人黄济先生认为劳动教育的基本内容应"包括了生产技术劳动、社 会公益劳动、生活服务(或生活自理)劳动等方面的教育"[②]。强调这些不同类别的劳动教育,旨在让罪犯意识到劳动只有类别的不同而无等级贵贱之分,只要辛勤、诚实劳动都可以得到他人和社会的认可,在劳动中创造和实现自我价值。

在劳动教育中强调自我服务劳动即料理自己生活的各种活动,让罪犯做到自己的事情自己做,养成勤劳的生活习惯,培养罪犯独立生活的能力。同时,教育罪犯重视公益劳动,在帮助他人的同时找到自我价值;在公益劳动中接受心灵洗礼,修复业已破坏的社会关系,促进罪犯社会关系的建立和完善。

(三)劳动的合法性教育

劳动的合法性教育,就是要让罪犯彻底明白以法律法规为底线的合法劳动是进行劳动活动的前提,任何违背法律规范的所谓劳动,必定要受到法律的制裁。

马克思说过"人们的奋斗所争取的一切,都同他们的利益有关"[③]。在现实生活中是辛勤劳动还是不劳而获,是诚实劳动还是坑蒙拐骗、不择手段? 这是人们在劳动选择时的必要判定。在罪犯劳动中开展劳动教育,强调劳动的合法性底线、合法性判定的标准以及触碰合法性底线所应承担的法律后果,就是让罪犯彻底明白任何的投机取巧、耍贱偷懒、巧取豪夺,任何弄虚作假、坑蒙拐骗、蓄意炒作都经不起时间的推敲,都将是弄巧成拙,最终害人害己,甚至沦为阶下囚。

---

① 中华人民共和国司法部令第 79 号,自 2003 年 8 月 1 日起施行。共 10 章 63 条。

② 黄济:《关于劳动教育的认识和建议》,载《江苏教育学院学报(社会科学版)》2004 年第 5 期。

③ 《马克思恩格斯全集》(第 1 卷),人民出版社 1956 年版,第 82 页。

只有合法的诚实劳动才能创造坚实的社会物质基础,只有把合法劳动作为社会公民应履行的社会责任,并把热爱劳动作为一种修养来培养,才能用自己辛勤的劳动重新赢得社会对自己的信赖,才能用自己的双手去创造幸福生活,实现自己的人生价值。劳动的合法性教育既有利于罪犯的认罪服法,又有利于让罪犯形成劳动选择的基本判定标准,从而避免劳动活动选择时的方向性错误。

三、与劳动有关的法律知识教育

对罪犯进行与劳动有关的法律知识教育是法治社会的必然要求,是劳动教育的重要组成部分。对罪犯进行劳动法律知识教育应该包括以下内容:劳动者的基本权利与义务,劳动就业,劳动合同的签订与履行,劳动争议的解决,劳动者的工伤、失业、医疗、生育、养老等社会保障制度规定,劳动安全法律法规等。了解和掌握与劳动有关的法律知识,可以为罪犯刑满释放后依法就业、依法保护自己的劳动权利、依法处理劳动纠纷奠定基础,加快罪犯社会化进程的推进。

四、罪犯劳动纪律教育

无规矩不成方圆,罪犯终究是要回归社会,通过劳动来实现自我价值。开展劳动纪律教育,就是要通过教育使罪犯掌握劳动纪律的内容及其要求,并通过参与劳动实践,逐渐养成遵守劳动纪律的习惯,塑造良好的职业品质。

(一)劳动纪律

劳动纪律又称职业纪律,是指从业者在劳动中所应遵守的劳动规则和劳动秩序。劳动纪律贯穿于整个劳动过程中,是从业者必须共同遵守的规则,是确保劳动顺利进行的基础。在当前,劳动纪律的范畴主要包括以下内容:第一,履约纪律,主要是履行劳动合同的要求及违约应承担的责任。第二,考勤纪律,主要是指劳动开展的时间要求,具体包括工作开始和结束的时间、请假制度、休假制度等。第三,劳动纪律,包括岗位职责及劳动任务完成的质与量的要求、原材料的节约、劳动工具的使用与劳动现场的管理要求等。第四,安全卫生纪律,包括劳动的技术操作规程和劳动的安全、卫生规程。第五,奖惩制度,对劳动情况的评定考核以及配套的遵纪奖励和违纪惩罚规定。

(二)狱内劳动纪律教育

罪犯在服刑期间参加劳动不仅要遵循一般的劳动纪律,还要遵循监狱机关制定的其他特殊的劳动纪律。这些纪律对罪犯有极大的限制作用,违反这些纪律,不仅会导致罪犯受到某些纪律处罚甚至导致法律制裁。

对罪犯劳动纪律的规定司法部及各省监狱管理局都有专门的规定。1995 年 6 月 14 日司法部印发《关于罪犯劳动工时的规定》(司发通〔1995〕065 号),对罪犯劳动时间、休息日、加班以及请假等情况作了明确的规定;2004年3月19日司法部第88号令《监狱服刑人员行为规范》第四章规定了罪犯必须遵守的7条劳动规范;各省监狱管理局关于罪犯劳动现场管理规范对罪犯在岗位中原材料的摆放以及节约要求,劳动技术操作流程,劳动工具的使用与管理要求,劳动现场活动的规范、要求以及劳动操作安全等作了明确的规定;2021年8月24日司法部印发《监狱计分考核罪犯工作规定》(司规〔2021〕3号),第二章第13条中对罪犯劳动考核的内容、标准以及计分考核的组织与方法、计分考核的运用等作了解释说明。罪犯劳动纪律教育目的是让罪犯能够理解并按照有关的规定和纪律要求来约束自己的劳动行为,从而养成遵守劳动纪律的习惯,进而内化为自觉的行为。

■ 五、狱内劳动的特殊性教育

与社会劳动不同,狱内劳动具有特殊性,通过劳动教育让罪犯了解狱内劳动的特点及其特殊的要求,有利于提高罪犯对狱内劳动的理解,在日常劳动中逐渐规范自己的行为,从而确保狱内劳动各项工作的顺利进行。

(一)狱内劳动是罪犯的基本权利和义务

通过劳动教育,对狱内劳动的性质作必要的解释与说明,这是顺利开展罪犯劳动改造工作的重要前提和基础。参加狱内劳动是罪犯权利、义务的体现,是实现罪犯自食其力的保证。

1. 参加狱内劳动是罪犯劳动权利的体现

《宪法》第42条规定:"中华人民共和国公民有劳动的权利和义务。"罪犯是特殊公民,参加劳动依然是其作为公民的基本权利,任何组织和个人都无权剥夺其劳动权利。监狱企业的主要任务在于为监狱改造罪犯提供劳动岗位,为改造罪犯服务。通过为罪犯提供参加狱内劳动的机会,罪犯恢复了作为公民的最基本的实践活动即生产劳动。即便在生产力高速发展的今天,在面临巨大的生存压力的情况下,监狱企业也必须为所有有劳动能力的罪犯提供劳动岗位。这充分体现了参加劳动是罪犯的基本权利,参加劳动是对其劳动权利的保护。

2. 参加狱内劳动是罪犯的义务

劳动是改造罪犯的重要手段之一,只有罪犯积极主动地参与劳动,才能发挥劳动的改造作用。《刑法》第46条规定:"被判处有期徒刑、无期徒刑的犯罪分子,在监狱或者其他执行场所执行;凡有劳动能力的,都应当参加劳动,接受教育和改造。"《监狱法》第69条规定:"有劳动能力的罪犯,必须参加劳动。"这些规定说明了在服刑期间参加狱内劳动是罪犯的义务。有劳动能力的罪犯如果拒不参加劳动或者消极怠工,经教育不改的,监狱可以给予警告、记过或者禁闭处罚,司法部《监狱计分考核罪犯工作规定》第15条规定:"罪犯受到警告、记过、禁闭处罚的,分别扣减考核分100分、200分、400分,扣减后考核积分为负分的,保留负分。受到禁闭处罚的,禁闭期间考核基础分记0分。"

犯罪入监并不能成为罪犯"坐吃闲饭"的理由,通过劳动谋生是社会人生存的基本方式,劳动依然应当是罪犯谋生的手段,是罪犯应履行的法定义务。

（二）狱内劳动的特殊目的性教育

开展狱内劳动的目的性教育,旨在消除罪犯对狱内劳动的错误认知,自觉参加狱内劳动,在劳动中接受教育洗礼,改造自己。"对罪犯来说,从事劳动是执行监禁刑的必要组成部分,是在监狱中执行刑罚的具体体现,而不是单纯地从事生产劳动或其他劳动。"[①]

与社会劳动不同,监狱组织罪犯劳动的目的在于改造罪犯。《监狱法》第70条规定:"监狱根据罪犯的个人情况,合理组织劳动,使其矫正恶习,养成劳动习惯,学会生产技能,并为释放后就业创造条件。"狱内劳动为罪犯创设了一种与社会劳动相似的环境,罪犯通过参加狱内劳动以及通过参与劳动成果的分配,实现与社会的连接。同时,随着罪犯劳动态度的改变、劳动技能的提升,监狱企业的经济效益也能得以实现,经济效益只是劳动改造目的实现后劳动价值的体现,而不是罪犯劳动的目的。

（三）狱内劳动的法定强制性教育

在组织罪犯参加劳动的过程中,说清罪犯劳动的法定强制性的真实含义有利于帮助罪犯正确理解狱内劳动目的,消除罪犯参加劳动的抵触情绪,确保狱内劳动的顺利开展。

通过对罪犯开展狱内劳动的法定强制性的教育,引导罪犯从日常劳动的时间、劳动强度、劳动条件、劳动保护、参加劳动的技能培训中去体会狱内劳动的性质,以及劳动激励给其带来的快乐,让罪犯明白狱内劳动所体现的强制性并不意味着罪犯劳动具有惩罚性。"社会化过程中伴随的痛苦,只是为了使个人更好适应社会从而获得更大利益的必要代价"[②],并非惩罚的措施和手段。

六、职业技术教育

职业技术教育是以提高罪犯劳动认知、提升罪犯劳动能力为目标的劳动教育。《监狱法》第64条规定:"监狱应当根据监狱生产和罪犯释放后就业的需要,对罪犯进行职业技术教育。"职业技术教育为罪犯回归社会后的就业谋生创造条件,在预防和减少重新犯罪方面发挥着重大作用。2007年7月4日,司法部印发的《教育改造罪犯纲要》(司发通〔2007〕46号)第12条规定:"年龄不满50周岁、没有一技之长、能够坚持正常学习的罪犯,都应当参加技术教育。"开展职业技能教育具体包括以下内容。

（一）适应狱内劳动需要的岗位技术教育

罪犯入监后,凡有劳动能力的罪犯,必须参加劳动。狱内劳动的岗位技术教育是为狱内劳动的顺利展开服务的。《教育改造罪犯纲要》第12条规定"对罪犯的岗位技术培训,要按照岗位要求进行'应知''应会'培训和必需的安全教育培训"。这些规定明确了对罪犯进行职业

---

① 吴宗宪:《监狱学导论》,法律出版社2012年版,第525页。
② 戴玉忠、刘明祥:《刑罚改革问题研究》,中国人民公安大学出版社2013年版,第95页。

技术教育的内容：

1. 岗位的"应知""应会"技术培训

所谓岗位的"应知""应会"技术，就是确保罪犯顺利参加狱内劳动，适应岗位需要而应当了解和掌握的职业技术和生产技能。由于我国监狱劳动项目繁多，开展狱内岗位技术教育要结合监狱的劳动生产实际，根据不同的劳动岗位开展不同的教育。狱内岗位技术教育主要包括对狱内生产设备的性能、产品质量要求、工艺流程、基本操作技术等岗位知识、技术的教育与培训。

2. 岗位劳动安全知识教育

不同岗位有不同的劳动安全内容和要求，开展岗位劳动安全教育，对于实现狱内劳动安全、文明生产、提高罪犯安全意识和安全素质，防止产生不安全行为、减少人为失误、消除安全隐患具有重要作用。岗位劳动安全教育主要包括：

(1)劳动安全常识教育。包括事故隐患的分类，安全线、安全色等安全标志的识别，安全用电常识，危险有害因素识别，劳动保护等安全常识教育。

(2)岗位安全技术教育。包括岗位操作规程、生产设备和安全装置的正确使用方法、作业场所和工作岗位存在的危险因素、防范措施及事故应急措施、典型安全事故案例等内容的教育。

专栏 5-2 四色安全标志①

安全标志和安全色是作业现场中最基本的元素，是员工应掌握的最基础的安全知识。当危险发生时能够指示人们尽快逃离或者指示人们采取正确、有效、得力的措施对危害加以遏制。安全色即"传递安全信息含义的颜色"，包括红、黄、蓝、绿四种。安全标志中，安全色传达着特定的意义。

红色：红色传递禁止、停止、危险或提示消防设备、设施的信息。禁止标志是禁止人们不安全行为的图形标志，禁止标志的几何图形是带斜杠的圆环，其中圆环与斜杠相连，用红色；图形符号用黑色，背景用白色。

黄色：传递注意、警告的信息。警告标志是提醒人们对周围环境引起注意，以避免可能发生危险的图形标志。警告标志的几何图形是黑色的正三角形，黑色符号和黄色背景。

蓝色：传递必须遵守规定的指令性信息。指令标志是强制人们必须作出某种动作或采用防范措施的图形标志。指令标志的几何图形是圆形，蓝色背景，白色图形符号。

绿色：传递安全的提示性信息。提示标志是向人们提供某种信息(如标明安全设施或场所等)的图形标志。提示标志的几何图形是方形，绿色背景，白色图形符号及文字。

---

① 《四色安全标志，这样看就全明白了!》，https://www.mem.gov.cn/kp/sgzn/202010/t20201009_369747.shtml，最后访问日期：2023 年 2 月 28 日。

（二）着眼于罪犯回归社会的职业技能教育

监狱组织罪犯劳动必须着眼于"保持或增进囚犯出狱后诚实谋生的能力"[①]，抓好适应刑满释放后就业需要的职业技术培训是开展技术教育的重点。提高罪犯的职业技术水平，有利于提高罪犯参与劳动力市场的竞争力，为其回归社会后的就业谋生创造条件。职业技术教育主要包括以下内容。

1. 技术教育

监狱要根据社会就业形势、罪犯现有的劳动能力以及罪犯个人意愿选择适当的教育内容，开展适应未来就业需要的相关职业技术教育。从我国三大产业发展趋势来看，服务业已经成为中国三大产业中占国内生产总值比重大，吸纳就业人数最多的行业。在监狱内开展与服务行业有关的一些技术教育，比如汽车修理技术、插花技术、餐饮烹饪技术、家政服务技术、装修技术等，这些技术培训可以大大增加罪犯出狱后的就业机会。同时，按照劳动和社会保障部门的标准对掌握一技之长的罪犯进行技术等级鉴定和继续培训，经考核鉴定合格的，由当地劳动和社会保障部门颁发职业资格和技术等级证书，符合评定技术职称条件的，鼓励其评定技术职称。"2018 年，全国应参加职业技术教育学习的罪犯有 477383 人，实际参加职业技术教育的有 457442 人，入学率为 95.8%，获得职业技能证书的有 233714 人，获证率为 51.9%，出监罪犯获得职业技能证书的有 205114 人，获证率为 72.82%。"[②]

2. 就业指导

开展就业指导是辅导和帮助罪犯重返社会的重要内容。就业指导一方面是为罪犯提供就业形势、创业政策方面的信息；另一方面是对罪犯重返社会求职过程中可能遇到的诸如因服刑被拒绝录用等困难与问题展开分析探讨并提供一些可行性的策略和解决方案。就业指导的目的就是帮助罪犯正确看待求职中遇到的困难，正确评价个人的职业能力与职业理想，根据社会就业发展趋势来确定职业选择和发展定位。职业指导教育的主要内容包括就业形势、政策导向、提供就业信息、就业技巧指导、择业心理辅导、创业指导以及辅导罪犯进行职业发展规划等内容。

（三）职业道德规范教育

职业道德是公民道德素质的重要组成部分。职业道德规范是从业者在职业活动中应遵守的行为规范的总和。开展职业道德教育有利于罪犯改变不良秉性，有利于罪犯职业发展，社会认同，自我成就感、幸福感的提升。职业道德规范教育包括诚信品质教育、敬业精神教育、合作精神教育、责任意识教育、纪律意识教育等方面的内容。

---

① 参见《纳尔逊·曼德拉规则》规则 98 第 1 条。

② 李豫黔：《中国共产党领导下中国监狱改造罪犯的初心和使命》，http://www.moj.gov.cn/pub/sf-bgw/jgsz/jgszzsdw/zsdwzgjygzxh/zgjygzxhxwdt/202106/t20210630_429492.html，最后访问日期：2022 年 7 月 15 日。

专栏 5-3　学好一技之长　走好人生新路①

为切实提升临释罪犯劳动技能，增强回归社会的就业能力，广西贵港监狱举办了2022年临释罪犯职业技能培训班。培训班邀请广西科技商贸高级技工学校的老师就面包烘烤技术进行授课，培训采用理论讲解与能力实操相结合的方式，易于罪犯掌握技能要点，切实提高培训的针对性和实用性。经过五天的培训，参加培训的罪犯基本掌握面包烘焙的要领，全部通过考试，获得国家统一颁发的专项职业能力证书。

参训罪犯培训感言

罪犯李某："几位老师的讲课通俗易懂，耐心细致。非常感谢监狱精心准备，为我们提供这次培训机会，让我有机会掌握一项实用职业技能。"

罪犯韦某："通过培训，我掌握了面包烘焙的真本领，通过考试还有机会获得国家统一颁发的职业技术资格证书，这就是一张最实用的名片。回归社会后，我将通过自己的辛勤劳动干出些成绩来，回报政府、回报社会。"

阅读资料

监狱教育改造工作规定②（中华人民共和国司法部令第 75 号）

为了规范监狱教育改造工作，提高教育改造质量，根据《监狱法》和有关法律、法规的规定，结合监狱教育改造工作实际，制定本规定。2003 年 6 月 3 日经部务会议审议通过，自2003 年 8 月 1 日起施行。本规定共 10 章 63 条。第一章，总则。规定罪犯教育的性质、任务、原则、内容、场所、经费。第二章，入监教育。规定入监教育的时间、内容、考核等内容。第三章，个别教育。规定个别教育的使用原则、频率、个别谈话情形、个别谈话记录及思想动态分析制度、分类教育、顽危犯的认定和教育转化制度、顽危犯的认定与撤销。第四章，思想、文化、技术教育。规定教育时间、内容、教员、教育方式等内容。第五章，监区文化建设。规定了监区文化建设的内容、要求与形式。第六章，社会帮教。规定社会帮教的形式与内容。第七章，心理矫治。规定心理矫治工作内容、心理矫治室以及心理矫治工作人员条件。第八章，激励措施。规定改造积极分子条件及评选流程。第九章，出监教育。规定出监教育的时间、内容、程序等。第十章，附则。规定对未成年犯的教育改造工作规定依据及执行时间。

---

① 《学好一技之长　走好人生新路》，http://jyj.gxzf.gov.cn/jyzs/jgqy/t13181668.shtml，最后访问日期：2022 年 10 月 12 日。

② 《监狱教育改造工作规定》，http://www.gov.cn/gongbao/content/2003/content_62444.htm，最后访问日期：2022 年 12 月 5 日。

关于罪犯劳动工时的规定[①]（司发通〔1995〕065 号）

根据《监狱法》有关规定的精神,在广泛听取各方意见的基础上,司法部参照国家有关规定制定了《关于罪犯劳动工时的规定》。鉴于罪犯不是职工,不属于《劳动法》的调整范围。罪犯的劳动工时和休息日应当由我国监狱管理部门在保障罪犯身体健康的前提下,参照国家有关规定和改造罪犯的需要确定。本规定共 10 条,规定罪犯劳动工时、休息日、休假、延长劳动时间的情况及审批流程、加班的补休、夜餐及加班费用等。

监狱服刑人员行为规范[②]（中华人民共和国司法部令第 88 号）

《监狱服刑人员行为规范》是罪犯接受改造必须遵守的行为准则,是考核罪犯改造表现的一项基本内容,是实施奖惩的重要依据。于 2004 年 3 月 2 日司法部部务会议审议通过,现予发布,自 2004 年 5 月 1 日起施行,共 5 章 38 条。第一章基本规范 6 条,第二章生活规范 12 条,第三章学习规范 7 条,第四章劳动规范 7 条,第五章文明礼貌规范 6 条。其中劳动规范为:

第 26 条　积极参加劳动。因故不参加劳动,须经警官批准。

第 27 条　遵守劳动纪律,坚守岗位,服从生产管理和技术指导。

第 28 条　严格遵守操作规程和安全生产规定,不违章作业。

第 29 条　爱护设备、工具。厉行节约,减少损耗,杜绝浪费。

第 30 条　保持劳动现场卫生整洁,遵守定置管理规定,工具、材料、产品摆放整齐。

第 31 条　不将劳动工具和危险品、违禁品带进监舍。

第 32 条　完成劳动任务,保证劳动质量,珍惜劳动成果。

监狱计分考核罪犯工作规定[③]（司规〔2021〕3 号）

计分考核罪犯是监狱按照管理和改造要求,以日常计分为基础、等级评定为结果,评价罪犯日常表现的重要工作,是监狱衡量罪犯改造质量的基本尺度,是调动罪犯改造积极性的基本手段。为正确执行刑罚,规范监狱计分考核罪犯工作,根据《监狱法》等有关规定,结合实际,经中央政法委审批同意制定本规定。本规定共 7 章 57 条。第一章总则,第二章日常计分的内容和标准,第三章等级评定,第四章考核程序及规则,第五章考核结果运用,第六章考核纪律和监督,第七章附则。

阅读原文

---

① 《关于罪犯劳动工时的规定》,https://china.findlaw.cn/fagui/p_1/67467.html,最后访问日期:2022 年 12 月 28 日。

② 监狱服刑人员行为规范,http://www.gov.cn/gongbao/content/2005/content_63289.htm,最后访问日期:2022 年 12 月 28 日。

③ 《监狱计分考核罪犯工作规定》,http://www.gov.cn/gongbao/content/2021/content_5662011.htm,最后访问日期:2022 年 12 月 28 日。

第三节　教育方法在罪犯劳动中的运用

进行罪犯劳动教育,必须把握科学的教育方法,才能保证劳动教育预期目标的顺利实现。劳动教育采用的方法往往要根据劳动对象的不同而作必要的调整和创新。我国监狱在长期开展劳动教育的实践中运用了大量的教育方法,已经形成了有中国特色的罪犯劳动教育经验。在我国监狱中被广泛使用的劳动教育方法主要包括:

一、课堂授课法

课堂授课法通常是对罪犯掌握劳动知识的共性要求,针对特定罪犯群体而开展的一种集体教育方法。诸如劳动常识教育、与劳动有关的法律知识教育、劳动安全知识教育、职业道德规范教育等内容往往采用课堂授课法。

运用课堂授课法开展劳动教育的具体要求:一是注意根据罪犯的文化层次及领悟能力,开展分班教学。二是重视课堂教学的授课技巧,避免照本宣科式讲授,结合罪犯的文化层次,紧扣罪犯从事的具体劳动,将一些抽象的教育内容变得具体可感知,避免理论化和抽象化。同时,注意课堂授课法的改革与创新,可以借鉴当前学校课堂教学改革中的一些新的教学方法,如翻转课堂、对分课堂等合理因素,融入课堂授课中,提高罪犯劳动教育的课堂教学效果。三是引导和激发罪犯参与课堂教学的积极性和主动性。在考核与评价体系上要体现罪犯参与课堂学习情况的测评因素,发挥课堂教学本身的育人功能。

二、个别教育法

在劳动中运用个别教育法开展教育,其实质是针对罪犯个体在劳动中出现的问题,通过谈话、启发等方式深入了解和挖掘问题背后所隐藏的深层次个人因素,而开展的针对性教育工作。个别教育法是罪犯劳动过程中监狱民警最经常使用的教育方法。在劳动过程中运用个别教育法的具体要求如下:

（一）切忌主观臆断,先入为主

对罪犯劳动中出现的各种问题以及行为表现,诸如懒散、出错率高、效率低等行为表现不要简单地认为一定是思想观念和态度上的问题。这些问题有时是心理原因引发的行为问题,处理不好可能会导致警囚矛盾。所以在劳动中对罪犯表现出的情绪与行为问题要通过观察、谈话等方式查明原因,方可对症下药,切忌简单粗暴。

（二）遵循行为转变客观规律

任何行为都是由思想支配的,要改变罪犯不合理不适宜的行为,首先必须改变观念,从认知改变、态度改变进而达到行为改变。要让罪犯心悦诚服地改变以往的行为,而不是在胁迫和利诱下的改变,要遵从行为转变的客观规律,应按照行为转变规律来设计教育流程与方法,才能在教育活动中有效影响罪犯,达到教育改造目的。

美国学者凯尔曼认为,社会环境中个体态度形成的过程分为三个阶段,即顺从、认同和内化阶段。罪犯劳动观念形成和劳动态度的转变过程是这三个阶段的统一,只有完成内化这一环节,罪犯劳动观念的形成和劳动态度的转变过程才算真正的完成。劳动教育目的能否实现,关键取决于罪犯接受劳动观念与劳动规范以及形成正确的劳动态度的过程能否顺利地完成。因此,在劳动中开展罪犯个别教育要根据罪犯劳动态度所处的不同阶段,采取有针对性的教育方法和策略,促成罪犯劳动态度的改变。

(三)综合运用教育技巧

个别教育中可以借鉴其他学科的一些技术和技巧开展教育工作。比如在与罪犯进行个别谈话时,可以借鉴心理学摄入性会谈技巧,包括提问的方式、倾听技术、控制会谈等方面的技巧来设计和控制个别谈话的整个流程。

三、练习法

练习法是罪犯劳动技能培养的一种基本途径。练习法是指罪犯入监后,练习法是指监狱根据狱内生产以及罪犯出监后就业的需要,通过组织罪犯参加劳动技术培训和实践活动,在技术教员的指导下,不断改进罪犯某种技术动作方式,逐步使其技能熟练和完善的重要活动方法。在罪犯劳动中运用练习法的具体要求如下:

(一)有计划分步骤进行

技术练习要求监狱民警根据罪犯个体的差异性以及劳动技能的复杂程度合理设计和安排劳动技能的练习计划,确保劳动技能练习达到预期目的。一是对罪犯劳动技能练习内容的选择须循序渐进,按照先简单、后复杂的过程进行;对于复杂的劳动技能,可以把它划分为若干比较简单的局部动作,再过渡到比较复杂的、完整的动作。二是注意练习的时间把握。罪犯劳动技能的形成和提升,是建立在一定量的练习基础之上,要避免盲目求快,避免忽视效果的技术练习。

(二)有明确的目的和要求

在组织罪犯进行劳动技能的训练过程中,每一次技能练习的开展都要明确练习所要达到的技术水平与标准,并作为练习的考核依据。这样可以使罪犯对完成该项技术所需掌握的基础知识和技术要领有一个明确的认识,减少其练习的盲目性。

(三)始终保持心到、口到、手到

在劳动技能练习过程中,罪犯技术练习能不能达到预期效果,技术教员发挥着不可替代的作用。在练习场上,技术教员对所有参加练习的罪犯技术情况要有一个大体的把握,随时关注和检查每一个罪犯的练习情况，及时纠正罪犯练习中的不规范动作，并示范正规动作，解答罪犯练习中遇到的每一个技术问题，做到讲解耐心、示范规范。同时，每次练习结束后，技术教员须及时进行练习点评，对练习中存在的问题要说清楚讲明白，对练习中表现好、进步快的罪犯给予及时表扬，鼓励先进，树立积极的榜样；对练习中不专注、进步慢的罪犯须私下做好个别教育工作，以保证技术练习顺利进行。

四、劳动竞赛法

劳动竞赛法是指通过劳动竞赛这一形式，激励先进，调动落后，促进罪犯在思想认识、劳动技术、劳动效率方面有所提高的一种教育活动方法。在监狱之间、监区之间、罪犯小组之间开展劳动竞赛是激发罪犯参与劳动积极性的有效做法。开展劳动竞赛，能够巩固和增加罪犯的劳动知识，提升罪犯的劳动技能，增强团队协作，能够激发绝大多数罪犯的进取心和荣誉感。监狱组织劳动竞赛的具体要求如下：

（一）要彰显改造目的

与社会上的一般劳动竞赛不同，罪犯劳动竞赛是罪犯劳动教育的一种方法，目的是通过竞赛，提高罪犯对劳动的认识，增强团队意识，提高罪犯参与劳动的积极性，形成良好的劳动改造氛围，提升罪犯的整体劳动能力的一种方法，所以在竞赛的内容选择、过程设计、评价标准以及激励方式等方面要体现改造目的。

（二）做到内容丰富、形式多样、竞赛参与面广

劳动竞赛内容要尽量丰富，既可以是劳动知识竞赛，也可以是劳动技能比拼，还可以是劳动现场情况评比。劳动竞赛形式可以多样，如书面劳动知识、技能等的测试、现场劳动技能操作以及模拟演练等。劳动竞赛可以在不同劳动技术等级的罪犯之间开展，如岗位技能中初级工、中级工、高级工的竞赛，也可以是同工种之间的竞赛，还可以是上下工序之间的协作竞赛，要实现最大限度地调动罪犯参与竞赛的积极性。

五、榜样激励法

榜样激励法是狱内劳动教育的方法之一。通过对劳动实践中劳动态度端正、劳动成绩突出的罪犯进行表扬并予以奖励，从而激发其他罪犯积极参与劳动的一种方法。在日常罪犯劳动教育中，榜样激励法的具体要求如下：

（一）榜样的可及性

榜样的可及性指绝大部分罪犯通过积极的努力有希望达到榜样的标准，这样才能激起罪犯努力参与劳动。人的劳动能力有大小，在评选和确立榜样的过程中，注意选择有代表性的榜样，不能仅以劳动产品的数量论英雄。

（二）榜样的多维性

榜样的评选标准要紧扣劳动教育的目的，要多维度评价罪犯的进步，最大限度地发挥激励的作用，调动每一个罪犯参与劳动的积极性。评选既可以是同岗位同级别罪犯的比较，也可以是罪犯个体变化趋势的比较，比如可以评选最佳进步奖、今日之星、最佳流水线、质量最优等榜样。

（三）榜样的可持续性

要关心榜样的不断成长，不断激励他们戒骄戒躁，继续克服不足，不断前进，让其他罪犯能够从榜样的成长中看到希望，从而发挥榜样的示范作用。

六、讲评教育法

通过讲评教育对罪犯的劳动改造情况，包括罪犯劳动生产情况，劳动中出现的一些正面的、积极的人与事以及劳动过程中出现的一些违纪违规行为进行及时讲评，肯定成绩、指出存在的问题，提出要求，有利于提高罪犯劳动教育效果。对罪犯劳动情况的讲评教育通常涵盖于罪犯日讲评、周讲评、月讲评、专题讲评等讲评教育中。对罪犯劳动情况的讲评是讲评教育的重要内容，对罪犯劳动情况进行讲评教育的具体要求如下：

（一）以对劳动情况的把握为前提

这要求民警对罪犯劳动的整个过程包括罪犯劳动过程中的劳动生产情况、劳动态度的转变、遵规守纪等情况有清晰的了解和把握，这样才能在讲评过程中言之有物，准确通报，才能对罪犯进行及时教导与告诫。

（二）要善于运用数据

罪犯劳动改造的效果可以通过数据展现出来。在讲评教育中运用数据，可以客观、准确地反映罪犯的改造情况，让民警能够更加直观地对劳动改造情况有所了解，做到心中有数。罪犯劳动情况的数据包括劳动数量、质量情况、劳动增长率情况、劳动技能掌握情况、生产任务的完成率以及罪犯的遵规守纪情况等。

（三）要依法依规讲评

民警组织罪犯参加劳动是严肃的执法活动。因此，民警在罪犯劳动讲评过程中，对罪犯劳动中存在的问题以及处理意见要按照法律法规，依法依规进行。这就要求讲评民警要精准掌握有关罪犯劳动管理、考核的有关法律及规定，确保讲评教育的权威性、准确性和有效性。

七、认知改变法

在劳动教育的过程中，有时口头规劝并不能产生很大的效果。尤其是人生观、价值观、劳动观等方面的改变。可以借鉴认知疗法中一些改变认知的方法,如计算法、比对法、布置家庭作业等。诺贝尔经济学奖获得者加利·贝克尔是最早关注犯罪行为的经济学者,他认为犯罪人和普通人的行为模式其实没有什么差别,犯罪者也要考虑成本收益,然后仔细地计算,作出是否犯罪的决定。① 根据此观点,要想改变罪犯对服刑的错误认知,可以组织罪犯通过成本计算,让罪犯明白犯罪成本和收益差别,尤其是引导罪犯计算服刑给自己和家庭造成的巨大损失,有利于罪犯从犯罪行为经济性的视角,重新检视犯罪行为;为了让罪犯在希望中改造,可以让罪犯对自己的劳动报酬进行合理的安排和使用,使其明白自己在监狱中还是可以通过狱内的劳动继续承担家庭成员的某些义务,认识到自己的价值。在罪犯劳动过程中组织罪犯对服刑成本进行计算、对劳动报酬使用进行合理分配等都是认知改变的重要方法。

总之,罪犯劳动教育的方法选择最终是由劳动教育目的决定的。罪犯劳动态度的改变、劳动习惯的养成是一个循序渐进的过程,不可能一蹴而就。"世界观的彻底改变需要一个很长的时间,我们应当耐心地做工作,不能急躁"②,"思想改造的工作是长期的、耐心的、细致的工作,不能企图上几次课、开几次会,就把人家在几十年生活中间形成的思想意识改变过来"③。新时期,加强对罪犯劳动教育方法的研究和创新,是提高劳动教育效果的必由之路。

专栏 5-4　内观疗法与认知改变④

　　1. 内观疗法是日本吉本伊信于 1937 年创造的一个治疗方法,所谓内观,又称内省,就是"观察自己的内心"。内观所指的观察自身,包括自己意识到的体验和以往直接经历过的体验,是心理学上的一个基本研究方法,由实验人员对经过训练的被试者进行有目的、有具体内容的自身观察,以了解其心理变化的特征和状态。进行内观疗法的原理,主要是回顾和检讨自己历来在人际关系上所作所为中存在的问题而予以彻底反省,以比较自身对他人的冲撞和他人对自己的慈爱这两者之间的差异和原因,并进行洞察,自我分析,以纠正自己在人际交往中的不良态度,改善自己的人格特征。开展内观疗法的内容,应对自己有密切关系的人和事做三方面的回顾,即①人家为我做的;②我为人家做的;③给他人增加烦恼的。根据具体方法的不同,可分为"集体内观"和"分散内观"两大类,此外还有"记录内观"等方法,但很少用。集体内观是在一安静的房间内,四周围以屏风,可以多人一起进行,大家面壁而坐,各人选择自己舒适的姿势,除进食、睡眠及洗澡外,不得随意改变,某种程度上可以互换。

　　① 梁平汉:《犯罪行为的经济学研究》,https://mp.weixin.qq.com/s/_xoIKbojHpdYvZ7g2EQTBw,最后访问日期:2022 年 10 月 2 日。
　　② 中共中央文献研究室:《毛泽东文集》(第 5 卷),人民出版社 1977 年版,第 385 页。
　　③ 中共中央文献研究室:《毛泽东文集》(第 5 卷),人民出版社 1977 年版,第 415 页。
　　④ 何仅、陆英智、成义仁主编:《神经精神病学词典》,中国中医药出版社 1998 年版;柯淑珍:《内观认知疗法在罪犯改造中的效用研究——基于闽西监狱 102 例内观者的调查》,载《警察学院学报》2018 年第 3 期。

2.罪犯改造成功的一个关键前提就是罪犯要认罪悔罪,过去没有一个有效的办法,内观认知疗法完全可以作为罪犯认罪悔罪问题上的常规方法,内观可以培养罪犯的自我觉知力,寻找到致错的根源,有效提高认罪悔罪的效果。在监狱方面可以把内观认知疗法作为罪犯改造认知的常规方法,推及到每一名罪犯,推广到罪犯改造的方方面面,人生观、价值观、劳动观、人际观等涉及观念改变的方面都可以通过内观的方式来达到改变的目的。

研究与思考

1. 如何理解罪犯劳动与罪犯教育的关系?
2. 开展罪犯劳动教育的意义何在?
3. 罪犯劳动教育的内容有哪些?
4. 各种教育方法在劳动教育中运用的具体要求有哪些?

第六章 罪犯劳动与监管改造

重点提示

1. 监狱对罪犯应当依法监管,根据改造罪犯的需要,组织罪犯从事生产劳动,对罪犯进行思想教育、文化教育、技术教育。

2. 科学监管是罪犯劳动顺利实施的前提和保障:为狱内劳动运行提供劳动力保障,为罪犯劳动提供安全的运行环境,为罪犯劳动运行提供动力源泉。

3. 罪犯劳动是监管改造的有效载体,罪犯劳动实践为监管提供方法论的来源,罪犯劳动是狱政管理制度优劣的检测仪。

4. 罪犯劳动要严格遵守监管规范和要求。

5. 监管工作要符合劳动改造的规律和要求。

6. 罪犯劳动监管的内容包括:对罪犯劳动对象的监管,对罪犯劳动力的监管,对劳动现场的管理,对罪犯劳动成效的监管。

7. 在罪犯劳动中运用的监管方法主要有:法律规范法、制度约束法、环境陶冶法、信息控制法、目标激励法等。

《监狱法》第 4 条规定:"监狱对罪犯应当依法监管,根据改造罪犯的需要,组织罪犯从事生产劳动,对罪犯进行思想教育、文化教育、技术教育。"这就从法律上确定了监管、劳动、教育是监狱改造罪犯的三个基本手段。监管是监狱依法对罪犯实施的监禁和管理活动,是监狱最基本、最普遍的工作。中国监狱对罪犯实施监管,坚持实行"监管与教育相结合,立足于改造","寓教于管"。这既是对罪犯实施惩罚、维护监管场所秩序的一项重要措施,又是改造罪犯的前提,也是一种重要的手段。

专栏 6-1 监管改造与狱政管理[①]

狱政管理是我国监狱机关依法强制剥夺在监狱内服刑罪犯的人身自由,履行监管改造罪犯职能,维护监狱安全稳定的刑事执法活动,狱政管理的内容是剥夺自由、监管改造和维护安全稳定。狱政管理的核心内容是监管改造,主要包括监管改造理论、监管改造实务以及监管改造技术等方面的内容研究。

---

① 吴丙林主编:《狱政管理学》,法律出版社 2018 年版,第 1~3 页。

第一节　罪犯劳动与监管改造之关系

监狱工作是落实刑罚、兑现刑罚的工作,不可能脱离监管谈刑罚执行。监管改造是以马克思主义理论为指导,以国家法律为依据,立足我国监狱行刑实践,通过科学管理,有效改造罪犯,保证其他手段顺利实施的改造罪犯的手段之一。监管改造是前提,侧重于惩罚和约束,为其他改造奠定基础,提供保障,在监狱工作中,罪犯劳动与监管改造是相互联系、相互制约,不可分割的。科学、高效的监管能够保障和促进罪犯劳动的健康发展。

■ 一、科学监管是罪犯劳动顺利实施的前提和保障

罪犯劳动是监狱的刑罚执行活动,也是实现罪犯狱内就业的改造活动。作为刑罚执行活动,罪犯劳动必须遵循监管规范,这是由罪犯劳动本身的刑罚属性所决定的。监管制度及其实施为罪犯劳动作为刑罚执行活动和特殊经济活动的正常运行提供政策支持和保障。

(一)为监狱劳动运行提供劳动力保障

矫正劳动恶习,养成劳动习惯,学会生产技能是监狱组织罪犯劳动的主要目标。罪犯参与劳动是罪犯劳动改造的前提。监管工作为罪犯劳动运行提供了劳动力保障。

1. 保证有劳动能力的罪犯参加劳动

监管的方法有很多,其中重要的方法是法律方法。监管的法律方法就是对监禁行刑中出现的各种事情按照法律的规定去执行。监管的法规中,既包括国家正式颁布的法律,也包括司法部及其所辖的监狱管理局在监管系统中所制定的具有法律效力的监狱监管的各项规定。我国《监狱法》明确规定"有劳动能力的罪犯必须参加劳动",但是,在监狱服刑的罪犯大多缺乏劳动意愿、正确的劳动观念和态度,为了确保罪犯劳动目的的顺利实现,《监狱法》规定:对于"有劳动能力拒不参加劳动或者消极怠工,经教育不改的","以自伤、自残手段逃避劳动的","在生产劳动中故意违反操作规程,或者有意损坏生产工具的"罪犯,监狱可以给予警告、记过或者禁闭等处罚。同时,司法部印发的《监狱计分考核罪犯工作规定》对罪犯劳动改造及标准也作了明确的规定。监管工作严格落实这些法律和规定,明确了罪犯参加劳动的强制性要求,使罪犯劳动的强制性得以体现,为通过劳动改造罪犯的目标实现提供了保障。

2. 维护罪犯劳动能力的延续

我国的监管工作为罪犯生命和健康的维持和保护提供了充分的保障,《监狱法》规定:罪犯的生活标准按实物量计算,由国家规定;罪犯的被服由监狱统一配发;对少数民族罪犯的特殊生活习惯,应当予以照顾;罪犯居住的监舍应当坚固、通风、透光、清洁、保暖;监狱应当设立医疗机构和生活、卫生设施,建立罪犯生活、卫生制度;罪犯的医疗保健列入监狱所在地区的卫生、防疫计划等。监管工作使罪犯生活、卫生等方面得以保障,使罪犯的劳动能力得以不断延续,确保罪犯劳动的顺利进行。

（二）为罪犯劳动提供安全的运行环境

监管具有协调、控制的职能。监管的协调职能具有三层含义。一是协调罪犯与监狱环境的关系，二是协调罪犯之间的关系，三是协调民警与罪犯之间的关系。克服和消除监狱与罪犯，民警与罪犯，罪犯与罪犯之间的不协调关系，提高罪犯的改造质量。监管工作为罪犯劳动创造了良好的运行环境。

1. 为罪犯劳动创造一个安全的改造环境

劳动现场是对罪犯实施劳动改造和习艺的场所，主要包括厂房和车间。监管工作重点之一是对劳动现场的管理。在日常管理工作中，劳动现场的管理始终聚焦重点和要害部位，通过对场所劳动设施管理、生产劳动管理、劳动现场应急管理、零星罪犯进出管理，严管重点犯、严查重点物品、严抓重点环节、严守重点部位，落实定置管理、流程管理和民警直接管理，开展常态化的隐患排查整治，强化责任和制度措施落实等方面的工作，及时发现罪犯劳动中出现的各种问题和偏差，分析原因并及时纠错，确保劳动现场的有效管控和安全，为罪犯劳动提供良好的改造环境，为罪犯劳动的正常运行提供应有的保障，从而遏制罪犯企图再犯罪或进行其他违规违纪的想法，让罪犯专心劳动，接受改造。

2. 为罪犯劳动创造一个安全的经济运行环境

监管的基本任务就是充分调动罪犯的积极性，发挥罪犯的内在自控力，有效地利用财力、物力和技术，用最少的消耗达到监管的目的。一方面，通过监管工作不断沟通和协调罪犯与罪犯，罪犯与民警之间的关系，为罪犯劳动创造一个较为和谐的劳动环境。另一方面，通过监管工作对罪犯劳动活动的监督与控制，维护劳动生产现场秩序，保证劳动生产正常运行。监狱组织罪犯劳动的过程，既是一个劳动改造罪犯的过程又是创造经济效益的过程。监管工作通过对监狱人力、物力、财力、信息、制度等进行研究，从制度上构建了一个培养罪犯适应市场所需的竞争、效率、效益等观念的环境。同时，对罪犯进行考核奖惩是监管改造的一个重要方面，贯穿监管改造的全过程，对确保监管安全，维护良好的监管改造秩序发挥着极其重要的作用。对罪犯劳动成果的考核有利于培养罪犯的纪律意识、效率意识和成本意识，从制度上教育和引导罪犯在劳动中遵守劳动纪律，尊重经济规律，不断提高劳动效率，提高罪犯参与劳动的积极性与主动性，从而更好地维护罪犯劳动的顺利进行。

（三）为罪犯劳动运行提供动力源泉

监管工作坚持以人为本的理念，始终把人的因素放在第一位。通过监管工作，增强罪犯参与劳动的动力，激发罪犯参与劳动的热情，调动罪犯参与劳动的积极性和主动性，推动罪犯劳动的顺利开展。

1. 为罪犯劳动提供行政、刑事利益动力源泉

行政利益是指监狱根据监狱管理规定直接实施的属于行政性质的奖励，奖励的形式有表扬、记功、改造积极分子等。刑事利益是指给予罪犯减刑、假释的刑事奖励。《监狱法》规定罪犯"遵守监规纪律，努力学习，积极劳动，有认罪服法表现的"，可以得到监狱的行政奖励，而行政奖励与罪犯获得减刑、假释的刑事奖励直接相关。罪犯最大的愿望就是早日回

归社会获得自由，这就从法律上保证和激励罪犯积极参与和接受监狱组织的劳动改造，以便通过劳动获得行政奖励，从而获得减刑、假释的刑事奖励。监管工作为罪犯争取早日回归社会，提供了制度上的思路，积极主动参与劳动改造是必经途径。

2. 为罪犯劳动提供经济动力源泉

《监狱法》第72条明确规定："监狱对参加劳动的罪犯，应当按照有关规定给予报酬。"经济利益是指监狱企业给予罪犯劳动报酬和为罪犯提供其他保障等待遇。很多家庭因为罪犯入监，失去了主要的劳动力和经济来源，使家庭生活受到严重影响。罪犯作为特殊的劳动者，有追求经济利益的内在动力和需求。罪犯可以通过参加劳动，一方面，获得劳动报酬，提高自己的狱内生活水平和质量；另一方面，减轻家庭经济负担，缓解家庭经济困难，甚至积累一些资金继续承担家庭责任，维系与家庭的关系，这也有利于罪犯的改造。罪犯终将要刑满释放回归社会，如何实现顺利回归，在狱内积累一定的储备资金就成为罪犯参加监内劳动的必要需求。

因此，为了调动罪犯的劳动积极性，监狱必须运用经济手段来触发罪犯追求经济利益的动机，以此使罪犯产生积极劳动的内在动力。劳动报酬规定中把罪犯的劳动数量、质量、劳动态度紧密结合，形成经济利益导向，罪犯只要通过努力劳动，就能获得相应的经济收益以缓解家庭的经济压力、提高自己的狱内生活水平和保障刑释后生活。所以，通过有效的经济激励，罪犯的劳动积极性能够得到有效的调动和激发，为罪犯劳动高效运行提供内在的动力。

■二、罪犯劳动是监管改造工作的有效载体

监管改造工作不是凭空进行的，它是依托对各种资源开发和管理制度的发展完善来实现监管的目的。在我国，监狱通过对罪犯劳动的组织与管理，为罪犯劳动提供制度支撑与保障；同时，罪犯劳动是载体，罪犯劳动是罪犯在狱内的具体活动，只有依托劳动这项具体工作，监管工作才能落到实处，监管才有存在的意义和价值。

（一）罪犯劳动实践为监管提供方法论的来源

罪犯劳动是罪犯最主要的活动，在长期的罪犯劳动实践中，积累了大量的监管经验，并形成一个比较完整的理论体系。维护劳动秩序是监管工作的具体化表现。监狱环境是自变量，监管的手段和方法是因变量，外部环境和内部资源的变化必然要求监管手段和方法也发生变化，没有一成不变的僵硬的监管模式。对罪犯劳动的监管是以罪犯在劳动生产中的具体表现为主要依据，为劳动改造罪犯服务，是保障罪犯劳动改造目标实现的制度依据。当罪犯劳动改造目的、任务以及要求发生变化时，罪犯的日常劳动管理、劳动的考核依据、标准、奖惩等也必须随着罪犯劳动目的、任务的改变而进行调整，以发挥政策对罪犯劳动的导向作用，更好地适应和服务罪犯劳动改造工作的发展需要。

（二）罪犯劳动是监管改造制度优劣的检测仪

毛泽东同志提出"人是可以改造的，就是政策和方法要正确才行"，强调政策的正确性

和科学性是改造罪犯的前提。对于罪犯劳动而言,劳动监管是保证罪犯劳动目标实现的关键因素。监管策略能否发挥其预期的效果和作用,罪犯劳动是最好的检测仪。通过劳动可以有效检测监狱制定的劳动管理策略、考核办法等是否科学有效。通过对罪犯参与劳动的积极性变化、罪犯劳动观念的改变、劳动恶习的矫正、监狱的安全稳定等多维因素的综合考评,可以较为准确地反映罪犯劳动监管策略是否科学、有效。通过罪犯劳动过程呈现的诸多问题,可以推动狱政管理部门思考劳动监管政策的准确性和科学性,从而推动狱政管理政策的调整,促使监管改造工作不断规范化和科学化,更好地为罪犯劳动目标实现服务。

三、构建和谐的罪犯劳动与监管关系

罪犯劳动和监管改造不可分割,二者相辅相成,坚持实行劳动改造与监管改造的有机结合,有利于推动监狱整体工作的顺利进行和罪犯整体改造质量的提高。

(一)罪犯劳动要严格遵守监管规范和要求

罪犯劳动制度的制定要从改造罪犯的目标出发,要正视罪犯劳动的价值地位,制定政策要符合劳动改造罪犯的规律性;罪犯劳动制度要充分反映监管改造工作的要求;罪犯劳动管理过程要将监管改造的制度和要求加以贯彻和执行,使罪犯劳动实现依法管理和科学管理。监狱在组织罪犯劳动过程中必须依法依规进行管理并切实保障罪犯的合法权益,进行依法管理;在罪犯劳动的管理意识、管理行为、管理状态等方面实现规范化、标准化和制度化,进行严格管理;罪犯劳动必须采用文明管理的方式和措施,保障罪犯的合法权益,建立文明的管理环境,实现管理文明化;罪犯劳动要求监狱民警必须对罪犯及其劳动表现亲自行使监管、考核权力,亲自对罪犯劳动进行安排并对劳动现场实施监督和控制,进行直接管理。监狱组织罪犯劳动还必须是有效劳动,罪犯劳动在追求刑罚社会效益的同时也要讲究经济效益。

(二)监管工作要符合劳动改造的规律和要求

作为监狱工作的重要组成部分,罪犯劳动的内在规律和要求必须在监管制度中得到反映,在监管实践中得到执行。罪犯劳动必须运用科学理论作指导,按照改造罪犯的客观规律,采用先进的管理方式,进行科学管理。监管制度和规则与罪犯劳动的运行制度和规则要相统一,避免二者之间的矛盾,要充分尊重劳动改造人的规律性,兼顾企业运行的机制,为劳动改造罪犯服务。因此,监管方法的运用应从罪犯个体以及罪犯整体差异性出发,区别对待。在强调罪犯劳动的刑事强制性,要求有劳动能力的罪犯都参与劳动的同时,鼓励罪犯通过竞争上岗等方式选择适合自身发展的劳动项目和劳动岗位;充分考虑监狱经济活动的不确定性和可变性,尽量让罪犯从事有一定技术含量、有利于其回归社会的劳动项目。对罪犯劳动的监管应充分遵循罪犯劳动的规范和要求,以保障罪犯劳动的改造目的实现的同时实现经济利益最大化。

（三）协同作用，发挥合力效用

在实际工作中，始终把握好监管改造与罪犯劳动的相互关系，使之有机结合，协同作用，发挥合力效用。强调二者的协同作用，这是由罪犯改造的艰巨性、复杂性和系统性决定的。监管改造和劳动改造作为改造罪犯的两大手段在罪犯改造中具有不可替代的作用，各有自身的特点和发挥机制。刑罚执行处、狱政生活卫生管理处和劳动改造处等主要职能部门分别管理着监管改造和劳动改造的具体工作。因此，在制定政策和策略时，这些部门须通力合作，发挥协同作战的效用。劳动改造部门在实施罪犯劳动改造中对涉及狱政管理方面的措施、方法的效果和影响应及时沟通和反馈，对存在的问题应共同分析，寻求解决问题的最佳策略。避免在工作中出现各自为政，互不兼顾、条块分割的工作状态。在罪犯改造中只有坚持罪犯劳动与监管改造的有机结合，才能发挥 1＋1 大于 2 的效用，最大限度实现改造罪犯的根本目标。

第二节　罪犯劳动监管的内容

对罪犯劳动的监管是围绕罪犯劳动目标展开，以规范罪犯劳动行为为前提，以具体的生产劳动管理为内容，确保罪犯劳动的顺利进行。对罪犯劳动的监管应依据罪犯劳动组织内在的活动机理，综合配置和运用罪犯劳动中的各种资源，促进罪犯劳动目标的实现。对罪犯劳动的监管贯穿整个劳动过程的始终，对罪犯劳动的监管主要包括以下内容。

■ 一、对罪犯劳动对象的监管

劳动对象是人们在物质资料生产过程中利用生产工具将劳动加于其上的一切物质资料。劳动对象是生产中必不可少的要素，劳动对象的数量、质量和种类对生产的发展有很大的影响。对罪犯劳动对象的监管主要是对监狱在组织罪犯劳动中使用的物质资料的质量以及对这些劳动对象的采购、生产使用和保管等一系列活动的协调和控制活动。加强罪犯劳动对象管理，其实质就是对劳动对象安全的监管，确保罪犯在一个安全的环境中参加劳动，接受改造。

■ 二、对罪犯劳动力的监管

罪犯是狱内劳动的主要劳动力，对罪犯劳动力的监管，主要围绕其参加劳动的态度、劳动能力与岗位匹配度、劳动力的保护等方面的监管。其实质即通过监管，一方面，保证有劳动能力的罪犯都能投身到劳动中去接受改造，通过罪犯劳动定员管理，合理调配劳动力，避免劳动力的窝工和浪费。另一方面，是对罪犯劳动力的保护，使其在劳动过程中的权利、义务得到彰显。根据罪犯的生理状况、技术水平、文化程度、刑期长短、改造表现等指标，对罪犯劳动的不同工种和岗位进行量才使用，营造一个公正合理分配劳动的环境。

三、对劳动现场的管理

罪犯劳动现场管理,是指"监狱依法对罪犯劳动场所的人、事、物、时、空等构成要素所进行的合理组织、有效协调和安全控制的警务活动"①。罪犯劳动现场是监狱改造罪犯和创造价值的场所,罪犯的精神状态、改造表现、道德素养要在劳动过程中培养和改变。投入罪犯生产劳动中的各种要素要在劳动现场优化组合与有效监管下才能转换为生产力。监管工作中的很多问题会在罪犯劳动现场得到反映与呈现,加强罪犯劳动过程监管是罪犯劳动监管的重要组成部分。

罪犯劳动现场监管主要是对罪犯劳动过程中包括出工收工管理、劳动区域控制和定置管理、生产工具管理、危险物品管理、对外来人员和车辆的检查、劳动时间的管理、劳动流程的管理以及劳动现场应急突发事件等方面的管理,及时协调和控制罪犯劳动的各个阶段、各个工序在时间和空间上可能出现的各种异常,认真监督罪犯生产流程以及罪犯执行生产劳动规范情况,坚持文明生产、安全生产,保护罪犯在生产劳动过程中的人身安全和身心健康,促使罪犯劳动顺利开展。

四、对罪犯劳动成效的监管

罪犯劳动成效的管理是指在罪犯劳动改造过程中对罪犯劳动成果和效率的监管。对罪犯劳动成效的监管,有利于培养罪犯的质量意识和效率意识。

(一)对罪犯劳动效率的监管

对罪犯劳动效率的监管是指对罪犯劳动过程中劳动投入与产出比例关系的监管。对罪犯劳动效率的监管就是要让罪犯不断提高效率意识,能够以最小的投入获取最大的经济效益,从而使劳动任务得以按期甚至超额完成的组织监督和协调过程。对罪犯劳动成效的监管,不仅可以提高罪犯的劳动效率,提高其劳动技能,也有利于监狱企业经济效益的提高。对维护良好的劳动改造秩序,提高劳动生产效率,促进罪犯良好劳动品德形成具有重要作用。

(二)对罪犯劳动质量的监管

罪犯劳动成果作为罪犯劳动的产物,是罪犯在劳动中体力、脑力、智力的综合运用,能够综合反映罪犯劳动的改造态度、改造表现、劳动技能以及改造水平的状况。对罪犯劳动成果的质量检查、验收和评估,能够准确反映罪犯的劳动态度和技术水平,有效培养罪犯的质量意识,减少不必要的原材料浪费。

---

① 吴丙林主编:《狱政管理学》,法律出版社 2018 年版,第 93 页。

生产安全事故应急预案管理办法①

为规范生产安全事故应急预案管理工作,迅速有效处置生产安全事故,依据《中华人民共和国突发事件应对法》《中华人民共和国安全生产法》《生产安全事故应急条例》等法律、行政法规和《突发事件应急预案管理办法》(国办发〔2013〕101号)制定。最新版本于2019年7月11日公布,自2019年9月1日起施行。本规定共7章49条。第一章总则,规定应急预案的适用情况、原则、责任部门、应急预案的分类;第二章应急预案的编制;第三章应急预案的评审、公布和备案;第四章应急预案的实施;第五章监督管理;第六章法律责任;第七章附则。

第三节 监管方法在罪犯劳动中的运用

罪犯劳动是我国监狱工作中改造罪犯的基本手段,是罪犯改造工作中不可或缺、无法替代的一项重要刑罚执行方式和刑罚执行内容。罪犯劳动是罪犯服刑中占用时间最多、涉及面最广、影响性最强的活动,也是对罪犯渗透力最强、对罪犯心灵洗涤最为明显的特殊实践活动。为了确保罪犯劳动目标的实现,必须在劳动中充分发挥好罪犯劳动的监管作用。通常情况下监管的方法主要有:法律规范法、制度约束法、信息控制法、环境陶冶法、目标激励法等。

一、法律规范法

所谓法律规范法,就是运用国家颁布的有关刑事执行方面的法律、法规来规范罪犯劳动改造行为,以预防和惩治违法行为发生的措施和途径。法律规范法具有鲜明的强制性,这是由法律的本质属性决定的。我国有关刑事法律,如《刑法》《监狱法》明确规定了在服刑期间具有劳动能力的罪犯都必须参加劳动,这是罪犯服刑期间的法定义务。我国法律也明确规定罪犯在劳动改造过程中的地位和权利,如保护罪犯的人身健康权、休息权、劳动报酬权、劳动保护权、技术革新发明权等,监狱机关及其民警应依法予以保障,这有助于罪犯劳动行为的良性发展。

由于罪犯劳动的刑罚执行性质,我国《监狱法》还特别规定了罪犯在劳动过程中必须遵守相关的劳动纪律和操作规范,对罪犯在劳动中的违法行为根据情节轻重将依法予以惩处。法律规范法是罪犯在劳动过程中最重要的行为规范方法,是控制罪犯劳动改造行为的最有力措施和有效途径。它要求罪犯必须明确在劳动中哪些行为应该有,哪些行为可以有,哪些行为不可有。这些法律规定不仅具有震慑罪犯的权威性,而且具有引导罪犯行为

---

① 《生产安全事故应急预案管理办法》,http://www.gov.cn/zhengce/2016-06/03/content_5712841.htm,最后访问日期:2022年12月5日。

的导向性。这些法律规范要发挥其应有的价值,关键要做好以下几个方面。

(一)注意及时性

运用法律规范约束和规范罪犯劳动行为,主要目的是使罪犯的劳动行为符合法律法规要求。对罪犯劳动中出现的消极、不规范甚至错误的行为要给予及时的教育、纠正和处罚,及时打消其侥幸心理,使其改恶从善。同时对罪犯消极、不规范行为的及时处理也是对其他罪犯的教育,使罪犯产生对法律规范的严肃性的敬畏感,使其认识到法律规范的庄严与神圣,明白任何违法违规行为都要受到制裁,从而引以为戒,主动约束和纠正自己不良的劳动意识和不当的劳动行为,自觉维护罪犯劳动的秩序。

(二)把握准确性

运用法律法规来规范罪犯的行为,是一项严肃的执法活动。它要求广大民警要以事实为依据,以法律为准绳,做到违法必究、执法必严。把握准确性,要求民警在罪犯劳动管理过程中要准确理解和把握涉及罪犯劳动的有关法律、法规,特别是对罪犯违法违规行为的产生原因及危害程度,能够准确定性,防止罚不当罪。只有这样,才能使罪犯心服口服,认罪服法。

二、制度约束法

由于罪犯劳动的过程既是刑罚的执行过程,又是监狱生产的经营过程,这样一种复杂的活动过程单靠法律规范加以控制是远远不够的。罪犯劳动的过程应建立良好的秩序,使人、机、物、时间等因素到达一种协调、平衡的状态,因此需要建立一系列的规章制度进行管理和控制。

制度约束法指监狱以一定的规则、章程、规范、标准来限定、约束、规范和引导罪犯劳动行为的控制措施和制约途径。制度约束法在控制罪犯劳动行为、促进罪犯劳动改造功能的实现、维护劳动场所安全与维护正常工作秩序、合理保护劳动力、防止国有资产流失、促其保值增值等方面都有重要的作用和意义。此种监管方法可以有效引导和规范罪犯的改造行为。制度约束法要做到有效实施,需要做好以下几个方面的工作。

(一)制定科学的制度

制度约束法的前提是要有科学的制度规范。罪犯劳动制度的制定是实施制度约束的前提。制定制度应紧密联系罪犯劳动的性质、目的以及根本要求,从市场经济条件下对罪犯劳动的要求以及罪犯的劳动状况出发,形成一整套涉及罪犯劳动各个方面的严格的规章制度,如罪犯劳动纪律、劳动操作规程、劳动定额制度、劳动组织和管理制度、劳动分工与协作制度、劳动竞赛制度、劳动安全制度、劳动保护制度、劳动财务制度、供应和销售制度、劳动考核与奖惩制度、劳动教育制度、劳动报酬制度、劳动产品的检查及检验制度、劳动培训和技能训练制度、劳动关键岗位和特殊物品的管理制度、仓储保管制度等。这些制度是确保罪犯劳动顺利进行,实现罪犯劳动目标的保证。

（二）严格执行制度

制度一经制定和公布实施,应保证其严肃性和权威性。做好对罪犯的宣讲、解释工作,任何人都要按制度行事,制度面前人人平等。对于违反制度的单位和个人,除进行严格的批评外,还应按照相应的规章制度进行严肃处理。在罪犯劳动的日常管理工作中,应以制度作为管理罪犯劳动的尺度和考评、奖惩罪犯的重要依据。严格执行制度,还要求民警要身体力行,以身作则,带头执行制度,做到秉公办事,刚正无私。

（三）及时调整和完善各项制度

任何制度都不可能一蹴而就,需要在实践中不断适用和修正才能得以完善。及时做好对罪犯劳动各项制度执行情况反馈信息的收集与研讨,了解这些制度的总体执行情况,分析制度的优点与缺陷,在此基础上对制度进行有效的修订,确保各项制度在实践中得以修订完善。

三、信息控制法

信息控制法指监狱在组织罪犯劳动改造中利用信息分析、现代监控等手段对罪犯劳动中的行为进行约束和引导的措施和途径。罪犯在劳动中的行为表现往往是其思想和心理的外在表现。因此,通过认真观察和仔细分析罪犯在劳动中的行为举止和情绪变化状况往往能摸排和预测罪犯所产生的行为轨迹。通过信息分析和处理,将信息结果落实到防范和控制上,就能对罪犯的越轨行为进行有效的遏制和预防,从而未雨绸缪,防患于未然,把问题消灭在萌芽状态。信息控制法的形式有很多,当前主要的方法有:

（一）犯情分析法

监狱应建立罪犯信息分析档案,民警将对罪犯劳动中观察到的情况及时记录到罪犯档案中,并定期对罪犯进行信息分析和摸排,对情况异常者要及时采取防控和包夹措施,实施恰当的教育转化措施。

（二）耳目监督法

由于监狱有狱内侦查权,因而,监狱在罪犯劳动中可穿插、设置耳目来进行犯情收集,对经分析、认定确属有消极倾向的罪犯及时采取措施,加以布控和转化。

（三）现代技术监控法

随着现代科学技术的发展,现代监控技术已广泛运用于罪犯劳动现场。在罪犯劳动现场要设置监控器,对罪犯在劳动中的整体活动进行全天候、全方位的监控,特别是对一些重点罪犯、危险罪犯还应当进行跟踪监控,使这些罪犯的劳动情况始终在民警的视线控制范围内,防止监管事故的发生。

研究与思考

1. 如何理解罪犯劳动与监管改造的关系？

2. 罪犯劳动监管的内容有哪些？

3. 如何协调劳动改造与监管改造之间的关系？

第七章　罪犯劳动项目的选择、策划与评估

重点提示

1. 罪犯劳动项目并非经济领域的劳动项目，二者有着本质的区别，罪犯劳动项目是为罪犯改造服务的。

2. 罪犯劳动项目选择的基本原则：依法依规原则，符合罪犯劳动改造原则，确保安全原则、经济效益原则，融合区域发展原则。

3. 罪犯劳动项目必须符合国家法律法规和产业发展规划，有利于监狱管理和安全稳定，有利于改造罪犯，有利于监狱企业参与政府采购，有利于监狱企业提高经济效益。

4. 根据罪犯劳动目的，可以将罪犯劳动项目分为生产性劳动项目、矫正性劳动项目、服务性劳动项目、习艺性劳动项目、公益性劳动项目。

5. 罪犯劳动项目始终是为改造罪犯服务，罪犯劳动项目的选择要考虑罪犯劳动力年龄结构差异、文化层次、劳动能力状况因素以及监狱企业融资渠道、技术力量、经济实力等因素。

6. 生产性劳动项目适宜选择劳动密集型劳动项目，选择风险小、持续性强的劳动项目，争取政府扶持为主要模式的罪犯劳动项目。

7. 矫正性劳动项目应纳入罪犯矫正项目范畴，实现项目策划专业化。

8. 习艺性劳动项目应坚持市场导向按需设计，实现社会化，建立健全保障体系。

9. 公益性劳动项目应坚持自愿原则，形式应多样。

10. 罪犯劳动作为我国改造罪犯的重要手段，能否发挥其在罪犯改造中的作用，罪犯劳动项目的策划是关键。

11. 罪犯劳动项目策划必须与国家政治、经济等状况相协调，处理好与罪犯劳动目的的关系，遵循罪犯劳动行为养成的规律性。

12. 劳动项目的组成要素包括：明确的目标、精准的对象定位、项目的内容与程序、项目时间量。

13. 罪犯劳动项目策划流程包括犯因性需求评估、确定罪犯劳动项目、劳动项目策划书、项目策划的论证。

14. 罪犯劳动项目评估是劳动项目决策的前提和保证，是提高罪犯劳动改造实效，实现改造科学化的关键。

15. 罪犯劳动项目评估的分类包括：项目前评估、项目跟踪评估、项目后评估。

罪犯劳动在罪犯改造中发挥了巨大的作用。我国在罪犯劳动项目选择上做了不懈的努力,尤其是在生产性劳动项目上取得了很大的成效。据统计,新中国成立以来,我国的生产性劳动项目涉及 200 多个行业,5000 多种产品,从采石、煤矿到粮食蔬菜,罪犯劳动项目涉及农、林、牧业、渔业,以及加工业等多个产业部门。罪犯劳动项目并非经济领域的劳动项目,二者有着本质的区别,罪犯劳动项目是为罪犯改造服务的。

第一节　罪犯劳动项目及其选择

据美国项目管理协会(PMI)解释,项目是为创造独特的产品、服务或成果而进行的临时性工作。项目是指一系列独特的、复杂的并相互关联的活动,这些活动有着一个明确的目标或目的,必须在特定的时间、预算、资源限定内,依据规范完成,具体可以是一项工程、服务、研究课题及活动等。罪犯劳动项目有广义和狭义之分。广义的劳动项目是指监狱组织罪犯参加的所有劳动项目;狭义的劳动项目则是指就某些罪犯在劳动方面存在的缺陷,而专门制定和策划的用于矫正劳动恶习、转变劳动态度、提高劳动技能、养成劳动习惯等方面的矫正性劳动项目。

一、罪犯劳动项目的类型

针对不同类型的罪犯,监狱有不同的劳动目的的项目。根据罪犯的劳动目的,可以将罪犯劳动项目分为生产性劳动项目、矫正性劳动项目、服务性劳动项目、习艺性劳动项目、公益性劳动项目。

(一)生产性劳动项目

生产性劳动项目,主要是为实现罪犯劳动权利,确保有劳动能力的罪犯都能参与生产劳动而开展的劳动项目。目前各监狱开展的劳动项目基本属于生产性劳动项目。生产性劳动项目选择时应尽可能考虑那些技术要求不高的劳动密集型产业项目。当前我国监狱生产性劳动项目基本是以来料加工[①]为主的劳动密集型产业项目,这与我国监狱的现实情况有关,我国监狱押犯学历普遍层次低、缺乏劳动技术的人占多数,加上刑期不同,罪犯劳动力基本维持在较低水平,劳动密集型项目的选择有利于实现我国有劳动能力的罪犯人人参与劳动的现实需求;"三来"方式也有利于减少监狱企业风险,对确保监狱的稳定有着现实意义。

(二)矫正性劳动项目

矫正性劳动项目是指针对罪犯劳动恶习采取的改变其劳动态度,养成劳动习惯等一系

---

① "三来一补"指来料加工、来样加工、来件装配和补偿贸易,是中国大陆在改革开放初期尝试性地创立的一种企业贸易形式,最早出现于 1978 年的东莞。

列活动。由于我国长期以来在罪犯劳动改造上的粗放化,罪犯矫正性劳动项目目前还处于萌芽、最多仅是起步阶段,随着罪犯矫正项目的不断开发,矫正性劳动项目也将进入罪犯劳动的范围。作为矫正罪犯劳动恶习、养成劳动习惯的主要方式,矫正性劳动项目的设计、开发与运用是实现罪犯劳动改造针对性、有效性、科学性的必由之路。

（三）服务性劳动项目

狭义的服务性劳动项目,主要是监狱根据需要,选用条件相宜的罪犯从事生产记录、监狱环境维护、罪犯的生活、卫生、零散维修等服务内容的劳动。这些劳动主要采用罪犯个体或零星劳动方式。比如监狱里的理发员、卫生员以及工业监狱单位单独活动的电工、焊接工、修理工等,农业监狱单位的守护员、管水员、运送员等等。这些劳动项目,可以有效地保证监狱工作、生活的正常运行;同时,也可以力所能及地发挥罪犯的劳动所长,有效提供劳动,实现自我价值。广义的服务性劳动项目,还包括罪犯自我劳动项目。自我劳动项目主要是罪犯为了维持自身正常生活而付出的个人劳动。对罪犯而言,独立生活能力是其在狱内需要加强和培养的一项能力,也是确保罪犯回归社会后更好融入社会的一种能力。

（四）习艺性劳动项目

习艺性劳动项目是监狱根据生产情况以及罪犯出监后回归社会的需要,以技术培训为主、生产产品为辅的劳动项目。例如,广东深圳监狱创办的"正航技工学校",开办了制冷设备维修、电梯维修、汽车维修等社会热门职业培训。与社会热门技术的对接,满足了某些罪犯出监就业需求,解决了罪犯的后顾之忧,对罪犯重新社会化,降低重新犯罪率具有积极的作用。[①]

（五）公益性劳动项目

公益性劳动项目主要是指直接服务于公益事业,不收取报酬的劳动项目。监狱组织罪犯参与公益性劳动的目的在于培养罪犯为公众谋利的良好品德,培养其社会责任感和主人翁意识。近几年福建省教育援助协会[②]联合各监狱开展犯人手工艺品大义卖,把义卖的钱资助服刑人员子女的活动,起到了很好的教育效果,在监内引起很大的反响,越来越多的罪犯希望通过公益性劳动,更好地为社会贡献自己的一份力量。

■ 二、罪犯劳动项目选择的基本原则

劳动项目是为罪犯改造服务的,监狱在进行项目选择时应充分考量刑罚的目的、监狱以及罪犯的具体特点,结合监狱所拥有的各种资源情况,科学地选择和设定罪犯劳动项目,

---

① 《深圳监狱开办"技校",13 个实训项目教会服刑人员"用专业吃饭"》,https://static.nfapp.southcn.com/content/201909/03/c2588263.html,最后访问日期:2022 年 9 月 15 日。

② 福建省教育援助协会成立于 2014 年 6 月,又名红苹果公益,是一家致力于特殊群体未成年人帮扶援助的慈善组织。机构关注特殊群体困境问题,聚焦服刑人员子女帮扶,力求在心理健康、权益保障、能力建设等多方面促进特殊群体良性发展的主要帮扶系统。

罪犯劳动项目的选择要遵循以下原则。

(一)依法依规原则

作为特殊的劳动项目,罪犯劳动项目的设计和选择在价值取向和标准上的认定不单是围绕单一的经济效益,其标准应是多元的、复合的,必须符合刑罚执行目的和要求。劳动项目的选择必须符合国家的法律及政策规定,在国家产业政策和司法部有关法规的指导下,由监狱、监狱企业和上级主管部门三方共同决策。我国监狱向来重视对罪犯劳动项目尤其是生产性劳动项目的选择,先后颁布了多项制度规范来指导我国罪犯生产性劳动项目的选择,具体为:

1.《关于加强监狱安全管理工作若干规定》(司发〔2009〕91 号)

2009 年 11 月,司法部颁布的《关于加强监狱安全管理工作若干规定》即"35 条规定",涉及罪犯劳动项目管理的规定有两条,其中第 21 条规定:"监狱应当实行生产项目准入管理制度,选择适合罪犯教育改造需要、有安全保障的生产性劳动项目,禁止引进新建煤矿、易燃易爆、有毒有害等具有较大安全风险的生产性劳动项目。"第 22 条规定:"以罪犯退出井下劳动为重点,积极稳妥退出煤矿及非煤矿山等高危行业。监狱煤矿存在重大安全隐患的,应当立即停产整改,整改无效的,应当坚决关闭。禁止监狱煤矿超核定能力生产。"这明确了罪犯生产性劳动项目必须适应罪犯教育改造的需要,适应监狱安全稳定之需要。

2.《监狱企业生产项目准入管理办法(试行)》(司狱字〔2009〕359 号)

2009 年 11 月,司法部监狱管理局制定的《监狱企业生产项目准入管理办法(试行)》第 8 款规定:"严禁引进下列生产项目:(一)国家有关法律、法规、国家产业政策禁止和淘汰的生产项目;(二)侵犯知识产权和生产假冒伪劣产品的生产项目;(三)污染严重、治理难度大的生产项目;(四)煤矿及非煤矿山开采、易燃易爆、危险化学品、有毒有害等具有较大安全风险或严重影响罪犯身体健康的生产项目;(五)食品、药品加工类生产项目;(六)其他不适宜改造罪犯工作的生产项目。"这些禁止性规定,将那些不适宜罪犯改造的生产性劳动项目排除在监狱之外。

3.《关于进一步加强监狱企业规范管理的意见》(司发通〔2017〕1 号)

2017 年 1 月,司法部印发的《关于进一步加强监狱企业规范管理的意见》第 7 条规定:"坚持劳动项目布局的基本原则。罪犯劳动项目必须符合国家法律法规和产业发展规划,有利于监狱管理和安全稳定,有利于改造罪犯,有利于监狱企业参与政府采购,有利于监狱企业提高经济效益。监狱企业不再发展资金密集型、技术密集型、资源密集型和安全系数不高等不适应监狱管理和改造罪犯需要的劳动项目。"这再一次明确了罪犯劳动项目准入的"四个有利于"的原则和要求。

(二)符合罪犯劳动改造原则

《监狱法》明确规定了监狱组织罪犯劳动的总体框架:"合理组织劳动,使其矫正恶习、养成劳动习惯,学会生产技能,并为释放后就业创造条件。"在司法部下达的关于罪犯劳动项目的有关规定中均明确规定罪犯劳动项目必须符合"有利于罪犯改造"之要求,这是由刑罚目的决定的。在项目的选择中应根据押犯的特点及罪犯劳动改造需求，着重考量罪犯劳动项目的目标，与之相配套的手段、机制以及项目实施过程中所要把握的关键环节等。

（三）确保安全原则

监狱所选择的劳动项目，必须符合监狱安全的要求。这里的安全既指生产安全，又指监管安全。监管安全是监狱执法的前提，生产安全是各项执法活动的保障。罪犯的服刑过程，也是监狱的执法过程，为罪犯改造提供必要的设施和良好的环境，营造安全的生产环境，保障罪犯的安全和健康，是监狱的法定责任。这是改造罪犯的基础，是依法治监的重要体现；同时，保障罪犯的人身安全和职业健康也是保障罪犯人权的一项重要内容，是监狱行刑的基本前提。选择开展适合罪犯劳动的产业，坚决退出高风险、不环保和难以保证监管安全、生产安全等不利于罪犯学习技能的项目，着力引进适合罪犯改造需要、适合政府采购、适合技能培训和具有竞争优势、效益好的生产项目，合法、安全、适宜、有效地选择劳动项目，确定监狱企业产业产品结构。

（四）经济效益原则

在策划和选择劳动项目时，经济性也是一个重要的考察指标。监狱经济的正常运行是监狱有效开展罪犯劳动改造的前提和基础。罪犯劳动态度的改变、劳动技能的提高乃至劳动习惯的养成都离不开监狱生产的正常运转。因此，劳动项目的选择必须适应市场需求，选择适销对路的产品，与地方经济相融合。当前，我国监狱普遍选择"劳务加工"类生产性劳动项目。劳务加工具有技术要求不高、投资少、收效快的特点，在很大程度上减少监狱投资的风险，符合监狱发展的现实需求。

（五）融合区域发展原则

融合发展的本质是实现资源要素的无障碍自由流动和地区间的全方位开放合作。罪犯劳动项目的选择必须与区域经济相衔接，和地方经济发展战略相吻合，尽可能利用监狱自身的长处，发挥自身的传统优势，避免自身的不足，做到扬长避短，选择最适合监狱发展的劳动项目。

三、罪犯劳动项目选择的基本要求

罪犯劳动项目始终是为改造罪犯服务。一方面，罪犯劳动力存在年龄结构差异、文化层次较低、劳动能力参差不齐等特点；另一方面，监狱企业存在融资渠道有限、技术力量较为薄弱、经济实力较弱等缺陷。因此，罪犯劳动项目的选择应注意把握以下几个方向。

（一）生产性劳动项目

1. 适宜选择劳动密集型产业

劳动密集型产业实质上是指资本（或资金）有机构成较低的产业。劳动密集型产业的产品成本中劳动耗费所占比重较大，而物质资本耗费所占比重较小。该类型产业具有对技术装备程度要求较低、劳动力需求比较大、资金周转快的特点。这对于监狱企业资源不足、技术水平比较低、劳动力水平参差不齐但充足的监狱企业非常适合。为了确保所有有劳动能力的罪犯都能参加劳动，同时兼顾监狱企业生产的顺利发展，生产性劳动项目的选择适宜选择劳动密集型产业。

同时，在组织罪犯生产劳动中尽量采用集体劳动的方式，这是由罪犯劳动的改造使命决定的。在社会化大生产背景下，罪犯劳动是建立在高度分工和高度协作基础之上的，整个罪犯劳动被分成若干个过程、环节和工序，每个过程、环节和工序又可分为若干个工作岗位，每个工作岗位有特定的操作规程和岗位职责，根据不同岗位要求安排与岗位任务相匹配的罪犯。在集体劳动过程中，虽然每个罪犯都是独立的个体，有独立的岗位职责和任务要求，他们都是整个劳动中不可缺少的一分子，每个罪犯的劳动都与其他罪犯的劳动紧密联系在一起，每道劳动工序既是前一道工序的继续，又是后一道工序的开始，所以罪犯的劳动构成一个有机联系的链条，链条中的每一个环节出现偏差必然影响到罪犯生产劳动整个过程的正常运转和劳动秩序的稳定。因此，在这样的集体劳动中，迫使罪犯努力完成自己的生产任务，生产任务的持续完成有利于罪犯劳动习惯的逐渐养成。同时，罪犯长期在这种劳动岗位较为固定的集体中进行改造，还会形成与本岗位相适应的劳动技能和劳动品质，而这对罪犯重新社会化，特别是刑释后谋求一个安身立命之职大有益处。这种集体劳动中的分工与协作，使罪犯能够体会和理解分工与协作的真实内涵，逐渐形成团结协作的意识和理念；在集体劳动中，罪犯开始学会与他人正确打交道的方式与方法，不断提升人际沟通的能力与技巧。

2. 选择风险小、持续性强的劳动项目

监狱企业的劳动力流动性较强，企业转型受到限制。因此，在生产性劳动项目选择时尽量选择投资风险小、持续性强的劳动项目，有利于罪犯劳动技能训练和监狱劳动管理的相对稳定性，能为罪犯劳动改造工作创设较为稳定的环境和氛围。"扶持优势产业、发展加工产业、淘汰落后产业、退出高危产业"是当前我国罪犯生产性劳动项目发展思路。未来社会，机器代替手工成为必然的趋势，监狱在罪犯劳动项目选择上可以立足绿色环保项目，发展一些服务产业。

3. 争取政府扶持为主要模式的生产性劳动项目

罪犯生产性劳动项目能够为监狱改造罪犯提供劳动岗位，为改造罪犯服务。政府采购的持续性、均衡性、规律性特点以及在技术性、科学性等方面要求的相对宽泛，非常适合监狱罪犯生产特点。将生产性劳动项目纳入政府采购项目，可以有效缓解监狱企业参与市场竞争的压力，降低监狱企业的投资风险，确保监狱企业的良性运转，为监狱罪犯劳动提供稳定的改造平台，更好地为监狱改造罪犯服务。将罪犯生产性劳动项目纳入政府采购项目，国际已有通行的做法，很多国家通过立法手段，让政府采购监狱罪犯劳动产品，让监狱产业发展成为政府采购型产业。政府采购支持监狱改造罪犯是政府采购政策功能的重要体现，2014 年国家财政部、司法部联合印发了《关于政府采购支持监狱企业发展有关问题的通知》（财库〔2014〕68 号）。如何落实政府采购支持监狱发展政策，释放政策红利，进一步解决市场经济条件下监狱罪犯劳动所面临的实际困难，促进监狱改造职能的有效发挥，仍是监狱在劳动项目发展上的重点。

(二)矫正性劳动项目

当前,监狱以生产性劳动项目为主,矫正性劳动项目还非常有限。矫正性劳动项目针对罪犯的劳动恶习,根据劳动行为转变的规律性进行矫正项目的策划与实施,达到矫正罪犯劳动恶习之目的。

1. 纳入罪犯矫正项目范畴

项目矫正是当前提高罪犯矫正效果,精准矫正的发展趋势,"矫正项目的价值在于降低重新犯罪率","安排矫正项目并促进矫正项目完成被认为是矫正机构的工作目标"[①],把罪犯矫正性劳动项目纳入罪犯矫正项目范畴,有利于实现劳动改造的专业化,填补罪犯改造中矫正性劳动项目的不足与空缺,有利于罪犯的劳动改造。目前,国内仅有少数专家对罪犯矫正项目进行过相对完整的叙述和一定深度的分析,但是对罪犯矫正性劳动项目的研究还很欠缺,比对其他矫正项目,罪犯矫正性劳动项目尚处于起步阶段。

2. 矫正性劳动项目策划专业化

应充分研究和借鉴我国罪犯劳动改造的成功经验,借鉴心理学研究成果,借鉴行为科学的研究经验,充分研究劳动矫正的犯因性需求,从专业化的视角,按照矫正项目的步骤来精心策划系列罪犯矫正性劳动项目。

(三)服务性劳动项目

1. 合理安排服务性劳动项目

就监狱而言,服务性劳动项目多而杂。为了有效开展服务性劳动,监狱应对罪犯的劳动特长进行了解和挖掘,挑选具备服务性劳动技能、责任心强、有服务意识、表现好的罪犯担任,确保提供安全高效的服务性劳动。同时,监狱应制定公平合理的服务性劳动项目的绩效考核,在促进罪犯特长得到展示时,不断激发罪犯的改造信心。

2. 规范罪犯的自我劳动项目

监狱应高度重视罪犯的自我劳动项目的管理,加大教育和宣传力度,提升罪犯对自我劳动项目的价值认同。规范罪犯的内务卫生管理,促进罪犯养成独立的生活习惯,增强罪犯自我独立、自我管理的能力,从而提升罪犯的生活自信心。同时,监狱应加强罪犯个人劳动过程监督,坚决杜绝狱内出现罪犯雇佣其他罪犯提供生活服务现象的发生。

(四)习艺性劳动项目

1. 坚持市场导向按需策划

监狱除了广泛开展的生产性劳动项目,还应专门设置一些为提高罪犯职业技能,有利于其刑满释放后顺利回归并融入社会的习艺性劳动项目。这些项目是配合罪犯的职业技术培训而专门策划的,是着眼于罪犯回归社会后就业的需要,与社会发展的需要相符。监

---

① 翟中东:《国际视域下的重新犯罪防治政策》,北京大学出版社 2010 年版,第 266 页。

狱应根据罪犯个体的年龄、刑期、文化程度、兴趣偏好、就业愿望等不同情况,结合社会就业岗位需求,对罪犯有组织、有计划地开展个性化的职业技术培训,并根据这些职业技术设置相应实习实践类的劳动项目,有效帮助罪犯巩固和掌握劳动技能,重新适应"社会人"的角色,从而最终实现预防其再犯罪的目的。

2. 习艺性劳动项目社会化

监狱必须将社会资源融入罪犯的习艺性劳动项目中。一方面,监狱通过联合社会上的职业学校和职业技能培训中心,引入社会资源,由社会职业院校的师资进行专业系统的教育,可以有效改善监狱技术知识不足、门类狭窄的劣势,提高罪犯习艺项目的广度;另一方面,可以通过社会资源,开辟按需培训、按需实践的合作模式,为社会企业输出所需专业劳动力,这样,有利于罪犯刑满释放后顺利融入社会。全国很多监狱都在推行罪犯职业技能培训社会化模式,深圳监狱自 2009 年成立罪犯职业技术教育培训中心以来,开设 20 多个与社会需求紧密联系的培训项目,累计办班 200 余期,培训罪犯 6400 多人次,课时比社会多 10%以上,实训课程在 60%以上,师资力量采取购买社会服务的方式,优先与深圳技师学院、深圳职业训练学院、深圳第二高技(深圳第二高级技工学校)等 5 所知名度高的职业院校、办学经验丰富的培训院校合作,聘请专职教师开展教学。培训结束后,学员参加国家统一组织的职业能力资格鉴定考核,合格率达 95%,比社会职业技术培训班高出 20 个百分点,释放人员中大约 30%参加过职业技术教育培训,取得了良好的社会效益。[①]

3. 健全保障体系

与生产性劳动项目不同,习艺性劳动项目必须有健全罪犯职业技术教育的保障体系,特别是经费保障。当前,我国绝大部分罪犯职业教育的经费是从非常有限的监狱罪犯教育改造经费中支出的,费用严重不足是常态。为此,监狱应积极争取当地政府相应主管部门的支持,将罪犯职业技术教育费用纳入各级地方政府劳动力培训转移就业的总体规划中,将罪犯职业技术教育经费纳入国家统筹。以广东省为例,2014 年 6 月,广东省财政厅、人力资源和社会保障厅联合出台了《关于印发〈广东省省级劳动力培训转移就业专项资金管理办法〉的通知》[②],在第三章"补助范围和分配办法"第 8 条第 3 款明确将余刑在 24 个月内的在粤服刑和强制戒毒人员(男性 16 周岁至 60 周岁,女性 16 周岁至 55 周岁)纳入培训补贴的对象范围。这有效地缓解了监狱罪犯职业技术教育培训资金短缺的状况,较好地保障了罪犯职业技术教育的顺利进行。

除了政府保障习艺性劳动项目资金之外,随着罪犯劳动报酬水平的提高,也可以探索罪犯习艺经费,由国家、监狱、罪犯三者共同承担费用的模式,实行订单培训、按需培训,以进一步提高习艺性劳动项目的实施效果。

---

① 《深圳监狱构建监社结合多元化教育改造模式》,http://www.legaldaily.com.cn/dwq/content/2022-07/20/content_8755297.htm,最后访问日期:2023 年 1 月 15 日。

② 《关于印发〈广东省省级劳动力培训转移就业专项资金管理办法〉的通知》,http://hrss.gd.gov.cn/zwgk/××gkml/bmwj/qtwj/dwjs/content/post_1296084.html,最后访问日期:2023 年 1 月 15 日。

(五)公益性劳动项目

1. 坚持自愿原则

公益性劳动项目是罪犯直接服务于社会的无偿劳动项目,是塑造美丽心灵、营造互助友爱改造氛围的有益劳动项目。公益性劳动项目坚持自愿原则,发挥罪犯参与公益劳动的主动性和积极性,确保罪犯在没有任何压力的情况下自愿参与公益活动。在推广公益劳动时,应尽量避免出现某些罪犯为获奖励分投机公益劳动的现象,只有这样才能有效发挥公益性劳动项目的功效,达到改造之目的。

2. 形式多样

监狱公益性劳动项目形式可以多样,既可以通过参与监狱组织的公益劳动,如义卖品制作、参与美化环境、敬老爱幼等活动,也可以是罪犯自发为特殊人群捐赠劳动报酬等活动,让参与项目的罪犯在实践中感受善行给他人、社会带来的帮助以及回馈给自身的快乐。监狱应不断挖掘形式多样的公益性劳动项目,让更多的罪犯自愿参与公益性劳动项目,营造一个良好的、有温度的、积极向上的改造环境。

阅读资料

关于加强监狱安全生产管理的若干规定[①]

监狱安全生产管理是监狱安全稳定工作的重要组成部分,包括监狱和监狱企业消防安全、生产安全和自然灾害预防等主要内容。为加强监狱安全生产管理,确保监狱安全稳定,根据《监狱法》《安全生产法》《消防法》等法律法规的有关规定,2014年5月29日司法部监狱局制定《关于加强监狱安全生产管理的若干规定》(司狱字〔2014〕59号)。

本规定共7部分33条:一是基础保障;二是消防安全和现场管理规定;三是安全生产检查和隐患排查治理;四是应急处置;五是安全生产责任;六是附则。

关于政府采购支持监狱企业发展有关问题的通知[②]

政府采购支持监狱和戒毒企业(以下简称"监狱企业")发展对稳定监狱企业生产,提高财政资金使用效益,为罪犯和戒毒人员提供长期可靠的劳动岗位,提高罪犯和戒毒人员的教育改造质量,减少重新违法犯罪,确保监狱、戒毒场所安全稳定,促进社会和谐稳定具有十分重要的意义。为进一步贯彻落实国务院《关于解决监狱企业困难的实施方案的通知》(国发〔2003〕7号)文件精神,发挥政府采购支持监狱企业发展的作用,财政部、司法部联合下发《关于政府采购支持监狱企业发展有关问题的通知》(财库〔2014〕68号)。

---

① 《关于加强监狱安全生产管理的若干规定》,http://jyglj.guizhou.gov.cn/wa/zwgk/××gkml/zcwj/201811/t20181108_25646403.html,最后访问日期:2022年12月5日。

② 《关于政府采购支持监狱企业发展有关问题的通知》(财库〔2014〕68号),http://www.ccgp-beijing.gov.cn/zcfg/zcgn/t20170807_746441.html,最后访问日期:2022年12月5日。

第二节　罪犯劳动项目策划

项目策划是一种具有建设性、逻辑性的思维过程,在此过程中,总的目的就是把所有可能影响决策的决定总结起来,对未来起到指导和控制作用,最终达到方案目标。项目策划是以具体的项目活动为对象,体现一定的功利性、社会性、创造性、时效性和超前性的大型策划活动。项目策划是一个动态的过程。罪犯劳动作为我国改造罪犯的重要手段,能不能发挥其在罪犯改造中的作用,罪犯劳动项目的策划是关键。

一、罪犯劳动项目策划的基本要求

(一)必须与国家政治、经济等状况相协调

罪犯劳动项目的好与坏直接关系到罪犯劳动改造的质量。罪犯劳动项目是监狱组织罪犯劳动的重要组成部分,它的策划会受到各种形势和因素影响,罪犯劳动项目策划要从我国社会政治、经济发展的现实出发,以对国家的政治、经济政策与要求充分了解为前提。同时,对监狱经济现状有客观全面的了解,对监狱行刑目标有清晰的认识和准确的定位,任何超越或落后于社会经济发展水平的罪犯劳动项目都是不切实际的,社会政治、经济发展状况是策划罪犯劳动项目的基本出发点。

(二)处理好与罪犯劳动目的的关系

罪犯劳动项目策划最终是由罪犯劳动目的决定的。通过项目的策划和实施,有计划地将活动的正能量传导并作用于罪犯。项目策划过程中,须充分考量罪犯包括刑期、劳动恶习、经济来源及经济状况等多种因素,关注劳动项目与罪犯劳动目的的匹配度,即罪犯劳动项目必须紧密联系罪犯劳动目的,否则会失去其作为劳动项目的意义。

(三)遵循罪犯劳动行为养成的规律性

辩证唯物主义认为,事物的发展变化是有规律的,要想取得预期的工作效果,就得掌握和遵循事物的发展规律,任何违背规律的项目不仅不能达到改变人的目的,有时还有可能适得其反。

罪犯劳动项目策划过程中必须借助行为科学的分析,把握人的行为养成规律,并且按照人的行为养成规律来设计罪犯劳动项目的实施流程及采取相应的手段与措施。同时,在罪犯劳动项目的策划过程中应注意把握行为转变的反复性、阶段性和渐进性,以确保罪犯劳动项目的顺利实现。

二、罪犯劳动项目的组成要素

在罪犯劳动领域,劳动项目占有非常重要的地位。罪犯劳动项目要素包括:

（一）明确的目标

项目应具有明确的目标指向。不同罪犯,其犯罪原因不同,因而其参加劳动的目的也不相同,只有针对犯因性需求进行项目干预,才可能有显著的效果。因此,根据对罪犯劳动目的的评估,选择不同类型的劳动项目,是策划劳动项目的前提。

（二）精准的对象定位

不是所有的罪犯都要参加所有类型的劳动项目,尤其是矫正性劳动项目,能否精准定位参加矫正项目的对象,既是矫正性劳动项目的实施前提,也是监狱节约矫正成本的必然要求。在日常管理中应根据罪犯的犯罪类型,比如在劳动认知上存在错误的偷盗、抢劫等罪犯,一些好逸恶劳、诈病不参加劳动的罪犯都可以确定为参加矫正性劳动项目的罪犯。

（三）项目的内容与程序

项目内容和实施程序解决的是项目任务与实现途径的问题,项目任务与实施应根据罪犯的具体特点,运用社会学、心理学、管理学等知识设计不同"套路",同时针对罪犯在项目中的具体变化而调整项目流程、策略以及设计各项目内容开展的先后顺序,确保罪犯劳动项目按照预期目标循序渐进地开展。

（四）项目时间量

项目时间量是根据项目目标而设定项目所需的时间与频率。好比医生针对病人开出的处方,包括吃什么药、吃几天、一天吃几次。这是在科学实验以及经验基础上形成的,经过历史检验的方法。项目时间量对项目效果起关键的作用。如果剂量不足,效果则很难显现;剂量太大,花费大量警力,浪费教育资源。所以设计合理的时间量是项目策划的一个关键环节。

▌三、罪犯劳动项目策划

罪犯劳动项目策划的目的在于制订一份能执行和控制的罪犯劳动项目的计划,包括整体概述、总体目标、总体方法(包括管理方法和技术方法)、计划事项、进度计划、资源预算、人员要求、风险管理等。借鉴国外罪犯矫正项目的具体策划过程,罪犯劳动项目策划包括以下几个流程。

（一）犯因性需求评估

罪犯劳动项目目标和范围的确定是项目策划中最为关键的环节。首先通过科学的评估手段分析哪些犯因性需求是与劳动、就业情况有关的。进而根据再犯风险程度和需求,匹配适当的、有针对性的劳动项目。

（二）确定罪犯劳动项目

根据罪犯的不同犯因性需求,确定罪犯应参与的劳动项目。针对那些存在劳动恶习,导致其犯罪的罪犯,可以确定采用矫正性劳动项目,具体包括罪犯劳动认知改变、劳动行为和态度矫正等项目;针对某些劳动技能缺乏的罪犯则选用罪犯技能培训项目、劳动知识培养等习艺性劳动项目。

（三）撰写劳动项目策划书

确定罪犯劳动项目后,着手研究、撰写项目策划书。策划书包括以下几个方面的内容:

1. 项目名称。项目名称是高度概括该项目解决的关键问题。比如"劳动认知改变项目""劳动技能训练项目""劳动报酬使用项目"等,项目名称是项目的灵魂,体现项目的价值和精髓,项目其他内容应紧紧围绕项目的题中应有之义展开。

2. 项目目标。项目目标是实施该项目可达到的预期效果,即对监狱组织相关罪犯参加该项目在哪些方面可以得到提升,哪方面可以得到改善,在预防再犯罪方面将起到何种作用等预期效果的阐述。

3. 适用对象。每个项目所针对的具体罪犯类型、犯罪原因各不相同。因此,在项目策划过程中应充分考量罪犯的犯因性需求,改造对象定位越准确,项目的改造效果越能彰显。

4. 项目实施方法。具体介绍与说明该项目使用的具体方式、方法,比如讲解、示范、看录像、案例分析、角色扮演（心理剧）、游戏活动、讨论（辩论）、表达（分享）、模拟练习、行为与拓展训练、家庭作业、个体咨询或治疗等方面的方法。

5. 进度安排。进度安排主要是介绍项目开展的流程和安排,具体包括该项目的开展包括多少模块;每一个模块具体有哪些环节,每个环节的具体内容、时间安排、每个模块之间的先后顺序等,这些都要作具体的说明。

6. 考核评估。对项目的考核办法,包括项目前评估、中期评估、后评估等流程以及根据评估结果对项目的调整等方面的说明。

7. 备注说明。对项目未尽事宜的补充说明,包括项目主持人或指导者的数量及能力要求,一个项目罪犯参与者人数规模,对评估工具和评估方法的介绍等情况说明。

（四）项目策划的论证

项目策划方案是否可行,关键在于项目的论证。罪犯劳动项目方案需要通过严格的科学的论证,证明该劳动项目是否具有可行性,是否可以落地推广实施。项目策划者必须对项目的可行性和科学性进行全方面论证,通过论证是项目可以实施落地的前提条件。

四、罪犯劳动项目的审批

在西方国家通常采用项目认证制度,就是由权威机构对罪犯矫正项目的实施的可行性和有效性予以认证的制度,通过认证的项目才可以进入实施阶段。目前,在我国新开发的生产性劳动项目通常采用审批制,当项目制定完成上报监狱局后,由监狱局、省局集团公司和司法厅组织专家,对项目进行最终审定,综合国家产业政策、监管安全、市场安全、习艺与改造功能、投资规模、管理资源等要素,决定是否批准劳动项目。

▌五、项目的实施与调整

项目通过论证方可实施，按设计实施并不意味着项目是一成不变的，由于罪犯在劳动中受其他因素影响的可能性等无法完全预测，罪犯劳动项目在实施过程中必须时刻关注罪犯在劳动中的实际情况与变化，加强策略的动态匹配，实时控制并调整策划中可能存在问题的环节。

第三节　罪犯劳动项目评估

任何项目都是一个组织为实现自己既定的目标，在一定的时间、人员和资源等条件下所开展的具有一定独特性和不确定性的工作。项目质量如何，是否达到预期的目标，开展项目评估是通用的做法。对罪犯劳动项目进行评估就是对罪犯劳动项目具有的价值和优势所进行的系统调查和评价，是指导罪犯劳动项目发展的必要环节。

▌一、罪犯劳动项目评估的作用

（一）项目评估是劳动项目决策的前提和保证

项目评估是为项目决策和实施提供决策支持的依据。罪犯劳动项目决策离不开项目评估所提供的各种信息和数据支持。就罪犯劳动项目而言，对项目的评估实际上是对项目方案进行分析和比较，着重分析项目目标与手段之间的必然联系，分析时间、频率与项目目标的必要联系，这为减少项目决策失误提供了保证，并且大大改善了项目决策优化的结果。项目决策的好坏和优化程度取决于项目评估工作的有无与好坏。

（二）项目评估是提高罪犯劳动改造实效，实现改造科学化的关键

劳动项目评估所提供的各种信息与数据是罪犯劳动项目实施效果以及是否继续开展项目的依据。通过项目前评估去预见项目可能出现的情况与变化；通过项目跟踪评估去发现项目实施中的问题并及时纠错；通过项目后评估去找出项目决策中的问题并指导项目未来改革与实践。项目评估是促进项目管理和提高项目效益的基本手段和方法。特别是在项目实施过程中，通过项目跟踪评估可以及时地发现项目策划、实施、进度、成本和资源供应等方面的问题，进而采取措施纠正偏差，确保项目能够顺利完成。项目论证与评估是促进和提高项目管理的手段和方法。

▌二、罪犯劳动项目评估的分类

罪犯劳动项目评估是指在罪犯劳动项目决策和实施活动过程中所开展的一系列分析与评价的活动，包括对所策划的罪犯劳动项目的必要性、可行性以及运行条件等方面的全

面系统的分析与论证工作。罪犯劳动项目评估分为项目前评估、项目跟踪评估、项目后评估。

专栏 7-1　评估的四项属性①

> 评估的四项属性即实用性、可行性、正当性和准确性。这四项属性对于合理公正的评估是必要而且充分的。随着项目评估水平的提高，属性的标准化界定成为必然。
>
> 项目的实用性标准包括：干系人辨识、评估者资质、资料收集范围与筛选、价值解释、报告清晰度、适时报告与分发、评估影响。
>
> 可行性标准包括：程序可行性、政治可行性、成本效益可行性。
>
> 正当性标准包括：服务导向、正式协议、人权、人际互动、完整公平的评价、公开评估结果、利益冲突以及财务责任。
>
> 准确性评估包括：项目文档、环境分析、详细描述目的和过程、有说服力的信息来源、有效信息、可靠信息、系统化的资料、定量信息分析、质性材料分析、充分论证的结论、公正地报告、元评估。

（一）项目前评估

决策阶段的评估工作被称为项目前评估，它是在项目尚未实施之前对项目及其备选方案进行的综合论证与评估。罪犯劳动项目前评估的根本任务就是对罪犯劳动项目的必要性和可行性进行分析研究和评估。项目前评估的关键工作是对罪犯劳动项目的技术、运行、影响等方面进行全面的分析和研究。项目前评估的主要内容包括：

1. 罪犯劳动项目与监狱发展战略的关系评估

罪犯劳动项目是为监狱发展战略服务的，是为实现监狱的发展战略而创设的具体实施措施。因此，罪犯劳动项目前评估的首要任务就是要从整体上评估罪犯劳动项目与监狱发展战略在使命、宗旨、目标上是否保持一致。

2. 罪犯劳动项目的现实因素评估

罪犯劳动项目的运行有条件要求，只有在适当的条件下项目才可能顺利运行。在项目前评估阶段对罪犯劳动项目运行条件的评估包括当前社会政治、经济发展的主要态势的评估，市场、技术等条件是否具备，以及是否有利于罪犯改造需求等方面的评估，这些评估是罪犯劳动项目评估的重要内容。

3. 罪犯劳动项目的必要性研究

在罪犯劳动项目评估中要充分评估该项目实施的必要性，也就是该项目是否能够为既定的监狱战略目标服务，要实现监狱的战略目标是否一定要开展该罪犯劳动项目，是否有替代的项目，这方面的研究是决定项目是否进一步展开的前提条件。

---

① ［美］詹姆斯·桑德斯：《教育项目评估标准》，刘玲主翻译，北京大学出版社 2012 年版，第 7～8 页。

4. 罪犯劳动项目的可行性研究

在确认罪犯劳动项目必要性的研究后,还必须对项目的可行性进行深入研究。对罪犯劳动项目可行性的研究包括对项目各方面的专项可行性的研究,如采用的技术、实施的流程、项目时间量的设定乃至由谁来执行等方面的研究,也包括对罪犯劳动总体可行性的研究。

（二）项目跟踪评估

在罪犯劳动项目的实施阶段,为了不断认识和掌握罪犯劳动项目和项目实施情况,还必须开展项目跟踪评估。项目跟踪评估是对项目实施过程的评估,也就是根据项目策划中每一阶段的目标,去检验项目的发展状况及评估其发展趋势,项目跟踪评估是及时发现问题解决问题,确保项目顺利发展的必要评估。罪犯劳动项目的跟踪评估主要包括以下内容:

1. 罪犯劳动项目实施情况的评估

就是对照先前策划的罪犯劳动项目方案对罪犯劳动项目的实施情况进行评估,是否按照先前设计的阶段性流程进行,是否能够达到阶段性的目标,在罪犯劳动项目实施过程中的效果如何等。这种跟踪评估的关键是根据罪犯劳动项目实施情况和由此带来的项目变化情况,以及实施项目的条件变化情况和对项目未来发展趋势的影响情况的分析,这一评估的主要目的是分析和确认罪犯劳动项目的实际情况,并把它作为项目跟踪评估的基础数据和出发点。

2. 罪犯劳动项目必要性和可行性的跟踪评估。罪犯劳动项目必要性和可行性跟踪评估的关键是根据对罪犯劳动项目的实施情况和由此带来的项目变化情况,以及实施项目的条件变化情况和对项目未来发展趋势的影响情况的分析,对项目的必要性和可行性作进一步的评估,从而确认在新情况下该项目是否仍有必要进行下去。

（三）项目后评估

项目后评估是项目实施完毕后作出的评估。对罪犯劳动项目的后评估既是对该罪犯劳动项目本身情况的评估,也是对该项目前期评估和跟踪评估两项工作的评估。该项评估的目的就是总结经验教训和修订未来项目决策的指标标准,为进一步策划和完善罪犯劳动项目服务。

专栏 7-2　PDCA 循环[①]

PDCA 循环是美国质量管理专家沃特·阿曼德·休哈特（Walter A. Shewhart）首先提出的,由戴明采纳、宣传,获得普及,所以又称戴明环。全面质量管理的思想基础和方法依据就是 PDCA 循环。PDCA 循环的含义是将质量管理分为四个阶段,即计划（plan）、执行（do）、检查（check）和处理（act）。在质量管理活动中,要求把各项工作按照作出计划、计划实施、检查实施效果,然后将成功的纳入标准,不成功的留待下一循环去解决。

---

① 《PDCA 循环》,https://baike.baidu.com/item/PDCA 循环/5091521,最后访问日期:2022 年 12 月 23 日。

研究与思考

1. 罪犯劳动项目的类型有哪些？

2. 简述罪犯劳动项目的选择要求。

3. 如何策划罪犯矫正性劳动项目？

4. 罪犯劳动项目评估的分类有哪些？项目评估的关键环节是什么？

第八章　罪犯劳动的组织与管理

重点提示

1. 对罪犯劳动的组织与管理是确保罪犯劳动顺利进行的前提,是罪犯劳动改造效率提升的重要保证。

2. 罪犯劳动组织与管理的现实意义在于:保证罪犯劳动的顺利进行,保证罪犯劳动改造目标的顺利实现,确保监狱企业的良性运转。

3. 罪犯劳动组织与管理的原则包括:依法实施的原则,人道主义原则,劳动改造与思想教育相结合原则,区别对待原则。

4. 罪犯劳动组织与管理的要求:讲究科学,注重安全,直接管理。

5. 罪犯劳动组织设置的要求:有利于监管改造工作顺利进行,符合生产的要求。

6. 我国监狱罪犯劳动组织的形式是根据改造罪犯的需要,按各监狱的生产条件、生产项目来确定,目前主要的劳动组织形式为生产班组和作业组。

7. "7S"管理:整理(seiri)、整顿(seiton)、清扫(seiso)、清洁(seiketsu)、素养(shitsuke)、节约(save)、安全(safety)。

8. 罪犯劳动的出收工管理,是罪犯劳动管理的重要组成部分,是罪犯管理质量提升,实现安全防范的一个重要环节;罪犯出收工管理应注意出工前规范、行进规范、收工规范。

9. 目前我国监狱罪犯生产劳动的组织结构基本采用监狱、监区和分监区三级组织结构类型。

10. 定置考核的基本指标是定置率,它表明生产现场中必须定置的物品已经实现定置的程度。

11. 依照严格控制、严格管理、适时检查、全程监督、责任到人、综合治理的原则,把劳动工具管住管好。

12. 劳动工具的"四定"管理,即定量、定人、定位、定范围。

13. 劳动工具管理实行监狱、监区、分监区三级盘点检查制度:分监区每日检查盘点,监区每周检查盘点,监狱每月检查盘点。

14. 劳动工具管理具有智能化管理趋势。

15. 对监狱罪犯生产流水线管理必须把握以下几个关键环节:编制工序方案,工序定员,流水线生产均衡检验,工序再调整阶段。

16. 到2030年,监所安全管理水平全面提升,安全生产保障能力显著增强,监所基本实现本质安全。

17. 罪犯劳动安全管理的重要性是监狱和谐稳定的重要保证,是罪犯改造的前提和基础,是罪犯权益实现的要求和体现。

18. 罪犯劳动安全管理的方针,即"安全第一、预防为主、综合治理"。

19. 生产劳动中造成的不安全事故往往是由人的不安全行为、物的不安全状态和管理上的缺陷造成的。

20. 海因里希法则揭示了预防事故发生的重要途径,即预防重大事故需要从一般事故、事件入手,只有日常的事故、事件得到控制或者消除,才能避免或预防严重事故。

罪犯劳动是我国传统改造罪犯的三大手段之一,是培养罪犯正确的劳动观念、养成劳动习惯、学会生产技能并为释放后就业创造条件的活动,是监狱与社会连接最为紧密的环节。对罪犯劳动的组织与管理是确保罪犯劳动顺利进行的前提,是罪犯劳动改造效率提升的重要保证。

第一节　罪犯劳动组织管理的原则与要求

罪犯劳动的组织管理是指监狱运用法律、科学的组织管理思想、方法和手段对罪犯劳动的各种要素进行合理配置和优化组合,确保罪犯劳动按照预定目标,实现优质、高效、低耗、均衡、安全、文明生产的组织管理活动。

一、罪犯劳动组织管理的现实意义

罪犯劳动组织与管理是以罪犯劳动为研究对象,通过有效组织与管理罪犯,充分调动罪犯参与劳动的积极性和主动性,从而促进罪犯劳动顺利发展的过程,做好罪犯劳动的组织与管理工作具有重要的战略意义。

（一）保证罪犯劳动的顺利进行

通常情况,罪犯劳动是众多罪犯集中在监狱进行的集体生产劳动,需要罪犯之间的相互配合与协作。通过对罪犯劳动进行管理,从劳动时间、劳动纪律、劳动流程等方面对罪犯劳动加以规范,同时通过技术评定,根据罪犯的劳动能力进行岗位分工及定员定岗,安排生产任务,开展技术培训等,保证罪犯在劳动任务明晰、工作流程规范、劳动纪律严明、劳动考核规范的前提下开展工作,从而确保罪犯劳动有序进行。

（二）保证罪犯劳动改造目标的顺利实现

监狱组织罪犯劳动,终究是要改造其劳动恶习,养成劳动习惯,学会生产技能,遵守劳动纪律,为出狱后回归社会奠定基础。通过制定科学有效的劳动管理措施,为罪犯劳动提供科学精准的制度,调动罪犯参与劳动的积极性和主动性,确保罪犯劳动改造目标的实现。

（三）确保监狱企业的良性运转

作为特殊的企业，监狱企业承担着为罪犯劳动提供劳动岗位的职责。通过劳动管理，一方面提高了罪犯的劳动能力和劳动效率，从而提高罪犯劳动质量，提升监狱企业的竞争力，保障监狱企业的良性运转。另一方面，通过劳动中的激励措施，有效地调动罪犯劳动的积极性，从被迫劳动向主动劳动转变。

二、罪犯劳动组织管理的原则

《辞海》将原则解释为"观察问题、处理问题的准绳"。原则是"从自然界和历史规律中抽象出来的"，罪犯劳动的组织与管理原则，是在开展罪犯劳动的过程中必须遵循的准则。

（一）依法实施的原则

1. 依法实施原则的含义

所谓依法实施，就是依法组织和管理罪犯劳动。监狱民警在组织与管理罪犯劳动的过程中，应严格依照《监狱法》以及与罪犯改造有关的法律法规来管理罪犯劳动的各项工作，保障依法行使职权，实现罪犯劳动管理的法治化。

法治化是新形势下监狱工作的基本要求。罪犯劳动是严肃的执法活动，其一切活动包括罪犯劳动组织、劳动任务的安排、劳动现场的布置、劳动的时间、劳动保护、劳动报酬等方面都必须严格依照法律规定，在法律框架内开展实施。

2. 贯彻依法实施原则的基本要求

（1）掌握并执行有关劳动的法律法规

熟练掌握有关罪犯劳动的法律法规是处理好罪犯劳动过程中各种问题的基础。我国罪犯劳动工作涉及的法律法规很多，如《宪法》《刑法》《监狱法》等法律中规定了有关罪犯劳动方面的条款；《劳动法》等法律中规定了有关劳动者的权利与义务；国务院最高人民法院、最高人民检察院有关劳动改造罪犯的专门规定；全国人大常委会、人民检察院、公安部、司法部等国家机关发布的有关罪犯劳动的决议决定、指示、通知及司法解释等，还包括在罪犯劳动过程中涉及的诸如劳动管理、劳动保护、教育、保险、医疗卫生等有关法律法规。此外，《纳尔逊·曼德拉规则》规则96至规则103"工作"篇中对罪犯劳动作了规定。这些法律法规为监狱组织和管理罪犯劳动提供了法律依据。作为监狱民警，必须熟悉和掌握这些法律法规，提高监狱民警的执法意识，做到有法可依，处置好罪犯劳动过程中的各种问题，为罪犯劳动改造的法治化、规范化奠定基础。

（2）对罪犯劳动活动进行法律监督

我国《监狱法》第6条规定："人民检察院对监狱执行刑罚的活动是否合法，依法实行监督。"因此，罪犯劳动作为监狱执行刑罚的重要活动，必须依法接受人民检察院的法律监督。罪犯劳动过程中一些重大问题的讨论和实施都应该自觉接受驻监检察人员的监督，必要时还可邀请检察人员到场监督指导，检察人员对罪犯劳动中的一些违反法律法规的行为应及时提出监督意见，以便问题及早解决。在完善外部监督机制的同时，监狱也应建立相应的内部监督制度。监狱内部的纪检监察机关应切实发挥作用,建立完善的规章制度和预警机制,保证对存在问题能够及时发现,及时处理。同时应积极向罪犯宣传和普及罪犯劳动的相关法律知识,让罪犯认识到劳动的法律性质,了解其在生产劳动过程中应当享有的合法权利和义务。

(3)完善罪犯劳动相关法律法规

罪犯劳动相关法律规定的完善是组织好罪犯劳动的前提和保障。在实践过程中,应完善罪犯劳动的相关法律,目前我国在罪犯劳动保障和工伤处理方面还存在不足,劳动报酬也处于低报酬状态。罪犯是特殊的公民,除受监禁条件限制外,法律没有剥夺的权利理应享有,加快相关法律法规建设,构建一个有利于罪犯改造的外部环境,是罪犯劳动依法实施的重要保障。

(二)人道主义原则

1.人道主义原则的含义

人道主义起源于欧洲文艺复兴时期的一种思想体系,提倡关怀人、爱护人、尊重人,是一种以人为本、以人为中心的世界观。在罪犯劳动实践中,应正确处理好人道主义与强制劳动的辩证关系,切实尊重罪犯的人格,保障其在劳动过程中的合法权益。在劳动中,提供必要的劳动保护,保障其生命健康,以体现人道主义精神。

2.贯彻人道主义原则的具体要求

(1)正确处理好人道主义与强制劳动的辩证关系

人道主义与强制劳动是一种辩证关系。一方面,罪犯劳动是建立在依法强制基础之上的,除了对丧失劳动能力的罪犯按照人道主义原则可以不参加劳动外,所有有劳动能力的罪犯都必须无条件参加劳动,以体现罪犯劳动作为监狱行刑活动的强制性。对罪犯实施人道主义必须以强制劳动为前提,不能搞宽大无边。另一方面,我国对罪犯的强制劳动又是包容于人道主义的行刑活动中。罪犯劳动不是要单纯制裁和惩罚罪犯,更不是一种劳役,其主要目的是挽救和改造罪犯,因此,在强制劳动的前提下,应把人道主义贯穿于罪犯劳动始终,真正体现宽严相济的刑事政策,强制劳动与人道主义相结合。

(2)尊重罪犯人格

罪犯是犯了罪的公民,所以必须尊重罪犯人格。应尊重罪犯在劳动中的各项合法权利,如生产建议权、革新发明权、休息权、劳动报酬权等。对罪犯在劳动中提出的合理要求应重视,并给以尊重。在罪犯劳动中,决不允许用劳动来虐待罪犯,对罪犯要一视同仁,不允许由于对某个罪犯抱有成见或不满而用劳动来报复罪犯。

(3)合理安排劳动时间与强度

监狱应合理安排罪犯的劳动时间,因季节性生产或者其他生产需要必须加班的,可以调整劳动时间,但过后应保证罪犯必要的休息时间。同时,对罪犯的劳动应制定科学的劳动定额标准,既避免定额不足、劳动低效,又要防止劳动定额过大,损害罪犯身体健康的超体力劳动。

(4)做好罪犯劳动保护工作

监狱应大力加强对罪犯的劳动保护工作,建立健全各种安全生产制度,严格按操作规程办事。对罪犯进行经常性的技术培训、岗位练兵和安全教育,设立专门机构和人员,定期对生产安全进行监督检查,杜绝各种特重大安全生产事故的发生。监狱应高度重视罪犯的劳动卫生,对接触有毒有害物质的工种及行业的罪犯采取有效的劳动保护措施,并定期进行身体检查,防止职业病的发生,对粉尘、有害气体污水、噪声等加大治理力度,切实保障罪犯的人身安全和劳动改造工作的顺利进行。

专栏 8-1　宽严相济刑事政策[①]

宽严相济刑事政策是我国的基本刑事政策,贯穿于刑事立法、刑事司法和刑罚执行的全过程,是惩办与宽大相结合政策在新时期的继承、发展和完善,是司法机关惩罚犯罪,预防犯罪,保护人民,保障人权,正确实施国家法律的指南。它对于最大限度地预防和减少犯罪、化解社会矛盾、维护社会和谐稳定,具有特别重要的意义。

贯彻宽严相济刑事政策的总体要求:

1. 贯彻宽严相济刑事政策,应根据犯罪的具体情况,实行区别对待,做到该宽则宽,当严则严,宽严相济,罚当其罪,打击和孤立极少数,教育、感化和挽救大多数,最大限度地减少社会对立面,促进社会和谐稳定,维护国家长治久安。

2. 应正确把握宽与严的关系,切实做到宽严并用。既注意克服重刑主义思想影响,防止片面从严,也避免受轻刑化思想影响,一味从宽。

3. 贯彻宽严相济刑事政策,必须坚持严格依法办案,切实贯彻落实罪刑法定原则、罪刑相适应原则和法律面前人人平等原则,依照法律规定准确定罪量刑。从宽和从严都必须依照法律规定进行,做到宽严有据,罚当其罪。

4. 应根据经济社会的发展和治安形势的变化,尤其根据犯罪情况的变化,在法律规定的范围内,适时调整从宽和从严的对象、范围和力度。全面、客观把握不同时期不同地区的经济社会状况和社会治安形势,充分考虑人民群众的安全感以及惩治犯罪的实际需要,注重从严打击严重危害国家安全、社会治安和人民群众利益的犯罪。对于犯罪性质尚不严重,情节较轻和社会危害性较小的犯罪,以及被告人认罪、悔罪,从宽处罚更有利于社会和谐稳定的,依法可以从宽处理。

5. 贯彻宽严相济刑事政策,必须严格依法进行,维护法律的统一和权威,确保良好的法律效果。同时,必须充分考虑案件的处理是否有利于赢得广大人民群众的支持和社会稳定,是否有利于瓦解犯罪、化解矛盾,是否有利于罪犯的教育改造和回归社会,是否有利于减少社会对抗,促进社会和谐,争取更好的社会效果。注意在裁判文书中充分说明裁判理由,尤其是从宽或从严的理由,促使被告人认罪服法,注重教育群众,实现案件裁判法律效果和社会效果的有机统一。

---

① 《最高人民法院印发〈关于贯彻宽严相济形势政策的若干意见〉的通知》,http://www.count.gov.cn/zixun-xiangqing-174.html,最后访问日期:2023 年 1 月 22 日。

（三）劳动改造与思想教育相结合原则

1. 劳动改造与思想教育相结合原则的含义

劳动改造与思想教育相结合的原则是指在罪犯劳动过程中应始终把劳动改造与对罪犯的思想教育有机结合起来，使二者达到相辅相成、相互提高的功效。劳动改造与思想教育相结合的原则是马克思主义关于实践和认识的辩证关系原理在罪犯劳动改造实践中的具体运用和发展。贯彻劳动改造与思想教育相结合原则的具体要求：

（1）二者紧密结合不可分割

劳动改造与思想教育相辅相成，互相促进，缺一不可。监狱在罪犯劳动组织和管理的过程中，应将罪犯劳动改造和罪犯思想教育有机地结合起来。一方面，思想教育是为劳动改造服务的，在劳动过程中开展思想教育能够帮助罪犯转变劳动观念，树立法律、纪律观念，珍惜劳动成果，形成尊重他人劳动的观念，在劳动中形成和谐的人际交往。另一方面，罪犯劳动改造也为思想教育提供载体，罪犯劳动改造的效果直接反映了罪犯思想教育的效果。

（2）协同配合

罪犯劳动改造与罪犯思想教育在监狱工作中分属两个不同部门管理，各有自己的具体任务和指标要求，如果缺乏协同配合，很容易造成在罪犯改造过程中各自为政、各司其职的局面。在监狱工作中劳动改造与罪犯思想教育必须相互配合，分工不分家，并用责任制度加以规范。应定期召开管教、生产联席会议，互通情况，共同切磋，互相配合，一线负责生产的民警不仅需要管理生产的能力，还必须具备思想教育的能力，把劳动生产与思想教育有机结合起来，针对罪犯劳动过程中出现的问题，及时开展思想教育工作；负责管教的民警也应经常深入罪犯劳动现场去进行教育，注意收集罪犯在劳动中出现的普遍性问题，开展针对性的劳动教育活动。

（四）区别对待原则

1. 区别对待原则的含义

区别对待原则要求在组织和管理罪犯劳动中要针对罪犯个体或群体差异性采取不同的处理措施和管理办法。区别对待原则是我国监狱区别对待政策在罪犯劳动工作中的具体运用，也是党实事求是，一切从实际出发的思想路线在罪犯劳动中的运用和发展。

2. 贯彻区别对待原则的具体要求

（1）从罪犯的实际情况出发，区别对待

监狱组织罪犯开展劳动，既应面向全体罪犯，又应根据罪犯的不同特点，充分考虑罪犯的年龄、技能、身体状况等因素，合理安排劳动任务：一是尽可能发挥罪犯原有的技能和特长，使罪犯劳动积极性更高，有助于促进改造；二是充分考虑罪犯原有的劳动习惯和身体素质情况，对罪犯区别对待，使其劳动由轻到重、由简到繁，逐步适应，循序渐进，有利于罪犯劳动改造的顺利进行；三是考虑罪犯的犯罪性质、劳动恶习以及改造表现，设计科学的矫正性劳动项目。

（2）立足罪犯再社会化

罪犯终究是要回归社会的，监狱组织罪犯劳动，应区别罪犯的具体情况，对那些学历低、生产技能缺乏、好逸恶劳的罪犯不仅通过劳动转变其劳动态度，矫正其劳动恶习，还培训其劳动技能，使其回归社会以后，有一技之长，能够在社会上立足生存。因此，罪犯的劳动改造必须和社会生活实践紧密结合起来，将那些有利罪犯回归后能够靠此谋生，自食其力的生产性劳动项目引入罪犯的劳动改造实践中。只有如此，罪犯才能体会到劳动的有效性和重要性，激发其劳动的兴趣，使罪犯劳动改造发挥应有的作用。

二、罪犯劳动组织与管理的要求

（一）讲究科学

罪犯劳动组织与管理要讲究科学，罪犯劳动应以罪犯劳动目标的实现为目的，运用一切已为人类社会实践所证明的科学理论、思想、方法等对罪犯劳动进行组织与管理，包括制定科学合理的劳动定额、采用标准化工具和操作方法、对罪犯的技术培训、劳动的考核与激励制度建设等方面。罪犯劳动组织与管理的科学性要求，是罪犯劳动目标实现的前提，是罪犯劳动管理工作的根本要求。

（二）注重安全

罪犯劳动的组织与管理的安全，是监狱安全的重要组成部分。确保罪犯劳动的安全与良好秩序，是监狱在组织与管理罪犯劳动时的首要要求。罪犯劳动管理应确保罪犯在劳动现场严格遵守监狱各项规章制度，避免发生脱逃、斗殴等影响劳动秩序和人身安全等事件；确保罪犯严格遵守劳动纪律和操作规程，消除安全隐患，确保罪犯劳动的顺利进行。

（三）直接管理

直接管理要求监狱在组织罪犯劳动时，一切活动必须由民警直接组织实施，民警亲临劳动现场管理罪犯劳动，包括亲自组织罪犯出收工、清点人数、分配劳动任务、检查生产进度及质量，对罪犯劳动进行跟踪考核等。通过直接管理，民警可以对罪犯劳动状况有更加直观的了解，对罪犯劳动中出现的问题能够及时把握并针对性地开展教育工作。为了严格规范民警执法管理，有些监狱建立了罪犯劳动过程民警直接管理职责清单，规范民警执法空间和执法流程，严格制度底线和执法红线，确保罪犯劳动组织与管理工作真正落实到位。

第二节　罪犯劳动组织结构及其形式

罪犯劳动组织是"按照劳动改造罪犯的目的和任务建立起来的合理组织和使用罪犯劳动力，使之在改造和生产活动中能相互协调，从而充分发挥劳动改造功能，不断提高劳动生产率的罪犯劳动体系,即罪犯劳动的基层组合单位"①。

一、罪犯劳动组织设置的要求

罪犯劳动组织的任务是正确处理和协调生产过程中人与人、人与物之间的关系,有效地发挥每个组织成员的才智,充分发挥组织系统的力量,充分有效地利用劳动时间和生产设备;根据生产的需要科学地规划,合理组织和使用罪犯劳动力,使之在生产经营活动中能相互协调;做好劳动保护工作,调动罪犯的劳动积极性,提高劳动生产效率,从而达到组织罪犯劳动的整体目标。罪犯劳动组织是罪犯从事生产劳动和改造的群体单位,必须按照监管改造和生产的要求科学合理地设置。

（一）有利于罪犯的改造

1. 有利于监管安全。保证监管安全是监狱的一项重要工作,是监狱正常运作的基础。罪犯劳动组织的设置应有利于监狱民警对罪犯劳动的组织管理和控制,防止罪犯劳动中重大监管安全事故的发生,为罪犯劳动改造营造安全氛围。

2. 有利于分管、分押。监狱根据对罪犯教育改造的需要,对罪犯实行分管、分押,监狱设置罪犯劳动组织应符合分管、分押的要求,认真分析每个罪犯的特点,科学构建罪犯劳动组织。

3. 有利于教育改造罪犯。《纳尔逊·曼德拉规则》规则99第1条规定:"监狱内工作的组织与方法应尽量接近监狱外类似工作的组织和方法,使因犯对正常职业生活情况有所准备。"组织罪犯劳动的主要目的是改造罪犯,设置罪犯劳动组织应有利于这一目的的实现。在罪犯劳动组织内,应便于组织罪犯学习、劳动和接受教育,为罪犯的改造创造一个较好的环境。

（二）符合监狱生产的要求

1. 有利于发挥罪犯的专长。设置罪犯劳动组织,应按照生产的要求、按罪犯的技术专长来进行,使罪犯在一个相互协作的群体里,在较熟悉的岗位上参加劳动,以充分调动其劳动积极性。

2. 有利于提高劳动效率。罪犯劳动组织的设置应在充分发挥每个罪犯技术专长的前提下,使组织内的每个罪犯都有充足的工作量、充分发挥人力及设备的生产效力,提高监狱的生产效益。

二、罪犯劳动组织形式与管理

（一）罪犯劳动组织形式

我国监狱罪犯劳动组织的形式是根据改造罪犯的需要,按各监狱的生产条件、生产项目来确定的。目前主要的劳动组织形式有两种。

---

① 周雨臣:《罪犯劳动组织与管理》,中国政法大学出版社2016年版,第111页。

1. 生产班组

罪犯生产班组是在劳动分工与协作的基础上，为完成某项劳动任务，由一定数量的罪犯组织起来的劳动集体。监狱以有利于改造罪犯并完成生产任务为目的，根据各工种的特点及对罪犯劳动力素质的要求，把罪犯劳动力恰当地组成若干生产班组，正常地开展劳动。这是监狱最基本的生产集体，是确定劳动定额，进行质量管理的基础。

（1）罪犯生产班组形式的优势

第一，便于罪犯相互学习、掌握技术。罪犯生产班组是罪犯劳动、学习、互相监督制约的群体，也是组织罪犯劳动最基层的组合形式。通常按工艺专业化和产品专业化的形式建立，按工艺专业化组建的生产班组，便于罪犯相互学习、掌握技术，也便于进行技术指导，易于评定罪犯掌握劳动技能的程度。按产品专业化组建的生产班组，有利于同生产班组罪犯协作配合，树立相互帮助的集体主义的优良作风。

第二，有利于调动罪犯的劳动积极性。生产班组是基本的生产集体，是下达生产任务，考核任务完成情况和生产效益的基本生产单位。监狱不论规模大小、生产产品的种类，生产任务由生产班组来承担，生产效果的好坏由生产班组来体现，劳动竞赛和考核、评比以生产班组为基本单位。生产班组的建立有利于组织罪犯进行考核、评比、参加劳动竞赛，从而调动罪犯的劳动积极性。

第三，有利于对罪犯的严格管理。严密的劳动组织是严格管理的基础。只有按照一定的原则，将每个罪犯都纳入具体的生产班组中，通过在生产班组内产生生产班组组长，建立起相应的管理制度，才能对罪犯实施严密的监管和严格的劳动管理。

（2）罪犯生产班组建立的要求

罪犯生产班组的建立必须充分发挥每个罪犯的特点，尽量使罪犯担负的劳动任务适合其自身的优势，充分调动其积极性；使每个罪犯有满负荷的工作量，充分发挥人力、设备和时间效能；使每个罪犯都明确自己的任务和应负的责任；与分管、分押、分教相结合，使生产和改造相辅相成、相互促进。

2. 作业组

作业组是在生产班组内，在劳动分工的基础上，把为完成某项任务而相互协作的罪犯组织起来的劳动集体。作业组同生产班组基本上是一致的，但在某些情况下，一个生产班组内可能包括几个作业组。

（1）作业组的两种形式

第一，工艺专业化作业组和对象专业化作业组。按工种的构成不同，将作业组划分为工艺专业化作业组和对象专业化作业组两种，工艺专业化作业组是组合相同工种的罪犯建立的生产作业组；对象专业化作业组是根据产品或生产对象相同而建立的生产作业组。

第二，横班作业组和竖班作业组。按单班或多班的不同将作业组划分为横班作业组和竖班作业组两种。横班作业组的全体成员是在同一轮班内参加生产的，相互之间比较了解，共同关心本组的劳动成果，但是各轮班之间的联系协作不够密切，各班的劳动成果和生产责任也不易划清。竖班作业组是组合各轮班内罪犯而设立的生产作业组。竖班作业组的全体成员分多班进行生产，分别由组长和副组长领导各轮班内该组的工作。这种作业组的优点是可以加强各个轮班之间的协作配合,但由于全组成员分散在不同的班次劳动,相互之间不易了解,组长要掌握全组情况也比较困难。

(2)作业组的优点

作业组的设置有利于增强不同工种罪犯之间的配合和协作,增强罪犯的全局性和整体性观念和意识,培养罪犯的团队意识和集体意识,培养罪犯工作能力的复合性,增强工作安排与调动的弹性。

(3)作业组工作要求

第一,作业组的人数要求。一般来说,主要生产作业组一般不得少于 6 人,一般生产作业组和辅助性生产作业组一般不少于 10 人,服务性作业组可再大一些。第二,作业组组建应做到四忌,即忌繁杂、忌重叠、忌多层次、忌职能不清。

(二)罪犯生产班组管理

生产班组是罪犯劳动中的最基层组织,生产班组的建设与管理成效,对罪犯劳动目标的实现具有重要影响。

1. 生产班组管理的内容

生产班组管理作为企业生产管理最基础的管理,就是输入生产要素,通过生产过程输出产品,并在生产过程中不停地进行信息反馈,不断改进,采用最经济、最合理、最有效的工作程序和操作方法,使生产规范化。生产班组管理的内容包括:

(1)技术管理。开展罪犯劳动技术教育培训及考核,按岗培训、按需培训、专项培训,老带新、结对子培训,常态化组织专门的技术培训课,开展技术考核、技能比赛,有专门的技术档案资料,开展技术等级考核评定,并落实不同等级罪犯不同的处遇。

(2)质量管理。质量管理是提高罪犯劳动管理水平的重要内容,在班组管理中必须形成制度,常抓不懈,努力提高罪犯的质量意识。应有较完善的质量控制系统,落实产前、产中、产后各过程的质量控制监督。抓好质量责任制,落实质量考核,组织全面的、完整的、全体罪犯参加的质量管理活动。

(3)材料管理。按监狱生产计划,制订罪犯劳动的用料计划,提前做好准备工作;严格执行罪犯劳动中物资消耗定额管理,定期分析罪犯劳动中原辅材料消耗的升降原因,努力降低消耗,降低成本,不断提高罪犯的成本意识;严格执行材料管理制度,做好材料的验收、保管等工作,做到账物一致。

(4)设备管理。在班组管理中严格执行设备使用管理规定,设备管理做到无漏电、无漏油、无漏水,清洁卫生。平时各班组要做好日常保养,开工前提前做好需要设备准备,做好设备的维修、调拨、借用等工作,做到设备账物一致。

2. 生产班组管理的流程

为了规范生产班组日常管理活动,确保罪犯劳动指标按时、保质保量完成,对生产班组车间日常管理工作监狱通常按如下流程进行。

(1)班前会布置任务

班前会是生产班组长(分队长)组织本班组人员参加的一项常规会议,分队长根据之前生产情况对当天生产进行布置,明确工作标准及注意事项。

(2)生产进度与质量控制

按生产进度要求及生产工艺要求对阶段生产情况进行了解,重点是生产进度掌控以及罪犯劳动质量巡查,及时发现质量、进度、设备等方面出现的问题和异常,及时采取相应措施,纠正出现的错误,解决存在的问题。

(3)当日任务考核

下班前半小时或第二天开工前半小时,应对生产班组所有罪犯的劳动任务完成情况进行考核核对,每位参加劳动的罪犯都有当日生产记录卡,对当日任务,劳动质量,完成工时、数量等进行记录,罪犯核对无误后签名确认。

(4)班后清洁清扫

生产结束后要组织罪犯对生产责任区和生产班组责任区进行清洁清扫。确保符合"7S"管理要求。"7S"管理起源于日本,是指在生产现场对人员、机器、材料、方法、信息等生产要素进行有效管理的办法。这是日本企业的独特管理办法。因为涉及管理要素的几个词是日语外来词,在罗马文拼写中,第一个字母都为"S",所以日本人就称之为"XS",其中X表示多少个因素,最早为"5S"。近年来,随着人们对这一活动认识的不断深入,有人又添加了一些因素,分别称为"6S""7S""8S""9S"。目前监狱系统通常执行"7S"管理要求。

"7S"管理是现场管理的七个要素:

第一,整理(seiri),即要与不要,一留一弃。将生产现场各类物品进行清理,把要与不要的物品区分清楚,无用的物品妥善处理。整理是改善生产现场的第一步,如清除生产现场没用的包装纸箱和无用的原辅材料。其目的是使生产现场无杂物,改善和增加作业面积,防止因物品混放差错造成事故。

第二,整顿(seiton),即科学布局,取用快捷。把经过整理的必要品合理布置,定品、定位、定量摆放并做好标识,如合格品、返工品分类放置,并标识。其目的是生产现场各类物品摆放整齐,使工作场所一目了然,减少寻找物品的时间和消除过多积压物品,让物品的使用、管理便捷,提高工作效率。

第三,清扫(seiso),即清扫垃圾,美化环境。随时清扫,保证工作环境和设备的洁净。其目的是营造洁净的生产现场环境,使设备处于良好的状态,为罪犯劳动营造良好的工作氛围,保证产品的质量。

第四,清洁(seiketsu),即洁净环境,贯彻到底。反复不断地坚持整理、整顿、清扫工作,并成为一种制度和习惯。维护整理、整顿、清扫的成果,保持劳动现场物品洁净,同时保持罪犯衣着整洁。其目的是减少不必要的重复劳动,养成随时自觉保持、维护清洁的习惯。

第五,素养(shitsuke),即形成制度,养成习惯。对于规定了的事情,要求罪犯都要按要求去执行,养成遵规守纪的习惯和立足岗位、自我改善的意识,提高罪犯自身素质。其目的是逐步实现罪犯在劳动现场管理的主导地位,实施自我管理,培养主动、积极向上、相互合作精神。

第六,节约(save),即节能降耗,提高工效。对时间、空间、能源等方面合理利用,以发挥它们的最大效能,从而创造一个高效率的、物尽其用的工作场所。始终让罪犯保持三个观念:能用的东西尽可能利用;以主人翁的心态对待监狱企业的资源;切勿随意丢弃,丢弃前要思考该资源的其他使用价值。合理利用原材料,节能降耗,落实岗位成本指标,降低工时,提高劳动效率。其目的是提高罪犯对整理、整顿和生产过程中的成本意识,从点滴做好增产节约。

第七,安全(safety),即生产安全,人身、财产安全。维护人身与财产不受侵害,以创造一个零故障、无意外事故发生的劳动场所。做好罪犯安全教育,注重生产过程中的职业卫生安全,生产现场安全管理,重视预防抓好劳动安全管理,改善工作环境。其目的是减少生产过程中各种人身和设备事故的发生,保证罪犯的身心健康和监狱企业的财产安全。

(5)班后安全检查

班后检查是监管安全的必然要求和重要环节。生产结束后生产班组长应对消防器材、设备、水电、门窗、物料等安全情况进行检查,保证其正常使用,确保劳动场所的安全,不留死角。

三、罪犯劳动组织结构

罪犯劳动组织结构是指监狱为实现其组织罪犯劳动目标,用来确定工作任务的分解、组织与协调,职务范围以及权责关系的结构体系。组织结构指罪犯劳动的组织结构属性,由正规化、集权度、专业性三个要素构成,具体体现在罪犯劳动组织架构是否健全、制度能否得到贯彻执行、权力集中和民警参与决策的程度等方面。监狱罪犯劳动组织机构的设置受到国家法律、法规、政策,监狱生产力水平,生产经营管理水平,生产规模和生产专业化程度等多种因素的影响。目前我国监狱罪犯生产劳动的组织结构基本采用监狱、监区和分监区三级组织结构类型。

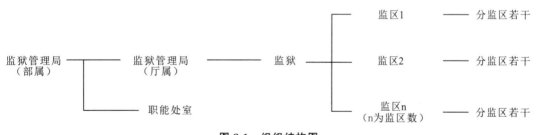

图 8-1　组织结构图

（一）监狱

监狱劳动组织机构由正副监狱长及各职能科室组成。监狱长全面领导罪犯劳动管理工作,分管罪犯劳动的副监狱长领导罪犯劳动管理工作各职能科室,具体包括生产管理科、生产经营科等科室,根据各省监狱管理局下发的年度生产计划制定各监区生产任务,制定罪犯劳动有关规章制度,保证监狱罪犯劳动各项任务的完成,实现罪犯劳动过程的良性循环;做好监狱各监区安全生产监督和检查工作,落实安全生产责任,确保安全生产工作的有效进行。负责对各监区劳动任务的检查和指导工作;落实监狱生产的技术革新;严格执行财经纪律和财务制度,确保监狱国有资产的保值增值。

（二）监区

监区级劳动组织管理机构由监区长全面负责。根据监狱下达的罪犯生产计划,编制本监区罪犯劳动的中、长期规划和年度计划,细化和分解劳动任务并分配到各分监区。指导和管理各分监区、落实产品质量考核指标。对各分监区罪犯劳动任务完成情况进行定期检查、指导和督促,并做好监狱劳动任务完成情况的汇总和上报工作。检查和落实分监区安全生产,对分监区罪犯劳动中出现的较大问题,及时协调,帮助解决,确保分监区罪犯劳动任务按计划完成。

（三）分 监 区

分监区级劳动组织管理机构由分监区长全面负责,根据监区下达的劳动任务,分解到各班组,组织罪犯开展劳动,保持正常的劳动秩序。按时考核罪犯劳动情况,做到日考核、月总结、季评比,定期进行奖惩兑现。在罪犯劳动过程中,有计划地训练罪犯的劳动技能,努力提高罪犯的技术水平和劳动生产率,抓好罪犯劳动的日常安全管理工作,及时发现和解决罪犯劳动生产中存在的问题,消除安全隐患,确保罪犯劳动的顺利进行。

专栏 8-2　企业组织结构类型优缺点比对[①]

企业组织结构的发展与更替,大体有以下几种类型,每种组织结构各有利弊。目前监狱组织结构主要属于直线—职能组织结构。

组织结构类型	组织结构的优点	组织结构的缺陷	适用企业类型
直线结构	1.命令统一 2.权责明确 3.组织稳定	1.缺乏横向联系 2.权力过于集中 3.对变化反应慢	小型组织 简单环境
职能结构	1.高专业化管理 2.轻度分权管理 3.培养选拔人才	1.多头领导 2.权责不明	专业化组织

① 《企业组织结构》,https://baike.baidu.com/item/%E4%BC%81%E4%B8%9A%E7%BB%84%E7%BB%87%E7%BB%93%E6%9E%84/1049181,最后访问日期:2023 年 1 月 22 日。

组织结构类型	组织结构的优点	组织结构的缺陷	适用企业类型
直线—职能结构	1.命令统一 2.权责明确 3.分工清楚 4.稳定性高 5.积极参谋	1.缺乏部门间交流 2.直线与参谋冲突 3.系统缺乏灵敏度	大中型组织
事业部结构	1.有利于回避风险 2.有利于锻炼人才 3.有利于内部竞争 4.有利于加强控制 5.有利于专业管理	1.需要大量管理人员 2.企业内部缺乏沟通 3.资源利用效率较低	大中型、特大型组织
分权结构	1.权责一致 2.自我管理 3.中度分权	1.分权不彻底 2.沟通效率低 3.素质要求高	高度规模集中型组织
矩阵结构	1.密切配合 2.反应灵敏 3.节约资源 4.高效工作	1.双重性领导 2.素质要求高 3.组织不稳定	协作性组织 复杂性组织

第三节　罪犯劳动现场管理

罪犯劳动现场管理指"监狱根据国家的法律法规,对罪犯劳动现场的具体组织过程,即对罪犯劳动的整个过程和环节进行有效的组织、部署、协调、监督和控制的过程"①。罪犯劳动现场管理是监狱管理的重要组成部分,其管理水平直接影响罪犯劳动的效益,影响监狱的安全与稳定。优化罪犯劳动现场管理,是监狱管理实现整体优化的前提和基础。罪犯劳动现场管理主要包括罪犯劳动出收工管理、定置管理、劳动工具管理、生产流水线管理等内容。

一、罪犯劳动出收工管理

罪犯劳动出收工管理,是罪犯劳动管理的重要组成部分。根据司法部《监管改造环境规范》(1990 年 11 月 6 日司法部令第 11 号)第 15 条规定"罪犯生活区应与生产区分割封闭"的要求,罪犯劳动出收工过程的管理是罪犯管理质量提升,安全防范的一个重要环节。

---

① 周雨臣主编:《罪犯劳动组织与管理》,中国政法大学出版社 2016 年版,第 173 页。

（一）出收工管理的必要性

1. 监管安全的要求

根据刑罚执行制度中对罪犯生活区域和劳动区域相分离的要求,罪犯在生活区与劳动区之间存在一段距离,在这段距离之间罪犯位置分散、人员混杂、活动范围较大,同时由于生产场所中各种工具、生产资料都可能成为罪犯脱逃、违规违纪甚至重新犯罪的工具,这些均存在监管安全隐患,加强对罪犯出收工管理,有利于消除安全隐患,维护监管安全。

2. 罪犯劳动改造的要求

对于罪犯而言,监狱的每一个环节都具有改造的意蕴。罪犯劳动出收工管理有利于强化罪犯的纪律行为养成教育。尤其是在出收工管理中针对罪犯劳动任务、劳动情况开展的队前讲评有利于规范其行为,引导其逐渐养成良好的行为习惯,是罪犯劳动管理不可忽视的一个重要环节。

（二）出收工管理要求

1. 规范管理

罪犯出收工管理的规范性是监狱管理工作的内在要求。规范此项管理,旨在保障监狱的安全与秩序,促进罪犯形成纪律和团队协作意识,进而提升其改造效果和生产效率,推动规范执法。为此,监狱应根据出收工每一环节的具体特点,从安全和改造的双重视角出发,优化出收工流程,并详细规定集合、整队、搜身、讲评等各个环节。监狱民警应对此给予高度重视,明确管理的具体要求和重点环节,确保严格按要求执行,以实现罪犯出工、行进和收工的全面规范。

2. 直接管理

在出收工管理中,应强调监狱民警的直接管理。这意味着罪犯的出收工必须由监狱民警亲自带领,由值班民警主导,其他民警协同完成。在出收工前的集合过程中,民警应保持高度警觉,特别注意观察罪犯的神态、表情、衣着及动作,对表现异常的罪犯应及时查明原因并采取相应措施,必要时可暂停其出收工。同时,行进过程中,值班民警与其他民警应配合默契、站位得当,确保整个队伍的安全。

3. 科学考核

出收工不仅是罪犯劳动现场管理的重要环节,也是罪犯劳动考核中的关键部分。监区应加大对此环节的考核力度,将罪犯在出收工过程中的行为纳入劳动考评体系。监狱方面应整合各方资源,如机关、基层、警务督察等,完善相关的考核制度,对监区、分监区的出收工情况进行全面的检查与考评,并定期通报。此外,应将考评结果纳入单位的监管改造考评体系,确保奖惩措施的及时兑现,从而深化民警对出收工环节重要性的认识,提升其管理水平,推动整个罪犯劳动出收工管理工作的规范进行。

二、定置管理

定置管理是对罪犯劳动现场中的人、物、场所三者之间的关系进行科学分析研究,使之达到最佳结合状态的一种科学管理方法。其以物在场所的科学定置为前提,以完整的信息系统为媒介,以实现人和物的有效结合为目的,通过对罪犯劳动现场的整理、整顿来规范劳动现场,把罪犯劳动中不需要的物品清除掉,并且优化设计需要物品的摆放位置,方便取用,促进罪犯劳动现场管理规范化、科学化,达到高效生产、安全生产、优质生产的目的。

专栏 8-3　定置管理理论起源①

> 定置管理起源于日本,由日本青木能率(工业工程)研究所的艾明生产创导者青木龟男先生创始。他从 20 世纪 50 年代开始,根据日本企业生产现场管理实践,经过潜心钻研,提出了定置管理这一新的概念。后来,又由日本企业管理专家清水千里先生在应用的基础上,发展了定置管理,并把定置管理总结和提炼成为一种科学管理方法,于 1982 年出版《定置管理入门》一书。以后,这一科学方法在日本许多公司得到推广应用,取得了明显效果。

(一)监狱生产车间定置管理的必要性

定置管理中的定置不是字面上理解的"把物品固定地放置",它是根据监狱组织罪犯劳动的目的,在充分考虑监狱安全的基础上,考虑生产活动效率、质量等制约条件和物品自身的特殊要求,如生产时间、产品质量与数量、生产流程等因素,对物品进行有目的、有计划、有方法的科学放置。监狱生产车间实行定置管理是监狱安全的要求,是改造罪犯的要求,是监狱生产的要求。

1. 有利于实现监狱的安全生产。安全生产管理是监狱安全稳定工作的重要组成部分。司法部监狱局《关于加强监狱安全生产管理的若干规定》(司狱字〔2014〕59 号)第 12 条明确规定"监狱应对罪犯劳动现场实行定置管理。禁止将物品仓库或休息场所设置在现场,禁止没有劳动岗位的罪犯在现场停留,禁止组织罪犯违规劳动,禁止罪犯将个人物品存放在现场,禁止安排罪犯在锅炉房、配电房等关键要害岗位劳动"。定置管理确保监狱生产车间的防护安全。一方面,定置使管理设备的安全防护装置齐全可靠,安全标志醒目、准确,安全通道畅通,作业环境符合职业健康要求等,降低了安全事故出现的概率。另一方面,定置管理,有利于现场民警的目视管理,对重点罪犯及重点场所的管理和控制,对劳动现场的全局把控,有利于场所的安全。

2. 有利于培养罪犯良好的劳动行为规范。监狱组织罪犯劳动的根本目的在于改造罪犯。定置管理根据监狱以及罪犯的具体特点,对罪犯劳动现场区域的定置,设备、工装的定置,工具、量具、检验用具的定置,运料实施及装置的定置,制品、半成品、成品的定置,不良品、合格品的定置,操作者本人的定置,工艺文件及操作指导书的定置,质量控制点与质量检

---

① 定置管理,https://wiki.mbalib.com/wiki/定置管理,最后访问日期:2022 年 11 月 8 日。

验人员的定置,消防设施、安全设施等设施的定置,并辅之以教育、监督与考核,使罪犯认识定置管理的必要性和重要性,在监督中逐渐养成按照定置要求规范并养成合规的劳动行为,推动监狱生产管理的规范化、标准化建设。

3. 有利于提高产品质量和劳动效率。目前,定置管理通常被企业用于提高产品质量和劳动效率。定置与随意放置不同,定置对生产现场、人、物进行作业分析和动作研究,使对象物按生产需要、工艺要求科学地固定在场所的特定位置上,以达到物与场所有效的结合,缩短人取物的时间,消除人的重复动作,促进人与物的有效结合。

定置最大限度利用生产空间,在满足监狱生产车间安全通道、维修空间、避让空间要求的前提下,实现罪犯作业空间的最大化,科学地利用了场所,实现向空间要效益的目标;通过整顿,促进人与物的有效结合,使生产中需要的劳动对象便捷获取,节约劳动时间,实现向时间要效益的目标;通过定置减少由生产要素设置不当造成的体力疲劳和精神疲劳,注重投入和产出的关系,改善生产环境,促进罪犯的身心健康,调动罪犯参与劳动的积极性,实现向生产力要效益的目标。

(二)定置管理的工作程序

做好罪犯劳动现场的定置管理包括以下四个程序。

1. 准备阶段

定置前要建立定置管理工作领导小组,制定定置工作计划,积极开展有关定置理论和知识的培训工作,提高民警和罪犯对定置管理工作的认同度,从而积极支持和参与到定置管理工作中去。

2. 设计阶段

设计是定置的重要环节,能否根据监狱的具体生产特点和罪犯特点,设计既有利于罪犯改造、确保监狱生产安全又有利于提高生产质量和效益的最佳定置,这是定置成功与否的关键所在。

(1)进行生产工艺研究

生产工艺研究是定置管理开展程序的起点,对罪犯劳动现有的劳动方法、机器设备、工艺流程进行详细研究,确定生产工艺在技术水平上的先进性和经济上的合理性,分析是否需要和可能采用更先进的工艺手段及加工方法,从而确定生产现场产品生产的工艺路线和搬运路线。

具体过程为:首先,对现有罪犯劳动现场进行调查,详细记录现行罪犯劳动的方式和流程,记录生产车间的布局以及现有物品摆放的位置等内容。其次,对经过调查记录下来的现状,运用工业工程的研究方法和时间管理的方法开展现状研究和讨论,对现有的罪犯劳动安排、工艺流程、搬运路线、物品摆放等进行分析,找出存在的问题及其影响因素,提出改进方向。最后,定置管理人员要对新的改进方案作具体的技术、经济分析,在确定方案后,才可作为标准化的方法实施。

(2)对人、物结合状态的分析

人、物结合状态分析,是开展定置管理最关键的一个环节。定置管理在罪犯生产现场实现人、物、场所三者最佳结合,首先应解决人与物的有效结合问题,须对人与物的结合状态进行分析,找出在罪犯生产现场中占用作业面积,影响罪犯工作效率和安全的物品,如本应报废的设备、工具以及生产中产生的垃圾、废品等与生产无关的物品;找出那些尚不能很好发挥效能的人、物结合状况;找出那些人与物能够很好结合并发挥效能的状态。

(3)对信息媒介的分析

信息媒介就是人与物、物与场所合理结合过程中起指导、控制和确认等作用的信息载体。由于罪犯劳动中使用的物品品种多、规格杂,不可能都放置在操作者的手边,如何找到各种物品,需要有一定的信息来指引。许多物品在流动中是不回归的,它们的流向和数量也应有信息来指导和控制。为了便于寻找和避免混放物品,也需要有信息来确认,因此,在定置管理中,完善而准确的信息媒介是很重要的,影响着人、物、场所的有效结合程度。

人与物的结合,需要有四个信息媒介物:第一个信息媒介物是位置台账,它表明"该物在何处",通过查看位置台账,可以了解所需物品的存放场所。第二个信息媒介物是平面布置图,它表明"该处在哪里",在平面布置图上可以看到物品存放场所的具体位置。第三个信息媒介物是场所标志,它表明"这儿就是该处",是指物品存放场所的标志,通常用名称、图示、编号等表示。第四个信息媒介物是现货标示,表明"此物即该物",是物品的自我标示,一般用各种标牌表示,标牌上有货物本身的名称及有关事项。在寻找物品的过程中,人们通过第一个、第二个媒介物,被引导到目的场所。是否能按照定置管理的要求,认真地建立、健全连接信息系统,有效地引导和控制物流,是推行定置管理成败的关键。

(4)定置管理设计

定置管理设计是对各种场地(厂区、车间、仓库)及物品(机台、货架、箱柜、工位器具等)如何科学、合理定置的统筹安排。定置管理设计主要包括定置图设计和信息媒介物设计。

第一,定置图设计。定置图是对生产现场所有物品进行定置,通过调整物品来改善场所中人与物、人与场所、物与场所相互关系的综合反映图。其种类有室外区域定置图,车间定置图,各作业区定置图,仓库、资料室、工具室、计量室、办公室等定置图和特殊要求定置图(如工作台面、工具箱内,以及对安全、质量有特殊要求的物品定置图)。

定置图绘制的过程中要把握以下几个方面的具体要求:现场中的所有物品均应绘制在图上;定置图绘制以简明、扼要、完整为原则,物形为大概轮廓、尺寸按比例,相对位置要准确,区域划分清晰鲜明;劳动现场暂时没有,但已定置并决定制作的物品,也应在图上表示出来,准备清理的无用之物不得在图上出现;定置物可用标准信息符号或自定信息符号进行标注,并均在图上加以说明;定置图按定置管理标准的要求绘制,但应随着定置关系的变化而进行修改。

第二,信息媒介物设计。信息媒介物设计,包括信息符号设计和示板图、标牌设计。在推行定置管理,进行工艺研究、各类物品摆放布置、场所区域划分等都需要运用各种信息符号表示,以便人们形象地、直观地分析问题和实现目视管理,监狱企业应根据实际情况设计和应用有关信息符号,并纳入定置管理标准。在信息符号设计时,如有国家规定的(如安全、环保、搬运、消防、交通等)应直接采用国家标准。其他符号,企业应根据行业特点、产品特点、生产特点进行设计,设计符号应简明、形象、美观。

定置示板图是现场定置管理情况的综合信息标志,它是定置图的艺术表现和反映。标牌是指示定置物所处状态、标志区域、指示定置类型的标志,包括建筑物标碑,货架、货柜标牌,原材料、成品标牌等。它们都是实现目视管理的手段。各生产现场、库房、办公室及其他场所都应悬挂示板图和标牌。示板图和标牌的底色宜选用淡色调,图面应清洁、醒目且不易脱落。各类定置物、区(点)应分类规定颜色标准。

3.定置实施阶段

定置实施是理论付诸实践的阶段,也是定置管理工作的重点。其包括以下三个步骤:首先,要清除与生产无关之物。其次,按定置图实施定置。各车间、部门都应按照定置图的要求,将劳动现场、器具等物品进行分类、搬、转、调整并给予定位。定置物要与图相符,位置要正确,摆放要整齐,贮存要有器具。可移动物,如推车、电动车等也要定置到适当位置。最后,放置标准信息名牌。放置标准信息名牌要做到牌、物、图相符,设专人管理,不得随意挪动。应以醒目和不妨碍生产操作为原则。总之,定置实施必须做到:有图必有物,有物必有区,有区必挂牌,有牌必分类;按图定置,按类存放,图物一致。

4.定置检查与考核

为了确保定置的效果持久稳定,监狱必须建立定置管理的检查、考核制度,制订检查与考核办法,并按规定进行奖罚,以实现定置管理的制度化、标准化、科学化。

定置管理的检查与考核一般分为两种情况:一是定置后的验收检查,检查不合格的不予通过,必须重新定置,直到合格为止。二是定期对定置管理进行检查与考核。这是长期进行的工作,它比定置后的验收检查工作更为复杂、更为重要。定置考核的基本指标是定置率,表明生产现场中必须定置的物品已经实现定置的程度。

其计算公式是:定置率=实际定置的物品个数(种数)/定置图规定的定置物品个数(种数)×100%。

三、罪犯劳动工具管理

劳动工具管理是罪犯劳动现场管理的重点。监狱劳动因参与主体的特殊性,劳动工具容易成为少数抗拒改造的罪犯用来犯罪、破坏改造秩序的工具。近年来监狱系统发生的多起因劳动工具管理不善造成监管事故的案例,都说明了加强罪犯劳动工具管理的必要性和重要性。坚持"严格控制,严格管理,适时检查,全程监督,责任到人,综合治理"的原则,用好劳动工具,管好工具。

(一)劳动工具的管理

对罪犯劳动工具的管理要严格落实"四定"工具管理措施,即实现工具的定量、定人、定位、定范围管理。

1.定量。对罪犯劳动中使用的各种工具,要严格控制总量,未经审批使用,不允许随意增减工具的数量和品种。

2.定人。对罪犯劳动中使用的具有危险性的劳动工具,应实行专人使用。如服装加工产业,各使用单位应对大、小剪刀进行编号,确定使用人员,做到专人使用,不得将工具转借他人。

3. 定位。对生产车间的工具要实行定点定位管理。除机修工专用工具外,所有工具的使用都必须做到定点定位。

4. 定范围。监狱对使用工具的罪犯应严格筛选,限制使用人员、范围、区域。凡列入顽危犯或有自残、自杀、凶杀危险倾向的罪犯,不得在劳动中使用各种剪刀、铁锤、开袋刀、螺丝刀等利刃器具。

(二)劳动工具日常盘点检查制度

劳动工具管理实行监狱、监区、分监区三级盘点检查制度。

1. 分监区每日检查盘点

分监区是劳动工具管理的第一责任单位,分监区每日应对劳动工具的管理制度、措施落实情况,工具数量、固定情况,使用人员符合情况等进行检查盘点,发现问题立即整改。

2. 监区每周检查盘点

监区每周应对所属分监区的劳动工具管理制度、措施落实情况,劳动工具日盘点情况,劳动工具固定情况,账、物、人符合情况等方面进行检查盘点,发现问题及时督促整改。

3. 监狱每月检查盘点

监狱每月应对各监区劳动工具管理制度、措施落实情况,劳动工具日盘点情况,劳动工具固定情况,账、物、人符合情况等方面进行检查盘点,对检查中出现的问题及时督促整改,并根据基层劳动工具管理中存在的问题修订和完善管理制度。

(三)劳动工具管理的智能化趋势

罪犯劳动工具传统的管理方法,大部分工具采用固定在工位的管理方式,小部分工具采用人盯人、人管人的方式,降低在车间,罪犯利用劳动生产工具行凶、准备脱逃工具等方面的可能性。但由于劳动现场工具种类多、规格多,现有的劳动工具管理模式既不便于管理,也不方便使用,当管理民警麻痹大意,或没有发现犯人夹带工具离开规定区域,就很容易引起安全事故。加快推进工具管理的智能化趋势成为必然。

配合"智慧监狱"建设,运用区块链技术,不断加快推进对劳动工具定位、监控、管理。可使用劳动工具管理软件,对工具信息进行维护、对监区拥有的工具进行出入库、收发管理、对工具进行日常盘点巡检等;设置防拆报警、脱离工位报警。发挥智能化在线盘点功能,实现在线监测物联管理,当有工具被带离管控区域,工具管理平台报警器将报警提示,显示报警工具信息及领用罪犯信息,确保民警及时、准确进行相应警情处理。实现劳动工具智能化管理,加强对民警管理责任落实的监督,减轻民警工作压力,提高工具管理效率,有效预防监管安全事故的发生。

四、生产流水线管理

流水线,又称装配线,是一种生产流程方式,指每一个生产单位只专注处理某一个片段的工作,以提高工作效率及产量。在生产管理中,流水线是否顺畅,直接影响着产品的生产数量和成品质量。对监狱罪犯生产流水线进行管理必须把握以下几个关键环节。

（一）编制工序方案

了解产品的制作要求,进行产品的工序分析和划分,计算出每道加工工序的标准、加工时间或产量,明确加工顺序;根据产品的具体要求,计算出平均节拍,并在其基础上估算出流水线所需作业人数。工序编制时,应考虑流水线的运转时间、计划生产数量,决定流水线的节拍与工位数,参照操作工作分类表进行工序的划分或合并,每个工位的作业时间尽量向平均节拍靠拢,尽量将性质相近的工序归类,交给一个工位作业员完成。然后,再按工艺流程顺序进行工序编排,得出该项产品的工序平衡编制方案。

（二）工序定员

根据每道工序对劳动力要求以及罪犯劳动力的分类情况安排,监狱应安排合适的罪犯从事生产劳动。在每道工序劳动力安排上既要考虑到罪犯是否具备与完成工序任务相适应的劳动能力和水平,又要考虑对罪犯的监管要求、改造要求,以及罪犯的改造表现、刑期长短、身体状况等多维因素,把每一个罪犯都分配到较为合理的工序上从事劳动。头道工序尽量选择有判断能力、工作稳定的罪犯担任;与主流结合的工序要尽量安排注意力集中,且对前道工序有判断能力的罪犯担任;工艺难度大、质量要求高的主要工序,分配给技能熟练、操作稳定的罪犯担任。

（三）流水线生产均衡检验

工序方案不可能一次达到均衡状态,应对生产流水线进行试工以及施工阶段进行检测。具体包括工序中是否存在负荷不均的情况;各道工序中有无怠工等浪费人力物力资源的情况;各工序罪犯操作技能、熟练程度与所承担的工序任务相匹配情况等,对那些有可能或经常出现波动的工序或易发生事故的工序,都应给予足够重视。

（四）工序再调整阶段

为实现流水线平衡,需要将工序作一些适当的调整与合并。工序合并应尽量在同类或具备相容性的工序间进行,并分配给每个工作地;每个工作地的实际作业时间尽量接近流水线节拍或流水线节拍的倍数,以保证流水线生产的均衡性。

专栏 8-4　单件流管理[①]

单件流,指的是通过合理的制定标准、生产流程以及安排好每个工序的人员量、设备量,使每个工序耗时趋于一致,以达到缩短生产周期,提高产品质量、减少转运消耗的一种高效的管理模式。单件流具有生产周期最短,时效性高,损失低,人员无等待,每件检测的质量问题及时解决,容易发现生产问题(如设备、空间布局)的环节,方便及时调整、解决,只有极低搬运量,节省人力、空间,产品转换快捷,新员工可短时间上岗等优点,多为监狱系统采用。

单件流实际上就是一种为了实现适时、适量生产,致力于生产同步化的最小批量生产方式,它是以订单为需求,以需求为拉动,以工艺流程为导向,以最小化批次为目标,达到连续生产并实现在线零库存,最重要的是以最少的延误和等待实现产品流的不间断。单件流生产过程中能及时发现品质不良的产品,从而及时解决问题。

阅读资料

监管改造环境规范(司法部令第十一号)[②]

为了有效地执行刑罚,加强监管改造场所的规范化建设,切实做好对罪犯的依法管理、严格管理、文明管理,1990 年司法部特制定本规范。本规范共 5 章 33 条。第一章总则,第二章监管警戒设施规范,第三章生活区规范,第四章生产区规范,第五章附则。

第四节　罪犯劳动安全管理

监狱是国家刑罚执行机关,监狱安全"事关监所工作形象,事关平安中国、法治中国建设,是落实治本安全观的底线要求,是广大警察的政治责任"[③]。罪犯劳动安全是监狱安全的重要组成部分,应充分认识罪犯劳动安全管理工作的重要性、长期性和艰巨性,切实健全落实安全生产长效机制,推动监狱安全生产持续稳定好转。"到 2030 年,监所安全管理水

[①]　《单件流》,https://baike.baidu.com/item/单件流/10523798,最后访问日期:2023 年 5 月 5 日。

[②]　《监管改造环境规范》,https://code.fabao365.com/law_230744.html,最后访问日期:2023 年 5 月 5 日。

[③]　司法部关于贯彻落实《中共中央　国务院关于推进安全生产领域改革发展的意见》的实施意见,司发通〔2017〕93 号。

平全面提升,安全生产保障能力显著增强,监所基本实现本质安全。"[1]

专栏 8-5　本质安全[2]

　　　　本质安全是指通过设计等手段使生产设备或生产系统本身具有安全性,即使在误操作或发生故障的情况下也不会造成事故的功能;本质安全,就是通过追求企业生产流程中人、物、系统、制度等诸要素的安全可靠和谐统一,使各种危害因素始终处于受控制状态,进而逐步趋近本质型、恒久型安全目标。

　　　　本质安全是珍爱生命的实现形式,本质安全致力于系统追问,本质改进。强调以系统为平台,透过繁复的现象,把握影响安全目标实现的本质因素,找准可牵动全身的那"一发"所在,纲举目张,通过思想无懈怠、管理无空档、设备无隐患、系统无阻塞,实现质量零缺陷、安全零事故。

■一、罪犯劳动安全管理的重要性

　　《中华法学大辞典·劳动法学卷》中将劳动安全解释为:劳动安全又称"职业安全",为保护劳动者在生产劳动过程中的安全,防止或消除伤亡事故所采取的各种安全措施。其主要包括厂院和工作场所的安全措施、机器设备的安全措施、电器设备的安全装置、锅炉和压力容器的安全措施、个人防护措施等。[3]

　　作为特殊劳动的罪犯劳动,其安全涉及罪犯劳动过程的监管安全、劳动生产安全以及职业安全等方面。罪犯劳动安全管理,指针对罪犯劳动过程中的安全问题,进行有关计划、决策、组织和控制等活动,以实现罪犯劳动安全之目的。与其他社会劳动安全管理不同,罪犯劳动安全管理除了确保监狱企业的生产效益外,罪犯劳动安全管理还具有特殊的重要性。

　　（一）罪犯劳动安全管理是监狱和谐稳定的重要保证

　　监狱承担着改造罪犯,建设平安中国的重大使命。罪犯劳动安全是监狱安全的重要组成部分,监狱安全是监狱履行惩罚和改造罪犯职责和使命的保障。随着时代的发展,监狱越来越成为反映社会文明与进步的一个窗口,在国际人权斗争日益严峻的政治形势下,成为西方某些政治势力关注焦点的罪犯劳动更应依法保障罪犯劳动安全。一旦发生劳动事故造成罪犯受伤甚至非正常死亡,不仅会对监狱的稳定工作造成影响,容易激发警囚矛盾,也容易在社会上引发舆情危机,严重影响监狱的执法权威和社会形象,破坏社会的和谐与稳定。因此,加强罪犯劳动安全管理,营造一个有利于实现罪犯劳动改造的外部环境,有效

---

　　① 司法部关于贯彻落实《中共中央　国务院关于推进安全生产领域改革发展的意见》的实施意见,司发通〔2017〕93 号。

　　② 《本质安全观》,https://baike.baidu.com/item/本质安全/1078274,最后访问日期:2023 年 5 月 25 日。

　　③ 王益英主编:《中华法学大辞典·劳动法学卷》,中国检察出版社 1997 年版,第 179 页。

防止罪犯劳动安全事故的发生,不仅是罪犯劳动管理工作的使命,也是监狱安全管理工作的使命与要求,是维护社会和谐与稳定的重要举措。

（二）罪犯劳动安全管理是罪犯劳动改造的前提和基础

罪犯劳动是我国改造罪犯的三大手段之一,只有保障罪犯劳动安全,罪犯的改造工作才能顺利进行。劳动安全事故不仅会使罪犯受到伤害,也会影响罪犯的劳动改造秩序和劳动改造工作的顺利进行。监狱组织罪犯参加劳动,一方面,应保护其安全健康,使之拥有健康的身体、充沛的精神投入劳动改造工作;另一方面,通过对罪犯劳动安全的重视体现党和国家对罪犯劳动不歧视、不怠慢的态度,这样有利于推动罪犯对狱内劳动的认同,激发其参与狱内劳动的热情和积极性。

劳动安全教育是罪犯教育的主要内容之一,罪犯劳动过程也是罪犯劳动安全理念逐渐形成并且内化的过程。加强劳动安全管理,有利于为罪犯创设一个良好的劳动改造环境,有利于罪犯在安全的劳动环境中矫正劳动恶习,养成劳动习惯并学会生产技能。罪犯劳动安全管理是罪犯劳动改造的前提和基础,是实现罪犯劳动改造质量提升的必然要求。

（三）罪犯劳动安全管理是罪犯权益实现的要求和体现

《中华人民共和国安全生产法》(简称《安全生产法》)第 6 条规定:"生产经营单位的从业人员有依法获得安全生产保障的权利,并应当依法履行安全生产方面的义务。"一方面,维护罪犯劳动安全是监狱组织罪犯劳动的最基本的要求,我国《监狱法》第 7 条规定:"罪犯的人格不受侮辱,其人身安全、合法财产和辩护、申诉、控告、检举以及其他未被依法剥夺或者限制的权利不受侵犯。"《纳尔逊·曼德拉规则》规则 1 规定:"对待所有囚犯,均应尊重其作为人所固有的尊严和价值""任何时候都应确保囚犯、工作人员、服务提供者和探访者的安全";规则 101 第 1 条规定:"监狱应同样遵守为保护自由工人的安全和健康而制定的防护办法"。罪犯劳动安全是监狱依法实施罪犯劳动保护的重要体现,是罪犯权益保障落到实处的重要体现。另一方面,罪犯在劳动过程中要自觉遵守劳动规章制度,维护监狱劳动安全,这是其作为特殊劳动者的义务。

二、罪犯劳动安全管理的方针

《安全生产法》第 3 条规定:"安全生产工作应当以人为本,坚持人民至上、生命至上,把保护人民生命安全摆在首位,树牢安全发展理念,坚持安全第一、预防为主、综合治理的方针,从源头上防范化解重大安全风险。"罪犯劳动作为特殊的劳动,监狱组织罪犯劳动也应当以人为本,坚持安全发展,坚持"安全第一、预防为主、综合治理"的方针,践行监狱工作治本安全观。

（一）安全第一

安全第一是我国经济社会发展中的一个重要方针,是任何机关单位或企业的一个永恒主题,一切工作的基础,只有安全的发展才是健康和谐的发展。在罪犯劳动中坚持"安全第一",就是要求监狱在组织罪犯从事劳动的过程中必须始终把安全放在首位,切实保护监狱的安全运转,切实保护罪犯的生命安全和身体健康。"安全第一"明确指出了罪犯劳动安全工作的重要性,它是处理安全工作与其他工作关系的总原则。在组织罪犯劳动时,必须优先考虑安全,当安全和生产发生矛盾时,必须优先解决安全问题。组织罪犯劳动应时刻绷紧安全这根弦,始终保持清醒头脑,任何时候都不能麻痹大意,坚决守住安全的底线和红线。

(二)预防为主

预防为主就是要求把罪犯劳动安全的关口前移,超前防范,建立预教、预测、预报、预警、预防的递进式、立体化事故隐患预防体系,把一切不安全的因素消除在事故发生之前,从源头上控制、预防和减少生产安全事故,做到防微杜渐,防患于未然。

贯彻预防为主的原则,就要对罪犯劳动中的不安全因素进行正确认识,高度重视一切不安全因素。在罪犯劳动中,罪犯监管安全与生产、消防安全都是安全防范工作的重点。在罪犯劳动安全防范过程中,从罪犯的劳动行为、罪犯劳动中各种物体的状态以及劳动管理方面进行检查,及时发现不安全因素,采取措施,尽快予以消除。

(三)综合治理

综合治理是指适应我国罪犯劳动的特点与要求,自觉遵循劳动安全规律,抓住罪犯劳动安全工作中的主要矛盾和关键环节,综合运用教育、经济、法律、行政、技术等手段,有效解决罪犯劳动安全问题。综合治理是落实安全第一、预防为主的手段和方法。只有不断健全和完善综合治理工作机制,才能有效贯彻安全生产方针,真正把安全第一,预防为主落到实处,不断开创罪犯劳动安全工作的新局面。"2019~2020年,连续两年全国监狱在押罪犯脱逃率为零,全国监狱无重大事件事故发生,监狱安全稳定创造了中国监狱历史最好水平,中国监狱已成为世界上最安全的监狱。"[①]

专栏 8-6 事故等级划分

> 《生产安全事故报告和调查处理条例》(中华人民共和国国务院令第 493 号)第 3 条根据生产安全事故(以下简称事故)造成的人员伤亡或者直接经济损失,事故一般分为以下等级:
>
> 1. 特别重大事故,是指造成 30 人以上死亡,或者 100 人以上重伤(包括急性工业中毒,下同),或者 1 亿元以上直接经济损失的事故;
>
> 2. 重大事故,是指造成 10 人以上 30 人以下死亡,或者 50 人以上 100 人以下重伤,或者 5000 万元以上 1 亿元以下直接经济损失的事故;
>
> 3. 较大事故,是指造成 3 人以上 10 人以下死亡,或者 10 人以上 50 人以下重伤,或者 1000 万元以上 5000 万元以下直接经济损失的事故;
>
> 4. 一般事故,是指造成 3 人以下死亡,或者 10 人以下重伤,或者 1000 万元以下直接经济损失的事故。

---

① 李豫黔:《中国共产党领导下中国监狱改造罪犯的初心和使命》,http://www.moj.gov.cn/pub/sfbgw/jgsz/jgszzsdw/zsdwzgjygzxh/zgjygzxhxwdt/202106/t20210625_428859.html,最后访问日期:2022 年 9 月 25 日。

三、实施科学有效的罪犯劳动安全管理

做好罪犯劳动安全管理工作,直接关系着罪犯劳动改造的成效,关系着监狱的安全稳定。监狱在组织罪犯劳动过程中要加强领导、改革创新、齐抓共管,着力堵塞安全漏洞,预防和减少劳动安全事故,为罪犯劳动改造创设良好的改造环境。

(一)罪犯劳动安全管理组织机构

《关于加强监狱安全生产工作的若干规定》(司发通〔2017〕131号)第2条规定:"省(市、区)监狱管理局,监狱和监狱企业应当根据《安全生产法》《中共中央 国务院关于推进安全生产领域改革发展的意见》等法律规定和政策要求,成立安全生产委员会,设置安全生产管理机构,履行安全生产法定职责。"

监狱安全生产管理机构包括省(市、区)监狱管理局、监狱和监区三级管理机构。省(市、区)监狱管理局成立安全领导小组,下设安全生产办公室。监狱成立安全生产委员会(简称"安委会"),安委会是罪犯劳动安全管理的最高决策领导机构,对罪犯劳动安全管理进行统一的协调和领导,安委会下设办公室,与监狱设立的安全生产监督管理科(简称"安监科")合署办公。办公室是监狱的日常办事机构,具体负责上传下达和安全审查日常管理工作;安监科是监狱内专门负责安全审查管理事务的独立常设机构。省(市、区)监狱管理局、监狱和监狱企业作出涉及安全生产的决策部署,应当听取安全审查管理机构的意见。

监狱原则上按照不少于参加劳动罪犯人数2‰的比例配备专职安全管理人员,而且不得少于3人。监狱企业应当配备总工程师,负责安全决策和指挥等工作。

(二)监狱罪犯劳动安全管理的内容

1. 罪犯劳动项目准入管理

省(区、市)监狱管理局和监狱企业集团公司应当健全罪犯劳动项目安全准入管理制度。应充分考量项目的安全设施、职业病防护设施以及环保设施等方面的状况,省(区、市)监狱管理局和监狱企业集团公司应当定期评估罪犯劳动项目的安全性,对不符合要求的项目应当及时整治或调整。从源头上管控劳动项目带来的安全风险,防止和降低安全事故的发生。从生产性劳动项目引进规定来看,目前我国监狱明确规定禁止引进煤炭开采和非煤矿山劳动项目,禁止引进易燃、易爆等高危劳动项目,禁止引进有毒、有害等危险化学品劳动项目,禁止使用国家明令淘汰和禁止使用的设备工艺。

2. 罪犯劳动现场安全管理

海因里希法则告诉我们,应做好日常安全防控,才能避免大事故的发生。罪犯劳动现场防范即基础性防范,是监管安全稳定的重要保证,应作为防范的重中之重。生产劳动中造成的不安全事故往往是由人的不安全行为、物的不安全状态和管理上的缺陷造成的。因此,监区民警应不断提高自身的安全防范意识和能力,在日常检查工作中,辨别生产劳动过程中一切人的不安全行为和物的不安全状态并及时加以控制、消除。

专栏 8-7　海因里希法则①

　　美国著名安全工程师海因里希提出的 1：29：300 法则认为，系统运行过程中，每发生 330 起意外事件，其中有 300 起未造成人员伤害，29 起造成人员轻伤，1 起导致人员的重伤或死亡。海因里希根据对事故严重程度频率特征 1：29：300 的统计，揭示严重事故与一般事故和事件发生的频率在一定程度上具有金字塔的规律。海因里希法则揭示了预防事故发生的重要途径，即预防重大事故需要从一般事故、事件入手，只有日常的事故、事件得到控制或者消除，才能避免或预防严重事故。

　　(1)开展风险评估与危害识别

　　监狱应健全安全生产风险评估与管控机制，定期开展风险评估和危害辨识。根据事故发生的规律特点，全面查找监狱可能发生事故的风险部位、人员、时段和设备设施，开展常态化的隐患排查活动，对排查的隐患进行分析评估，确定隐患级别并登记建档，制定隐患排查、治理方案，有针对性地落实防范措施，切实做到查改大隐患、防范大事故。

　　(2)做好安全生产检查

　　罪犯劳动现场安全检查通常由省(区、市)监狱管理局、监狱、监狱企业、车间、班组开展定期与不定期检查。

　　省(区、市)监狱管理局和监狱层面通常开展综合安全检查，即系统、全面地进行安全生产大检查，检查内容通常包括安全思想意识、领导重视程度、安全管理制度建设、安全隐患、事故处理、整改情况等方面的内容。

　　生产车间和班组主要开展日常劳动生产安全检查。日常安全检查的内容包括设备安全检查、电气路线安全检查、消防安全检查、化学物品使用和管理情况检查、罪犯安全操作规程检查、车间环境卫生及劳动纪律的检查以及劳动工具及零配件的安全检查、罪犯劳动防护用品的配备及使用情况检查等内容。坚决杜绝在劳动现场设置休息场所，杜绝罪犯将个人物品存放在现场，杜绝没有劳动岗位的罪犯在现场停留，杜绝安排罪犯在锅炉房、配电房、危险化学品仓库(专柜)等岗位劳动的现象发生，做到罪犯劳动现场的疏散通道、安全出口通透、顺畅无障碍。

　　罪犯劳动安全的最终落脚点是在"人防"上，即基层监狱民警的安全防控上。基层民警是生产安全的第一责任人，在日常罪犯劳动现场管理中加强一线民警对劳动安全的检查和把握。一方面，高度重视一线监狱民警素质的提高，一个责任心强、严格执行各项法律法规的监狱民警，往往能及时发现和有效制止事故于萌芽状态；另一方面，加强和落实一线民警的安全检查制度，尤其是带班民警进行的班前、班中以及班后对劳动现场回头看的制度，最

---

　　① 《海因里希法则》，https://baike.baidu.com/item/海因里希法则/ 755036，最后访问日期：2022 年 9 月 25 日。

大限度地控制和减少安全隐患。

班前重点检查各岗位的机器设备装置、仪器仪表是否完好,防护装置是否齐全有效,电器线路是否破损、漏电,有无其他安全事故隐患。班中主要侧重于报警系统和灭火器、消火栓是否完好,电气线路及用电设备有无发热、漏电现象,物料堆放是否符合要求,危险物品是否按规定管理和使用,从事设备操作、特种作业的罪犯是否持证上岗,罪犯是否按照规定佩戴并正确使用劳动防护用品,罪犯劳动操作是否存在违规行为以及罪犯劳动中是否存在反常行为。班后检查主要要求带班民警在劳动收工后 30 分钟内,应当对劳动现场"回头看",重点检查机器设备是否断电、关闭,劳动现场是否清扫干净,危险物品是否回收、登记、签字并做到账物一致,是否按规定切断水、电、气和热源隔离防护等情况。

(三)劳动安全教育培训管理

监狱和监狱企业应将安全生产纳入监狱民警、职工以及罪犯的教育培训内容之中,每年制定安全教育培训计划,健全安全生产分类分级教育培训制度,使他们熟悉与劳动相关的法律法规,掌握必要的安全生产知识和自救互救技能。制订完善突发事件应急处置预案,健全落实与有关部门的协调机制。根据事故预防重点,不定期突击组织监狱应急演练,强化演练的针对性和实战性,提高应急处置能力。

1. 负责人劳动安全教育培训

《安全生产法》第 24 条规定:"生产单位的主要负责人和安全生产管理人员必须具备与本单位所从事的生产经营活动相应的安全生产知识和管理能力。"监狱和监狱企业主要负责人、分管安全生产的负责人、安全生产管理人员依法依规参加地方有关部门和省(区、市)监狱管理局组织的安全培训,并取得相关的安全资格证书。培训课时要求初训不得少于32 小时,年再训不得少于 12 小时。

2. 其他民警和职工劳动安全教育培训

监狱和监狱企业管理的民警、职工主要由监狱组织进行安全生产教育,使其了解国家安全生产法律法规,掌握必要的安全生产基本知识和安全技能,熟悉有关安全生产规章制度和安全操作规程要求,掌握事故研判和应急处理措施等内容。通过培训使其做到懂安全知识,会安全管理;懂规章制度,会执行落实;懂操作规程,会指导操作;懂工艺流程,会现场管理;懂事故预测,会排除隐患;懂劳动保护,会应急处置。

3. 罪犯劳动安全教育培训

所有罪犯由监狱组织安全培训。罪犯入监教育期间开展劳动安全知识和技能培训。上岗前,包括调换工作岗位或连续离岗 3 个月以上重新返岗的罪犯,由车间、班组开展岗位安全教育,主要包括安全操作、自救、互救以及应急处置所需的安全知识和技能培训,考核合格后罪犯方可上岗作业;当采取新工艺、新技术、新材料或者使用新设备时,监区或分监区要针对新变化,进行新的安全知识、技术以及安全防护措施等内容的培训;罪犯出监前进行专门的就业安全知识教育培训指导。

总之,罪犯劳动安全无小事,监狱应不断提高民警、职工、罪犯的劳动安全意识,不断提高其劳动安全能力;重视发挥技术在安全管理中的作用,运用现代科技手段,加强罪犯劳动现场监管设施、设备的投入和改造,提高硬件的安全防范能力,促进监狱劳动安全管理能力现代化是罪犯劳动安全管理的必由之路。

研究与思考

1. 罪犯劳动组织与管理的原则是什么?

2. 罪犯生产班组的优势有哪些?

3. 罪犯劳动班组管理的内容与流程是什么?

4. 罪犯劳动违规行为控制的方法有哪些?

5. 案例分析:2021 年 10 月 18 日 18 时许,某监狱罪犯朱××,利用收工时间,通过攀爬 AB 门雨棚翻至监墙,强行脱逃,10 天后该罪犯被抓获。此案件反映了在罪犯管理中存在哪些问题? 如何防止类似事件的发生?

6. 案例分析:某监狱企业服装加工车间一名罪犯在操作服装打扣机作业时,发生右手中指被打扣机扎伤的事故。从监控录像上看,该罪犯在操作打扣机过程中,东张西望,时不时还与其他罪犯聊天。剖析该事故产生的原因,并说明应当如何预防,才能避免类似事故发生。

第九章　罪犯劳动改造质量评估与考核

重点提示

1. 罪犯劳动改造质量研究是科学探索监管、教育和劳动三大改造手段综合运用规律的一条重要途径。

2. 罪犯劳动改造质量评估体系是科学完整的罪犯改造质量评价标准的一个极其重要的组成部分，是罪犯劳动改造效果的检验尺度，是提高罪犯改造质量的重要途径和手段。

3. 罪犯劳动改造的质量和成效是评判监狱民警工作绩效的重要标尺，是对罪犯实施奖惩考核的重要依据，是检验罪犯改造质量的重要标准。

4. 罪犯劳动改造评估的基本原则：合法性原则、目标导向性原则、科学性原则、可操作性原则。

5. 罪犯劳动改造质量评估应然指标：劳动恶习矫正情况、罪犯劳动绩效考核、出狱后的职业规划。

6. 我国在罪犯劳动改造考核方面主要经历了四次调整。

7. 当前罪犯劳动改造考核的主要内容：罪犯劳动态度考核、罪犯劳动行为考核、罪犯劳动能力考核。

8. 劳动定额考核是在综合考虑罪犯个体因素的基础上，对统一核定的罪犯劳动作业数量进行的考核。

9. 劳动定额有两种基本形式：时间定额、产量定额。

10. 监狱成立计分考核工作组，由监狱长任组长，分管狱政管理的副监狱长任副组长，有关部门负责人为成员，负责计分考核罪犯工作的组织领导和重大事项研究。监区成立计分考核工作小组，由监区长任组长，监区全体民警为成员，负责计分考核罪犯工作的具体实施。

11. 罪犯劳动改造考核分＝劳动改造基础得分＋加分分值－扣分分值

劳动改造基础得分＝劳动改造基础分值×月劳动定额完成率

12. 2021年《监狱计分考核罪犯工作规定》罪犯劳动改造基础分为30分。

13. 劳动改造考核是罪犯考核的重要组成部分，除了计分考核中对罪犯劳动改造考核的规定之外，《监狱法》还对罪犯劳动中奖惩的一些特殊行为作了规定，《刑法》对罪犯劳动的一些应当减刑的行为作了专门的规定。

罪犯劳动改造质量评估,是罪犯改造质量评估的重要组成部分,是科学、客观、准确地对罪犯劳动改造工作效果进行认识和评价,不断探索罪犯劳动改造规律,提高罪犯劳动改造效果,从而提升罪犯改造质量的有效方法。

第一节　罪犯劳动改造质量评估原则与指标

监狱工作的科学化要求我们倡导科学的理念,用科学的理论、思维和方法,研究和把握工作规律。罪犯劳动改造质量研究是科学探索监管、教育和劳动三大改造手段综合运用规律的一条重要途径。建立罪犯劳动改造质量评估体系是研究罪犯劳动改造质量的必要手段,对我们提高劳动改造工作的科学化水平,推进监狱整体工作进步是十分必要的。

■ 一、罪犯劳动改造质量评估的重要性

在以提高罪犯改造质量为中心,加快监狱体制改革,大力推进依法治监、科学治监的监狱工作要求背景下,建立罪犯劳动改造质量评估体系具有十分重要的现实意义。

(一)质量评估是构建均衡罪犯改造体系的要求

我国已经形成了以教育改造、监管改造、劳动改造为主要手段的罪犯改造体系。在长期的监狱工作实践中,各地监狱对罪犯改造质量考核评估进行了大量的探索,在监管改造和教育改造方面的改造质量考核评估指标体系的建立方面取得了重要进展。但是在长期的监狱工作中,由于罪犯劳动在监狱发展中更多承担了经济任务,对罪犯劳动的改造及其质量评估体系的构建明显不足与滞后,影响了罪犯改造的整体质量。罪犯劳动改造质量评估体系的建设,有利于回归罪犯劳动改造职能,对于平衡罪犯改造体系,实现罪犯改造目标具有重大意义。

(二)质量评估有利于提高罪犯改造质量

罪犯劳动改造质量评估体系是科学完整的罪犯改造质量评价标准的一个极其重要的组成部分,是罪犯劳动效果的检验尺度,是提高罪犯改造质量的重要途径和手段。通过对罪犯劳动质量进行评估,我们能够认识到监狱在组织罪犯劳动的过程中取得了哪些效果,存在哪些问题;可以清晰地掌握监企分开运行的新型管理体制下,劳动的改造职能是否得到充分的发挥等。通过这些因素的考量和分析可以了解影响罪犯劳动改造取得效果的因素,从而科学地认识监狱组织罪犯劳动目标定位的准确性和科学性;可以检测实现罪犯劳动目标的策略方法是否匹配,是否科学,从而推动民警对罪犯劳动改造规律的探索,实现对劳动改造手段的不断创新,进而推动罪犯劳动改造质量的提升。

(三)质量评估有利于建立和完善罪犯劳动改造制度

目前,全额保障、监企分开已经确立,监狱企业的性质、地位和作用也基本明确。但监

企分开后,罪犯劳动改造的组织形式和管理体制发生了重大变化,监狱和监狱企业分别按照各自的运行规则共同承担劳动改造这一执法活动的不同职责,双方都要以罪犯改造质量为工作目标,但各自承担的责任和侧重点不同。监狱企业如何在自己的职权范围内,遵循企业发展的一般规律,为监狱罪犯劳动改造提供更好的服务;监狱应如何组织罪犯参加生产劳动,提高罪犯劳动改造质量;监狱企业如何与监狱加强配合和协调,共同完成罪犯劳动改造任务,这些都是实现监企协调规范运行和提高罪犯改造质量必须解决的重大问题。

罪犯劳动改造质量的提升是监狱和监狱企业共同作用的结果,通过对影响罪犯劳动改造质量因素的分析尤其是劳动改造制度对罪犯劳动改造质量影响的动态分析,可以为建立和完善罪犯劳动改造制度提供重要的决策依据。

(四)质量评估有利于检测和提升民警的综合能力

罪犯劳动改造的质量和成效是评判监狱民警工作绩效的重要标尺,是对罪犯实施奖惩考核的重要依据,是检验罪犯改造质量的重要标准。建立科学的罪犯劳动改造质量评价体系,能为罪犯劳动改造工作指明发展方向,保证民警在组织罪犯劳动过程中不至于偏离方向和目标,促使民警在组织罪犯劳动过程中主动研究罪犯劳动改造的规律、掌握罪犯劳动改造的方法,在组织罪犯劳动中不断提升自己的综合能力,从而有力推动民警队伍整体素质的提高。

二、罪犯劳动改造质量评估的基本原则

罪犯劳动改造质量评估的基本原则是指监狱在构建罪犯劳动改造质量评估体系中应当遵守的原则。

(一)合法性原则

合法性原则是指罪犯劳动改造质量评估体系的构建必须依据法律、法规进行。对罪犯劳动改造质量的评估,应符合《刑法》《监狱法》等法律精神,符合监狱工作有关规章制度。《监狱法》第 29 条规定:"被判处无期徒刑、有期徒刑的罪犯,在服刑期间确有悔改或者立功表现,根据监狱考核的结果,可以减刑。"罪犯劳动改造质量评估的结果是对罪犯提请减刑或假释的主要依据,其是否合法、正义、有效,决定了减刑假释结果的客观公正,直接影响着刑罚执行目的的最终实现。因此,罪犯劳动改造评估指标的确定、评估方法的选择、评估流程的设计以及评估结果的运用都必须做到以法律为依据,遵循现行监狱劳动改造制度的有关规定。

(二)目标导向性原则

目标导向性原则是指罪犯劳动改造质量评估体系的建立要始终围绕监狱组织罪犯劳动的目标展开,始终以罪犯劳动目标为出发点和落脚点。改造罪犯的目的就是要把罪犯改造成为守法公民,罪犯劳动改造目标是根据这一最终目标要求提出的。《监狱法》第 70 条规定:"监狱根据罪犯的个人情况,合理组织劳动,使其矫正恶习,养成劳动习惯,学会生产技

能,并为释放后就业创造条件。"罪犯劳动改造质量评估体系的构建必须以劳动改造目标为依据来设计评估项目,采取更精准的评价方法,使评估结果能真实反映罪犯劳动改造目标的要求。

(三)科学性原则

科学性原则是指罪犯劳动改造质量评估指标科学合理,评估活动实事求是,评估方法得当有效,能够以最少的精力投入实现最大化的评估目标。在罪犯劳动改造质量评估中始终坚持科学性原则,就是要求所制定罪犯劳动改造质量评估的标准、评估的方法能够全面、客观、真实地体现罪犯劳动的目标,反映罪犯劳动改造的成效,符合监狱劳动改造工作的基本要求;能客观全面反映出各指标之间的真实关系,各评估指标应该具有典型代表性,不能过多过细,使指标过于繁琐,相互重叠,指标也不能过少过简,避免指标信息遗漏,出现错误、不真实现象,并且数据易获得且计算方法简明易懂。

由于监狱工作的特殊性,罪犯劳动改造质量评估的科学性将影响监狱执法的公平、公正,直接影响罪犯改造的决策,影响监狱安全乃至社会的安全。坚持评估工作科学性原则,要求民警以严谨的态度对待评估工作,尽力避免评估过程中受到外界因素的干扰和影响,透过罪犯劳动现象看本质,克服民警主观臆断。同时,随着时间的推移,对罪犯劳动改造质量的深入研究,原有评价指标和评价方法可能出现不适应实际需要或存在不完善的地方,必须与时俱进进行修订和完善,切实提升其科学性、针对性和实用性。

罪犯劳动改造质量评估是一个科学问题,需要运用管理学、经济学、社会学、统计学乃至心理学等方面的知识和理论进行综合设计和考量。要不断扩展劳动改造质量评估的广度和深度,使评估结果真实地反映罪犯劳动改造的效果和质量,更好地推动罪犯劳动改造工作的顺利发展。

(四)可操作性原则

可操作性原则是指罪犯劳动改造质量评估方法应易于操作,便于执行。在制定评估体系时要充分考虑各项指标的考核计量和评估是否具有可操作性,是否符合现行罪犯劳动改造工作的实际。这就要求所设计的罪犯劳动评估指标尽量简单明了、微观性强、便于收集,便于进行数学计算和分析,易于民警操作。由于罪犯劳动改造工作的艰巨性、复杂性,简便易操作成为罪犯劳动改造质量评估更为重要的要求。

■ 三、罪犯劳动改造质量评估应然指标

罪犯改造质量评估指标确定,应当运用系统论的基本原理。所谓系统论,是指将认识对象作为一个系统来分析、认识和考察的方法,它着眼于系统与其中的要素之间、各要素之间以及系统与环境之间互相联系、相互作用的关系,对此进行整体性、综合性、动态性的认识和考察。

司法部《关于进一步加强监狱企业规范管理的意见》要求加强劳动改造效果的评估,要

求"省(区、市)监狱管理局和监狱应根据《监狱法》、司法部《关于计分考核罪犯的规定》等要求,健全监狱劳动改造工作体系和罪犯劳动考核制度,严格罪犯劳动态度、劳动素养、劳动技能和劳动绩效等考核评估,并把评估结果与罪犯分类分级、处遇和适当报酬等挂钩,对罪犯劳动进行严格科学文明管理"。根据《监狱法》第70条规定确定的罪犯劳动改造目标,我国在设置劳动改造质量评估内容时应当涉及以下维度:

(一)劳动恶习矫正情况

劳动恶习矫正情况,反映的是罪犯通过劳动改造从被迫劳动向自觉劳动转化的程度,侧重从罪犯对劳动的认识态度和表现方面进行考察。

1. 劳动出勤率

劳动出勤率反映罪犯对待劳动的态度和参加劳动的积极性。这一指标只适用于对具有劳动能力,参加生产劳动或提供服务的罪犯考核,一般应以罪犯实际参加劳动的小时数进行计算。

某罪犯劳动出勤率＝月实际参加劳动的总小时数/该罪犯月应参加劳动的总小时数×100％。

2. 劳动遵规守纪率

劳动遵规守纪率反映罪犯遵守劳动纪律情况和在生产劳动中的基本表现情况,可以用来检验罪犯劳动习惯是否养成和法纪观念是否增强。

某罪犯劳动遵规守纪率＝(1－该罪犯违规违纪扣分数/罪犯群体违规违纪扣分数)×100％。

在劳动改造活动中发生的所有违规违纪行为都应纳入罪犯违规违纪的考核范围。这里用违规违纪的考核扣分数而不用次数作为考核标准,主要是考虑到违规违纪次数不能完全准确反映违规违纪的严重程度,而考核扣分则可根据违规违纪的性质、原因和情节轻重进行有区别的打分,但须注意,违规违纪的考核扣分标准应统一。

(二)罪犯劳动绩效考核

罪犯劳动绩效考核,是对罪犯的劳动业绩、劳动能力、劳动态度以及个人品德等进行评价的制度,反映的是罪犯通过劳动改造所掌握的生产劳动技术水平以及罪犯劳动产量、产品质量、材料消耗、文明生产等方面的表现。

1. 劳动技能等级

劳动技能等级反映的是罪犯通过劳动改造所掌握的生产劳动技术水平和出狱后谋生就业的本领。对这一指标的测定通常采取等级评定法,由地方有关劳动部门和监狱劳动改造部门通过劳动技能评估和综合考核对罪犯的劳动技能进行评等定级。评等定级需重点考核罪犯实际掌握的一门或几门劳动技能的技术等级、所掌握的劳动技术对出狱后谋生的适用性、现从事生产性劳动项目的劳动技术水平三个方面。

2. 劳动生产率

劳动生产率是反映罪犯劳动改造成果大小的重要指标,罪犯劳动能力的大小、劳动技能熟练程度和对待劳动的态度,最后都将在罪犯劳动成果的大小上得到反映。劳动生产率指标更多时候反映的是不同罪犯之间劳动能力的大小,目前监狱考核中主要以工时考核为方法对罪犯劳动生产率进行考核。

3. 劳动增长率

劳动增长率也称劳动增长速度,它是反映一定时期罪犯劳动发展水平变化程度的动态指标,也是反映罪犯劳动改造是否发生效果的基本指标。劳动增长率是通过罪犯个人在劳动改造的后期和前期比较,来反映罪犯个体的劳动改造进步程度。它可以以周、月、年为单位进行评估。

罪犯周劳动增长率=(本周的劳动工时-上周的劳动工时)/上周的劳动工时×100%。依此公式类推,可以计算罪犯的月、年的劳动增长率。

4. 劳动产品质量水平

罪犯劳动产品质量是指罪犯劳动成果符合规定要求的程度。它反映的是罪犯劳动技术熟练程度,严格遵守劳动操作规程和产品质量标准情况。对罪犯劳动质量的好坏进行考核评价有助于培养罪犯的质量观念,提高罪犯的社会道德水平。劳动产品质量水平可以通过对罪犯劳动产品在过程检验、成品检验中问题产品的检出率和物耗水平进行综合考评得出。劳动产品质量水平通常可以用产品合格率、超标物耗率来衡量。合格率越高,超标物耗率越低说明罪犯劳动质量越高,越有成本意识。

产品合格率=单位时间内生产的合格产品数量/单位时间内生产的产品数量×100%

超标物耗率=(个人单个产品的物耗-规定单个产品的物耗)/规定单个产品的物耗×100%

（三）出狱后的职业规划

1. 劳动知识储备情况

劳动知识储备情况反映的是罪犯为出监后就业而主动了解有关职业技术知识、收集就业信息动态等方面的情况。对罪犯劳动知识储备情况的考核,有利于培养罪犯主动学习生产知识、学习技术、了解就业趋势,有利于提高罪犯进行职业规划的自觉性。

2. 技能培训情况

该项指标主要是针对那些缺乏劳动技能的罪犯,在狱内劳动过程中,是否积极主动参与技术培训,是否积极进行技术创新等方面的评估。对技能培训情况评估因人而异,毕竟狱内劳动技能培训受到监禁条件的制约,技能培训情况可以作为那些因为缺乏劳动技能而犯罪的罪犯,尤其是未成年罪犯的重要评估指标。

3. 劳动报酬的统筹安排情况

通过罪犯劳动报酬使用去向可以了解罪犯对劳动报酬的安排能力和情况,间接反映罪犯为回归社会所做的准备。

由于罪犯劳动情况受多种因素的影响,在考核过程中,除了考量可量化的硬指标,还可以通过观察、谈话等方法进行综合评估,尽可能消除一些偶然因素对评估指标的影响,确保测评结果真实准确。

四、罪犯劳动改造质量评估指标的权重分配

由于不同的指标从不同的侧面反映罪犯劳动改造质量情况,其指标反映罪犯劳动改造质量状况的层次性、综合性与罪犯劳动改造工作目标的一致性和相关性程度,因此对罪犯劳动改造质量的综合评价不能将各指标同等对待,而应赋予大小不同的权重,对与罪犯劳动改造工作目标相关性和一致性契合程度高的指标,对罪犯劳动改造质量测评综合性较强的指标以及相对重要的指标应分配较高的权重,反之则分配较低的权重。不同指标的权重分布将直接影响评价结果。因此,为使不同年份的综合评价结果之间具有可比性,就必须为不同指标赋予各自权重,一经确定,在一定时期内不应随意变更。

构建一个科学合理的罪犯劳动改造质量评估体系是罪犯劳动改造工作开展的必然要求和发展趋势。西方国家在罪犯改造质量评估工具开发上作了很多的努力,可以在充分研究中国监狱的基础上有机借鉴西方评估工具的合理元素,建立一个适合中国罪犯劳动特点的科学准确的评估工具。

第二节　罪犯劳动改造考核内容

对罪犯的劳动改造考核是当前我国对罪犯劳动质量评估的主要形式,也是当前监狱管理罪犯劳动的主要手段。罪犯劳动改造考核是对罪犯在劳动过程中所表现出的状态的一种判断,是强化了的硬性措施,它是保证罪犯正常从事生产劳动、完成生产任务、进行劳动改造的必要手段。我国当前罪犯劳动改造考核采用计分考核方式,以日常劳动计分为基础,以等级评定为结果,是评价罪犯日常劳动改造表现的重要工作,是当前我国监狱衡量罪犯劳动改造质量的基本尺度,是调动罪犯改造积极性的基本手段。

一、我国罪犯劳动改造考核制度的演变

对罪犯劳动改造进行考核是我国罪犯计分考核的重要组成部分。从属于计分考核罪犯体系,是罪犯计分考核的重要部分。新中国成立以来,我国在罪犯劳动改造考核方面主要经历了四次调整。

(一)1990 年之前——查评考核阶段

80 年代之前的考核,"主要以查评法和罪犯汇报考核法为基础,在一定时期内,通过罪犯自我检查、小组评议和监狱人民警察评审等程序,评审罪犯改造表现"[①]。查评考核法,主要采用的是定性考核方法。无论是罪犯自评、罪犯小组评议还是民警的直接评议,因为缺乏客观的可量化依据,评估很容易受个人主观因素的影响,很难客观全面、真实地反映罪

---

① 　周雨臣主编:《罪犯劳动组织与管理》,中国政法大学出版社 2016 年版,第 243 页。

犯劳动的真实情况,评估较难达到预期目标。

20 世纪 80 年代开始,各省在罪犯考核工作上不断探索。山东等省的监狱实行犯人行为日准则,建立对罪犯改造、生产双百分考核制,很快在全国推行。1985 年 1 月山东省潍坊劳改支队在推行《日准则》的基础上,以改造、生产两大任务为基点,对罪犯实行了"联改联产考核奖惩责任制",开始对罪犯的劳动改造考核奖罚制度实行改革。对罪犯的思想改造和劳动改造实行指标分解、逐项定分,按照奖优罚劣、奖勤罚懒的原则以分计奖。考核制度将思想改造、劳动改造两个部分,分解为认罪服法、遵规守纪、三课学习、生活秩序和产量、质量、消耗、文明生产等 8 项指标。按照各项指标的作用和功能,逐项定分,共计 100 分,作为基准线,具体规定了 156 个控制点和应奖应罚的分数线。[①] 山东等地实施百分考核后,效果明显。经过几年的试行与改革,在认真总结各地罪犯考核成功经验和吸取教训的基础上,司法部于 1990 年 8 月制定下发了《关于计分考核奖罚罪犯的规定》。

(二)1990 年《关于计分考核奖罚罪犯的规定》(司发〔1990〕158 号)

1990 年,司法部印发的《关于计分考核奖罚罪犯的规定》,我国监狱开始全面采用以对罪犯改造定量考核为主的计分考核法,形成以分计奖的罪犯考核模式,简称"百分考核制"。根据《关于计分考核奖罚罪犯的规定》第 6 条的规定,"考核分为思想改造和劳动改造两部分,思想改造满分为 55 分,劳动改造满分为 45 分",合计为 100 分。罪犯在服刑改造期间能够达到积极劳动,服从调配,按时完成规定的生产指标和劳动定额;能够重视劳动质量,严格遵守操作规程,产品符合标准要求,次品、废品率不超过规定指标;劳动中能够确保物质消耗不超过规定指标,注意修旧利废和增产节约;能够遵守劳动纪律和安全生产规定,未发生生产事故,爱护劳动工具,保持劳动环境整洁卫生等方面要求的可以得到劳动改造基础分满分,劳改机关还可视情节给予奖分。劳动改造权重大,对劳动改造主要围绕罪犯在狱内劳动中表现出的态度、劳动数量、劳动质量、劳动耗费以及劳动纪律与安全规定的遵守等维度进行考核。

(三)2016 年《关于计分考核罪犯的规定》(司发通〔2016〕68 号)颁布

2016 年,司法部印发的《关于计分考核罪犯的规定》第 5 条规定:"计分考核内容分为教育改造和劳动改造两个部分,每月基础分为 100 分。"这次规定将罪犯劳动改造分数由原来的 45 分,调整到 35 分。对罪犯劳动考核的内容也作了相应的调整。按照规定,罪犯在服刑改造期间只要能够"劳动态度端正,服从调配,按时出工劳动,参加劳动习艺;按时完成核定的劳动任务,达到劳动质量要求,无劳动定额的,认真履行岗位职责;遵守劳动操作规程和安全生产规定,爱护劳动工具和产品;其他接受劳动改造的情形",当月给予劳动改造基础分 35 分。此次调整将生产之外的劳动也列入劳动考核范围,增加参加劳动习艺方面的考核,反映劳动考核指标由原来的单纯围绕狱内生产劳动情况,向提高罪犯劳动能力方面的转变。

---

① 李豫黔:《中国监狱改革发展 40 周年回顾与思考(上)》,载《犯罪与改造研究》2019 年第 1 期。

（四）2021 年《监狱计分考核罪犯工作规定》（司规〔2021〕3 号）

（四）2021 年《监狱计分考核罪犯工作规定》（司规〔2021〕3 号）

2021 年,司法部印发的《监狱计分考核罪犯工作规定》第 10 条规定:"日常计分内容分为监管改造、教育和文化改造、劳动改造三个部分,每月基础总分为 100 分,每月各部分日常加分分值不得超过其基础分的 50%,且各部分得分之间不得相互替补。"将罪犯劳动改造基础分调整为 30 分,同时规定罪犯劳动改造表现达到"接受劳动教育,掌握劳动技能,自觉树立正确的劳动观念;服从劳动岗位分配,按时参加劳动;认真履行劳动岗位职责,按时完成劳动任务,达到劳动质量要求;遵守劳动纪律、操作规程和安全生产规定;爱护劳动工具和产品,节约原材料;其他积极接受劳动改造的情形",当月给予基础分 30 分。对劳动态度与纪律的要求更加明确,对罪犯劳动改造的考核内容主要体现在对狱内劳动的实际表现的考核上。

二、当前罪犯劳动改造考核的主要内容

虽然,罪犯劳动改造考核分值占比呈下降趋势,但并没有改变罪犯劳动改造考核始终是罪犯考核的重要组成部分的事实。我国目前的罪犯劳动改造考核主要包括以下几个方面。

（一）罪犯劳动态度考核

劳动态度,是指劳动者对待劳动所持有的一种精神状态。劳动态度是否端正,是积极认真还是消极怠工,是重质量讲效益还是弄虚作假,直接决定着劳动行为的发生、发展和变化。可以通过罪犯接受劳动态度、对分配劳动岗位的服从、参加和完成劳动任务的积极性、主动性和按时性等情况来评判罪犯劳动态度的转化,并作为其正确劳动观念树立与否的关键考量因素。

（二）罪犯劳动行为考核

罪犯劳动行为往往由其劳动需要或动机引起,并受其自身状况和客观环境的影响和制约。对罪犯劳动行为的考核主要是针对罪犯遵守劳动纪律情况和生产劳动中的基本表现情况展开,具体包括在劳动过程中罪犯遵守安全生产规章、遵守生产工艺纪律、遵循操作规程、爱护劳动工具和产品、节约原材料等情况,考核结果通常作为反映和检验罪犯在劳动中是否矫正劳动恶习,是否养成劳动习惯,是否增强劳动纪律观念的标尺。

（三）罪犯劳动能力考核

劳动能力是指罪犯进行劳动的能力,包括体力和脑力两个方面。目前对监狱罪犯劳动能力的考核,一方面通过罪犯劳动技能等级评定情况,另一方面主要是通过劳动定额的考核来进行。劳动定额考核是在综合考虑罪犯个体因素的基础上,对统一核定的罪犯劳动作业数量进行的考核,是对罪犯劳动情况进行量化考核的办法。劳动定额考核的目的是调动罪犯劳动的积极性和主动性,使对罪犯的劳动改造评价更趋公平、合理。

1．劳动定额的基本形式

劳动定额有两种基本形式：

（1）时间定额。时间定额是指"在技术条件正常、生产工具使用合理和劳动组织正确的条件下，罪犯生产合格产品所消耗的劳动时间"[①]。

时间定额＝完成合格产品的时间/耗时总数量

（2）产量定额。产量定额是指在技术条件正常、生产工具使用合理和劳动组织正确的条件下，罪犯在单位时间内完成的合格产品的数量。

产量定额＝完成合格产品数量/耗时总数量

2．罪犯劳动定额制定步骤

目前我国罪犯劳动定额考核采取量化考核与集体评议相结合的方式进行，实行"日记载、周评议、月公示"制度。量化考核依据监狱打版定价中心确定的工序定额工时计算罪犯劳动定额完成率；集体评议以分监区为单位对生产辅助岗位与非定额劳动岗位罪犯评价其劳动表现。罪犯劳动定额考核按月进行，考核按照各省依据司法部《监狱计分考核罪犯工作规定》制定的计分考核罪犯的实施细则来执行。

（1）单道工序定额工时的确定

首先，确定单道工序标准工时。标准工时由生产调度监区打版定价中心根据监狱车工整体生产水平结合标准作业时间进行测算，兼顾工艺难度综合汇总形成标准工时数据库，定期、不定期调校，单道工序标准工时以秒为单位计算。

其次，确定单道工序定额工时。打版定价中心根据样品规划生产流程，拟定各工序单位定额工时，制订生产工艺流程表；打版定价中心将生产工艺流程表交送生产车间复核，由生产车间根据实际提出修改建议并反馈给打版定价中心，打版定价中心与生产车间协商一致后进行相应修改；打版定价中心将确认好的生产工艺流程表录入生产管理系统作为单道工序定额工时数据依据。

（2）罪犯定额考核调节系数的确定

为了考核公平公正，在对罪犯进行劳动考核时，各单位应根据罪犯年龄状况、健康状况、服刑时间、其他情况等因素，结合本单位实际设定调节系数，将罪犯实际完成劳动定额换算成罪犯完成考核定额。

（3）计算罪犯日劳动定额完成率

罪犯日劳动定额完成率由罪犯日完成考核工时与日考核工时定额的比值决定。

第一，罪犯考核定额的确定。罪犯日考核工时定额由监狱生产管理部门根据监狱生产实际统一下达；当日因市场原因或其他客观原因造成生产异常的分监区，在向监狱生产管理部门报备后，可以采用分监区罪犯日平均完成工时作为日考核工时定额。分监区罪犯日平均完成工时由该分监区所有定额劳动岗位罪犯日实际产出工时的平均值决定，即

分监区罪犯日平均完成工时＝Σ个体罪犯日实际产出工时/Σ个体定额考核罪犯人数

第二，罪犯日完成考核工时的计算。罪犯日完成考核工时为罪犯日实际产出工时与各

[①] 周雨臣主编：《罪犯劳动组织与管理》，中国政法大学出版社 2016 年版，第 167 页。

类罪犯定额考核调节系数的乘积。

罪犯单道工序日实际产出工时＝日完成产品合格数×单道工序定额工时

罪犯日实际产出工时＝Σ单道工序日实际产出工时

罪犯日完成考核工时＝罪犯日实际产出工时×各类罪犯定额考核调节系数

第三,罪犯日劳动定额完成率的计算。

罪犯日劳动定额完成率＝罪犯日完成考核工时/罪犯日考核工时定额×100％

遇到停工待料等生产异常情况,无法定量确认罪犯日劳动定额完成率的,应采用分监区集体评议的方式确认当日涉及罪犯日完成考核工时。集体评议由分监区当日在岗主官与值班长提请发起,在岗全体民警参加。

(4)计算罪犯日劳动定额完成率

罪犯月劳动定额完成率为考核当月罪犯日劳动定额完成率的均值,用公式表示为:

罪犯月劳动定额完成率＝Σ罪犯日劳动定额完成率/分监区月出工天数

3. 劳动定额考核管理的应用

罪犯劳动定额考核管理是对罪犯劳动改造过程的管理,其评价最终体现为劳动改造基础得分。它不受市场各种因素的制约,剔除了由于订单价格波动等带来的影响,能够比较客观、连续量化反映罪犯在劳动改造过程中主观努力和客观产出情况,它是反映罪犯劳动态度和能力的一个量化的重要指标,是评价罪犯劳动改造表现的重要因素,是罪犯劳动改造计分考核的重要内容。

第三节　罪犯劳动改造考核组织与奖惩

《监狱法》第 56 条规定"监狱应当建立罪犯的日常考核制度,考核的结果作为对罪犯奖励和处罚的依据"。罪犯劳动改造考核作为罪犯考核的重要组成部分,罪犯劳动改造考核计分会直接影响罪犯的整体考核结果,进而影响罪犯的奖惩走向。

▌一、罪犯劳动改造考核工作的组织

罪犯劳动改造考核工作是监狱考核工作的重要组成部分。《监狱计分考核罪犯工作规定》第 6 条规定:"监狱成立计分考核工作组,由监狱长任组长,分管狱政管理的副监狱长任副组长,有关部门负责人为成员,负责计分考核罪犯工作的组织领导和重大事项研究。监区成立计分考核工作小组,由监区长任组长,监区全体民警为成员,负责计分考核罪犯工作的具体实施。"等级评定结果由计分考核工作小组研究意见,报计分考核工作组审批,其中积极等级的比例由计分考核工作组确定,不得超过监狱本期参加等级评定罪犯总人数的 15％。

▌二、罪犯劳动改造计分考核

罪犯劳动计分考核工作中坚持党对监狱工作的绝对领导,坚持惩罚与改造相结合、以

改造人为宗旨的监狱工作方针,坚持公平、公正、公开,坚持监狱民警直接考核和集体评议相结合的原则,合理规范计分考核流程。

（一）罪犯劳动改造计分考核工作流程

监狱的狱政管理部门承担罪犯劳动改造的计分考核日常工作,监区指定的专职民警负责罪犯计分考核工作小组日常工作,监区管教民警负责罪犯日常计分和提出等级评定建议;日常计分实行"日记载、周评议、月汇总",监区管教民警每日记载罪犯劳动改造行为加分、扣分情况,计分考核工作小组每周评议罪犯改造表现和考核情况,每月汇总考核分,不足月的按日计算;计分考核工作组、计分考核工作小组研究考核事项时,作出的决定应当经2/3以上组成人员同意后通过。对不同意见,应当如实记录在案,并由本人签字确认。

监狱计分考核罪犯工作实行考核工作责任制,"谁考核谁负责、谁签字谁负责、谁主管谁负责",监狱民警及相关工作人员在职责范围内对计分考核罪犯工作结果终身负责。罪犯劳动考核计分具体流程参见图9-1。

罪犯劳动改造考核分＝劳动改造基础得分＋加分分值－扣分分值

劳动改造基础得分＝劳动改造基础分值×月劳动定额完成率

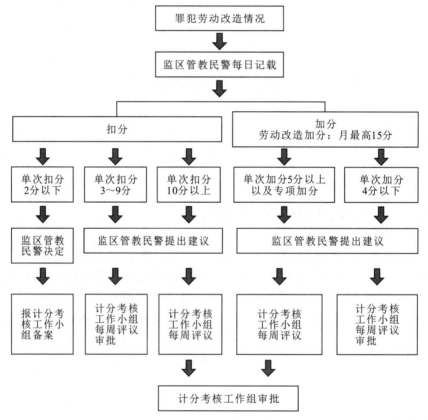

图 9-1　罪犯劳动改造考核计分流程图

（二）特殊类型罪犯的劳动改造考核

《监狱计分考核罪犯工作规定》第 15 条规定："受到禁闭处罚的,禁闭期间考核基础分记 0 分。"第 17 条规定："对有劳动能力但因住院治疗和康复等无法参加劳动的罪犯,住院治疗和康复期间的劳动改造分记 0 分,但罪犯因舍己救人或者保护国家和公共财产等情况受伤无法参加劳动的,监狱应当按照其受伤前 3 个月的劳动改造平均分给予劳动改造分,受伤之前考核不满 3 个月的按照日平均分计算。"第 18 条规定："罪犯入监教育期间不给予基础分。"第 20 条规定："对老年、身体残疾、患严重疾病等经鉴定丧失劳动能力的罪犯,不考核劳动改造表现。"

对于其他特殊类型罪犯,包括入监教育结束当月的罪犯,当月解除严管的罪犯,被调查或立案侦查的罪犯,解回侦查、起诉或审判的罪犯,不符合或违反监外执行收监的罪犯,假释后收监的罪犯,服刑期间又犯罪的罪犯,当月刑满罪犯,后勤调回生产分监区的罪犯,借用定额工种或非定额工种的罪犯,定额岗位非定额岗位互换的罪犯,生产辅助岗位调为定额岗位的罪犯,以及其他特殊情况的罪犯等。对此类罪犯在月劳动定额考核时按不同类型,参照各省计分考核罪犯实施细则的规定进行考核。

三、罪犯劳动改造奖惩

罪犯的奖惩制度形成于新中国成立初期,奖惩制度是一项重要的监管措施,也是一项重要的改造措施,对于促进罪犯改造具有重大的现实意义。罪犯劳动作为罪犯考核中的重要组成部分,其计分情况将直接影响罪犯的奖惩,《监狱法》规定："监狱应当建立罪犯的日常考核制度,考核的结果作为对罪犯奖励和处罚的依据。"监狱根据计分考评结果给予罪犯表扬、物质奖励或者不予奖励,并将计分考评结果作为对罪犯实施分级处遇、依法提请减刑假释的重要依据。监狱依据罪犯的改造表现,给予行政奖惩和提请刑事奖惩。

图 9-2　罪犯计分考核与奖惩示意图

（一）行政奖惩

行政奖惩是监狱运用期望理论激励罪犯的改造手段。监狱对罪犯的考核结果,是监狱对罪犯奖励和处罚的依据,也是监狱对罪犯分级处遇的依据。当罪犯的考核分累积到一定分值时,则分别兑现一定行政奖惩。这种奖惩制度具有直观性、透明性,可使每个罪犯对自己的改造结果看得见、算得出,有利于调动罪犯改造的积极性,加速罪犯向监狱所引导的方向转变。

1. 行政奖励

行政奖励,包括对罪犯的表扬、物质奖励、记功以及评选改造积极分子、考核奖分、分级处遇升级以及离监探亲等内容。

除了计分考核中对罪犯劳动考核的规定之外,《监狱法》还对罪犯劳动中的一些特殊行为作了规定,对罪犯在劳动中的一些行为包括:遵守监规纪律,努力学习,积极劳动,有认罪服法表现的;超额完成生产任务的;节约原材料或者爱护公物,有成绩的;进行技术革新或者传授生产技术,有一定成效的;在防止或者消除灾害事故中作出一定贡献的,监狱可以给予表扬、物质奖励或者记功。被判处有期徒刑的罪犯有前款所列情形之一,执行原判刑期1/2以上,在服刑期间一贯表现好,离开监狱不致再危害社会的,监狱可以根据情况准其离监探亲。

2. 行政处罚

行政处罚包括考核扣分、分级处遇降级、警告、记过、记大过、禁闭、严管等内容。

根据《监狱法》的规定,对罪犯在劳动中有下列破坏监管秩序情形之一的:有劳动能力拒不参加劳动或者消极怠工,经教育不改的;以自伤、自残手段逃避劳动的;在生产劳动中故意违反操作规程,或者有意损坏生产工具的;有违反监规纪律的其他行为的,监狱可以给予警告、记过或者禁闭。对罪犯实行禁闭的期限为7天至15天。罪犯受到警告、记过、禁闭处罚的,分别扣减考核分100分、200分、400分,扣减后考核积分为负分的,保留负分。受到禁闭处罚的,禁闭期间考核基础分记0分。

(二)刑事奖惩

刑事奖惩是指根据罪犯在服刑改造期间的不同表现,监狱依照刑事诉讼程序,提请人民法院裁定或者判决后实施的奖励与惩罚,其作用将实际改变罪犯在狱内服刑的期限。刑事奖惩主要包括减刑、假释和延长刑期。

根据《刑法》第78条的规定,"被判处管制、拘役、有期徒刑、无期徒刑的犯罪分子,在执行期间,如果认真遵守监规,接受教育改造,确有悔改表现的,或者立功表现的可以减刑",罪犯计分考评结果是作为对罪犯实施分级处遇、依法提请减刑假释的重要依据,监狱依据罪犯的改造表现,给予行政奖惩和提请刑事奖惩。如果罪犯在劳动中有"有发明创造或者重大技术革新的;在日常生产、生活中舍己救人的;在排除重大事故中,有突出表现的",《刑法》则认为应当减刑。

罪犯劳动改造考核与奖惩是监狱劳动改造罪犯的重要手段。科学、合理、公平、公正的罪犯劳动考核奖惩,有利于调动罪犯劳动改造的积极性,不断提高劳动改造质量。随着监狱法治化进程的推进,应积极探索罪犯劳动改造考核与奖惩制度,与时俱进,不断创新与完善劳动考核与奖惩方法,突破罪犯劳动改造理论瓶颈,创新实践,更好地为罪犯劳动改造服务。

研究与思考

1. 罪犯劳动改造质量评估体系建立的意义是什么？
2. 罪犯劳动改造评估体系的应然指标是什么？
3. 当前我国罪犯劳动考核的主要内容有哪些？
4. 当前涉及我国罪犯劳动的主要奖惩有哪些？
5. 案例分析：

曾某，两次因盗窃罪，分别被判处有期徒刑 10 年、8 年 6 个月，实际分别在监狱执行 6 年 8 个月、7 年 11 个月，出狱不满 3 个月再次犯罪。2021 年 1 月 11 日，"曾某涉嫌故意杀人、抢劫、盗窃一案"宣判。宜春市中级人民法院裁定，数罪并罚，决定执行死刑，剥夺政治权利终身，并处罚金人民币 20000 元，曾某表示不上诉。

第一次服刑：2002 年 12 月 5 日因犯盗窃罪被台州市路桥区人民法院判处有期徒刑 10 年，2007 年 6 月 19 日调至监狱服刑，2009 年 8 月 8 日刑满释放。

第二次服刑：2013 年 3 月 27 日第二次犯盗窃罪，累犯，判处有期徒刑 8 年 6 个月。

2017 年，××监狱认为曾某在服刑期间，能认罪悔罪，遵纪守法，接受教育改造，积极参加学习和劳动，确有悔改表现，提出减刑 8 个月建议。××市中级人民法院认为曾某在服刑期间，确有悔改表现，符合减刑条件，至今未履行生效判决所判处的财产刑义务，综合罪犯曾某犯罪的性质、情节、财产刑义务履行情况、监内消费及改造表现，依法扣减其减刑幅度对罪犯曾某准予减刑 7 个月。

2019 年，××监狱认为罪犯曾某在服刑期间，确有悔改表现，符合减刑条件，再次建议对该犯减去有期徒刑 8 个月，××法院认为曾某在服刑期间，虽能遵守监规，接受教育改造，但其系累犯，且至今未履行完毕生效判决所判处的财产性判项义务。综合考察罪犯曾某犯罪的性质、情节、原判刑罚、财产性判项义务履行情况及一贯表现等因素，尚不能认定其确有悔改表现，故不符合法律规定的减刑条件。

曾某在监狱服刑期间能认罪悔罪，遵纪守法，接受教育改造，积极参加学习和劳动，确有悔改表现，为何出监后屡屡犯罪？狱内表现与社会表现的巨大反差说明了什么？

第十章 罪犯劳动保障制度

重点提示

1. 建立和完善罪犯劳动保障体系是切实提高罪犯劳动改造质量,有效预防犯罪的现实需要。

2. 罪犯劳动保障是指为保护劳动罪犯的基本权益所采取的一切措施和行为的总和。

3. 现行国家有关社会保障政策限制了在监狱参加劳动的罪犯享受劳动保障待遇资格。罪犯在服刑期间不享受养老保险、医疗保险和失业保险的有关待遇。尤其是关于退休年龄以及15年养老保险缴费的硬性规定会让一部分罪犯因为犯罪服刑而终身失去养老保险。

4.《监狱法》等相关法律规定对罪犯的医疗、劳动时间、劳动报酬、劳动保护、劳动保险等作了规定。

5. 建立罪犯劳动保障制度是对罪犯劳动权的维护,是提高罪犯劳动改造质量的保证,有利于推动罪犯劳动的顺利进行。

6. 监狱对罪犯的劳动时间的规定,参照国家有关劳动工时的规定执行;在季节性生产等特殊情况下,可以调整劳动时间。罪犯有在法定节日和休息日休息的权利。

7. "5+1+1"罪犯改造模式,即实行罪犯每周5天劳动改造,1天课堂教育,1天休息,确定了罪犯劳动的时间和休息时间。

8. 对"囚犯"的工作,应订立公平报酬的制度。

9. 监狱对参加劳动的罪犯,应当按照有关规定给予报酬并执行国家有关劳动保护的规定。

10. 罪犯劳动保护是指监狱在依法组织罪犯劳动过程中对罪犯的安全和健康进行保护的法律法规、制度、各项保障和维护措施的总称。

11. 监狱应当把职业病防治工作纳入罪犯疾病防治工作计划,按照规定发放劳动保护用品,在罪犯上岗前和在岗期间进行职业卫生培训,普及职业卫生知识。

12. 监狱应当设立医疗机构和生活、卫生设施,建立罪犯生活、卫生制度。罪犯的医疗保健列入监狱所在地区的卫生、防疫计划。

13. 监狱应当对患病罪犯及时诊治。监狱医疗机构应根据罪犯身体健康情况,实行罪犯疾病分级管理;应做好常见病、多发病的诊治和急诊抢救和转诊工作,建立巡诊制度,开展主动医疗。

14. 省(区、市)监狱管理局应当全额保障罪犯基本医疗经费,罪犯医疗经费不足,可以推行罪犯狱内大病统筹制度。具备条件的省份,可以试行罪犯纳入城乡居民基本医疗保险。

15. 罪犯在劳动中致伤、致残或者死亡的,由监狱参照国家劳动保险的有关规定处理。

16. 罪犯发生工伤或患职业病后,监狱应当采取措施,使其得到及时救治并按规定对罪犯工伤进行认定、处理。

17. 涉及罪犯职业病的诊断,由法定职业病诊断机构进行。

18. 罪犯的文化和职业技术教育,应列入所在地区教育规划。

19. 罪犯及其在职业训练上的利益不得屈从于监狱产业盈利的目的。

20. 对罪犯的岗位技术培训,应按照岗位要求进行"应知""应会"培训和必需的安全教育培训,对罪犯的职业技能教育应按照劳动和社会保障部门的标准进行。

劳动是人们的生存手段,是人类生活的重要组成部分。在监狱服刑的罪犯,虽然与社会在空间上相对隔离,但劳动同样应当为罪犯的生存和发展提供支持。建立和完善罪犯劳动保障体系是切实提高罪犯劳动改造质量,有效预防重新犯罪的现实需要。

第一节　罪犯劳动保障及其意义

在我国,劳动既是罪犯的法定义务,也是罪犯的基本权利,由于特定的国情,新中国监狱的罪犯劳动一开始就承担着减轻国家财政负担的经济任务。所以,研究罪犯劳动保障问题,对于正确认识罪犯劳动价值,合理设置劳动项目,改进劳动管理方法,保障罪犯的劳动权益,最终实现罪犯劳动改造工作目标具有重要意义。

一、罪犯劳动保障制度

劳动保障制度是劳动制度的一个重要组成部分,它是国家根据有关法律规定,通过国民收入分配和再分配的形式,对劳动者因年老、疾病、伤残和失业等出现困难时向其提供物质帮助以保障其基本生活的一系列制度,是社会保障制度的重要内容。党的二十大报告指出,要健全覆盖全面、统筹城乡、公平统一、安全规范、可持续的多层次社会保障体系。劳动保障制度的主要功能是保证劳动者的职业安全,从而保证劳动者及其家庭生活稳定,社会安定,保证整个社会经济发展和社会进步。

罪犯劳动保障是指为保护劳动罪犯的基本权益所采取的一切措施和行为的总和。罪犯劳动应当享有怎样的劳动保障是监狱组织罪犯劳动必须面对和解决的一个关键问题。

二、罪犯劳动保障制度构建的意义

罪犯劳动保障制度是保障罪犯在劳动中的人身安全、健康及其他权益的根本性制度,是保障罪犯合法权益的重要措施,是我国对罪犯实行人道主义的具体体现。

（一）劳动保障制度是对罪犯人权的保护

监内服刑罪犯依然是公民，理应享有《宪法》规定的公民劳动权。按照"权利推定"和"法不禁止即自由"的人权法治原则，法律没有明确剥夺罪犯的权利，罪犯就应当享有。我国已先后批准和加入了《世界人权宣言》《公民权利和政治权利国际公约》《保护人人不受酷刑和其他残忍、不人道或有辱人格待遇或处罚宣言》《执法人员行为守则》《联合国少年司法最低限度标准规则》《囚犯待遇基本原则》等有关人权保护方面的国际条约和公约。这些国际条约和公约对罪犯劳动的合法性、政府对罪犯劳动权保障的职责以及罪犯在劳动中的相关权益作了明确的规定。罪犯劳动权益保障的实质是遵守国际公约，维护法律权威的根本体现，加快建立和完善罪犯劳动权利保障制度，是推进新时代中国人权建设和人权法治保障的重要要求。

（二）罪犯劳动保障制度是提高罪犯劳动改造质量的保证

劳动是改造罪犯的有效手段之一。劳动保障制度，一方面保障有劳动能力的罪犯都能且必须参加劳动，为通过劳动改造罪犯提供了前提；劳动保障制度从劳动时间、劳动条件、劳动安全、技能培训等方面为罪犯劳动提供保障，为罪犯劳动创造一个健康、安全的劳动环境，促进罪犯在劳动中的身心安全，使罪犯能够安心劳动，接受劳动改造，从而不断调动罪犯参与劳动的积极性和主动性，并在劳动中不断创造和实现自我价值，达到矫正劳动恶习、养成劳动习惯之目的。另一方面，劳动保障从长远方面考量，解决医疗保险、社会保险、劳动报酬、劳动技术培训等方面的问题，为罪犯出监后社会保障制度的延续和对接提供帮助，有利于罪犯顺利回归社会，有效降低再犯罪率。

（三）罪犯劳动保障制度确保了监狱生产的顺利进行

一方面，罪犯劳动保障制度有助于罪犯劳动力的使用与延续。劳动力是生产的一个基本要素，劳动力再生产是指劳动者通过个人的生活消费，使劳动能力得到恢复和更新，它包括劳动者体力和智力的维持或恢复，劳动技能的积累和传授，新的劳动力的培育和补充等。没有劳动力的再生产，就没有社会再生产。劳动保障制度从生活资料来源、劳动安全、休息时间、劳动报酬、劳动技能培训等方面给予罪犯再生产劳动力所必要的保障，使罪犯劳动力得以延续和发展，确保监狱企业劳动的可持续发展。

另一方面，通过对劳动安全的保障，消除影响罪犯劳动的不安全因素和不卫生隐患，维护罪犯劳动的正常秩序；劳动报酬的发放，有利于提高罪犯对劳动的认同，调动罪犯参与劳动的积极性和主动性，提高罪犯参与劳动技能培训的自觉性，不断提高罪犯的劳动生产效率，从而确保罪犯劳动改造工作的顺利进行。

三、罪犯劳动保障的内容

《劳动法》第 25 条规定，劳动者被依法追究刑事责任的，用人单位可以解除劳动合同。这意味着被追究刑事责任的劳动者与用人单位先前确立的劳动关系正式被解除，劳动者被解除劳动关系并入狱服刑,原有的劳动保障关系中断,原有的劳动保障待遇部分或暂时失去。在人权保障已越来越受重视的当今社会,罪犯劳动应当享有哪些保障、享有何种程度的保障,成为国际社会关注的一个焦点问题。

《宪法》第 42 条规定,"中华人民共和国公民有劳动的权利和义务",罪犯是特殊的公民同样享有劳动的权利。同时,《监狱法》中"有劳动能力的罪犯必须参加劳动"的规定又揭示了劳动是罪犯的义务之本质。

劳动权是人权的重要组成部分,《劳动法》第 3 条规定了劳动者享有的权利包括:平等就业和选择职业、取得劳动报酬、休息休假、获得劳动安全卫生保护、接受职业技能培训、享受社会保险和福利、提请劳动争议处理以及法律规定的其他劳动权利。《劳动法》所称的劳动者是在中华人民共和国境内的企业、个体经济组织(以下统称用人单位)和与之形成劳动关系的劳动者以及国家机关、事业组织、社会团体和与之建立劳动合同关系的劳动者。

由于罪犯被追究刑事责任,其与用人单位先前确立的劳动关系正式被解除,因而罪犯不适用我国《劳动法》。对罪犯劳动权利的保护主要依据《监狱法》等相关法律规定。我国《监狱法》在规定罪犯劳动享有的各种权利,实质上吸收了《劳动法》中的观点。有关罪犯"休息休假、劳动报酬、劳动安全卫生保护、职业技能培训"等具体规定也是参照《劳动法》中的相关法律条文来制定的。因而,《劳动法》中有关"劳动权"的法律规定可以看作罪犯劳动权利的制度基础。

阅读资料

囚犯待遇基本原则(联合国大会第 45/111 号决议)[①]

1. 对于所有囚犯,均应尊重其作为人而固有的尊严和价值。

2. 不得以种族、肤色、性别、语言、宗教、政治或其他见解、民族本源或社会出身、财产、出生或其他状况为由而实行任何歧视。

3.(然而)在当地条件需要时,宜尊重囚犯所属群体的宗教信仰和文化信条。

4. 监狱履行其关押囚犯和保护社会防止犯罪的责任时,应符合国家的其他社会目标及其促进社会全体成员幸福和发展的基本责任。

5. 除了监禁显然所需的那些限制外,所有囚犯应保有《世界人权宣言》和——如果有关国家为缔约国——《经济、社会及文化权利国际公约》《公民权利和政治权利国际公约》及其《任择议定书》所规定的人权和基本自由,以及联合国其他公约所规定的其他权利。

6. 所有囚犯均应有权利参加使人格得到充分发展的文化活动和教育。

7. 应努力废除或限制使用单独监禁作为惩罚的手段,并鼓励为此而作出的努力。

8. 应创造条件,使囚犯得以从事有意义的有酬工作,促进其重新加入本国的劳力市场,并使他们得以贴补其本人或其家庭的经济收入。

---

① 《囚犯待遇基本原则》,https://www.un.org/zh/documents/treaty/A RES-45-111,最后访问日期:2023 年 2 月 3 日。

9. 囚犯应能获得其本国所提供的保健服务,不得因其法律地位而加以歧视。

10. 应在社区和社会机构的参与和帮助下,并在适当顾及受害者利益的前提下,创造有利的条件,使刑满释放人员得以尽可能在最好的可能条件下重返社会。

11. 应公正无私地应用上述各项原则。

联合国保护被剥夺自由少年规则(联合国大会第 45/113 号决议)①

为维护被剥夺自由少年的权利和安全,增进少年的身心福祉,监禁应根据本《规则》和《联合国少年司法最低限度标准规则》所规定原则和程序来剥夺少年的自由。本规定包括五个方面的内容:(1)基本原则。(2)规则的范围和适用。(3)被逮捕或待审讯的少年。(4)少年设施的管理,包括记录;入所、登记、迁移和转所;分类和安置;物质环境和住宿条件;教育、职业培训和工作;娱乐;宗教;医疗护理;生病、受伤和死亡通知;与外界的接触;身体束缚和使用武力的限制;纪律程序;视察和投诉;重返社会。(5)管理人员。

阅读原文

联合国关于女性囚犯待遇和女性罪犯非拘禁措施的规则(曼谷规则)(联合国大会第 65/229 号决议)②

2010 年 12 月 21 日,联合国大会第六十五届会议第 71 次全体会议通过了《联合国关于女性囚犯待遇和女性罪犯非拘禁措施的规则》(又称《曼谷规则》),《曼谷规则》是女犯待遇相关国际规范和标准的一个重大里程碑,该规则承认了女犯的特定状况和需求。《曼谷规则》的全部内容都与女犯的社会再融入相关。联合国及多数国家都采取了积极的行动,从立法上、司法上、执法上采取积极的措施,促进女犯有效矫正并顺利回归社会、回归家庭并保护她们未成年子女的利益。本规则包括:初步意见,导言以及 70 条规则[具体为:(1)普遍适用规则;(2)适用特殊类别的规则;(3)非拘禁措施;(4)研究、规划、评价以及提高公众认识]。

阅读原文

---

① 《联合国保护被剥夺自由少年规则》,https://www.un.org/zh/documents/treaty/A-RES-45-113,最后访问日期:2023 年 2 月 1 日。

② 《联合国关于女性囚犯待遇和女性罪犯非拘禁措施的规则(曼谷规则)》,https://www.un.org/zh/documents/treaty/A-RES-65-229,最后访问日期:2023 年 2 月 1 日。

联合国少年司法最低限度标准规则(北京规则)(联合国大会第 40/33 号文件)①

《联合国少年司法最低限度标准规则》又称《北京规则》。根据联合国第6届预防犯罪和罪犯待遇大会拟定,1984年5月联合国在北京召开的"青少年、犯罪与司法"专题专家会议通过,提交1985年在米兰召开的第7届预防犯罪和罪犯待遇大会讨论通过,成为联合国关于少年司法管理的正式文件。《规则》共分6部分:总则;调查和检控;审判和处理;非监禁待遇;监禁待遇;研究、规划、政策制订和评价。

阅读原文

第二节 罪犯劳动保障内容的现有法律规定

《劳动法》第35条规定,劳动者被依法追究刑事责任的,用人单位可以解除劳动合同。这就意味着这些被追究刑事责任的劳动者与用人单位先前确立的劳动关系正式被解除,劳动者被解除劳动关系并入狱服刑,原有的劳动保障关系就会中断,罪犯入监服刑将不再属于我国《劳动法》《劳动合同法》《就业促进法》《劳动争议调解仲裁法》《职业病防治法》《女职工劳动保护规定》《国务院关于职工工作时间的规定》《失业保险条例》《社会保险费征缴暂行条例》《城市居民最低生活保障条例》《禁止使用童工规定》《工伤保险条例》《劳动保障监察条例》《残疾人就业条例》等有关劳动者权利保护的调控范畴,原有的劳动保障待遇就会部分或暂时失去。

一、劳动休息权

休息权是一项基本人权。《世界人权宣言》第24条规定"人人有享受休息和闲暇的权利,包括工作时间有合理限制和定期给薪休假的权利"。我国《劳动法》第3条不仅将休息权作为劳动者的一项基本权利加以确认,而且通过第四章的专门规定,建立了劳动者该项基本权利保证实现的具体法律制度。我国《劳动法》通过严格控制加班和延长劳动时间的法律规定,保证劳动者休息权的实现,同时还规定劳动者享有工作日内的间歇时间、两个工作日之间的必要的休息时间、周末休假日、法定节假日、职工探亲假、年休假等休息休假时间。

《劳动法》第36条规定"国家实行劳动者每日工作时间不超过八小时、平均每周工作时

---

① 《联合国少年司法最低限度标准规则(北京规则)》,https://www.un.org/zh/documents/treaty/A-RES-40-33,最后访问日期:2023年2月1日。

间不超过四十四小时的工时制度";第 38 条规定"用人单位应当保证劳动者每周至少休息一日"。《国务院关于职工工作时间的规定》^①规定在中华人民共和国境内的国家机关、社会团体、企业事业单位以及其他组织的职工,每日工作 8 小时、每周工作 40 小时。

(一)罪犯劳动时间的有关规定

《纳尔逊·曼德拉规则》规则 102 规定:"1. 囚犯每日及每周最高工时应由法律或行政条例规定,但应考虑到当地有关雇用自由工人的规则或习惯;2. 所定工时应准许每周休息一日,且有足够时间依规定接受教育和进行其他活动,作为对囚犯所施待遇及其恢复正常生活的一部分。"

在我国,《监狱法》规定:"监狱对罪犯的劳动时间,参照国家有关劳动工时的规定执行;在季节性生产等特殊情况下,可以调整劳动时间。罪犯有在法定节日和休息日休息的权利。"

司法部关于印发《关于罪犯劳动工时的规定》的通知规定,罪犯每周劳动(包括集中学习时间)6 天,每天劳动 8 小时,平均每周劳动时间不超过 48 小时,未成年犯每天劳动 4 小时,平均每周劳动时间不超过 24 小时;监狱保证参加劳动的罪犯每周休息 1 天;元旦、春节、国际劳动节、国庆节这些节日期间监狱依法安排罪犯休假;罪犯不实行国家规定的带薪年休假制度。

司法部监狱管理局印发《监狱罪犯劳动改造工作指导意见》(司狱字〔2010〕193 号)提出了"5＋1＋1"罪犯改造模式,即实行罪犯每周 5 天劳动改造,1 天课堂教育,1 天休息,合理确定罪犯生产劳动的时间和休息时间。

(二)罪犯劳动时间的调整

《监狱法》规定:"在季节性生产等特殊情况下,可以调整劳动时间。"

1. 需要调整劳动时间的几种情况

为确保罪犯改造质量、确保罪犯劳动安全以及监内其他活动的正常进行,监狱可以根据罪犯劳动的具体情况对罪犯劳动时间进行适当的调整,这些特殊情况包括与劳动有关的生产过程中的生产特点、技术更新、流程调整、生产订单及原材料供应等因素,受季节因素、气候条件等自然条件影响的因素,服刑过程中罪犯思想状况及教育改造需要的因素,传染病防控等外部环境因素等情况。

2. 延长劳动时间的规定

(1)审批制度。《关于罪犯劳动工时的规定》明确规定,监狱生产单位需要延长劳动时间,须提前拟定加班计划,经监狱狱政、劳动管理部门审核,报监狱长批准,方可实施。

(2)相应措施。《关于罪犯劳动工时的规定》规定,组织罪犯加班的监狱生产单位,事后应当安排罪犯补休,确实不能安排补休的,根据延长劳动时间的长短,支付一定数量的加班费。夜间加班至 23 时以后的,应安排夜餐;罪犯加班费用,从生产成本中列支。

---

① 1994 年 2 月 3 日中华人民共和国国务院令第 146 号发布,根据 1995 年 3 月 25 日《国务院关于修改〈国务院关于职工工作时间的规定〉的决定》修订。

在下列特殊情况下,延长劳动时间可以不受上述规定时间的限制:发生自然灾害、事故或者因其他原因,威胁生命健康和财产安全,需要紧急处理的;生产设备、公共设施发生故障,影响生产和公众利益,必须及时抢修的;农忙季节需要抢收抢种的。

二、劳动报酬权

劳动报酬权是指劳动者依照劳动法律关系,履行劳动义务,由用人单位根据按劳分配的原则及劳动力价值支付报酬的权利。劳动报酬权是宪法权利,是人权的重要内容之一。

《世界人权宣言》第 23 条规定:"人人有同工同酬的权利,不受任何歧视;每一个工作的人,有权享受公正和合适的报酬,保证使他本人和家属有一个符合人的尊严的生活条件,必要时并辅以其他方式的社会保障。"《经济、社会及文化权利国际公约》(1966 年联合国大会通过,我国 2001 年 2 月 28 日人大批准)第 7 条关于劳动报酬权的规定,缔约各国承认人人有权享受公正和良好的工作条件,特别要保证最低限度给予所有人公平的工资和同值工作同酬而没有任何歧视,保证休息、闲暇和工作时间的合理限制,定期给薪休假以及公共假日报酬。

我国《宪法》第 6 条第 2 款规定,国家在社会主义初级阶段,"坚持按劳分配为主体、多种分配方式并存的分配制度";在公民的基本权利和义务一章中确认劳动报酬权是公民的基本权利之一,规定:"国家在发展生产的基础上,提高劳动报酬和福利待遇";同时第 48 条第 2 款规定:"国家保护妇女的权利和利益,实行男女同工同酬"。

劳动报酬权是我国《劳动法》规定的劳动者的基本劳动权利之一,《劳动法》第 46 条第 1 款规定:"工资分配应当遵循按劳分配原则,实行同工同酬。"《劳动法》第 50 条、第 51 条对工资支付作了原则性规定。《劳动法》第 50 条规定:"工资应当以货币形式按月支付给劳动者本人,不得克扣或者无故拖欠劳动者的工资";第 51 条规定:"劳动者在法定休假日和婚丧假期间以及依法参加社会活动期间,用人单位应当依法支付工资"。

此外,国家劳动行政管理部门为保障劳动者劳动报酬权的实现也发布了一系列规章,《工资支付暂行规定》(劳部发〔1994〕489 号)以及《对〈工资支付暂行规定〉有关问题的补充规定》对工资支付的办法、禁止克扣或无故拖欠劳动者的工资、对工资支付的监督作了较为详细的规定。

(一)罪犯劳动报酬的有关规定

《纳尔逊·曼德拉规则》规则 103 规定:"对囚犯的工作,应订立公平报酬的制度。"

在我国,《监狱法》第 72 条规定:"监狱对参加劳动的罪犯,应当按照有关规定给予报酬并执行国家有关劳动保护的规定。"这是我国法律第一次对罪犯的劳动报酬问题作出明确的法律规定。

(二)罪犯劳动报酬的确定依据及组成

我国司法部制定的《罪犯工伤补偿办法(试行)》规定:"罪犯劳动酬金,指监狱根据罪犯技术等级、劳动熟练程度、劳动效率等,以不同形式发给罪犯本人的劳动报酬,包括劳动酬金、奖金、津贴等。"

（三）罪犯劳动报酬用途的规定

根据《纳尔逊·曼德拉规则》规则 103 的规定，"因犯应准至少花费部分收入购买核定的物件以供自用，并将部分收入交付家用"，"监狱管理部门应扣出部分收入，设立一项储蓄基金，在囚犯出狱时交给囚犯"。

我国各省监狱管理局根据《监狱法》和司法部监狱管理局等上级机关的工作要求，制定了适应本省罪犯劳动特点的罪犯劳动报酬管理规定。如 2020 年 7 月 1 日上海监狱管理局制定的《上海市监狱管理局罪犯劳动报酬管理规定》（沪司狱规〔2020〕1 号），规定罪犯劳动报酬的具体用途为：罪犯劳动报酬的使用范围包括刑释储备、财产性判项、狱内消费、家庭救济、自愿补偿被害人等。[①]

（四）罪犯劳动报酬量的规定

我国目前没有统一的劳动报酬量的规定，各省根据监狱罪犯劳动的情况以及各省经济发展情况对罪犯劳动报酬的发放额度作了具体的规定。例如，《上海市监狱管理局罪犯劳动报酬管理规定》规定："监狱企业罪犯劳动报酬按当年罪犯劳动报酬额度予以发放。监狱企业每月参加劳动的罪犯人均劳动报酬不得超过 600 元；凡从事直接生产劳动岗位、辅助生产劳动岗位和狱内勤杂劳动岗位的罪犯劳动报酬每人每月原则上最高不超过 2000 元。不参加劳动的罪犯，不享有劳动报酬。"

三、劳动保护权

劳动保护权是指劳动者在安全卫生的条件下进行工作的权利，用人单位有义务提供符合安全卫生标准的劳动条件。罪犯劳动保护是指监狱在依法组织罪犯劳动生产过程中对罪犯的安全和健康进行保护的法律法规、制度、各项保障和维护措施的总称。[②] 对罪犯劳动的保护不仅是法律的要求，更是劳动改造罪犯任务的根本体现。罪犯劳动保护权的内容方面，主要包括：

（一）劳动安全卫生条件的获得权

《劳动法》第 52 条规定："用人单位必须建立、健全劳动安全卫生制度，严格执行国家劳动安全卫生规程和标准，对劳动者进行劳动安全卫生教育，防止劳动过程中的事故，减少职业危害。"

《监狱法》第 72 条规定："监狱对参加劳动的罪犯，应当按照有关规定给予报酬并执行国家有关劳动保护的规定。"监狱在组织罪犯劳动过程中尤其在生产性劳动项目选择、劳动改造条件、劳动安全等方面应按照国家有关劳动保护的规定执行。

为此，司法部出台了一系列规定，促使监狱生产性劳动项目退出高风险行业。2001 年

---

① 《上海市监狱管理局罪犯劳动报酬管理规定》，http://jyj.sh.gov.cn/n10/20200611/8dffabd76db748a99efa4c2f8111932e.html，最后访问日期：2023 年 1 月 5 日。

② 周雨臣主编：《罪犯劳动组织与管理》，中国政法大学出版社 2016 年版，第 200 页。

出台的《司法部监狱管理局关于清理压缩高风险行业生产项目的通知》(司狱字〔2001〕69号)中,明确要求对风险大、效益低、资源枯竭的小煤矿、小矿山、小水泥厂和小化工厂等进行"关、停、并、转",其目的也是禁止使用罪犯在改造条件差、劳动保障不力的生产性劳动项目中作业,以充分体现国家对罪犯劳动安全卫生条件的法律保护。

《劳动法》第54条规定,用人单位必须为劳动者提供符合国家规定的劳动安全卫生条件和必要的劳动防护用品。《监狱罪犯生活卫生管理办法(试行)》(司狱字〔2010〕273号)第31条规定,监狱应当把职业病防治工作纳入罪犯疾病防治工作计划,按照规定发放劳动保护用品,在罪犯上岗前和在岗期间进行职业卫生培训,普及职业卫生知识。这确保罪犯劳动期间获得劳动保护用品的权利,保障罪犯劳动的安全卫生。

(二)定期健康检查权

为了切实保护劳动者的身体健康,《劳动法》第54条规定:"用人单位必须为劳动者提供符合国家规定的劳动安全卫生条件和必要的劳动防护用品,对从事有职业危害作业的劳动者应当定期进行健康检查。"《职业病防治法》第35条规定:"对从事接触职业病危害的作业的劳动者,用人单位应当按照国务院卫生行政部门的规定组织上岗前、在岗期间和离岗时的职业健康检查,并将检查结果书面告知劳动者。"《监狱罪犯生活卫生管理办法(试行)》第26条规定:"监狱应当定期安排罪犯体检、洗澡、理发、剪指甲、洗衣服和晾晒被褥",保证罪犯的身体健康。

(三)依法获得社会保险的权利

社会保险是指为丧失劳动能力,暂时失去劳动岗位或因健康原因造成损失的人口提供收入或补偿的一种社会经济制度。在中国,社会保险在社会保障体系中居于核心地位。《社会保险法》以法律形式规范了社会关系,维护了公民参加社会保险和享受社会保险待遇的合法权益。《社会保险法》第2条规定:"国家建立基本养老保险、基本医疗保险、工伤保险、失业保险、生育保险等社会保险制度,保障公民在年老、疾病、工伤、失业、生育等情况下依法从国家和社会获得物质帮助的权利。"

1. 监内服刑罪犯养老保险的暂停规定

因刑事犯罪被判刑,罪犯是否能领取养老金的问题,到目前为止国家还没有出台统一的规定。2010年中共中央组织部、人力资源和社会保障部、监察部、国家公务员局印发的《关于公务员被采取强制措施和受行政刑事处罚工资待遇处理有关问题的通知》(人社部发〔2010〕104号)明确规定:"公务员受到刑事处罚,处分决定机关尚未作出开除处分决定的,从人民法院判决生效之日起,取消原工资待遇";"公务员退休后被判处管制、拘役或拘役被宣告缓刑、有期徒刑被宣告缓刑期间,停发退休费待遇,按本人原基本退休费的60%计发生活费。刑罚执行完毕或缓刑考验期满不再执行原判刑罚的,按40%降低基本退休费,补贴按办事员确定。今后国家调整退休费时,按办事员的标准执行";"公务员退休后被判处有期徒刑以上刑罚的,从人民法院判决生效之日起,取消原退休费待遇。刑罚执行完毕后的生活待遇,由原发给退休费的单位酌情处理"。①

2012年,人力资源社会保障部部务会、监察部部长办公会审议通过《事业单位工作人员处分暂行规定》第44条规定:"已经退休的事业单位工作人员有违法违纪行为应当受到处分的,不再作出处分决定。但是,应当给予降低岗位等级或者撤职以上处分的,相应降低或者取消其享受的待遇。"②

同时,各省劳动行政部门对罪犯劳动保险问题作了具体的规定。例如,福建省劳动和社会保障厅闽劳社〔2001〕543号文《职工被判刑后养老保险有关问题的处理意见》规定,职工被判处有期徒刑,在服刑期间,不再缴纳养老保险费,不计算缴费年限。③ 在服刑前的实际缴费年限和按省厅《关于参加养老保险全省统筹企业职工缴费年限认定有关问题的通知》(闽劳社〔2001〕101号)规定可计算为视同缴费的年限予以承认,并与刑满后实际缴费年限合并计算。所形成的个人账户予以保留并计息。职工被判有期徒刑缓期执行的,缓刑期间有工资收入的,应继续缴纳养老保险费。

劳社部发〔2001〕20号文《关于完善城镇职工基本养老保险政策有关问题的通知》规定:"男年满60周岁、女年满55周岁时,累计缴费年限满15年的,可按规定领取基本养老金。累计缴费年限不满15年的,其个人账户储存额一次性支付给本人,同时终止养老保险关系,不得以事后追补缴费的方式增加缴费年限。"

劳社厅发〔2001〕8号文《关于进一步规范基本养老金社会化发放工作的通知》规定,离退休人员在被判刑收监执行期间应暂时停发基本养老金,服刑期满后可按服刑前最后一次领取的标准继续发给基本养老金;关于被判处有期徒刑服刑或缓刑的参保人员,在服刑或缓刑期间达到退休年龄时退休手续的办理问题则规定,参保人员被判处有期徒刑缓刑期间达到退休年龄时可以办理退休手续。参保人员在服刑期间达到退休年龄的,待服刑期满后按规定办理退休手续,不予补发养老金。

2. 罪犯医疗保险

《纳尔逊·曼德拉规则》规则24规定:"1.为囚犯提供医疗保健是国家的责任。囚犯应享有的医疗保健标准应与在社区中能够享有的相同,并应能够免费获得必要的医疗保健服务,不因其法律地位而受到歧视;2.应与普通公共卫生管理部门紧密合作安排医疗保健服务,确保持续治疗和护理,包括对艾滋病毒、肺结核和其他传染病以及毒瘾的持续治疗和护理。"在国内,关于罪犯医疗问题的一些特殊规定如下。

(1)监内服刑罪犯医疗保险特殊规定

服刑罪犯应当享有何种医疗保险,许多省对罪犯医疗保险都作了明确的规定。例如,福建省人力资源和社会保障厅闽人社文〔2011〕111号文《关于被判刑和劳教人员参加基本

---

① 人社部:《机关事业单位人员被刑事、行政处罚或受处分工资待遇(退休金)如何处理》,https://www.sohu.com/a/218369254_99901874,最后访问日期:2022年8月31日。

② 《事业单位工作人员处分暂行规定》,http://www.gov.cn/flfg/201209/03/content_2215755.htm,最后访问日期:2023年2月28日。

③ 《福建省劳动和社会保障厅关于职工被判刑后养老保险有关问题的处理意见》,https://www.shui5.cn/article/98/140337.html,最后访问日期:2022年12月23日。

医疗保险有关问题处理办法的通知》①规定:"参加城镇职工基本保险的判刑人员在服刑期间,停止享受基本医疗保险待遇,不缴纳基本医疗保险费,不计算缴费年限,个人账户予以保留,个人账户存储额照常计息。"享受医疗保健待遇的人员被判刑的,在服刑期间,已终止医疗保健待遇的,刑满释放后,可以选择参加城乡居民医疗保险或灵活就业人员医疗保险。达到法定退休年龄时,其缴费年限要达到国家和省里规定的缴费年限,方可享受退休人员基本医疗保险待遇。

2011年5月四川省监狱在全国率先试行服刑人员大病统筹。通过实施《四川监狱系统服刑人员大病统筹管理试行办法》(川狱〔2011〕145号),有效解决全省监狱服刑人员医疗费不足、大病经费难以调剂等突出问题,此举拉开了全国监狱系统率先探索解决服刑人员医疗保障问题的帷幕。②

(2)《监狱法》等相关法律法规对罪犯医疗问题的规定

《监狱法》第54条规定:"监狱应当设立医疗机构和生活、卫生设施,建立罪犯生活、卫生制度。罪犯的医疗保健列入监狱所在地区的卫生、防疫计划。"

财政部、司法部《监狱基本支出标准》(财行〔2003〕11号)规定,监狱服刑人员医疗保障以财政拨款为主,在此基础上,主要采取了三种形式:一是大部分省份监狱自筹经费,弥补拨款经费不足,经济欠发达地区的监狱自筹占比较大;二是个别经济发达地区实行财政全额保障、实报实销;三是少数省份在财政保障的基础上,省级财政和监狱再拿出资金集中用于大病统筹。

司法部《关于加强监狱生活卫生管理工作的若干规定》(司发通〔2014〕114号)第24条规定:"监狱应当对患病罪犯及时诊治。监狱医疗机构应当根据罪犯身体健康情况,实行罪犯疾病分级管理。应当做好常见病、多发病的诊治和急诊抢救和转诊工作,建立巡诊制度,开展主动医疗";第27条规定:"省(区、市)监狱管理局应当全额保障罪犯基本医疗经费,罪犯医疗经费不足,可以推行罪犯狱内大病统筹制度。具备条件的省份,可以试行罪犯加入城镇居民医保或新农合医保"。

司法部、国家卫计委《关于切实加强监狱医疗卫生工作的通知》(司发通〔2013〕151号)中规定:"监狱应参照当地基本医疗保险或新型农村合作医疗的药品目录、诊疗项目和医疗服务设施标准,保障罪犯的基本医疗。"

2018年司法部监狱管理局在《关于进一步推进监狱系统罪犯大病统筹工作的通知》中要求:"除黑龙江、江西、海南、重庆、贵州、陕西六个已经将罪犯全部纳入城乡居民基本养老保险的省份外,其余省份在未出台国家统一的罪犯加入医保政策前,暂停推进罪犯加入医

---

① 中国的劳动教养制度是根据1957年8月1日全国人大常委会第78次会议批准颁布的《关于劳动教养问题的决定》,以及有关法律、法规建立的。2013年11月15日公布的《中共中央关于全面深化改革若干重大问题的决定》提出,废止劳动教养制度。2013年12月28日全国人大常委会通过了关于废止有关劳动教养法律规定的决定,这意味着已实施50多年的劳教制度被依法废止。劳教废止前依法作出的劳教决定有效;劳教废止后,对正在被依法执行劳动教养的人员,解除劳动教养,剩余期限不再执行。下文中涉及有关劳动教养规定方面的内容,本书均已删除。

② 《四川省监狱系统创新探索服刑人员大病统筹保障机制》,https://www.sc.gov.cn/10462/10883/11066/2011/5/26/10163131.shtml,最后访问日期:2022年9月27日。

保工作。"关于罪犯医疗保险问题已经纳入国家统一考量的范畴。

3. 罪犯工伤处理

《纳尔逊·曼德拉规则》规则 101 规定:"1.监狱应同样遵守为保护自由工人的安全和健康而制定的防护办法;2.应该作出规定,以赔偿囚犯所受工伤,包括职业疾病,赔偿条件不得低于自由工人依法所获条件。"《监狱法》第 73 条规定:"罪犯在劳动中致伤、致残或者死亡的,由监狱参照国家劳动保险的有关规定处理。"这里的"劳动保险"指的就是社会保险中《工伤保险条例》。

我国司法部制定的《罪犯工伤补偿办法(试行)》规定:"罪犯发生工伤或患职业病后,监狱应当采取措施,使其得到及时救治",并对罪犯工伤的认定、处理作了明确的规定。

(1)工伤认定规定

罪犯在下列情况下致伤、致残或死亡的,应当认定为工伤:从事日常劳动、生产或从事监狱临时指派或同意的劳动的;经监狱安排或同意,从事与生产有关的发明创造或技术革新的;在紧急情况下,虽未经监狱指定,但从事有益于监狱工作或从事抢险救灾救人等维护国家和人民群众利益的;在劳动环境中接触职业性有害因素造成职业病的(职业病种类、名称按国家有关规定执行);在生产劳动的时间和区域内,由于不安全因素造成意外伤害的,或者由于工作紧张突发疾病死亡或经第一次抢救治疗后全部丧失劳动能力的;经监狱确认其他可以比照因工致残或死亡享受工伤补偿待遇的。但由下列行为造成负伤、残疾或者死亡的,不应认定为工伤:自杀或自残,打架斗殴,酗酒,违犯监规纪律,犯罪,蓄意违章或故意损坏生产工具,经监狱确认不应认定为工伤的其他行为。

(2)工伤认定机构

罪犯的工伤认定结论由监狱作出。罪犯在劳动过程中发生伤、残或死亡事故,罪犯所在监区应当及时向监狱提出工伤申请报告。监狱应当在收到报告的 30 日内完成调查取证工作,作出是否定为工伤的决定,并通知罪犯本人或家属。

罪犯因工负伤,由监狱组织生产安全、劳动管理和医疗部门的人员按照国家有关标准和程序,对因工伤残罪犯的劳动能力和伤残等级进行鉴定。罪犯对鉴定结论不服的,可以向监狱的上级机关申请重新鉴定,监狱上级机关应当委托当地省级劳动鉴定委员会或聘请有关专家进行重新鉴定,重新鉴定后的结论为罪犯劳动鉴定的最终结论。

(3)罪犯工伤评残标准

按照劳动部、卫生部制定的《职工工伤与职业病致残程序鉴定标准》(劳险字〔1992〕6 号)执行。

(4)伤残等级享受待遇

因工伤残的罪犯,被评残为 1~4 级的,服刑期间,劳动酬金照发。办理保外就医、假释和刑满释放手续的,发给一次性伤残补助金,标准为:一级伤残相当于 36 个月、二级 32 个月、三级 28 个月、四级 24 个月的本人劳动酬金加基本生活费;因工伤残的罪犯,被评残为 5~10 级的,服刑期间,安排适当的劳动,按规定享受相应的劳动酬金待遇。刑满释放时,发给一次性伤残补助金,标准为:五级伤残相当于 16 个月、六级 14 个月、七级 12 个月、八级 10 个月、九级 8 个月、十级 6 个月的本人劳动酬金加基本生活费。

（5）因公死亡处理

罪犯因工死亡的，由监狱负责处理丧葬事宜，丧葬费用由监狱负担。罪犯因工死亡，发给直系亲属一次性死亡补助金。标准为：相当于 48 个月本人劳动酬金加基本生活费。有供养直系亲属的，根据供养人数，酌情增发，增发数额最多不超过 12 个月本人劳动酬金加基本生活费。

4. 接受职业教育的权利

职业教育是指让受教育者获得某种职业或生产劳动所需的职业知识、技能和职业道德教育。《纳尔逊·曼德拉规则》规则 98 第 2 条规定："对能够从中受益的囚犯，特别是对青少年囚犯，应该提供有用行业方面的职业训练"；规则 99 第 2 条规定："但囚犯及其在职业训练上的利益不得屈从于监狱产业盈利的目的"。我国《职业教育法》第 5 条规定："公民有依法接受职业教育的权利。"

《监狱法》第 66 条规定："罪犯的文化和职业技术教育，应当列入所在地区教育规划。"开展罪犯职业技能培训的指导思想和目标任务是紧密结合监狱工作、罪犯改造实际和社会发展形势的需要，使罪犯在劳动过程中学会生产技能、养成劳动习惯和自觉遵守职业纪律的习惯，为释放后重新就业做准备。

《教育改造罪犯纲要》（司发通〔2007〕46 号）第 12 条在罪犯的劳动和职业技术教育内容中明确规定，要结合罪犯实际，教育罪犯认识劳动的重要意义，引导罪犯树立正确的劳动意识，还要考虑罪犯在狱内劳动的岗位技能要求和刑满释放后就业的需要，组织罪犯开展岗位技术培训和职业技能教育。年龄不满 50 周岁、没有一技之长、能够坚持正常学习的罪犯，都应当参加技术教育。有一技之长的，可以按照监狱的安排，选择学习其他技能。对罪犯的岗位技术培训，要按照岗位要求进行"应知""应会"培训和必需的安全教育培训；对罪犯的职业技能教育应当按照劳动和社会保障部门的标准进行。罪犯刑满释放前，取得职业技能证书的应当逐步达到应参加培训人数的 90％以上。

《关于进一步做好刑满释放、解除劳教人员促进就业和社会保障工作的意见》（综治委〔2004〕4 号）规定，监狱要大力宣传党和政府对刑释人员安置帮教的方针政策，教育服刑人员特别是即将刑满释放的服刑人员掌握出狱所后基本的就业和社会保障常识。要进一步加强对服刑人员的职业技能教育培训，不断提高培训质量。劳动和社会保障部门要支持和配合监狱管理部门，开展职业技能培训与职业技能鉴定，适当减免有关费用。劳动和社会保障部门要对刑释人员提供就业指导服务和就业岗位信息，刑释人员参加由各级劳动和社会保障部门组织的再就业定点单位培训的，经考核合格并实现就业后，可根据当地政府有关规定减免培训费用。

5. 依法获得特殊保护的权利

《劳动法》规定对女职工和未成年工的特殊保护，包括提供必要的劳动条件和保护措施，以及在就业、教育、培训等方面给予特殊关注和支持，以确保他们的权益得到充分保障和身心健康得到良好发展。

（1）女犯特殊劳动保护

女犯特殊劳动保护是指根据女犯的生理特点在劳动安全卫生方面采取的不同于男犯的劳动保护。这与我国《劳动法》中的"女职工特殊劳动保护"的意义完全一致。对女犯实行特殊劳动保护,充分地体现了党和国家对女犯的特殊关怀;关心女犯在服刑中的安全和健康,也体现了我国劳动改造制度建立的科学性。对女犯实行特殊劳动保护,不仅保障了女犯在劳动过程中的安全与健康,减少了有害因素和不安全因素的威胁,也减少女性疾病、职业病和伤亡事故的发生。

(2)未成年罪犯劳动的特殊保护

《刑法》规定:"已满十二周岁不满十四周岁的人,犯故意杀人、故意伤害罪,致人死亡或者以特别残忍手段致人重伤造成严重残疾,情节恶劣,经最高人民检察院核准追诉的,应当负刑事责任。"[①]未成年罪犯,其身心尚未发育成熟,服刑期间要开展劳动教育,转变其劳动认知;同时必须合理安排其劳动并在劳动过程中对其安全和健康采取特殊保护措施,以适应其生理发育和知识增长的需要。《监狱法》第 75 条规定,"对未成年犯执行刑罚应当以教育改造为主。未成年犯的劳动,应当符合未成年人的特点,以学习文化和生产技能为主"。《中华人民共和国预防未成年人犯罪法》[②]第 54 条规定:"未成年犯管教所、社区矫正机构应当对未成年犯、未成年社区矫正对象加强法治教育,并根据实际情况对其进行职业教育。"对未成年罪犯劳动的特殊保护有利于罪犯的身心健康以及其合法劳动权益保护。

6. 罪犯刑满释放后失业保险规定

对于刑满释放罪犯出狱后暂时无法找到工作,是否可以享受失业保险待遇?《关于进一步做好刑满释放、解除劳教人员促进就业和社会保障工作的意见》(综治委〔2004〕4 号)第 11 条规定:"刑释解教人员符合条件的,可以按规定享受或恢复失业保险待遇,重新就业的,应按有关规定接续养老保险关系。"

劳动和社会保障部办公厅在《关于对刑满释放和解除劳动教养人员能否享受失业保险待遇问题的复函》(劳社厅函〔2000〕108 号)中规定,按照《失业保险条例》的规定,失业人员领取失业保险金应具备的条件如下:按照规定参加失业保险,所在单位和本人已按照规定履行缴费义务满 1 年的;非因本人意愿中断就业的;已办理失业登记,并有求职要求的。失业人员在领取失业保险金期间被判刑收监执行的停止领取失业保险金。

根据上述规定,在职人员因被判刑收监执行,而被用人单位解除劳动合同的,可以在其刑满、假释后,申请领取失业保险金。失业保险金自办理失业登记之日起计算。失业人员在领取失业保险金期间因被判刑收监执行而停止领取失业保险金的,可以在其刑满、假释后恢复领取失业保险金。失业人员在领取失业保险金期间,按照规定同时享受其他失业保险待遇。失业保险金及其他失业保险待遇标准按现行规定执行。

---

① 2020 年 12 月 26 日,十三届全国人大常委会第二十四次会议表决通过《刑法修正案(十一)》,于 2021 年 3 月 1 日起实施新的刑事责任年龄。

② 1999 年 6 月 28 日第九届全国人民代表大会常务委员会第十次会议通过,根据 2012 年 10 月 26 日第十一届全国人民代表大会常务委员会第二十九次会议《关于修改〈中华人民共和国预防未成年人犯罪法〉的决定》修正,2020 年 12 月 26 日第十三届全国人民代表大会常务委员会第二十四次会议修订。

关于加强监狱生活卫生管理工作的若干规定(司发通〔2014〕114 号)[①]

　　为落实习近平总书记在听取司法部工作汇报时关于"进一步强化监狱内部管理"的重要指示,落实全国监狱生活卫生工作会议精神,进一步加强和规范监狱生活卫生管理工作,为了加强监狱生活卫生工作的管理,切实维护罪犯合法权益,严格公正文明执法,确保监狱安全稳定,根据《监狱法》等有关法律法规和司法部有关文件精神,结合监狱生活卫生工作实际,司法部于 2014 年 11 月颁行《关于加强监狱生活卫生管理工作的若干规定》。该规定共 33 条,涉及八个部分内容:(1)罪犯伙食和日用品供应管理;(2)罪犯被服管理;(3)罪犯居所管理;(4)罪犯疾病预防控制管理;(5)药品管理;(6)罪犯医疗管理;(7)监督考核;(8)附则。

第三节　罪犯劳动保障制度的发展与完善

　　罪犯劳动保障制度的完善符合人权保障的要求,既是公民权利基本保障得以实现的具体体现,也是现代监狱行刑理念发展的必然要求,更是维护监管安全、预防和减少重新犯罪,实现监狱在社会治理能力和治理体系现代化中职能发挥的应有保证。

一、我国罪犯劳动保障的现状

　　虽然《监狱法》对保障罪犯的劳动权有原则性的规定,但由于法律规定得过于抽象,许多监狱在罪犯的劳动问题上做法各异,缺乏统一的依据和标准。目前罪犯劳动权保障方面依然存在诸多问题。

　　1. 罪犯劳动报酬制度

　　罪犯劳动报酬制度是随着我国劳动改造制度的建立而发展起来的。从新中国成立到 21 世纪初监狱体制改革之前,监狱实行的是"监企合一"管理体制,并没有对参加劳动的罪犯发放劳动报酬,而是从监狱经济收益中拿出一部分资金用于改善罪犯伙食、给从事技术劳动的罪犯发放技术津贴和奖金等。

　　新中国成立后,最早关于罪犯劳动收入的表述是 1954 年 7 月制定的《关于劳改生产财务管理的暂行办法(草案)》中规定犯人假定工资制和奖金的计算与处理。假定工资制,指劳改单位对于参加生产劳动的犯人,按照当地同类型地方国营企业同工种、同技术等级、同劳动能力的基本工资标准计算和提取工资的一种特殊制度。由于所提取的工资并不直接

---

　　① 《关于加强监狱生活卫生管理工作的若干规定》,http://jyglj.guizhou.gov.cn/qdn/zwgk/××gkml/zcwj/201808/t20180807_25456299.html,最后访问日期:2023 年 1 月 5 日。

发给参加劳动的犯人,而是集中起来部分用于他们的生活消费,部分用于劳改业务费开支,所以称为犯人的假定工资,目的在于使劳改企业更好地开展经济核算,考察经营效果。

1980 年 9 月 10 日,公安部、财政部《关于劳改业务费的管理规定》明确"犯人技术津贴,是指发给从事专门技术的犯人的技术津贴费,对相当于四五级技术工的每月 3～5 元,相当于技术员和六级以上技工的每月发给 6～9 元,相当于工程师、农技师、主治医师的每月发给 10～20 元。发技术津贴的犯人照发零用钱"。

1982 年 2 月 18 日,公安部发布的《监狱、劳改队管教工作细则》第 136 条规定,"对生产技术有发明创造的犯人,还应当按照国家规定发给奖金。一半发给本人,一半作为劳改机关教育经费的收入"。1984 年 12 月,司法部、财政部印发《关于对犯人发放奖金问题的通知》规定:"各监狱在生产经营中实行利润分成制度,各项奖金从经营利润中提取,与生产效益挂钩,利多奖多,利少奖少,无利不奖。因此,犯人的奖金与干部奖金一样,受生产效益制约。各监狱没有统一的标准,均根据各自的经营利润确定奖金金额。"

1994 年颁布的《监狱法》第 72 条规定,"监狱对参加劳动的罪犯,应当按照有关规定给予报酬并执行有关劳动保护的规定",首次以法律形式确立了罪犯劳动报酬制度。但由于劳动报酬标准、支付方式、如何使用等方面缺乏明确规定,完全由监狱或上级机关决定,实践中难以体现科学性和公平性。

2002 年 1 月,北京市监狱管理局开始实施的《关于给予罪犯劳动报酬的暂行规定》,在全国率先试行罪犯劳动报酬制度。2003 年年初,福建省监狱系统也出台了《福建省监狱系统罪犯劳动报酬管理试行办法》,实施罪犯劳动报酬制度。罪犯劳动报酬的考核发放,实行按日考核,按月兑现,考核与狱政管理和教育改造达标考核相结合。

总体上讲,现阶段罪犯劳动报酬仍处在一个较低的水平。从全国来看,参加劳动的罪犯,每月可领到几十元、几百元、上千元[①]不等的"工资"。罪犯的劳动所得与劳动付出远不成比例。罪犯既不可能依靠劳动报酬来维持自己的生存,更不可能以此来保障其家庭成员的生活。低报酬制度,很难激发罪犯对劳动的认同和参与劳动的积极性,用刑事奖励的方式激励罪犯劳动往往容易导致罪犯投机劳动。当前重点要探索罪犯劳动报酬的制度化、标准化的问题,适当拉大差距,劳有所得,多劳多得,按劳分配,体现公平的原则;尽快规范罪犯劳动报酬的用途,为给受害人补偿、赡养家庭和缴纳社会保险金额等提供法律和政策依据。

2. 工伤处理

《监狱法》第 73 条规定:"罪犯在劳动中致伤致残或者死亡的,由监狱参照国家劳动保险的有关规定处理。"这意味着国家劳动保险的有关规定监狱只是参照,并不要求必然依照。罪犯的工伤死亡等鉴定程序、赔偿程序、补偿等由监狱管理机关自行制定。在监狱劳动中如若发生伤亡事故,罪犯的工伤鉴定与正常的劳动工伤鉴定程序不同。罪犯工伤鉴定程序由监狱的职能部门制定,罪犯本人及其家属无权参与决定。《罪犯工伤补偿办法(试

---

① 数字来源:《上海市监狱管理局罪犯劳动报酬管理规定(试行)》(沪司狱规〔2018〕2 号)第 8 条(发放标准)规定:"监狱企业罪犯劳动报酬按当年罪犯劳动报酬额度予以发放。监狱企业每月参加劳动的罪犯人均劳动报酬不得超过 600 元。凡从事直接生产劳动岗位、辅助生产劳动岗位和狱内勤杂劳动岗位的罪犯劳动报酬每人每月原则上最高不超过 2000 元。不参加劳动的罪犯,不享有劳动报酬。"

行)》规定："罪犯因工负伤医疗终结后,按照确定的伤残等级享受下列待遇:因工伤残的罪犯,被评残为 1—4 级的,服刑期间,劳动酬金照发。办理保外就医、假释和刑满释放手续的,发给一次性伤残补助金。标准为:一级伤残为 36 个月、二级 32 个月、三级 28 个月、四级 24 个月的本人劳动酬金加基本生活费。"因为罪犯劳动报酬和基本生活费处于较低水平,所以导致罪犯工伤补偿与社会事故补偿存在较大差距,由此导致的部分刑释人员为工伤补偿金起诉监狱的法律纠纷,不利于罪犯的改造与监狱的稳定。

3. 罪犯的职业技能培训

作为特殊的劳动力群体,对罪犯进行职业技术教育是全面贯彻执行我国监狱工作方针政策的必然要求,是劳动改造罪犯的关键环节,直接关系着罪犯再社会化进程能否顺利完成。

《监狱法》、《司法部、国家教委、劳动部关于进一步加强对罪犯的文化职业教育和技能培训的通知》(司发通〔1995〕122 号)、《中共中央办公厅、国务院办公厅转发〈中央社会治安综合治理委员会关于进一步加强刑满释放解除劳教人员安置帮教工作的意见〉的通知》(中办发〔2010〕5 号)、《司法部等 11 部委关于贯彻落实〈中共中央办公厅、国务院办公厅转发《中央社会治安综合治理委员会关于进一步加强刑满释放解除劳教人员安置帮教工作的意见》的通知〉的实施方案》(司发通〔2010〕13 号)等一系列法律法规对罪犯职业技能培训纳入政府总体规划作出相关的规定,确保罪犯职业技术教育工作的开展。

近几年,一些监狱将罪犯职业技能培训纳入当地职业技能培训总体规划,广泛开展对罪犯的职业教育和技能培训。比如江西省监狱系统将罪犯出监前的职业技能培训纳入社会就业培训保障体系,逐步形成"财政部门出钱、司法行政部门培训、人保部门发证"的既有分工又有合作的培训机制,这一做法得到了中央领导的充分肯定。

有的省份的监狱成立了职业技术教育中心、技能鉴定所等机构,依托社会资源,开展分层次、分类别的罪犯职业技能培训,对即将出监的罪犯进行就业指导,召开罪犯刑释就业推介会,与社会企业签订聘用意向,为罪犯顺利回归社会创造条件。据统计,2018 年全国应参加职业技术教育学习的罪犯有 477383 人,实际参加职业技术教育的有 457442 人,入学率为 95.8%,获得职业技能证书的有 233714 人,获证率为 51.9%,出监罪犯获得职业技能证书的有 205114 人,获证率为 72.82%。[①] 很多监狱都在罪犯职业技术培训方面作了不懈的努力,取得了较好的成效。

由于省情不同,职业技术教育发展状况并不相同。就全国监狱来看,一是多数省份还未能完成将罪犯职业技能培训纳入当地职业技能培训总体规划中。由于改革壁垒,监狱还无法共享社会教育资源,从当前罪犯职业技能培训来看,多数监狱开展职业技术教育主要是围绕监狱劳动展开,"干什么、学什么",教育内容范围狭窄,还无法把职业教育与罪犯个体职业发展需求有机结合。二是监狱作为刑罚执行机关,监狱在罪犯职业技术教育经费、师资、教材、考核评价等方面的困难一直没有得到有效解决,罪犯技能培训缺乏发展动力和配套条件,教育资源贫乏,手段落后,只有少数监狱的部分罪犯能在职业技能培训方面实现

---

① 李豫黔:《中国共产党领导下中国监狱改造罪犯的初心和使命》,http://www.moj.gov.cn/pub/sf-bgw/jgsz/jgszzsdw/zsdwzgjygzxh/zgjygzxhxwdt/202106/t20210630_429492.html,最后访问日期:2022 年 6 月 30 日。

与社会职业需求的无缝对接。

4. 罪犯医疗保障

截至 2018 年,我国的黑龙江、江西、海南、重庆、贵州、陕西等 6 省已经将罪犯全部纳入城乡居民基本医疗保险,还有一些省份的部分监狱纳入城乡居民基本医疗保险,实施系统内大病统筹。由于我国罪犯医疗缺乏明确的法律规定,这几年随着国家刑事政策的调整,监狱医疗问题更为突出。目前监狱医疗面临的主要问题包括以下几个方面。

(1)各类病犯显著增加,监狱医疗不堪重负。根据司法部、国家卫计委 2013 年联合颁发的《关于切实加强监狱医疗卫生工作的通知》中关于监狱医疗机构设置和基本标准,明确监狱医院按照一级综合医院基本标准和行业管理规定,为在押罪犯提供医疗、预防、保健和康复等基本医疗服务,属于初级卫生保健的医疗机构。由于国家刑事政策的调整,当前监狱押犯中病犯多、病种多,危重病、疑难病罪犯增多的趋势凸显。大量老弱病残罪犯进入监狱,癌症以及艾滋病等重大疾病显著增加,高血压、冠心病、糖尿病、慢性肾病、各类癌症、结核病、肝硬化、肝炎、精神疾病等各类慢性病犯在押犯中比例不断攀升。监狱有限的医疗资源与罪犯不断增长的医疗需求之间的矛盾凸显,监狱医院风险剧增。

(2)专业人才较为匮乏,监狱医疗技术风险大。由于监狱医院人才招录和公务员管理体制,职称与待遇不挂钩,职称评定受限制[1],制约了医疗人才的进入,人才断层现象严重。临床科室不齐,专科医生缺乏,监狱医务人员培养存在瓶颈,业务水平不高,临床经验不足,应对突发疾病能力非常有限,监狱医院的医疗技术本身面临极大的风险。

(3)重疾概率增加,医疗费用不足。由于新型病种病情的不断出现、罪重刑长犯人重大疾病产生概率增加,使罪犯医疗费用持续快速上涨,监狱机关医疗经费开支压力不断攀升。罪犯医疗费用总体不足的矛盾日益凸显。虽然,各省监狱都在罪犯医疗费用争取上一直不懈努力,如 2022 年福建省罪犯医疗经费财政拨款已经达到每年人均 1350 元[2],很大程度上缓解了监狱医疗费用超支严重的问题。但与社会人均医疗费用相比还有很大差距,《2019年我国卫生健康事业发展统计公报》显示全国参保职工人均医疗费用 3723 元。

由于罪犯的医疗保障缺乏相应的标准与底线,监狱医疗费用数量总体不足是常态,一方面,导致监狱医院不断压缩医疗开支;另一方面,由于缺乏制度约束,一些监狱为避免不必要的法律风险和医疗纠纷,只要诊断和治疗需要,监狱也不得不无限制地免费提供给罪犯,尤其对一些处于生命晚期的癌症病人、心脑血管、肝硬化、尿毒症等慢性病病犯,使用支持疗法以维持其生命,过度医疗造成资源浪费无法避免,监狱医疗费用不足的矛盾加重。

(4)全额保障,增加监狱医疗风险。由于监狱全额医疗。一些达到保外条件的病犯,拒绝保外,继续享用监狱的免费医疗;同时为了规避监外就医费用导致的沉重家庭负担,某些本可以保外就医的罪犯家属不愿担保。这增加监狱医疗负担风险,随时可能出现的"病亡"给监狱带来了诸多隐患。

---

① 2017 年中共中央办公厅、国务院办公厅《关于深化职称制度改革的意见》规定,所有公务员(包括参公人员)一律禁止参加专业技术职称评审。

② 1350 元与监狱的实际费用需要还是有差距的。2021 年全国医疗改革"排头兵"三明人均医疗费用为 1871 元,仅为全国平均水平的一半左右。

5. 罪犯养老保险缺失

根据我国现行的社会保障政策,入狱罪犯一律被剥夺享受养老保险的资格。退休人员入狱后停止享受退休待遇;在职人员入狱后继续参加劳动的,不能继续缴纳养老保险费,入狱前没有参加养老保险的,服刑期间不能建立养老保险关系。服刑期间到达退休年龄的,暂不办理退休手续。虽然人力资源社会保障部门规定对已经参加城镇职工养老保险、城乡居民基本养老保险的刑满释放人员,符合条件的可以按规定保障其继续参保或领取养老金。但对于那些参保年限不足又到了退休年龄的刑满释放人员则无法通过继续参保实现对养老金的获取。刑释人员回归社会后的现实是就业难,生活无保障,社保待遇难以享受。养老问题成为影响罪犯回归社会、适应社会的重要问题。

二、罪犯劳动保障制度的完善

建立罪犯劳动保障制度,关键要深化监狱体制改革,目前众多的理论研究者呼吁应逐步将罪犯劳动纳入社会劳动的范畴,使罪犯的特殊劳动者身份得到社会的认可,进而实现罪犯以特殊劳动者身份享受劳动保障待遇的目的。

(一)完善罪犯劳动报酬制度

劳动报酬制度是当前罪犯劳动中备受关注的重点问题。《纳尔逊·曼德拉规则》明确规定罪犯劳动报酬的"公平原则""自用""家用"以及出狱时的"储蓄基金"功能,这是国际上对罪犯劳动报酬的最低限度规定。我国司法部监狱管理局印发的《监狱罪犯劳动改造工作指导意见》规定:"监狱要建立健全罪犯劳动报酬制度,明确罪犯劳动报酬的提取、管理、分配标准和使用方法,定期为参加劳动的罪犯发放劳动报酬。"

近年来,随着监狱体制改革的逐步到位,罪犯劳动报酬制度得到一定程度的重视,司法部监狱管理局《监狱罪犯劳动改造工作指导意见》就罪犯劳动报酬提出了五个方面的要求:(1)监狱要建立健全罪犯劳动报酬制度,明确规定罪犯劳动报酬的提取、管理、分配标准和使用办法;(2)监狱定期为参加劳动的罪犯发放劳动报酬;(3)监狱实行劳动报酬制度应体现公开、公正、公平和按劳取酬的原则;(4)发放劳动报酬要与监狱对罪犯的劳动改造效果的评估挂钩;(5)应考虑监狱的性质、任务和罪犯的特殊身份,避免产生不良社会影响。

在我国,监狱组织罪犯劳动的首要目的是改造罪犯,这决定了在制定罪犯劳动报酬时应着眼于罪犯的改造工作,为罪犯劳动改造服务。"监狱和监狱企业应根据监狱企业社会效益和经济效益情况,参考当地最低工资标准,合理确定参加劳动罪犯的劳动补偿费提取标准,并定期调整。劳动补偿费除用于发放罪犯劳动适当报酬等罪犯个人使用外,剩余部分主要用于补充监狱的项目支出等。"[1]

---

[1] 2017年1月3日,《关于进一步加强监狱企业规范管理的意见》第14条关于"严格罪犯劳动补偿费提取和管理"规定。

罪犯劳动改造学

专栏 10-1　他把 1 万元交给了被害人家属①

在四川省自贡监狱，服刑罪犯罗某积攒了 1 万元劳动报酬。带着罗某的忏悔，驻监检察官和监狱民警一道，来到四川泸州一个偏僻乡村，将这 1 万元钱交到了案件被害者家属李某手中。惊讶之余，李某说："我丈夫被害时，小儿子才 9 岁，这伤痛我一辈子都恨。既然罗某真诚认罪悔罪，我愿意给他一个重新做人的机会。"

罗某怎么会有劳动报酬交给被害人家属？四川省自贡市检察院驻自贡监狱检察室主任李毅告诉记者，这主要得益于检察院和监狱一道，按照监狱法"监狱对参加劳动的罪犯，应当按照有关规定给予报酬"的规定，共同探索以罪犯劳动报酬激励机制为抓手，促进教育改造工作，提升罪犯教育改造质量。

2017 年，司法部提出要适度提高罪犯劳动报酬，让罪犯感受到劳动的尊严与价值。这也为检察机关拓宽了监督思路。李毅告诉记者，如何将罪犯劳动报酬与监狱执行刑罚、改造罪犯结合起来，服务并服从于将罪犯改造成为守法公民这一目标，才是大家所追求的最终效果。

为此，自贡市检察院与监狱认为，应进一步扩大劳动报酬激励机制的社会效果，通过制度引导罪犯热爱劳动、珍惜劳动成果，并合理充分用好劳动报酬，最大限度发挥劳动报酬履行民事赔偿、财产性判项义务，为其回归社会提供过渡性保障，体现劳动报酬的社会效益。这次研讨决定将劳动报酬奖励机制适用对象覆盖至监狱所有罪犯。

2018 年，自贡监狱进一步推行劳动报酬激励机制，制定《罪犯劳动报酬管理办法实施细则》，明确罪犯劳动报酬按照 5：3：2 建立狱内消费金、社会责任金和出狱生活储备金。社会责任金用于支付民事赔偿、财产性判项。出狱生活储备金用于罪犯出狱后就业过渡、创业发展等，防止出狱后因没有过渡性保障再次走上犯罪道路。

制定罪犯劳动报酬，一是应充分考量再生产罪犯劳动力的费用，回归罪犯劳动的本来价值，即劳动成为监内服刑罪犯的谋生手段，从而实现罪犯劳动的根本目标；二是应考量罪犯缴纳罚金、落实民事责任赔偿的需要，以及罪犯实现社会保险的现实需求。通过提高罪犯劳动报酬，强化劳动改造罪犯的功能和手段，可以有效地调动罪犯参与劳动的积极性和主动性，有利于稳定监管改造秩序和扩大改造成果。

司法部应加快推进罪犯劳动报酬制度的研究和制定，对罪犯劳动报酬的性质、发放目的、适用对象、管理原则、资金来源、发放依据、发放标准、限制条件、使用标准、核算发放、发放程序、管理监督等作出规定，以便更好地指导全国监狱罪犯劳动报酬发放工作。与以往不同，目前全国很多省份根据省情颁布的罪犯劳动报酬规定开始关注罪犯劳动报酬的公平

---

① 徐盈雁、张可畏、易广宇：《他把 1 万元交给了被害人家属》，载《检察日报》2019 年 2 月 12 日第 001 版。

194

性和效用等方面。比如《上海市监狱管理局罪犯劳动报酬管理规定》（沪司狱规〔2020〕1号）中关于罪犯劳动报酬使用规定"原判有期徒刑以及死缓、无期徒刑减为有期徒刑的罪犯，应提取其劳动报酬35％作为刑释储备金。刑释储备金应每月提取并单列，罪犯刑满释放、假释、暂予监外执行、死亡等情形时一次性发放。罪犯刑释储备金总额达到人民币20000元时，停止提取。罪犯刑释储备金原则上不得挪作他用，如有履行财产性判项、家庭救济、自愿补偿被害人等特殊原因，需由罪犯本人申请，监区审核，监狱批准后使用"。总额度之所以设置为2万元，主要是考虑罪犯回归社会时可以保证其半年以上的基本生活，为其顺利回归社会提供基本的物质基础。这体现了制定罪犯劳动报酬开始从狱内需求向回归保障的延伸。

（二）罪犯医疗保险制度的构建

长期以来，监狱服刑人员医疗保障机制不健全的问题，一直困扰着监狱工作的正常开展。《监狱罪犯生活卫生管理办法（试行）》提出要求，"根据实际情况，逐步将罪犯医疗保障纳入当地居民基本医疗保障体系"。全国各地监狱开启了构建罪犯医疗保障制度的实践和探索。2009年，海南省美兰监狱等几所监狱统一为服刑人员缴纳居民医保参保费，服刑人员可依照《海口市城镇居民基本医疗保险暂行办法》，享受和居民完全一样的医保待遇。[1]2011年5月四川监狱系统推行《四川监狱系统服刑人员大病统筹管理试行办法》，在全国监狱系统率先探索破解服刑人员基本医疗保障难题。[2] 这些实践，解决了服刑人员医疗经费不足、大病经费难以调剂等医疗突出问题，使服刑人员患上大病都能得到及时治疗，缓解监狱医疗压力和医患矛盾，确保监狱的和谐与稳定。服刑人员纳入社会医疗保险体系的成功尝试，为彻底摆脱我国监狱医疗困境开了先河。

2014年"两会"上，湖南省人大代表建议，在《监狱法》中增加"服刑人员纳入基本医疗保险统筹范围"的内容，既能确保《监狱法》落实到位，又符合医疗体制改革精神，同时还能保障服刑人员的健康权益，促进服刑人员更加平等地享受医疗保障。2014年司法部下发的《关于加强监狱生活卫生管理工作的若干规定》明确规定："监狱应当参照当地基本医疗保险或新型农村合作医疗的药品目录、诊疗项目和医疗服务设施标准，保障罪犯的基本医疗。省（区、市）监狱管理局应当全额保障罪犯基本医疗经费。罪犯医疗经费不足，可以推行罪犯狱内大病统筹制度。具备条件的省份，可以试行罪犯加入城镇居民医保或新农合医保。"

（三）工伤预防与处理

1. 做好工伤的预防工作

绝大多数伤亡事故可以预防和避免。监狱应当利用现有技术条件，采用预防伤亡事故的安全技术措施，不断改善罪犯劳动条件，消除不安全因素，控制伤亡事故。罪犯劳动中工伤

---

① 张惠宁、林芳羽：《海口服刑人员纳入城镇居民医保实施3年各方叫好》，https://news.sina.com.cn/o/2012-08-10/074124943094.shtml.最后访问日期：2023年5月12日。
② 杨杰、安源：《四川省监狱率先试行服刑人员大病统筹》，http：//www.chinanews.com/fz/2011/05-17/3047258.shtml,最后访问日期：2020年5月16日。

的预防：一是应加强安全技术知识、劳动纪律教育，不断提高罪犯的安全意识，提高罪犯的安全防范能力，这是预防工伤的基本前提。二是对罪犯劳动中技术操作规程遵守情况，罪犯个人防护用品的发放和使用情况，机器设备的维护和保养情况，设备进行预防性的机械强度试验及电器绝缘检验情况，工作地点的合理布置与整洁情况进行定期和不定期的严格检测和常规检查。三是要不断改进罪犯生产工艺过程，对危险岗位尽量采用现代技术，减少安全隐患。

2. 落实职业病防治

《罪犯工伤补偿办法(试行)》明确规定在劳动环境中接触职业性有害因素造成职业病的(职业病种类、名称按国家有关规定执行)认定为工伤。因此，应加强罪犯劳动卫生管理。罪犯劳动卫生管理指监狱在罪犯劳动中为了改善劳动条件，保护罪犯劳动者的健康，避免有毒、有害物质的危害，防止发生职业病和职业中毒而采取措施的总称。

(1)认识职业危害因素

第一，化学因素。这是引起职业危害最为常见的有害因素。例如有机化合物(如苯、汽油等)、化学农药(如杀虫剂、杀菌剂)、高分子化合物(如合成橡胶、塑料等)，以及刺激性与窒息性气体。

第二，物理因素。如生产过程中的高温、高压、高湿，各种强烈的辐射、振动，生产性噪声，各种电磁波(如X射线、微波)。

第三，生物因素。主要是医疗、生物等行业中出现的职业危害，如各种病毒的侵袭、感染等。

第四，劳动组织和劳动制度因素。如工作时间安排过长、劳动强度过大导致劳动者疲劳无法恢复。由于长时间重复一种不良动作，导致劳动者个别器官或人体系统的失调，造成慢性病。

第五，劳动环境因素。如噪声过大、粉尘含量过高、照明不足、防暑降温设施不良都会造成长期处于此环境下工作的劳动者受到慢性伤害。

(2)了解国家职业卫生标准

职业卫生标准是以保护劳动者健康为目的，对劳动条件(工作场所)的卫生要求作出的技术规定，是实施职业卫生法律、法规的技术规范，是卫生监督和管理的法定依据。监狱职业卫生要求严格执行《中华人民共和国国家职业卫生标准》。

监狱应当把职业病防治工作纳入罪犯疾病防治工作计划，按照规定发给罪犯劳动保护用品，在罪犯上岗和在岗期间进行职业卫生培训，普及职业卫生知识。[①] 涉及罪犯职业病的诊断，由法定职业病诊断机构进行。

监狱应当依照法律、法规要求，严格遵守，落实职业病预防措施。确保劳动场所符合行业标准，从生产性劳动项目的选择上控制和消除职业病危害；监狱定期发放劳保用品，并检查督促罪犯正确使用；加强职业健康检查，有效防止职业病的发生；发现罪犯存在职业病的要及时治疗、恢复。

3. 完善罪犯工伤补偿

对罪犯劳动受伤的保障，既符合改造罪犯的宗旨，也符合人权保障的发展趋势。监狱应

---

① 《监狱罪犯生活卫生管理办法(试行)》(2010年8月31日，司狱字〔2010〕273号)第31条。

积极探索将罪犯劳动纳入工伤保险范畴,这既是对罪犯人权的保障,也体现了现代监狱的文明与人文关怀,有利于罪犯对社会主义法治理念的认同,有助于将罪犯改造成守法公民,促进监狱治理体系和治理能力现代化。

专栏 10-2 "十四五"职业病防治主要指标①

	指标名称	目标值
1	工伤保险参保人数	稳步提升
2	工业企业职业病危害项目申报率	≥90%
3	工作场所职业病危害因素监测合格率	≥85%
4	非医疗放射工作人员个人剂量监测率	≥90%
5	重点人群职业健康知识知晓率	≥85%
6	尘肺病患者集中乡镇康复服务覆盖率	≥90%
7	职业卫生违法案件查处率	100%
8	依托现有医疗资源,省级设立职业病防治院所	100%
9	省级至少确定一家机构承担粉尘、化学毒物、噪声、辐射等职业病危害工程防护技术指导工作	100%
10	设区的市至少确定一家公立医疗卫生机构承担职业病诊断工作	100%
11	县区至少确定一家公立医疗卫生机构承担职业健康检查工作	95%

(四)落实罪犯职业教育权利

《纳尔逊·曼德拉规则》规定"囚犯及其在职业训练上的利益不得屈从于监狱产业盈利的目的"。因此,监狱在开展罪犯职业技能培训中应坚持从实际出发、面向社会、按需施教、学以致用,把刑期变成培训技能、提高素质的学期;加强劳动教育、弘扬劳动精神,不断矫正罪犯劳动恶习;省(区、市)监狱管理局应积极争取、协调省人力资源社会保障、财政和安置帮教等部门,解决部分培训资金,依托社会资源和技术力量,加强职业技能培训和就业指导、推介等工作,为罪犯刑释后回归社会打好基础。

罪犯职业技术教育应以立足监管改造、着眼社会就业、满足社会实际需要为原则,根据社会职业技术的发展变化、人才市场实际需求,及时调整、科学配置职业技术培训内容,增强罪犯职业技术教育的实用性,逐渐建立既以社会需求为导向,又符合监狱实际情况的罪犯职业技术教育社会化路径。

在提高劳动报酬制度的基础上,可以探索建立罪犯技能培训项目由人力资源部门和企业联合公布,罪犯个人申请技能培训项目,培训费用财政扶持一点、监狱补贴一点以及罪犯

---

① 《关于印发国家职业病防治规划(2021—2025 年)的通知》,http://www.gov.cn/zhengce/zhengceku/2021-12/18/content_5661756.htm,最后访问日期:2022 年 5 月 5 日。

个人出资一点的制度,既解决劳动技能培训上的资金不足的困难,又真正实现劳动技能培训与罪犯需求的无缝对接。

综上所述,罪犯作为"社会人",最终要回归社会,罪犯刑满释放后,如果没有一定量的出狱储备金为基础,缺乏适应社会维持生计的劳动技能,罪犯出狱后很容易成为社会的不稳定因素。因此,监狱应在罪犯劳动保护和劳动保障等方面加大力度,切实使参加劳动的罪犯得到合理合法的劳动报酬和劳动权益,从而构建良性运行的罪犯劳动改造的体制机制格局,有力推动中国现代监狱制度和谐稳定发展。

阅读资料

工作场所职业卫生管理规定
(中华人民共和国国家卫生健康委员会令第 5 号)①

为了加强职业卫生管理工作,强化用人单位职业病防治的主体责任,预防、控制职业病危害,保障劳动者健康和相关权益,根据《中华人民共和国职业病防治法》等法律、行政法规,国家卫生健康委员会 2020 年 12 月 4 日第 2 次委务会议审议通过《工作场所职业卫生管理规定》,自 2021 年 2 月 1 日起施行。本规定共 5 章 60 条,包括:第一章总则;第二章用人单位的职责;第三章监督管理;第四章法律责任;第五章附则。

研究与思考

1. 建立罪犯劳动保障制度有何意义?
2. 罪犯劳动保障制度的内容有哪些?
3. 简述罪犯医疗保障现状及对策。
4. 罪犯工伤应如何处理?
5. 案例分析:罪犯李某因抢劫罪被判处 10 年有期徒刑,2015 年 11 月入某监狱服刑,2018 年某日,李某用二轮车从菜库向伙房运菜期间,因下雨路滑,二轮车滑倒并向一侧撞墙,造成李某食指骨折,后被截肢。请问李某是否属于工伤? 该如何处理?

---

① 《工作场所职业卫生管理规定》,http://www.gov.cn/gongbao/content/2021/content_5595925.htm,最后访问日期:2023 年 1 月 15 日。

第十一章　罪犯劳动与监狱企业

1. 监狱企业是指国家为监狱执行刑罚，改造和教育罪犯，提供罪犯劳动场所和劳动岗位，不以营利为目的的公共企业。

2. 监狱企业是特殊的国有独资公司，是改造罪犯工作的组成部分，是监狱依法对罪犯实施劳动改造的重要组织形式，主要任务是：为监狱改造罪犯提供劳动岗位，为改造罪犯服务，不同于以营利为目的的社会企业，但是也要讲效益。

3. 监狱企业是一个承担着改造罪犯任务的特殊经济实体，监狱企业的决策者、管理者都具有刑罚执行者的资格和身份，具有人民警察和公务员的双重身份。组织罪犯进行劳动改造是一种执法管理行为。

4. 监狱企业的主要劳动力是被判处刑罚在狱内服刑的罪犯。

5. 监狱与监狱企业的关系问题是监狱体制改革的关键问题。

6. 监狱企业的社会责任包括：为罪犯劳动提供岗位，营造良好的劳动改造氛围；落实安全生产责任；承担公平诚信、确保产品质量的责任；承担科学发展和依法纳税的责任；承担节约资源、维持经济可持续发展的责任；提高企业竞争力和创新力。

7. 监狱企业的优势：劳动力资源优势，主要是监狱企业有数量充足且相对稳定的罪犯劳动力；监狱企业拥有高素质、强执行力的监狱警察队伍；监狱企业运营稳定，信誉良好；监狱企业拥有土地资源优势。

8. 监狱企业劣势：监狱企业罪犯人力资源问题，监狱企业运行目标多维性，监狱企业缺乏内在生产动力，监狱产业单一低端，生产性劳动项目受局限，罪犯劳动报酬作用有限，实物资源利用率低，监狱企业在生产上缺乏协调。

9. 监狱企业发展战略：完善国家对监狱企业的法律保障，建立经费保障体系，构建以政府扶持为主要模式的罪犯劳动运行体系。

第一节　监狱与监狱企业

企业是从事生产、流通、服务等经济活动，以生产或服务满足社会需要，实行自主经营、独立核算、依法设立的一种营利性的经济组织。监狱企业是特殊的企业，伴随着监狱及其行刑活动而产生，它的存在与发展不仅为监狱有效执行刑罚提供物质保障和现实载体，还能使罪犯劳动力资源得到开发利用,为国家经济建设作出贡献。监狱企业是指"国家为监狱执行刑罚,改造和教育罪犯,提供罪犯劳动场所和劳动岗位,不以营利为目的的公共企业"①。

新中国成立后,并没有"监狱企业"这个专有名词,虽然更多是用"监狱经济""监狱生产"等来表达监狱中的经济生产单位,但这并不表明之前的监狱中不存在企业。早在新中国成立初期,我国的罪犯劳动生产就已采用了企业的组织形式。监狱按照一般企业登记注册,办理营业执照,从事监狱经济活动,只是此前的监狱生产经营部门作为监狱的内设机构,还没有从市场化的企业经营视角来运作监狱经济。伴随着我国经济体制的改革,监狱企业概念逐渐推广,2003 年监狱体制改革后,监狱企业在官方文件中全面使用。

一、我国监狱企业的发展历史

(一)创建时期(1950—1983 年)

1949 年全国在押罪犯仅 60999 人,1950 年增加到 151441 人,1951 年猛增至 872951 人,②基于中国经济背景和押犯状况,中国政府吸纳了根据地和苏联劳动改造罪犯的经验,"三公"会议上提出了"三个为了"的方针,按照劳改队的类型,分别拨付分配劳改队经费,开启了大规模罪犯劳动改造的历史。无论是在极端困难的初创时期,还是在"文化大革命"曲折发展时期,在劳动改造人的科学理论指导下,坚持"三个为了"和"改造第一、生产第二"的监狱工作方针,把教育改造与劳动改造相结合作为实践原则,坚定不移地发展监狱经济,开农场、办工厂、修水利、建铁路,组建起大规模的劳动改造工作。在财务管理体制上,自 1954 年起,实行收抵支及差额管理制度,到 20 世纪 60 年代初实行"统收统支、全额管理"制度,70 年代末至 1983 年,先后实行"定额上缴、收入分成"和"财务包干"制度。

这一时期是我国监狱企业发展的创建期,监狱企业不仅提供了大量劳动改造岗位,成功改造了大批罪犯,同时也对我国困难时期的国民经济发展起到了一定作用。"30 年来,共开垦荒地 1100 多万亩,建设工厂、矿山、农场 800 多个,累计产粮食 300 多亿斤,工农业总产值达 646 多亿元,还参加了修筑铁路、公路、治理江河和开发边远地区。"③我国监狱逐步形成了包括农业、机械工业和能源、原材料生产为主的比较完备的监狱经济产业体系。计划经济自身的特点和国家制定的统购统销政策,在客观上促成了"监企合一"的监狱生产管理体制,刑罚执行与劳动生产"一体化"决策,在管理和运行机制上也保持了高度一致。但这时的监狱经济处于一种"小而全"的经济状态,涉及行业多、产品杂,管理粗放,缺乏生机和活力,随着国民经济的调整,计划内订货逐步减少,生产任务不足,经营困难局面显现。

---

① 任永安:《中国监狱企业制度研究》,经济管理出版社 2017 年版,第 22 页。
② 中国监狱工作协会编:《新中国监狱工作五十年(1949.10—2000)》,法律出版社 2019 年版,第 45 页。
③ 中国监狱工作协会编:《新中国监狱工作五十年(1949.10—2000)》,法律出版社 2019 年版,第 195 页。

（二）发展时期（1983—2003 年）

1982 年 9 月党的十二大明确提出建设有中国特色的社会主义重大命题和"小康"战略目标,改革开放由此全面展开,社会主义现代化建设出现新的局面。中国进入改革开放新的历史时期,随着市场经济体制的建立和逐步完善,监狱企业顺势而为,知难而进,迎难而上,通过深化管理体制和经营机制改革,积极适应市场经济,发展规模不断扩大。这一时期的监狱企业,在管理体制上,自 1984 年开始,推行改造、生产"双承包责任制"。1998 年,形成了"一级管理、分级运营"的监狱企业管理体制,但管理上仍是"单组织多目标"模式。90年代中后期,开始探索引进劳务加工生产,不断调整加工生产结构。在经费和财务管理体制上,1997 年建立起"财政保障为主、监狱生产为辅"的经费开支保障体制,在监狱系统内建立起了"收支分账"的经费管理体制。1998 年,采取"财政拨款、监狱企业负担、各监狱企业向省局上缴利润由省局集中收入后在全省监狱系统内统一调配返还"的方式分担监狱经费,建立起"监企分账核算、综合预算管理"为主要形式的监狱及监狱企业经费管理体制。实施监企分账管理,理顺了监企职能,监狱企业实现扭亏为盈,规模不断扩大,效益持续提高。但也暴露出许多新问题:一是监狱企业生产收入与监狱经费开支水平直接挂钩,就变相等同于把监狱改造罪犯的工作与企业收入水平挂钩,监狱企业只能通过追求经济效益更多补贴监狱改造经费,导致劳动改造罪犯职能在发展目标管理上出现了不同程度的弱化和错位;二是监狱布局不够合理,多数监狱地处偏僻乡村,很多工作无法纳入地方统筹,造成监狱办学校、办医院等"监狱办社会"的现象,加重监狱企业的负担。

随着市场经济的不断完善,市场供应的日趋饱和,市场需求的不断提高,市场竞争的激烈,监狱企业的相应弊端日益暴露。20 世纪 80 年代,有半数以上的监狱企业无利润上缴,监狱生产出现全系统亏损,"1994 年,全国监狱工业生产亏损额达 4.48 亿元,1995 年亏损4.5 亿元,累计挂账 22 亿元"[①],监狱生产陷入困境。监狱经费不能保障,导致生产与改造矛盾激化,监狱职能受到极大影响。

1995 年,《国务院关于进一步加强监狱管理和劳动教养工作的通知》明确提出监狱工作要坚持"惩罚与改造相结合,以改造人为宗旨"的方针。这一方针,把"改造人"作为监狱工作的根本任务,突出改造工作。强化监狱职能,提高改造质量,为正确处理监企矛盾,推动监狱体制改革起到了重大的推动作用。

（三）全面发展时期（2003—2013 年）

2003 年 1 月 31 日,国务院批转司法部《关于监狱体制改革试点工作指导意见的通知》,同意了司法部《关于监狱体制改革试点工作的指导意见》。2 月 28 日司法部在北京召开了监狱体制改革试点工作会议。会议对监狱体制改革试点工作进行了部署,明确提出了"全额保障、监企分开、收支分开、规范运行"的监狱体制改革目标。监狱体制改革试点工作正式启动。监狱体制改革试点以解决原有计划经济体制中监狱企业存在的固有矛盾为目

---

① 　中国监狱工作协会编:《新中国监狱工作五十年(1949.10—2000)》,法律出版社 2019 年版,第 274 页。

的,在黑龙江、上海、江西、湖北、重庆、陕西6省市进行初步摸索,并要求试点省份总结经验、分析问题、完善措施、巩固成果、深化改革,确保全面完成监狱体制改革试点工作任务,为全国监狱的改革和发展提供经验。2004年9月,经中央领导同意,在辽宁、吉林、青海、宁夏、甘肃、湖南、广西、海南8省进行扩大试点。2004年年底,中共中央转发《中央司法体制改革领导小组关于司法体制和工作机制改革的初步意见》,明确将监狱体制改革作为司法体制改革的主要举措之一。经过5年努力,监狱体制改革试点的主要任务基本完成,试点工作目标基本实现。

2007年11月,国务院批转司法部《关于全面实行监狱体制改革指导意见的通知》,决定从2008年起在全国全面实行监狱体制改革。司法部2008年6月在北京召开了全国监狱体制改革工作会议,2009年8月在山东烟台召开了监狱体制改革工作座谈会,全面部署改革工作,加快推进改革。到2013年基本完成了监狱体制改革任务目标。

在监狱经费方面,建立了监狱经费以省级财政为主,中央转移支付为辅的财政保障机制,基本实现了监狱经费按标准财政全额保障。1993年全国监狱财政拨款占支出的61%[①],2005年财政拨款占经费支出的79.6%[②],2013年财政拨款占支出比重达91%[③]。

在监狱与监狱企业关系上,监企分开基本完成,监管改造和生产经营两套管理体制基本形成。建立了党委统一领导的监狱长和总经理分工负责制、联席会议协调机制,保障了监狱与监狱企业规范有序进行。监狱执法经费支出与监狱企业生产收入分开运行机制基本建立,监狱和监狱企业财务实行分账核算与管理。

(四)创新发展时期(2014年至今)

随着中国特色社会主义进入新时代,监狱企业也由此迈向新时代。监狱企业生产逐步向科学化、规范化、标准化、智能化迈进,罪犯劳动改造质量和效益也有了长足的发展。监狱企业在生产性劳动项目选择上由原来以第一产业为主,向以第二、第三产业为主的发展模式转变,监狱企业逐步适应社会主义市场经济的需要,符合当代社会发展的实际,也逐步开始重视罪犯刑满释放后谋生和重新择业的现实需求。监狱企业发展中,监狱经费财政拨款占经费支出比例不断提升。2015年占93.2%,2017年占95%[④],改变了长期以来主要依靠监狱生产收入提供监狱经费的局面。但由于监狱企业的先天劣势,监狱企业服务于罪犯改造任务的要求以及企业管理成本增加,监狱企业依然面临巨大的市场竞争压力。

二、监狱与监狱企业的关系

监狱与监狱企业的关系问题是监狱体制改革的关键问题。从法律层面讲,监狱和监狱企业是各自独立、权利义务平等的法律主体。从工作层面上讲,二者却是互为依存,职

---

① 李豫黔:《中国监狱改革发展40周年回顾与思考(上)》,载《犯罪与改造研究》2019年第1期。
② 李豫黔:《中国监狱改革发展40周年回顾与思考(中)》,载《犯罪与改造研究》2019年第2期。
③ 李豫黔:《中国监狱改革发展40周年回顾与思考(上)》,载《犯罪与改造研究》2019年第1期。
④ 李豫黔:《中国监狱改革发展40周年回顾与思考(中)》,载《犯罪与改造研究》2019年第2期。

能互补、工作密切配合的关系。监狱和监狱企业必须是相互独立、互为补充、相伴共生的关系。

（一）分开从属的关系

虽然监狱企业与监狱在职能上分开，保持相对独立运作，但监狱企业是监狱工作的一部分，为改造罪犯提供劳动岗位。监狱企业依附于监狱的发展，受到监狱制度的影响和约束，监狱企业从属于监狱，要为改造罪犯服务。

（二）相互协调的关系

监狱和监狱企业是相对独立、互相联系的主体，从各自职能出发，围绕劳动改造罪犯的共同目标，在工作上加强协调、密切协作，在协商的基础上解决问题。监狱与监狱企业运行中出现的问题首先要由涉及的业务部门协调解决，不能解决时，再提交联席会议解决。联席会议无法协商一致时，可提交上级联席会议协商解决。

1. 合同约定协调。监狱和监狱企业根据各自的职责定位，以协作合同方式对双方的权责进行明确，作为双方日常运行的执行标准。

2. 日常业务协调。监狱和监狱企业建立日常事务协调机制，协调解决协作中遇到的日常事务性问题。

3. 联席会议协调。监狱和监狱企业通过联席会议，协调和处理协作中的重大问题。根据协调层级，联席会议可设立省局和监狱两级。

联席会议的主要内容包括：监狱企业发展总体规划；通报重大工作安排；生产性劳动项目的结构性调整；根据现有劳动力情况和生产项目情况，研究劳动力需求计划；罪犯的技术培训工作，制定教育培训计划；对重大安全、设备、质量事故的处理；解决处理运行中出现的主要矛盾和重要问题。

三、监狱企业的组织机构与职责分工

（一）集团公司

1. 公司构架及权限

监狱企业的性质为法人企业（公司），是有独立财产，有健全的组织机构、组织章程和固定场所，能够独立承担民事责任，享有民事权利和承担民事义务的经济组织。司法部印发的《关于进一步加强监狱企业规范管理的意见》规定，集团公司董事长由省（区、市）监狱管理局局长兼任，监事会主席原则上由省（市、区）监狱管理局与省级国有资产监管部门确定人员担任，总经理由省（市、区）监狱管理局分管局领导兼任并担任法定代表人，非领导职务民警不得兼任集团公司经理层成员和内设机构主要负责人。子公司董事会、经理层成员调整，应事先征求集团公司的意见，并按干部挂职权限办理兼职手续。

2. 集团公司主要职责

贯彻落实《监狱法》《公司法》以及国家其他有关法律、法规，正确执行党和国家关于监狱工作的各项方针、政策；负责全省监狱企业安全生产工作；负责对全省监狱企业生产经营管理的综合考核、评价及奖惩工作，以及业务技能培训计划等工作；负责全省监狱企业发展规划编制、固定资产投资、产业结构调整，重大生产性劳动项目开发等的调研论证、可行性分析及其组织协调和检查指导；负责为监狱改造罪犯提供适宜的劳动改造场所和岗位，管理、指导全省监狱企业劳动力资源配置工作；负责全省监狱企业国有资产运营的监督考核管理和财务管理工作；承担国有资产保值增值的责任；负责全省监狱企业运行的组织协调，相关人员的任命管理工作；承担省里有关业务主管部门和省监狱管理局交办的其他事项。

（二）内设机构及其主要职能

集团公司内设"一室四部"，即办公室、生产技术部、经营管理部、财务部、人事部。

1. 办公室

办公室负责汇总集团公司年度工作计划和各部门业务技能培训计划，综合文件起草，业务工作综合考核、调研、督办等工作；负责集团公司会务、机要、文秘、档案、接待、信访、印鉴、车辆管理等工作；负责本省监狱系统科技工作者协会工作及相关监狱企业联合会对接工作；负责集团公司实物固定资产管理，以及其他行政事务管理等工作；承办集团公司领导交办的其他事项。

2. 生产技术部

生产技术部负责集团公司生产管理的相关事宜；负责监狱企业安全生产的管理、指导、督促、检查等工作；负责监督、指导监狱企业的生产组织、规范管理、产品质量、成本控制、劳动力资源配置以及业务技能培训计划等工作；负责监狱企业大宗物资采购管理和监督工作，以及监狱企业重大技术改革项目的规划、论证和实施监督管理工作；负责集团公司信息化建设工作及车间、生产调度监区（总仓）标准化建设等工作；负责监狱农场土地，农业资源综合开发利用的规划和指导工作；承办集团公司领导交办的其他事项。

3. 经营管理部

经营管理部负责集团公司经营管理的相关事宜，以及经营范围、工商登记等工作；负责研究制定集团公司经营管理及产品结构调整中长期发展规划，建立健全经营管理制度，并组织实施；负责集团公司年度经营目标和经营责任制方案的制定及考核兑现工作，监督、检查、指导监狱企业完善内部经营管理等工作；负责监狱企业产业结构调整和生产性劳动项目准入的审核，开展监狱企业与社会资本、技术合作等对外经济管理活动；负责集团公司生产经营综合统计分析工作，以及业务技能培训计划等工作；承办集团公司领导交办的其他事项。

4. 财务部

财务部负责执行国家财经法规，落实相关优惠政策，健全完善集团公司财务管理制度；负责集团公司国有资产的运营监督管理、经营绩效考核及保值增值等工作；负责集团公司财务管理监督、会计核算、资金管理，以及业务部门技能培训计划等工作；负责集团公司的国有资本管理、股权管理、工商税务年检等工作；承办集团公司领导交办的其他事项。

5. 人事部

人事部负责集团公司人力资源的规划、开发利用、优化配置等工作；负责集团公司权限范围内各子公司有关人员的任命管理工作；负责监狱企业技术管理人员的招聘、劳动工资福利、建立奖惩等工作；承办集团公司领导交办的其他事项。

第二节　监狱企业的性质、任务与社会责任

监狱企业是特殊的国有企业，由国家投资通过劳动方式改造罪犯的特殊企业。它具有政治性、法律性和公共性的特点，是监狱为改造罪犯需要而搭建的延伸性载体。

一、监狱企业任务、职能定位

（一）监狱企业的性质与任务

监狱企业出资人是国家，具有政府出资人属性，其出资源于政府财政拨款，是经营性国有资产。监狱企业不同于一般社会企业，对监狱企业的性质界定直接关系着监狱企业在整个监狱管理体制中的地位以及监狱企业参与市场的方式、利润分配、税收政策等一系列问题。

在有关文件中对监狱企业性质有明确的界定。1952年7月《第一次全国劳改工作会议决议》明确指出，"劳改生产从政治上看是属于改造罪犯成为新人的一项政策，从经济上看是属于国营经济性质的特殊企业"。2003年，国务院批转司法部《关于监狱体制改革试点工作指导意见的通知》规定，监狱企业是特殊的国有独资公司，是改造罪犯工作的组成部分，是监狱依法对罪犯实施劳动改造的重要组织形式，主要任务是为改造罪犯服务，不同于以营利为目的的社会企业，但也要讲效益；监狱国有独资公司及子公司是担负特殊职能的特殊企业，具有特殊企业性质；遵循特殊企业，特殊管理，特殊政策，特殊立法的原则，在管理体制、管理方式、机构设置、人事管理、经营范围、投资办法、政府采购等方面均实行特殊的管理方式，享受国家特殊政策的扶持。

2007年11月，国务院批转司法部《关于全面实行监狱体制改革指导意见的通知》明确指出："监狱企业集团及其分公司、子公司是改造罪犯工作的组成部分，主要任务是为监狱改造罪犯提供劳动岗位，为改造罪犯服务，不同于以营利为目的的社会企业，但也要讲效益"；2017年1月，司法部印发的《关于进一步加强监狱企业规范管理的意见》再一次强调了监狱企业"为监狱改造罪犯提供劳动岗位，为改造罪犯服务，不同于以营利为目的的社会企业，但是也要讲效益"的企业任务。

（二）监狱企业的职能

监狱企业负责为监狱改造罪犯提供劳动岗位和负责生产经营管理工作，具体包括承揽业务、制定生产计划、质量管理、技术指导、财务管理、新生产性劳动项目和市场开发等职能；做好日常安全生产工作，确保国有资产保值增值，实现企业健康、协调、可持续发展。

■ 二、监狱企业的社会责任

社会责任是指组织或个人在社会生活中对国家或社会以及他人所应当承担的一定使命、职责、义务。所谓的企业的社会责任是指企业在追求利润最大化的经营过程中,对社会承担的相应责任,履行应尽的社会义务,并实现企业的可持续发展,具体包括企业环境保护、安全生产、社会道德以及公共利益等方面。

监狱企业作为国家出资设立的一种特殊企业,其双重属性决定了其社会责任的特殊性。一方面监狱企业具有以服务监狱监管改造工作,为改造罪犯提供必要的劳动场所和手段,追求劳动改造效益的法定责任;另一方面,监狱企业作为经济组织和企业法人,在企业的实际运行中要参与市场竞争,监狱企业生产的产品与其他企业的产品一样,需要进入市场,参与竞争,讲究经济效益。具有在市场经济条件下参与市场竞争兼顾经济效益的经济责任。

(一)为改造罪犯提供劳动平台

将罪犯改造成守法公民是监狱的职责和使命。监狱企业应始终服务于监狱的改造使命,为罪犯改造提供必要的场所和手段,发挥劳动的载体功能,努力提高罪犯的改造质量。为罪犯提供劳动改造平台,营造良好的劳动改造氛围是监狱企业社会责任的最大特点,是区别于一般企业社会责任的重要内容。监狱企业为罪犯提供劳动岗位只是形式上的一种社会责任,更重要的社会责任是发挥劳动改造功能,协同其他改造手段,不断提高改造质量,力争把罪犯改造成自食其力的劳动者。监狱企业在改造罪犯方面的作用主要表现为:

1. 在劳动中保障罪犯的各项合法权利

监狱企业为有劳动能力的罪犯提供劳动岗位,保障参与劳动的罪犯在劳动休息、劳动报酬、劳动保护、工伤赔偿等方面获得与社会企业职工相近或一致的待遇,调整高风险和高污染生产性劳动项目,规范罪犯劳动现场布置以及合理设置生产流程,努力营造一个有利于罪犯劳动改造的生产环境。

2. 发挥劳动的改造功能

监狱企业是实体企业,为罪犯提供一个"准社会环境"。监狱企业在组织罪犯劳动中应始终围绕改造罪犯这一主线,合理安排罪犯劳动岗位,设置监狱企业管理制度,完善罪犯劳动激励制度,凝练监狱企业文化,有效、有序地组织罪犯开展劳动。通过劳动,罪犯掌握劳动知识、学会生产技能;掌握生产规程,养成遵守劳动纪律的习惯;在劳动中学会人际沟通的基本技巧,学会团队合作。参与劳动的过程,是罪犯体验社会劳动,逐步养成劳动习惯,提升劳动能力、创造个人价值,增强劳动信心的过程。

3. 为罪犯回归提供准备

罪犯终究是要回归社会的,监狱企业应为罪犯回归社会提供必要的物质积累与技术培训,提升罪犯回归社会的能力。一方面,监狱企业应为参与劳动的罪犯提供劳动报酬,为罪犯回归社会、承担家庭赡养义务、赔付受害人以及为参与劳动的罪犯参与医疗、养老、失业等社会保险提供可能。另一方面，监狱企业在生产性劳动项目引进、管理模式等方面应尽量着眼于罪犯回归的需要。监狱企业应承担罪犯劳动技能培养，提升劳动能力的责任；为罪犯技能培训创设平台，提高必要的职业技能训练并提供职业规划指导；积极组织开展即将刑满释放人员的职业推介活动，帮助罪犯顺利回归社会。

（二）落实安全责任

监狱企业具有生产公共产品组织的属性，"它为社会提供两种公共产品——公共安全和合格公民"。[1] 监狱企业应牢固树立安全生产的底线思维和红线意识，按照"党政同责、一岗双责、齐抓共管、失职追责"和"管行业必须管安全、管业务必须管安全、管生产必须管安全"等要求，抓安全落实。一是监狱企业承担企业安全生产主体责任，按照生产安全管理的要求，开展常规安全检查，排除安全隐患，防止生产安全事故发生。二是监狱企业注重罪犯劳动现场的安全管理，避免打架、斗殴以及罪犯违规脱逃等事件的发生。三是监狱企业提高为罪犯改造提供服务的质量，力争有效降低罪犯的重新犯罪率。

（三）承担公平诚信、确保产品质量的责任

监狱企业是特殊的国有企业，在生产过程中，其不仅代表着企业，也代表着监狱。监狱是刑罚执行机关，绝不允许发生侵权和制售假冒伪劣商品等问题，监狱在选择生产性劳动项目时必须认真贯彻《监狱企业生产项目准入管理办法（试行）》，"选择的项目必须符合国家相关的法律规定，做到证照齐全，手续合法。凡是授权手续不全、品牌来源不明、品牌经常无故变化、产品明显不符合国家标准或行业规范等可疑的劳动项目要重点清查"[2]。监狱企业应作诚信的表率。监狱企业作为市场经济的主体，必须承担起公平诚信，确保产品质量的社会责任，充分尊重知识产权，不能成为假冒伪劣产品的生产点。

（四）承担科学发展和依法纳税的责任

作为市场主体的监狱企业，自然承担着依法纳税的责任。监狱企业在为罪犯提供劳动岗位，为罪犯劳动改造服务的同时，也要实现对国有资产的保值增值。搞好经济工作，促进经济发展，必须依据国家法律法规的要求交纳各种税款，为社会财富的积累和促进国家经济发展作出贡献。监狱企业的发展必须在坚持科学发展的前提下，兼顾长远利益，全局利益，兼顾合作对象的利益，实现多方共赢。

（五）承担节约资源、维持经济可持续发展的责任

监狱企业与社会企业一样，对节约资源和保护环境同样负有不可推卸的责任。监狱企业履行行业责任，自觉遵守环保法规，履行环保义务。须通过加强产业结构调整、技术革新、改进生产工艺等手段，节约资源，实施清洁生产，减少生产活动各个环节对监狱民警、罪

---

①　蒋贤孝：《监狱企业集团公司研究》，西南财经大学 2010 年博士论文，第 2 页。

②　《司法部监狱管理局关于切实做好〈国务院关于进一步做好打击侵犯知识产权和制售假冒伪劣商品工作的意见〉贯彻落实工作的通知》（2011 年 11 月 30 日，〔2011〕司狱字 369 号）。

犯和其他工作人员以及环境可能造成的影响。切实解决监狱企业经济发展与节约资源、保护环境的关系问题,实现监狱企业经济的可持续发展。

（六）提高企业竞争力和创新力

作为特殊企业,监狱企业依然有创造经济效率,确保国有资产保值增值的职责。监狱企业应开展全面的质量管理、企业信息化管理,通过企业的质量管理体系、环境管理体系和职业安全健康管理体系的认证标准。主动进行供给侧结构性改革,加大监狱企业资金和人员的投入,有效开发和利用罪犯劳动力资源,有效地利用国家以不同方式投入监狱企业内部的非人力资源,以创造必要的经济效益。高度重视引进技术的消化吸收,提高监狱企业的竞争力和创新力,从而不断提高监狱企业的经济效益,更好地为改造罪犯服务,提高改造质量。

第三节　监狱企业的发展战略

随着监狱体制改革的深入发展,监企分离,使监狱企业逐步回归其自身的使命和职责。监狱企业要为监狱改造罪犯提供劳动岗位,为改造服务。监狱企业以罪犯为主要劳动力,组织生产,促进罪犯改造,同时应适应市场经济的要求,参与市场竞争,创造尽可能多的经济效益。监狱企业应当积极探索市场经济条件下组织罪犯劳动改造的新方法和新机制。

一、监狱企业的优势与劣势分析

（一）监狱企业的优势

1. 劳动力资源优势

（1）劳动力数量充足且相对稳定

我国《监狱法》规定,凡是具有劳动能力的罪犯必须参加劳动,通过劳动矫正其劳动恶习,使罪犯养成劳动习惯,掌握一定技能,达到劳动改造罪犯的目的,为罪犯更好地回归社会奠定基础。就目前情况来看,监狱刑满释放的罪犯和判决入狱的罪犯在数量上基本没有出现较大差距,因此监狱企业的劳动力数量基本处于相对稳定的状态。在监狱服刑的罪犯实行统一的劳动管理,受外界干扰的因素少,罪犯能安心参与劳动。

（2）拥有高素质、强执行力的民警队伍

监狱民警队伍是一支有纪律、有组织,政治坚定、能打硬仗、作风优良的高素质警察队伍,他们中绝大多数学历都在本科以上,素质较高,对经营管理经验和新技术的学习有较强的接受能力,能够充分适应监狱企业发展的需要。此外,管理罪犯的民警队伍稳定,责任感强。

2. 监狱企业运营稳定,信誉良好

监狱企业是监狱的组成部分,是特殊的国有企业,其通过组织罪犯参与生产劳动来实现监狱的劳动改造职能,承担一般社会企业没有的政治职能,这种职能赋予其独一无二的地位和作用。随着国家对监狱企业在政策上支持和保障的不断加大,监狱企业的运营管理越来越稳定,企业信誉越来越好。

3. 监狱企业拥有土地资源优势

我国监狱为监狱企业提供了大量的土地资源,监狱企业在土地使用的无偿性方面是社会企业无可比拟的,并且国家对监狱企业在土地使用税、房产税等方面给予了较多优惠政策,在很大程度上减轻了监狱企业在基础设施建设上的负担。

(二)监狱企业的劣势

1. 监狱企业罪犯人力资源问题

虽然监狱企业有着丰富的罪犯劳动力,但是监狱企业在对罪犯劳动力的使用上没有选择权。监狱企业生产性劳动项目的选择与经营必须适应罪犯人力资源供给的随机性。从目前押犯情况来看,罪犯群体的总体劳动力素质处于较低水平,罪犯中普遍文化层次低、专业技能缺乏。同时,由于罪犯劳动带有强制性,罪犯参与劳动的积极性没有从根本上激发出来。在生产过程中容易出现返工、损坏设备等现象,因而会影响整个生产管理的效率。一些老弱病残犯和顽危犯的存在,劳动现场管理中民警要花大量的精力去防止罪犯脱逃、自伤自残、打架斗殴、袭警等暴力事件的发生,这增加了监狱企业的管理成本,制约了监狱企业的发展。

监狱及监狱企业,对罪犯作为人力资源的研究不够,相关人力资源管理机制不成熟,还无法通过激励手段使罪犯的劳动价值最大限度地发挥,罪犯作为劳动力资源的整体管理效能低下,在生产利润、劳动报酬等劳动改造各项评价指标上远低于各方预期。而监狱企业又不能像社会企业一样通过竞争淘汰和合理流动对罪犯劳动力进行优化,作为特殊劳动力的罪犯,其整体素质低下的状况难以改变,直接导致劳动生产效率不高,企业发展缺乏潜力。

2. 管理主体的非专业性

监狱企业的主要管理人员是监狱民警,通常情况下监狱民警在招录考试时通常在学历上要求法学、教育学、心理学、思想政治教育等专业的学生。目前监狱企业的管理民警中大部分专业局限在监狱学、法学等专业,缺乏企业经营管理人才和培养企业经营管理人才的长效机制。企业的专业化运营和管理水平还有待提高。

3　监狱企业运行目标的多维性

从经济角度上看,监狱企业也是企业,同样要纳入市场经济的运行范畴,其生产活动也应符合投入和产出的竞争规律;从刑罚执行角度上看,监狱企业是为罪犯提供劳动岗位,为罪犯改造服务。监狱企业的双重目标在理论上可行,但由于在经济运行中二者的均衡点很难控制,所以从罪犯劳动产生的那一天起,监狱罪犯劳动始终无法很好地解决"生产与改造"的矛盾,这是由监狱企业的特殊运行目的决定的。一方面,监狱企业不是纯粹的社会企业,难以达到很高的市场化程度,而它又必须遵循社会企业的经济运行规律和市场规则;另一方面,国家政策上的扶持和法律上的支持还不足,社会对监狱企业的关注和支持力度不够,监狱生产面临困境,监狱企业进入市场化运行和参与市场竞争弱势明显。

4. 监狱企业缺乏内在生产动力

(1) 监狱产业单一低端

作为经济社会的参与单位，监狱企业生产的商品也需要投入市场参与竞争，和一般社会企业一样，监狱企业同样有争取优质业务订单的需求。由于监狱企业必须服从于监管安全需要进行功能定位、要素供给和项目选择，所以监管安全压力之下的监狱企业只能捡拾市场中风险小、技术含量低、经济效益微、竞争压力小的生产性劳动项目。目前监狱生产性劳动项目基本以室内劳务加工为主，主要从事服装、鞋类、电子元件等的制造，监狱企业所能从事的产业非常有限。同时，由于高素质、高技术人才相对缺乏，监狱企业难以进入高新技术行业，开发高附加值产业项目，生产项目多为附加值较低的加工、组装产品业务，经济效益创造能力不高。

(2) 激励机制有限，罪犯积极性不高

第一，罪犯劳动报酬作用有限。我国《监狱法》第72条规定"监狱对参加劳动的罪犯，应当按照有关规定给予报酬并执行国家有关劳动保护的规定"，从法律上确定了罪犯劳动享有报酬的权利。自2002年北京市率先给劳动的罪犯发放劳动报酬起至今，罪犯劳动报酬并没有随着监狱经济的发展而逐步提高，从全国罪犯劳动报酬发放的情况来看，罪犯劳动报酬数额始终处于极低的状态[1]。罪犯劳动报酬发放的目的、发放的标准始终缺乏权威的参考依据和解释。从目前来看，劳动报酬既不是罪犯劳动力的价值体现，也不是其劳动价值的体现；罪犯劳动低报酬既无法满足其狱内消费，也无法作为储备资金为其释放后社会生活的顺利过渡提供充足的资金保障，更无法为其承担家庭责任提供资金支持以及为罚金的赔付提供资金来源。罪犯劳动报酬发放的标准既不符合我国《劳动法》中有关工资标准的规定[2]，也不符合国际上有关罪犯劳动报酬的规定[3]。罪犯劳动与劳动成果的脱离很难使罪犯感悟到劳动的价值和意义。罪犯劳动的积极性不高，被动参与劳动，仅满足生产任务的完成，满足于流水作业中机械式的工作，很少真正关心自己的劳动质量和劳动效率，很少在劳动中注重创新和发挥潜能，因此，很难让罪犯在劳动实践中改变其错误的劳动观念，很难使其养成良好的劳动习惯。

第二，监狱民警安全责任大。监狱民警承担着改造罪犯的职责，把更多的精力投入罪犯劳动改造中，对罪犯的关注高于对生产效益的关注。同时，按照当前的监狱民警工资状况，罪犯生产劳动与民警工资待遇的关联小，民警安全责任大，问责严厉，这在很大程度上降低了民警在罪犯劳动改革方面的创新积极性和主动性。

(3) 生产性劳动项目受局限

监狱企业在生产性劳动项目的选择上有一定的局限性，司法部明确规定，罪犯生产性

---

① 2003年5月12日，福建省莆田监狱发放的4月份罪犯的劳动报酬，人均30多元，其中最高金额为124元；2015年，福建省监狱企业发放的劳动报酬，最高每月人均115元，最低26元，全省每月人均67.6元。

② 《劳动法》第49条规定，确定最低工资标准的参考因素为："(一)劳动者本人及平均赡养人口的最低生活费用；(二)社会平均工资水平；(三)劳动生产率；(四)就业状况；(五)地区之间经济发展水平的差异"。

③ 1955年，在日内瓦召开的第一届联合国预防犯罪和罪犯待遇大会通过的《关于监狱劳动的建议》规定："参加劳动的犯人应当得到公平的报酬，这种报酬至少应当能够激励劳动愿望和劳动兴趣。"

劳动项目必须符合国家法律法规和产业发展规划;必须有利于监狱管理和安全稳定;必须有利于改造罪犯;必须有利于监狱企业参加政府采购;必须有利于监狱企业提高经济效益。监狱企业不再发展资金密集型、技术密集型、资源密集型和安全系数不高等、不适应监狱管理和改造需要的劳动项目。

5. 实物资源利用率低

监狱企业虽然有着丰富的实物资源,但利用率不高。大片土地、较多机器设备和部分厂房闲置,没有进行合理的利用和开发,造成一定程度上的浪费。

6. 监狱企业在生产上缺乏有效协调

监狱企业在省际、监狱间存在竞争,有时为了拉订单,不惜打竞争战。即便是同一监狱每个监区的生产性劳动项目有些时候都是独立进行的,缺乏相应的沟通协调,导致出现一些监区生产任务繁重,一些监区却拿不到订单的现象。

二、监狱企业发展战略

监狱企业的发展应慎重考虑罪犯劳动力的特殊性、监狱企业的特殊性以及国家政策对监狱企业的影响等三方面的因素。

(一)完善国家对监狱企业的法律保障

监狱体制改革取得显著成果,但在法律制度中没有涉及"监狱企业"的概念和立法的规定。监狱企业性质、地位、目标与任务、成立条件、经营范围、生产组织以及产品销售等方面尚未以法律的形式予以确定,监狱企业生产管理和规范执法方面都缺少相关法律的支持。在全面依法治国背景下,推进监狱企业依法规范履职不仅是一个时代课题,还是一项系统工程。我国应完善监狱企业立法,加快修改《监狱法》或出台《监狱生产管理条例》《监狱企业法》等,明确规定监狱企业生产和运营的相关事项,规范监狱企业的经营。通过设立内容完备的法律法规,为监狱企业的管理和运行提供明确的法律依据和指导。只有解决监狱企业在实际工作中遇到的问题,才能最终实现监狱企业科学规范的组织和运营,提高企业经济效益。

(二)建立经费保障体系

监狱企业战略的实施离不开资金保障,监狱企业的发展必须充分实现国家对监狱企业发展的"全额保障",以确保监狱企业的顺利运行。"全额保障"减轻了监狱企业的经济压力,在一定程度上促进了监狱企业的健康良性发展。没有"全额保障","监企分开、收支分开、规范运行"难以实现。应建立科学的监狱经费全额保障运行机制,包括建立监狱经费刚性增长预测机制、监狱经费保障标准调整制度、监狱经费缺口弥补办法等措施,保障经费能按照监狱基本经费支出标准及时足额到位,使监狱经费全额保障制度更加系统规范,促进监狱经费全额保障制度走上制度化、法制化轨道。

(三)科学推进监狱企业的产业发展

监狱企业产业发展的基准应有利于保持和有效利用罪犯劳动能力;有利于培养罪犯劳动技能;有利于罪犯和监狱的安全;有利于充分利用监狱企业现有资源,因地制宜,优化区域内产业结构。

1. 实施多元化产业战略

由于监狱关押罪犯的特殊性,目前生产性劳动项目基本以劳务加工为主,主要从事服装、鞋类、电子元件等的加工制造,罪犯素质不高,加上单一化经营不利于监狱企业的长远健康发展。监狱企业在未来发展中,一是应充分评估现有生产性劳动项目的风险情况以及为罪犯劳动改造的服务情况,进行优质项目的培育和储备工作,不断提高企业的抗风险能力。二是应及时关注经济的宏观政策和市场变化,根据监狱发展状况,制定规范的监狱企业发展模式,确定企业的发展方向,可实施多元化战略,充分利用监狱周边市场资源,引入多种适合罪犯劳动的产业。

2. 积极争取政府采购的定向扶持

我国《政府采购法》第2条规定,政府采购"是指各级国家机关、事业单位和团体组织,使用财政性资金采购依法制定的集中采购目录以内的或者采购限额标准以上的货物、工程和服务的行为"。

作为罪犯劳动的物质载体,监狱企业是为监狱改造罪犯提供劳动岗位和劳动场所的经济组织,监狱企业的主要任务在于为监狱改造罪犯提供劳动岗位,为改造罪犯服务。政府采购的持续性、均衡性、规律性特点以及在技术性、科学性要求上的相对宽泛性,非常适合监狱企业的生产特点。将监狱企业纳入政府采购项目的生产者行列,可以有效缓解监狱企业参与市场竞争的压力,降低监狱企业的投资风险,确保监狱企业的良性运转,为监狱罪犯劳动改造提供稳定的改造平台,更好地为监狱改造罪犯服务。政府采购监狱企业产品,国际已有通行的做法,很多国家通过立法手段,让政府采购监狱企业产品,支持监狱企业发展。例如,韩国政府规定所有国家机关、地方政府、公共组织和政府投资的企业应当优先购买监狱企业的产品。加拿大联邦政府的许多机构也成为监狱企业产品的使用者和消费者。

我国政府高度重视对监狱企业的政府采购的扶持,2014年,财政部、司法部联合印发《关于政府采购支持监狱企业发展有关问题的通知》(财库〔2014〕68号),明确将监狱企业作为政府采购政策的定向扶持对象,可视同小型、微型企业享受预留份额、评审价格扣除等扶持政策。截至2016年年底,全国近700家监狱企业中参与政府采购的只有61家,比例不到9%,政府采购产值仅11亿元左右,占总产值不足3%;2016年政府采购产值亿元以上的省区市只有4个,2000万元以下的15个,有5个省区市的监狱企业完全没有参与政府采购。① 2016年北京市监狱管理局的5所监狱承接的政府采购项目合同金额达900多万元,占全部合同金额的近四成。"北京市财政局落实政府采购支持监狱企业发展政策,行动快、力度大、措施实、效果好,真正让监狱企业享受到了政府采购的政策红利。政策落实

---

① 韩鑫:《监狱企业落实治本安全观相关问题研究》,载《犯罪与改造研究》2018年第2期。

过程中实行的这些针对性的举措,为北京市监狱企业提供稳定的产品销售渠道,切实解决监狱企业所面临的生产项目零、散、小,罪犯劳动岗位质量不高等问题。"①政府采购支持监狱企业发展的政策对继续深化监狱体制改革,进一步解决市场经济条件下监狱企业所面临的困难,促进监狱职能作用的有效发挥具有积极的现实意义。

研究与思考

1. 监狱企业的性质与任务是什么?
2. 监狱与监狱企业的关系是什么?如何协调二者之间的关系?
3. 我国监狱企业的发展困境及解决思路是什么?

---

① 《北京监企四成业务来自政采》,http://www.ccgp.gov.cn/df/beijing/201611/t20161108_7543582.htm,最后访问日期:2023年1月15日。

第十二章　国外罪犯劳动理论与实践

重点提示

1. 国外罪犯劳动理论及其性质的演变划分为三种，即罪犯劳动报应论、罪犯劳动营利论、罪犯劳动改造论。

2. 惩罚功能是指强制罪犯劳动改造所起到的威慑和报应作用，这是劳动改造最先具有的特征。

3. 西方国家普遍认为，监狱工业在罪犯劳动中的作用：使犯人从中受益，使政府从中受益，使社会从中受益。

4. 监狱工业的形式主要有：租赁制、合同制、按件计价制、公共工程制、外出劳动制。

5. 1934 年 6 月美国国会通过法案授权成立美国联邦监狱工业公司（FPI）。

6. 联邦监狱工业公司的使命是通过为罪犯提供工作培训和实际工作技能，为其成功重返社会做好准备，从而保护社会并减少犯罪。

7. 国外罪犯劳动报酬具有多样性、低廉性的特点。

国外监狱组织罪犯劳动有较长的历史，在这一历史发展过程中，罪犯劳动的性质和目的伴随着刑罚思想的演变而变化，各国政府都高度重视狱内罪犯劳动，罪犯劳动在预防重新犯罪方面具有不可替代的作用。

第一节　国外罪犯劳动理论及其演变

由于社会制度和文化背景的不同，决定了罪犯劳动在各国监狱运行中目的的差异性。依照美国学者菲利普·赖克尔以劳动目的来划分监狱的观点[①]，我们将国外罪犯劳动理论划分为三种，即罪犯劳动报应论、罪犯劳动营利论、罪犯劳动改造论。在近代监狱改良运动之前，劳动被当作惩罚和奴役罪犯的手段，大量罪犯被驱赶，从事苦役，随着近代教育刑的兴起，罪犯劳动的性质才逐步发生变化，劳动不再以惩罚罪犯为目的，而成为改造罪犯的手段。

[①] 吴宗宪：《当代西方监狱学》，法律出版社 2005 年版，第 756 页。美国学者菲利普·赖克尔的观点，依监狱劳动目的的不同，可将监狱劳动分为三种类型，即惩罚性劳动（labor for punishment）、营利性劳动（labor for profit）和改造性劳动（labor for rehabilitation）。

▋一、罪犯劳动报应论

在古代和中世纪,由于受原始复仇的影响,并且为了维护专制统治的需要,生命刑、身体刑、羞辱刑成为主要的刑罚,在刑罚体系中占据着中心地位。

从各国罪犯劳动的悠久历史来看,罪犯劳动等同于惩罚罪犯这一观念有着根深蒂固的影响。惩罚功能是指强迫罪犯从事苦役所起到的威慑和报应作用,这是罪犯劳动最先具有的特征。据史料记载,世界上比较发达的奴隶制国家,如古埃及、印度、希腊、罗马等,进入奴隶制社会后都已经有了监狱雏形。由于奴隶制刑罚主要采用生命刑和身体刑,而且执行刑罚十分野蛮和残酷,所以,那时的监狱只是作为僧侣权势和掌握国家权力的奴隶主阶级用来作为对罪犯待审讯、待判决的一种场所,关押罪犯主要是进行肉体折磨,达到报复的目的。

在欧洲中世纪,教会具有强大的力量,它不仅有自己的宗教裁判所,还有自己的监狱,这是西方中世纪监狱历史上的一大特色,这些教会监狱关押着被判处监禁以及免处死刑的异教徒。修道院的主院周围一般都有一些分布在位置比较差的地区的卫星院,这些卫星院通常都属于惩罚机构。这些教会惩罚机构有些后来逐步演变为监狱。但是这些宗教色彩浓厚的旨在通过隔离使异教徒悔罪的教会刑罚机构是实行身体刑的场所,与现代执行自由刑场所的监狱仍然有着本质的区别。特别是中世纪报应主义、威慑主义思想的进一步发展,宗教各派之间矛盾斗争加剧,宗教势力与政体合一,统治阶级更多地使用监狱来镇压、威吓农奴和异教徒的反抗,监狱便成为残酷镇压罪犯的场所,他们利用种种酷刑,对罪犯进行身体和身心的双重摧残和折磨。不仅如此,贵族、大地主、寺院还设立私狱,如英国的塔狱、意大利威尼斯的河底狱、德国纽伦堡地下监狱都以惩罚罪犯为宗旨,而罪犯劳动就是作为惩罚和奴役罪犯的手段来使用。

古代罗马明令禁止把监狱用作刑罚场所,即监狱只能用于拘禁。但当时的古罗马有一种劳役刑,犯人白天从事公益劳动,晚上拘禁于一定的场所。有的国家在法律上就直接规定了对罪犯的"惩役"刑罚,这种惩役制度的功能和作用直接表现为赤裸裸地报复、威吓以及对罪犯身体和身心的残酷折磨和虐待。如古代印度的监狱,罪犯如饿鬼,啼号饥寒,苦不堪言,在吃不饱穿不暖的条件下还要被强迫从事大量繁重的劳动。古希腊矿役刑,在罪犯大都戴有戒具的情况下把罪犯像牲口一样赶去开矿挖金,其劳动量之大、条件之恶劣、手段之残忍都是闻名于世的。古代日本的律令中规定刑罚种类中的徒刑,实际上也是劳役刑,在戴刑具的情况下,男犯从事修路架桥,女犯则从事裁缝舂米等劳动。在驱逐刑中,凡难以从事苦役的人都被送到偏远的乡村收容所开垦荒地。

英国议会 1791 年颁布的《教养法》规定,劳动是惩罚罪犯的一种手段。在教养所中,不论是男性或女性,年老体弱或身体强壮都必须以自己的体力所能及的最大限度,从事最艰苦、最具有奴役性的非生产性劳动。法国、德国以及欧洲的许多国家在这一时期,也都有这种成文或不成文的规定。这时期的罪犯劳动,以其艰苦性和奴役性,使罪犯感受到劳动的威慑作用和报复作用。同时,由于这一时期被判处惩役的罪犯在监狱中的绝大部分时间是从事这种基本不创造经济价值的劳动,也使得劳动惩罚成为对这类犯人刑罚的核心内容。尽管后来有些监狱学者倡导这种劳动应该考虑为社会创造经济财富,应该考虑给予犯人某种职业训练,但从根本上来说,报应时期罪犯劳动的目的是惩罚,其根本目的是使罪犯通过惩罚服劳役,遭受身心摧残和痛苦。劳动只是惩罚和报复罪犯的手段,使其终日劳累,服苦役,以折磨其身体,毫无社会意义可言。

美国是英国的殖民地,在其独立前,美国一直沿用英国血腥的法律,建于 1773 年的康涅狄格监狱,罪犯在劳动的时候,都用铁链锁起来,头上戴着铁项圈。1810 年《法国刑法典》规定,处徒刑的罪犯送到沿海的船上服苦役,被锁在长凳上,做船艇桨手,惩役为 5 年至 20 年不等。

二、罪犯劳动营利论

封建社会末期,自由刑代替生命刑、身体刑趋势明显,劳役刑、感化制等行刑活动的实施及教育刑理念的萌芽,推动了罪犯劳动由报应惩罚向营利的转变。19 世纪末,教育刑思想取代古典的报应刑思想,逐渐成为居于统治地位的刑罚思想。矫正与预防犯罪行刑思想的发展,罪犯劳动在监狱中的地位也日益提高。

一方面,随着封建社会政治、经济、文化的发展,刑罚观念的转变,一些国家开始利用罪犯做苦役,从事经济生产。这样残废刑[①]逐渐被废除,劳役刑得到迅速发展,如希腊、罗马利用罪犯开采煤矿和其他矿产资源,让罪犯开渠挖河,疏浚河道;德国利用罪犯当船夫,修筑道路、桥梁;荷兰利用女犯发展纺织业。另一方面,一些国家开始对罪犯实行所谓的"教化",1550 年英国在伦敦创设了第一个惩治监,也称感化院。随后 1588 年至 1669 年,其他国家又先后建立了惩治监和惩治场,实行"勤勉作业"与"教育感化"相结合的方法。由于封建贵族及僧侣阶级的统治,报复主义、威慑主义仍是他们把持政权、制裁所谓犯罪和异端的主要目的,他们不可能真正对罪犯实行所谓的"勤勉作业"和"教育感化"。事实上,所谓的"作业"是很艰苦的,不得温饱的,追求营利是各国组织罪犯劳动的目的。这时的罪犯劳动除"第一等级"苦役外,其他劳动完全成为赚钱的工具。

以追求营利为目的的罪犯劳动,其价值蕴含体现在经济学的范畴里。这较之以折磨、苦役为倾向的罪犯劳动更具有理性的成分。用经济的量化指标来衡量罪犯劳动的成效,比报应惩罚为目的的罪犯劳动更先进、更文明。以追求营利为目的的罪犯劳动,其中不乏对罪犯改造进行评价的思想,但其主要价值倾向是追求罪犯劳动的营利性。目前一些西方国家的监狱组织犯人从事的劳动,完全以营利为目的,很多监狱已经不再强调劳动的改造性,而把犯人劳动当作营利的手段,忽视了罪犯劳动的改造作用。

---

① 身体刑又可分为残废刑与肉体痛苦刑两种。

■ 三、罪犯劳动改造论

随着社会生产力的发展和启蒙思想的兴起,在自由、平等、人道主义的旗帜下,以限制或剥夺人身自由为主要内容的自由刑登上了历史舞台,现代意义上的监狱应运而生,罪犯劳动演化为自愿性质的劳动。1595 年在荷兰阿姆特丹设立的第一个收容男犯的劳役场,男犯从事锉木生产,第二年设立女监(织造所),以纺织为生,兼作织布、缝纫。这在西方刑罚执行史上被认为是开辟了一代新风,是以劳动疗法使犯人回归社会的第一批现代监狱,是首先实现现代自由刑思想的先驱。

西方主要资本主义国家在刑罚思想和行刑制度方面倡导教育刑,认为罪犯劳动是教育刑的固有意义,明确提出劳动是对罪犯进行有效教育改造的方法,把罪犯劳动作业和职业技术训练作为矫正犯罪人的重要手段。劳动改造的主要作用在于可以使罪犯认识到自己必须掌握劳动知识、劳动技能和养成劳动习惯,因为这对改造罪犯具有积极的作用。美、英、法等国家没有把劳动作为执行刑罚的一项重要制度,仅仅把它作为罪犯处遇和出狱就业谋生的途径。

正是基于此,很多国家都把罪犯劳动用法律形式加以固定,一些国家如美国、法国等认为,监禁本身就是惩罚,而不是监禁状态下的惩罚,罪犯劳动不再具有强制性,而是鼓励罪犯自愿参加劳动,按照契约进行生产劳动。至 19 世纪末,生产劳动成为西方主要资本主义国家监狱管理的中心工作。进入 20 世纪 80 年代,新公共管理运动倡导政府的市场化改革,监狱企业不再单一由国家经营,私营企业被允许参与监狱生产,监狱企业管理机构的职能逐渐转化,从原来的"划桨者"变为"掌舵者",主要负责企业运营监管,宏观协调,制定产业政策。在自愿原则下,监狱通过向犯人提供劳动报酬或者其他优惠待遇,鼓励犯人参加劳动。在这种情况下,罪犯劳动权利比强制原则下参与劳动的罪犯权利得到更好的保障。

从 1984 年开始,美国出现监狱私营化趋势,私营监狱给犯人支付的劳动报酬远不及市场的平均标准,私人监狱甚至以开展犯人矫正和劳动技能培训为幌子,要求政府减免部分税收,私营化监狱的营利目的更加直接,2020 年,美国惩教公司营业收入达到 19 亿美元,其中 82.2% 来自私营监狱业务,GEO 集团[①]的收入更是高达 23 亿美元。[②]

---

① GEO 集团是美国最早成立的私营监狱企业。目前 GEO 集团为全球众多政府合作伙伴提供了一系列多样化的矫正和社区再入服务的整体解决方案。从发展最先进的设施、提供管理服务和循证康复服务,到释放后重返社会和监督社区中的个人,GEO 集团愿景是提供全面多样化、高质量、经济实惠的服务。其是一家在美国、澳大利亚、南非、英国和加拿大提供专业的教养、拘留和监狱设施管理的政府外包服务机构。此外,其还提供以社区为基础的青少年教养服务。

② 宋盈、郭雨祺:《美私营监狱"摇钱树"肥了谁的腰包》,载《新华每日电讯》2022 年 3 月 22 日第 006 版。

阅读资料

美国私营监狱

美国监狱的私有化可以追溯到内战前。从 20 世纪 80 年代，在禁毒战争的推动下，美国政府打着"缓解收容压力、降低监禁成本"的旗号，将私营监狱纳入政府矫正体系，将本该由国家承担的责任交给私营利益集团，私营监狱行业开始蓬勃发展。

美国惩教公司(CoreCivic)和 GEO 集团(The GEO Group)是美国私营监狱公司中的两大巨头，二者均为上市公司，在全美拥有 100 余座监禁设施。私营监狱给相关企业带来了丰厚利益。"2020 年，美国惩教公司的收入高达 19 亿美元，其中 82.2% 来自私营监狱业务，GEO 的收入更是高达 23 亿美元。进入 21 世纪，私营监狱成了一个价值数十亿美元的产业，而且还在不断增长。以美国最大的私营监狱运营商美国惩教公司为例，在不到 20 年的时间里，其收入增长了 500% 以上，从 2000 年的约 2.8 亿美元增长到 2017 年的 17.7 亿美元。

美国私营监狱的问题，主要有以下方面：一是私营部门操纵立法、司法等公权力。私营监狱通过游说、政治捐赠、贿赂等影响刑事立法和司法，使罪犯量刑更重、刑期更长。二是监狱职能异化，强调追逐无限利润，忽视惩罚与改造罪犯，罪犯沦为商品。私营监狱基于成本效益考虑，选择关押最有利可图的罪犯，不关押成本高的高风险罪犯。三是罪犯与工作人员的权利得不到保障。私营监狱为了削减成本，只提供低质量的膳食和商品以及糟糕的医疗服务；保留最少的工作人员，且其工资待遇低。四是管理秩序混乱，监狱暴力加剧。私营监狱中罪犯相互之间的袭击比公立监狱几乎高出 30%。五是关押成本更高，改造罪犯效率低。从长远来看，私立监狱的结构性缺陷可能会延长刑期和增加再犯率，从而增加监禁成本。六是罪犯因贫富差别受到不同待遇，影响了刑事执行的严肃性和权威性，破坏了司法的公正性。[①]

分析人士指出，美国私营监狱产业形成了一个严密而庞大的利益链条，"本质上是权力和资本勾结的产物"[②]。美国《劳动经济学》期刊刊文指出："各州把监狱交给私人运营，只会导致更多的人被关起来，刑期也会更长。"[③]"美国私营监狱是警察部门、法院系统、运输公司、食品供应商等部门和企业之间的一种共生关系的产物，彼此都受益于维持大规模监禁。"[④]美国审讯正义组织认为，从理论上讲，司法系统的目标应该是公正。然而，美国私营监狱行业深深植根于奴隶制，一些人认为，"这是国家资助的现代奴隶劳动"。

---

① 吴晶、韩亚栋：《透视美国私营监狱乱象》，http://www.moj.gov.cn/pub/sfbgw/jgsz/gjjwzsfbjjz/zyzsfbjjztszs/202206/t20220616_457659.html，最后访问日期：2023 年 3 月 27 日。

② 李志伟：《"权力和资本勾结的产物"(深度观察)——私营监狱黑幕暴露美式人权虚伪性》，https://wap.peopleapp.com/article/6574659/6452566，最后访问日期：2023 年 3 月 27 日。

③ 张博岚：《"美国当前最黑暗和最深远的困境之一"(深度观察)——私营监狱黑幕暴露美式人权虚伪性》，https://wap.peopleapp.com/article/6570356/6448529，最后访问日期：2023 年 3 月 27 日。

④ 李志伟：《"美国监狱中的种族差异是惊人的"(深度观察)——私营监狱黑幕暴露美式人权虚伪性》，http://world.people.com.cn/n1/2022/0316/c1002-32375660.html，最后访问日期：2023 年 3 月 27 日。

第二节　监狱工业与罪犯劳动

在西方国家的监狱中,犯人参加劳动有很多的种类,其中的一部分是由监狱工业组织或者通过监狱工业计划提供的。

▌一、监狱工业在罪犯劳动中的作用

监狱工业(prison industry)又称矫正工业(correctional industry)、监狱工业计划(prison industry program)、监狱工业安排(prison industry work),这是为了利用犯人劳动力生产产品、提供服务以及培训犯人的职业技能而建立的设施和计划。[①] 监狱工业背后的动力不是商业,而是为罪犯释放做准备,帮助罪犯获得必要的技能,成功地从罪犯转变为守法、对社会有贡献的成员。当代监狱工业是罪犯劳动的提供者,是罪犯劳动的主要载体,生产物品和提供服务只是这些目标产生的副产品。西方国家普遍认为,监狱工业对罪犯劳动的作用主要有以下三个方面。

（一）使犯人从中受益

西方国家普遍认为,监狱工业对罪犯具有重大作用,主要表现为可以培养犯人的劳动技能和使参加劳动的犯人获得报酬,在缴纳罚金、对犯罪受害者以及罪犯家庭带来益处。

一是通过在监狱中从事劳动,可以使罪犯掌握一定的劳动技能,熟悉劳动的规则和要求,培养罪犯劳动的责任感。例如,加入美国监狱工业工作项目的罪犯,获得了企业传授的社会价值观,包括工作价值、责任以及尊重与他人合作的必要性等内容。许多罪犯获得了他们失去或从未体验过的尊严和自我价值感。

二是通过劳动,罪犯可以熟悉社会中劳动的情况,可以在参与劳动的过程中学习技能并获得宝贵的工作经验,这将大大提高他们在出狱后成功重返社会的能力,使罪犯可以在释放后顺利地适应社会劳动,为释放后就业准备条件。

三是通过劳动,罪犯可以获得一定数量的劳动报酬,这些劳动报酬不仅可以改善犯人在监狱服刑期间的生活,支付其他必要的费用,包括赔偿金、赡养费等,还可以为他们释放之后准备费用,以解决释放之后生活的各项开支需求。以美国2015年财政报告为例,参加美国的监狱工业劳动的罪犯共支付了近100万美元的收入来履行其财务义务,[②]如罚金、子女抚养费或受害人赔偿费用,许多罪犯还将部分劳动收入寄回家,为家庭作了贡献。

总之,通过罪犯参加监狱工业劳动,在劳动中学习技能,积累经验和获得劳动报酬,可以大大降低罪犯释放后的重新犯罪率。

---

① 吴宗宪:《当代西方监狱学》,法律出版社2006年版,第737页。

② About the Federal Prison Industries Program,https://unicor.gov/About_FPI_Programs.aspx,最后访问日期:2022年6月22日。

(二)使政府从中受益

监狱工业对国家以及监狱的作用主要表现为:可以减轻犯人无所事事的消极状况以及由此引发的各种问题。对于监狱而言,通过罪犯劳动,监狱可以自行维持一部分甚至很大部分机构的运行费用,从而节省政府拨款,减少用于监狱方面的纳税人的资金。同时,监狱可以通过监狱工业计划,向罪犯提供有意义的活动,减少犯人无所事事的消极状况,降低犯人在监内进行暴力行为和其他不良行为的可能性,使监狱成为一个更加安全的地方,有利于罪犯的矫正工作的开展。例如,美国的监狱工业中,参加工作计划和职业培训的罪犯不太可能从事对机构不当的行为,为联邦惩教机构的安全和保障作出了重大贡献。

(三)使社会从中受益

监狱工业对社会的作用主要表现为可以降低监禁费用,使被害人从犯人劳动收入中获得赔偿。具体为:一是通过监狱工业计划,罪犯可以获得一定的劳动报酬,这些劳动报酬可以用来赔付被害人,实现恢复性司法的目的。同时这些报酬可以帮助犯罪人继续维系家庭关系,实现其赡养责任,减少服刑给其家人带来的不良影响,有利于协调家庭关系。二是通过劳动,罪犯学会生产技能,增加其适应社会生活的能力,从而减少重新犯罪率,维护社会安全,这也为社会经济的发展营造了一个更加安全的环境,使罪犯成为社会经济活动中的劳动者。美国研究表明,参与监狱工业和职业培训方案对释放后就业和释放后长达12年有积极影响。在监狱工业工作或完成职业学徒计划的罪犯比非计划参与者再犯的可能性低24%,获得有酬工作的可能性高出14%。[①]

■ 二、监狱工业的形式

在西方国家,监狱工业有较长的历史,纵观各国监狱工业的发展状况,监狱工业有不同的形式。

(一)租赁制

租赁制就是将罪犯出租给私营公司,私营公司向国家支付一定的费用。罪犯白天在公司工作,晚上回到监狱。租赁者向监狱购买罪犯劳动力,并向监狱支付罪犯劳动报酬,罪犯个人通常是没有劳动报酬的。租赁者为罪犯提供劳动工具以及生产所需要的原材料,组织罪犯从事生产劳动。这种制度对于监狱和租赁者来说是双赢的,监狱不需要组织罪犯进行劳动,省去了很多麻烦,还能获得一定的回报。由于罪犯是廉价劳动力,租赁者以低于市场的成本获得丰厚的回报。租赁制曾在美国、法国、德国、英国、巴西等国家被普遍采用,尤其是美国。

---

① About the Federal Prison Industries Program, https://unicor.gov/About_FPI_Programs.aspx,最后访问日期:2022年6月22日。

　　租赁制是残酷和不人道的,罪犯死亡是常见的。据统计,1896 年的美国租赁制监狱罪犯死亡率是 20‰,其中南方罪犯的死亡率为 41.3‰,北方罪犯的死亡率为 14.9‰。①

　　犯罪学家托斯滕·塞林在他的《奴隶制与刑罚制度》一书中提及罪犯租赁的唯一目的是使承租者获得最大的利润。这种形式虽然为罪犯提供了接触社会的条件,但不能很好地管理,罪犯的正当权益无法保障,监狱对于罪犯的行刑目的更是难以达到。租赁制在 19 世纪末期和 20 世纪初期比较流行,到 20 世纪 20 年代时,已经较少使用。

　　美国《宪法》第 13 修正案第 1 款规定:"在合众国境内或受合众国管辖的任何地方,奴隶制和强迫劳役都不得存在,但作为对依法判罪者犯罪之惩罚,不在此限。"这表明,在美国让犯人从事低廉报酬的体力劳动并不违法。利用犯人劳动来牟利的行为仍然普遍存在于美国各大私营监狱之中,如得克萨斯州,在奴隶制被废除之后依然实行了长达 50 余年的犯人租赁制度,因为租赁犯人的价格显著低于雇佣自由公民劳动的价格,各大私营企业家和农场主借此大肆获利。②

(二)合同制

　　合同制又称"合同劳动"。这是根据合同,私人承包商为罪犯提供生产资料和工作,而国家只是以略高于免费劳动力工资的费用提供劳动力。外部承包商将监狱视为廉价劳动力的永久供应商,并在监狱内进行工厂式操作。他们向国家支付使用罪犯劳动的费用,但保留了出售成品的利润。从本质上讲,通过这种合同制度,私人公司购买国家在罪犯劳动中的产权,以换取通过这种劳动产生的收入——有时可能是罪犯监禁原始成本的 150%。③公司和监狱管理部门都从承包制度中受益。监狱的承包商在工作日监督罪犯,并可以根据需要对他们进行纪律处分。监狱通常提供厂房、电力、照明和对犯人的监管。由于这种制度最先在奥本监狱大量使用,因此,又称"奥本模式"。这种制度从 19 世纪后半期产生之日起,就一直在监狱工业中占有重要地位,到 20 世纪 20 年代以后仍然占有一席之地。

　　19 世纪开始,美国监狱管理体制从宾夕法尼亚模式向奥本模式转变,由于监狱劳动力的成本较低,允许监狱劳动力承包商压低劳动力的价格。合同制下,罪犯被迫在超长的工作时间、恶劣的工作环境和监狱"监工"残酷的身体虐待下工作,包括对不工作或拒绝工作的人进行鞭打和酷刑。在整个 19 世纪,北方的监狱工厂通过对罪犯的精神和身体上的折磨实现了很高的劳动生产率,私营企业的利润有时高达罪犯劳动力初始成本的两倍。④ 这受到了美国工会的反对,工会并不反对监狱劳动,而是反对高度竞争的合同劳动制度,反对

---

①　Randall G.,Slavery in the Millennium part-II Prisons and Convict Lersing Help,Perpetuate Slavery,https://blackcommentator.com/142/142_slavery_2.html,最后访问日期:2022 年 12 月 8 日。

②　龚璞、董政坤:《美国私营监狱制度评析——从肖恩·鲍尔的〈美国监狱〉说起》,载《犯罪与改造研究》2021 年第 9 期。

③　Genevieve Lebaron,Rethinking Prison Labor:Social Discipline and the State in Historical Perspective,*Journal of Labor and Society* 15,No. 3 (2012).

④　Genevieve Lebaron,Rethinking Prison Labor:Social Discipline and the State in Historical Perspective,*Journal of Labor and Society* 15,No. 3 (2012).

剥削性、不公平、腐败的合同劳动制度。工会从道德上反对合同劳动,认为它是剥削性的,不利于改革。直到 1894 年,一项宪法禁令结束了利润丰厚的监狱合同劳动制度。

(三)按件计价制

按件计价是指由订立合同的承包商提供原材料和生产指导,由监狱自行组织罪犯生产,社会企业按照合同上约定的价格并按照产品的实际数量,以计件的形式向监狱支付劳动报酬的监狱劳动制度。这种形式一般是对原材料进行加工、装备和组合,因而对技术要求不高,社会企业也可以以相对低的价格得到所需要的产品。对于监狱来说,不仅不需要建立监狱企业,还可以从中获取不小的利润收入,可谓一举两得。与合同制相比,计件制有着两个重要的特点:一是监狱完全控制着罪犯的生产过程,对监狱生产担负着重要责任。二是承包商根据合同约定,按件向监狱支付费用。

(四)公共工程制

公共工程制是指由政府提供资金,由监狱组织罪犯从事修筑道路、桥梁等大型公共工程建设或其他公益性社会劳动。由于这种劳动形式是罪犯为国家或公共利益劳动,因而其一方面可以解决罪犯无事可做的尴尬局面,另一方面又能使罪犯与社会广泛接触,从而为行刑社会化的实现奠定基础。因此,这种形式是西方各国监狱普遍推广和采用的一种重要的劳动组织形式。

(五)外出劳动制

外出劳动制就是由监狱组织罪犯进行监外劳动的制度。在西方国家罪犯劳动制度中占有越来越重要的地位,被西方国家普遍采纳。因为监外劳动制适应西方行刑社会化和非监禁化的刑罚趋势,外出劳动制度也是西方各国监狱比较倡导的,其推广和实行已是大势所趋。西方监狱学者认为监外劳动有三大好处:第一,从经济上说,监狱外劳动,比如农作、开垦土地、修整道路、建筑房屋等,投资少、设备简单,便于施行。同时,由于罪犯犯罪情形各异,技能、智力高低有别,而监外劳动范围广、种类多,所以能满足各种层次的罪犯劳动要求。第二,从罪犯身心健康来说,监外劳动可使罪犯接触外部世界,获得更大的活动空间,能较好地缓解狱内生活的精神压抑、郁闷烦躁等。第三,监外劳动有利于实现行刑的目的,可以为罪犯在狱内和狱外社会生活之间建立一个中间过渡地带,使罪犯逐步适应社会生活,不至于回归社会后无所适从,而致重新犯罪。

三、美国联邦监狱工业公司

1934 年 6 月 23 日,美国国会通过法案授权成立美国联邦监狱工业公司(全称 Federal Prison Industries,Inc,简称 FPI)。1935 年 1 月 1 日,FPI 作为美国政府的全资公司正式开始运营。同时,国会在法案中允许 FPI 运用"UNICOR"作为其商标名称。从此以后,"UNICOR"被广泛运用于美国联邦监狱产品的市场交易中。其使命是"通过为罪犯提供工作培训和实际工作技能,为其成功重返社会做好准备,从而保护社会并减少犯罪"①。FPI有三个战略目标:第一,维持和发展有意义的工作和职业培训机会,使罪犯成为守法公民;第二,确保公司在财务上保持自我维持;第三,为公司员工提供优质的培训和发展机会,使他们能够承担更大的责任。②

作为美国联邦监狱管理局(Federal Bureau of Prisons,简称 BOP)不可分割的一部分,FPI 是联邦监狱管理局的一个矫正项目。尽管联邦监狱企业开设在监狱内部,但监狱企业的运营和管理是独立于联邦监狱的。③ FPI 受 6 人组成的董事会管理,6 位成员分别由总统亲自任命,6 位成员分别代表工业、劳方、零售商和消费者、农业、国防部部长、司法部部长。美国联邦监狱管理局局长是 FPI 的首席执行官;副局长是 FPI 的首席运营官,主要负责联邦监狱在工业、教育和职业培训等方面的职能。同时,作为联邦监狱总局的一个下属机构,FPI 同样接受众议院司法委员会定期的监督,包括采购商满意度、交货情况和产品定价等问题。

FPI 背后的动力不是商业,而是负责组织联邦监狱内罪犯进行工业生产或提供劳务。FPI 在本质上是为罪犯提供矫正性劳动项目,它的存在不是为了进行商业活动,而是为罪犯释放准备,其生产物品和提供服务只是这些努力的副产品。在 2018 年《第一步法案》颁布之前,FPI 仅限于向美国政府的部门或机构销售其产品,如家具和服装。该法案颁布后 FPI 被授权向新市场扩大以提高罪犯就业率。新市场主要包括公共实体,如国家用于刑事或惩教机构,用于救灾或应急响应的公共实体;哥伦比亚特区政府和某些免税或非营利组织。

2019 年约有 16500 名罪犯在 FPI 工厂工作。截至 2020 年 2 月,FPI 经营着 57 家工厂,有 122 家联邦惩教机构。研究表明,与没有类似经历的人相比,参加 UNICOR 项目的罪犯在出狱后重新从事犯罪活动的可能性要低 24%,就业的可能性要高 14%。④ 这些数据都是 20 世纪 80—90 年代的调查结果,美国联邦监狱管理局已经 20 多年没有审查 FPI 对累犯的影响。

---

① About UNICOR,https://unicor.gov/About.aspx,最后访问日期:2022 年 6 月 30 日。

② About UNICOR,https://unicor.gov/About.aspx♯FactoryMap. https://unicor.gov/About.aspx,最后访问日期:2022 年 6 月 22 日。

③ Fleisher, M.S., and R.H. Rison., Inmate Work and Consensual Management in the Federal Bureau of Prisons,In Dirk van Zyl Smit & Frieder Dunkel (Eds.),*Prison Labour — Salvation or Slavery*? *International Perspectives*,Dartmouth Onati International Series in Law and Society. 1999,pp. 281-296.

④ 龚璞、董政坤:《美国私营监狱制度评析——从肖恩·鲍尔的〈美国监狱〉说起》,载《犯罪与改造研究》2021 年第 9 期。

表 12-1   2013—2019 财年联邦监狱工业公司(FPI)销售额和就业罪犯人数①

财年	罪犯人数	销售额(百万元)
2013	13001	$533
2014	12468	$389
2015	12278	$472
2016	10896	$498
2017	16792	$454
2018	17041	$503
2019	16430	$531

阅读资料

美国加利福尼亚州的监狱消防营②

加利福尼亚(以下简称加州)的监狱消防营已经成为一种备受关注的罪犯劳动形式,经常因其对罪犯的剥削而被主流媒体炒作。让罪犯来处理加州的野火问题似乎是一种非常危险和不人道的强迫罪犯劳动的方式,然而,实际上只有很小一部分的加州罪犯在这些消防营里工作,约 4100 名罪犯分布在 42 个消防营里,他们通常的任务是做基础级别的劳动,而不是灭火。

罪犯在被考虑担任这一职位之前必须满足一些资格要求,包括没有暴力犯罪,刑期还剩下 5 年或更短,被视为"安全性低的"。罪犯如果加入该项目,通常会从事体力劳动,包括高尔夫球场维护、路边垃圾清理、公园景观美化和在孵化场安装专用网等。这项工作通常每天能赚 1.45 美元(30 天约为 43.50 美元)。而真正从事消防工作在 12 小时或 24 小时时每小时能赚 1 美元,报酬可能会根据火灾的大小而变化。大多数的罪犯消防员都不是传统意义上的"消防员",罪犯往往不是从事灭火工作,而是从事"切断火线"的工作,这需要清理被树木覆盖的土地,以防止火势进一步蔓延。由于罪犯不在监狱围墙内工作,也不生产商品,消防营的劳动属于服务工作。

调查结果显示,许多罪犯对他们在消防营地的工作表示满意。调查中,罪犯迈克评论说,走出监狱让他觉得自己自由了,就像他不再在监狱里一样,尽管严格来说,他仍然被监

---

① Federal Prison Industries-Actions Needed to Evaluate Program Effectiveness,https://www.gao.gov/assets/gao-20-505.pdf,最后访问日期:2022 年 6 月 30 日。

② Kamau Littletree-Holston Prison Labor in the United States,https://confluence.gallatin.nyu.edu/context/interdisciplinary-seminar/prison-labor-in-the-united-states#easy-footnote-8-14661,最后访问日期:2022 年 12 月 25 日。

禁着。波特认为,消防营可以帮助那些从未习惯稳定生活的罪犯灌输一种时间感,从火灾中拯救人和动物,可能会免除他过去的一些错误。然而,一些罪犯报告对消防营的某些方面不满意,安德烈觉得狱警似乎对罪犯不屑一顾,有时甚至对罪犯采取虐待行为。另一名罪犯汤姆评论说,他觉得人们总把他们视为潜在的杀人犯或强奸犯,虽然有些人感谢他和他的队友帮助扑灭野火,但汤姆认为,大多数旁观者只看到了他们的"罪犯"标签,而没有看到他们为社会做的好事。在一个全是女性的消防营地,女性罪犯报告了来自非监禁的消防员的偏见,她们拒绝与罪犯消防员分享她们的咖啡,因为她们是罪犯。据报道,这种对消防营罪犯的敌对行为实际上是相当普遍的现象,在消防营里的经历充其量是喜忧参半,对消防营的罪犯而言,所有积极的体验都与救火的实际工作有关,而消极的体验都与人际交往有关。

第三节　国外罪犯劳动保护

劳动保护是罪犯在劳动中的一项重要权利,罪犯的劳动保护直接关系着罪犯的劳动安全与身心健康,对罪犯劳动保护状况往往可以作为衡量该国罪犯权利保护状况的依据,各国在监狱法律制度中均有涉及罪犯劳动保护的相关规定。《欧洲监狱规则》明确规定:"监狱工作不是对罪犯惩罚的一部分""监狱工作应被视为监狱制度的积极因素,永远不应被用作一种惩罚手段"。然而,一些国家的监狱里的罪犯工作往往是强制性的。近期,欧洲委员会的一项调查显示,被调查的40个成员国中25个国家的罪犯被要求至少在某些环境下工作,如果拒绝工作,可能会受到惩罚,减少朋友和家人的探望,减少看电视或健身的时间,减少收入或没有收入,甚至被单独监禁。

《纳尔逊·曼德拉规则》规则96第1条规定:"服刑囚犯应有机会工作和(或)积极参与恢复正常生活,但以医生或其他合格医疗保健专业人员断定其身心健康为限。"规则101规定:"1.监狱应同样遵守为保护自由工人的安全和健康而制定的防护办法;2.应该作出规定,以赔偿囚犯所受工伤,包括职业疾病,赔偿条件不得低于自由工人依法所获条件。"事实上,到目前为止,这些规则和建议还没有得到完全遵守,这些规则实现的程度因国而异,反映不同国家对罪犯权利的不同保护。

一、劳动安全的保护

从世界监狱发展趋势来看,绝大多数国家对罪犯劳动保护在监狱法律、制度上都加以明确规定,要求对罪犯加强劳动安全保护与职业培训。但在绝大多数国家的监狱中,与自由工人相当的工作时间以及健康、安全措施并不总是被执行,许多劳动法规不适用于被监禁的罪犯,因此,对罪犯劳动的真正保护措施还有待进一步建立和完善。

在美国,监狱管理局通过其职业健康和安全方案,为联邦监狱的在押罪犯提供健康和安全保护。这项政策包括每年对在押罪犯进行安全培训,对罪犯工伤进行调查,并对工伤造成的工资损失进行赔偿。然而,伤害赔偿仅限于在联邦监狱工业工作的罪犯以及与监狱维护有关的工作任务。各州单独决定对州监狱工作罪犯的保护措施,有些州监狱根本不提供足够的安全保护措施。例如,宾夕法尼亚州允许被监禁的罪犯因工伤而获得损失的工资补偿,而得克萨斯州通过法律明确剥夺了被监禁罪犯获得工伤赔偿的权利。这在美国受到了刑事司法政策专家的批评,如何建立更加安全的罪犯劳动环境,提供更加有效的劳动保护措施,是美国监狱在未来发展中需要解决的一个重点问题。

在英国,虽然规定了必须保证罪犯的劳动场所安全,保证劳动场所不存在损害罪犯健康的危险,对在监狱劳动中因为监狱当局的责任而遭受人身损害的罪犯赋予诉讼权等,但在罪犯劳动保护方面一直存在争议,因为罪犯不属于英国劳动法律保护范围,罪犯被排除在工人的类别之外。人们呼吁对此进行改革,以解决罪犯工作条件恶劣的问题。

法国、德国、意大利、印度、阿根廷、芬兰等国都要求在如何安全劳动方面对罪犯实施指导,把加强劳动场所安全保障作为对罪犯劳动保护的主要内容。印度规定,罪犯从事挖掘井坑等危险工作时,监狱官员有责任采取各种适当的防护措施,以免发生意外。

■二、劳动时间

《纳尔逊·曼德拉规则》规则 102 规定:"1.囚犯每日及每周最高工时应由法律或行政条例规定,但应考虑到当地有关雇用自由工人的规则或习惯;2.所定工时应准许每周休息一日,且有足够时间依规定接受教育和进行其他活动,作为对囚犯所实施待遇及其恢复正常生活的一部分。"

世界各国通常要求罪犯每天的劳动时间在 5～8 小时,希腊、爱尔兰、荷兰等国家要求罪犯每天劳动少于 5 个小时,甚至有部分国家还规定了带薪年休假,匈牙利罪犯所享受的由劳动而产生的权利与劳动法的一般规定大体相同,比如罪犯的工作时间和外界社会一样是每周 40 小时,罪犯每年可以享受 20 天的有薪假期。波兰《刑法典》第 124 条第 1 款规定,从事有偿劳动的罪犯每年有 14～18 天的带薪假期,具体天数由劳动合同决定。俄罗斯新《监狱法》对罪犯离监休假的权利有了更加明确的规定:未成年犯休假的时间为 18 个工作日,成年犯为 12 个工作日,但作为对罪犯工作的肯定,可以分别延长至 24 天和 18 天。英国囚犯工作时间极长,却得不到充分的报酬,每周工作 60 小时。[①]

■三、罪犯劳动报酬

在监狱服刑的罪犯在劳动中是否能够得到报酬,一直以来是一个有争议的问题。1955年在日内瓦召开的联合国预防犯罪和罪犯处遇大会上通过的《纳尔逊·曼德拉规则》规则

---

① Virginia Mantouvalou, Working Prisoners are Trapped in State-mediated Structures of Exploitation: Using Them only to Fill Brexit Labour Shortages is a Bad Idea(LSE British Politics and Policy, 27 September 2021), https://blogs.lse.ac.uk/politicsandpolicy/prisoners-labour-shortages/,最后访问日期:2022 年 8 月 12 日。

70 规定,"每一监所应针对不同种类的囚犯及不同的待遇方法,订定优待制度,以鼓励端正行为,启发责任感、确保囚犯对他们所受待遇感到兴趣,并予合作";规则 76 规定,"对囚犯的工作,应订立公平报酬的制度"。该大会后,西方各国基本上对罪犯实行了劳动报酬制度,但具体做法大不相同,总体归纳来看,具有以下特性:

（一）多样性

西方国家在早期对罪犯实行强制无酬劳动,后来,随着西方监狱学者的提倡和罪犯人权思想的深化,西方各国逐渐认识到罪犯通过劳动获取一定的报酬是罪犯的一种权利。实践证明,在工资水平和社会福利得到规范之后,罪犯劳动已然成为保护社会安全的重要举措。

在西方国家中,法国是最早给在狱内劳动的罪犯支付报酬的国家。1810 年颁布实行的《法国刑法典》规定了在监狱实行罪犯劳动报酬制。此后,法国开创的罪犯劳动报酬制在众多国家开始实施。法国的具体规定是:罪犯在服刑期间参加劳动依法获得劳动报酬,计算标准由罪犯的技能水平、所从事的劳动工种和技术要求等来决定,和社会上同工种的劳动所得差不多。

德国在颁布的《刑罚执行法》中体现了一种基本思想,就是把罪犯参加劳动看作主要的矫正措施之一,认为服刑中的罪犯参加劳动应与自由人的劳动目的一样,即增强其谋生能力和促进职业上不断完善,并给付一定的报酬。德国《刑罚执行法》第 43 条作了相关规定:首先,肯定了罪犯从事生产性劳动、辅助性劳动以及其他劳动,应当给予报酬。其次,根据罪犯的劳动成果和工种将报酬分为若干等级。

奥地利法律规定,凡有劳动能力的犯人都有劳动的义务。监狱向每个罪犯提供从事有益劳动的机会。在特殊情况下,可以允许罪犯白天到监外工作。监狱每月月底为参加劳动的罪犯发放劳动报酬。劳动报酬的一半用现金支付,供罪犯在监狱内使用;另一半存入个人账户,供释放后使用。罪犯劳动报酬一般比较低。对劳动积极的罪犯,可以增加工资,对罪犯无法自立的孩子由国家提供救济。监狱对罪犯还进行职业培训,以适应劳动需要,职业培训分为基础训练、进修和高等训练三类。通过培训,许多罪犯被培养成技工、锁匠、油漆工、面包师、厨师、木匠或裁缝师等。

在英国,1998 年《全国最低工资法案》将在押罪犯排除在其范围之外。在英国,罪犯在狱中可以通过各种方式赚钱。罪犯都可以参加有偿活动获得报酬。这些活动包括教育和培训,监狱服务工作,以及清洁或参加职业辅导及监狱内的商业讲习班等,也有为数不多的罪犯凭临时释放许可证而由监外雇主支付劳动报酬。英国监狱对于那些超过国家退休年龄而选择不工作的罪犯,提供退休工资;对于那些在监狱中无法工作的罪犯和有权选择不工作的未决犯,提供基本的失业保险金。

在日本和泰国,监狱通常向参加劳动的罪犯直接或间接发放劳动报酬,主要是向罪犯发放奖金。奖金只能发放给劳动表现突出,基本在中等以上级别的罪犯,主要根据其完成的劳动量、产品质量、表现、成绩等综合因素而定。

在巴西,罪犯得不到报酬但可以获得相应的减刑:每工作三天可以折抵一天刑期。

在丹麦的监狱,参加教育课程也等同于参加劳动,同样可以获得报酬。

（二）低廉性

就罪犯的劳动报酬发放情况来看,低廉性是世界各国监狱罪犯劳动报酬之共性。微薄的劳动报酬不足以实现对受害者的赔偿或者出狱后养活自己和供养家庭之需求。

在英国,1964 年监狱管理部门规定,可以为有目的参与活动的罪犯支付报酬。2002 年颁布的第 4460 号监狱服务令规定了英格兰和威尔士的最低工资标准:所有以某种形式就业的罪犯都必须获得最低每星期 4 英镑的收入,2010 年,在押罪犯的平均收入为每周 10 英镑;对于那些因为健康或已经到退休年龄而不能工作的罪犯,每周发放 3.25 英镑;那些希望工作,但由于缺少工作岗位而无法工作的罪犯,每周的最低工资是 2.5 英镑;选择工作的未决犯与已决犯获得相同的劳动报酬[1]。

在美国,每个监狱系统和州立法机构决定如何管理和支付罪犯的劳动报酬。一般来说,监狱劳动有两种基本类型:第一种是通过"监狱产业提升认证计划"(PIECP)与私营企业合作,这是一项联邦计划,允许符合条件的州和地方监狱的罪犯选择从事一些社会的工作,比如在工厂里组装和包装产品。据监狱政策倡议组织(Prison Policy Initiative)报道,这些都属于高薪监狱工作,2017 年平均时薪为 0.33～1.41 美元,但是这些工作非常有限,很难找到。全国 1833 所州立监狱中只有 37 所参与了这项工作。第二种类型的监狱劳动主要包括在监狱内的工作,如保管物品、场地维护和食品服务。2017 年,这些职位的平均工资为每小时 0.14～0.63 美元。在亚拉巴马、阿肯色、佛罗里达、佐治亚、密西西比、俄克拉荷马、南卡罗来纳和得克萨斯这 8 个州,狱内罪犯劳动没有劳动报酬。[2] 在私营监狱,罪犯被当作劳动机器和奴隶,其各项花费被压缩。罪犯每天工作 6 小时,1 个月才能拿到 20 美元,相当于每小时 17 美分;犯人们想打电话,15 分钟 18.34 美元、视频电话 1 分钟 1 美元、1 支烟 1 美元。[3] 美国联邦监狱工业公司(FPI)不受最低工资规定的约束,2020 年平均每小时补偿其劳动罪犯 0.92 美元。[4]

在德国的监狱中,罪犯的劳动报酬不同于雇佣关系上的劳动报酬,罪犯的工资很低,"2015 年,德国开始实施每小时 8.50 欧元的全国最低工资标准,而柏林泰格尔监狱的囚犯每小时工资在 1.5 欧元至 2 欧元。为此,德国罪犯于 2014 年 5 月成立德国联邦监狱组织(GG/BO),要求发放最低工资和养老金。目前该组织已在德国 40 所监狱中拥有 800 名成员,该组

① Life in Prison：Earning and Spending Money,https://www.justiceinspectorates.gov.uk/hmiprisons/wp-content/uploads/sites/4/2016/01/Earning-and-spending-money-findings-paper-final-draft. pdf,最后访问日期:2023 年 3 月 27 日。

② Tess Garcia,People Are Calling To Abolish Prison Labor,Here's What That Actually Means,https://www.bustle.com/rule-breakers/what-does-prison-labor-really-mean-should-we-abolish-it-27626108,最后访问日期:2023 年 3 月 27 日。

③ 吴晶、韩亚栋:《透视美国私营监狱乱象》,http://www.moj.gov.cn/pub/sfbgw/jgsz/gjjwzsfbjjz/zyzsfbjjztszs/202206/t20220616_457659. html,最后访问日期:2023 年 3 月 27 日。

④ Federal Prison Industrie-Actions Needed to Evaluate Program Effectiveness,https://www.gao.gov/assets/gao-20-505.pdf,最后访问日期:2023 年 2 月 22 日。

织已扩展到奥地利"①。

在比利时的监狱,罪犯每小时的工资远远低于国家最低工资标准。2022年平均工资是每小时1欧元,最高可达3欧元。罪犯劳动报酬根据所从事的工作类型、职业资格、工作时数和监狱类型而有所不同,最低时薪为0.62欧元至0.79欧元。为私营公司工作的罪犯工资是每小时1欧元,从事一般服务的罪犯每月的收入为80欧元至150欧元,研习班的月收入为150欧元至300欧元。②

在加拿大联邦和省级监狱的罪犯可以找到多种工作——扫地、准备食物,甚至维修国防设备。虽然大多数罪犯都是做粗活,但至少拥有了一个在监狱里做一些生产性工作的机会,还能赚一点钱。多年来,加拿大和美国一样,越来越依赖监狱罪犯劳动。与此同时,由于监狱试图降低行刑成本,罪犯的薪酬一直在下降。"在2019年,罪犯们每天的收入预计在5.25美元到6.90美元之间,大多数罪犯的收入都处于最低水平。但食宿和电话费的扣除额最高可达30%,此外还有其他未缴罚款的扣除额。"③

几乎所有国家的犯人所获得的收入并不是按照社会正常水平支付的,不受《最低工资法案》(Minimum Wages Act)的限制,也不与市场供求挂钩,所以从性质上来说,这些收入并不是真正意义上的"工资",而是零用钱。劳动报酬只能说是对罪犯的一种奖励措施,与其付出的劳动并不相符,从这些国家的现实例子可以看出,罪犯的劳动并没有得到实质性的报酬。

另外,罪犯劳动不应该成为一种降低罪犯人格的无意义的监狱行为。一些国家意识到罪犯应当享受到与社会上普通劳动者一样待遇。《波兰刑法典》第127条规定,将从事有偿劳动的罪犯及其家属纳入养老保险制度,同样值得强调的是,根据1994年波兰《失业法案》的规定,失业法也适用于刑满释放人员,而且他们有权得到援助,包括失业救济。而俄罗斯将罪犯服刑期间的工作时间计入固定工作工龄,算是一种激励罪犯参与劳动的措施,同时也能保障罪犯一定的劳动权利。西班牙的罪犯在社会保障、劳动报酬、工作时数等方面的权利得到了规范,并取得了重大的进步。瑞士的罪犯和社会上的其他雇员一样,享受养老、医疗和失业保险,罪犯同样可以在私营的医疗保险项目中受益。

---

① German Prisoners Form Union, Seek Minimum Wage and Pension, https://www.prisonlegalnews.org/news/2016/aug/2/german-prisoners-form-union-seek-minimum-wage-and-pension/,最后访问日期:2023年2月25日。

② Belgium, https://www.prison-insider.com/en/countryprofile/belgique-2022? s＝vie-quotidienne ♯vie-quotidienne,最后访问日期:2023年3月22日。

③ Justin Ling, Prison Labour, https://nationalmagazine.ca/en-ca/articles/law/in-depth/2019/all-work-and-low-pay♯:～:text＝Today％2C％20inmates％20can％20expect％20between％20％245.25％20and％20％246.90,on％20top％20of％20other％20deductions％20for％20outstanding％20fines,最后访问日期:2023年3月22日。

研究与思考

1. 国外罪犯劳动的主要理论有哪些？

2. 监狱工业的作用有哪些？有何借鉴之处？

3. 国外劳动保护的内容有哪些？有何借鉴意义？

第十三章　罪犯劳动发展趋势

重点提示

1. 基于现代化视野下的社会转型与发展，罪犯劳动将沿着人本化、社会化和劳动组织非营利化的趋势不断发展变化。

2. 罪犯劳动向注重人的改造模式转变，表现在劳动经济功能更加理性，劳动改造功能更加完善，罪犯劳动力素质培养更加注重，劳动改造质量考核评价更加全面、规范。

3. 罪犯劳动权利保障与促进表现为：劳动选择权进一步拓展，罪犯劳动处遇差别化推进，劳动保障权益不断深化。

4. 罪犯劳动社会化发展趋势表现为：罪犯劳动项目选择社会化，罪犯职业技术教育培训社会化，劳动改造参与力量社会化。

5. 非营利性是劳动改造组织的重要属性，非营利机制能有效协调监狱企业改造和经济两大功能，非营利组织具有行使劳动改造权力的合理性。

6. 探索政府主导下的非营利劳动改造组织模式，积极推进劳动改造组织法治化进程，妥善协调好劳动改造组织改造功能与经济功能之间的矛盾，积极培育劳动改造公益文化，大力推进劳动改造社会化进程。

罪犯劳动发展趋势受到社会法治理念、行刑思想、行刑方式、人权保障、市场经济以及社会发展等综合因素的影响。基于现代化视野下的社会转型与发展，罪犯劳动将沿着人本化、社会化、劳动组织非营利化的趋势不断发展变化。

第一节　罪犯劳动人本化发展趋势

人本化的本质内涵就是以人为本，指的是以人为基础，以人为目的，即一切以人为中心，一切为了人。马克思主义唯物史观认为，人是社会发展的主体，是创造社会历史的根本动力。同时，人的解放、人的自由与全面发展是社会进步的最高目标。劳动是人的本质需要，人的进化发展、社会交往、意识活动等都需要劳动，劳动理应围绕人的发展、进步和自由而展开。对于罪犯劳动而言，罪犯既是劳动的主体，也是劳动改造的客体，作为特殊劳动者，罪犯劳动必须符合一般意义上人类劳动的本质规律。2010 年最高人民法院颁发的《关于贯彻宽严相济刑事政策的若干意见》(法发〔2010〕9 号)明确指出，宽严相济刑事政策是我国的基本刑事政策。在刑事法学界和实务界，宽严相济刑事政策被公认为是我国现阶段的基本刑事政策。罪犯劳动的发展演变是以人为本思想深入落实到罪犯改造全过程的体现。监狱在组织罪犯劳动过程中,只有充分认识罪犯作为有思想、有感情的人在劳动改造中自我劳动意识提升的重要性,尊重和保障罪犯劳动权利,引导罪犯在劳动中的自主劳动、自我改造、自我实现,才能真正有效实现劳动改造人的目标。

一、向注重人的改造模式转变

传统意义上的罪犯劳动,很容易让人们将劳动局限于物质财富的生产,把劳动锁定在生产活动甚至体力劳动上,这实质上并非真正意义上的罪犯劳动。"在马克思那里,劳动不再是非伦理——身体的活动,而是既有伦理又有精神的内涵,是人之为人、历史之为历史、发展之为发展的关键和基础,是主体性的根基所在。马克思不仅仅在社会经济财富生产的意义上,而且在形成解放的形式——实践意义上看待劳动的概念,这样的劳动具有改造自然、创造财富的意义,也有生成社会结构和进化过程的意义。""马克思把一切美好价值的实现都赋予了'劳动'系统的壮大和完善之中。通过把资本归结为劳动的积累,劳动成了整个现代世界的根基和本质。""劳动中蕴含着一切美好东西的萌芽,能为一切美好的东西奠基。"①

在物资匮乏的年代,物的生产是人们最基本而且是最主要的实践活动,此时,改造罪犯的实践形式主要是体力劳动,这具有历史合理性。但随着社会生产力的发展,民主与法治、人权保障等不断推进,监狱对组织罪犯劳动的目的不再局限于对物的生产上,监狱组织罪犯劳动将转向对罪犯的改造以及对罪犯重新融入社会的关注上。

随着社会民主与法治的不断发展,人们不仅有对物质财富的追求,还有对民主、法治、公平、正义、安全、环境等的理性诉求,这些需要通过平衡而充分的发展去实现。马克思在《哥达纲领批判》中提出,"劳动已经不仅仅是谋生的手段,而且本身成了生活的第一需要"。罪犯劳动中简单生产劳动的实践地位将日趋下降,社会交往、精神产品生产等其他实践活动变得越来越重要,劳动改造人的价值和地位凸显。因此,"以物为对象的劳动必然转到以人为对象的实践,方能体现改造世界的真实理念,全面提升改造价值,这不仅是现代社会发展的需要,也是马克思主义人本哲学思想的要求"②。

(一)劳动经济功能更加理性

罪犯劳动经济功能是基于对罪犯劳动力资源的开发和利用,这是劳动有效性的体现,经济功能作为劳动的基本功能将始终存在。在当前经济社会转型时期,罪犯中因刑致贫、

---

① 刘森林:《从"劳动"到"实践"——中国马克思主义哲学一个核心范式的演变》,载《哲学原理》2009年第7期。
② 龚华:《劳动改造创新与监狱革命》,载《中国监狱学刊》2011年第2期。

因刑致困的问题比较突出,道格拉斯通过研究发现"贫困率越高,从事财产犯罪人群与概率越大"[①]。

联合国《囚犯待遇基本原则》第8条规定:"应创造条件,使囚犯得以从事有意义的有酬工作,促进其重新加入本国的劳动力市场,并使他们得以贴补其本人或其家庭的经济收入。"罪犯劳动虽然具有经济功能,但仅仅是次生性的功能,应从属于社会效益。由于罪犯改造目的与劳动手段之间相互依存,组织罪犯劳动时首先考虑罪犯劳动的形式、手段及劳动内容是否有利于罪犯改造目的的实现。

就监狱组织罪犯劳动的终极目标而言,应着眼于矫正其劳动恶习,养成劳动习惯,与普通社会人一样在劳动中实现自我价值。罪犯劳动的经济性不是监狱行刑追求的目标,而是监狱行刑社会效益的体现,对罪犯劳动的经济效益的预期是随着罪犯劳动改造进程的不断深入,劳动改造功能的不断发挥而逐渐彰显出来。

(二)劳动改造功能更加完善

监狱组织罪犯劳动的根本目的是实现对罪犯错误劳动认知和行为的矫正,即通过劳动培养罪犯正确的劳动观念、习惯和就业谋生技能,矫正其恶习,增强社会适应性,使罪犯回归社会后顺利融入社会,成为自食其力的守法公民,从而降低重新犯罪率,实现公共安全和社会福利的增长。组织罪犯劳动首先应当遵循人的改造规律,并在尊重经济发展客观规律的前提下,实现改造效益和经济效益有机统一。

现阶段,罪犯劳动以"改造人为宗旨"这一理念,已被业界普遍接受。但从实践上看,监狱生产目前仍主要按照生产私人产品而不是劳动改造公共产品的思路进行运作,没能围绕改造目标有效配置行刑资源和经济资源。由于罪犯劳动目标的定位不同,同样的资源禀赋,必然带来不同的绩效差异。在新的劳动改造理念影响下,劳动改造组织模式和工作机制将不断创新完善,使劳动改造功能更加理性发挥。在实施劳动改造的过程中,将更加注重罪犯劳动功能的挖掘与开发,并把罪犯劳动的功能与罪犯劳动的改造目标有机结合,在组织罪犯劳动中更加合理有效地开发和利用,实现劳动改造效益最大化。

(三)劳动力素质培养更加注重

劳动改造的根本目标是将罪犯改造成适应社会、能够自食其力的守法公民,围绕这一目标定位,罪犯劳动将更加注重职业技能、社会适应力、市场竞争力等综合素质培养。更加注重劳动机制的人本化和个别化,高度重视发挥劳动主体——罪犯的自主劳动、自我改造的作用;更加注重对罪犯人力资源的合理开发及职业技术培训,激发罪犯的劳动热情和劳动潜能,实现从被动劳动向主动劳动的转变,在劳动中重构罪犯的价值体系。

---

① Douglas L. Yearwood, Gerry Koinis Revisiting Property Crime and Economic Conditions: An Exploratory Study to Identify Predictive Indicators Beyond Unemployment Rates, *The Social Science Journal*, 2011, Vol.48.

(四)劳动形式更加丰富

科学技术的飞速发展,把人类带入信息化时代、全球化时代。体现在人类劳动上,则是脑力劳动或者说有一定科技含量的劳动已上升到社会的重要位置,劳动社会化程度之高、发展速度之快远非过去所能比拟,教育改造和脑力劳动相结合,比其和体力劳动相结合更具有意义。随着自动化的发展,简单生产劳动的机器替代趋势必然迫使罪犯的生产性劳动实现转型,应从体力劳动更多转移到脑力劳动及其相应的教育上,转移到劳动技能培养、社会化劳动项目上,也只有这样才能把罪犯的劳动权利落到实处,把劳动各方面的作用协调发挥起来,实现罪犯劳动改造效能最大化。

(五)劳动改造质量考核评价更加全面、规范

当前,罪犯劳动改造体系尚处于完善之中,实践中组织罪犯劳动的考核指标仍以效益考核为主,劳动技能培训、改造性劳动等反映劳动改造效果的硬性指标不齐全,劳动改造责任主体不明、目标任务不清,使监狱在组织罪犯劳动过程中仍然难以摆脱以经济效益考核为主的考核模式的影响,这限制了罪犯劳动改造功能的发挥。建立以罪犯劳动态度、劳动质量、劳动效率、就业谋生能力、社会适应性、劳动岗位匹配度、重新犯罪率等为主要内容的劳动改造评价体系,将劳动纪律遵守率、劳动定额完成率、违章事故率、技能教育培训率、岗位技能获证率、刑释后就业率等指标纳入劳动改造评价范围,能够全面衡量和综合评价罪犯劳动改造成效。把劳动改造综合绩效作为评估监狱企业及其管理民警工作业绩的主要指标,形成相对客观公正的评价监督机制,这是实现组织宗旨的关键举措。对于监狱企业管理民警,可以根据改造绩效给予合理激励,而不是单纯根据生产利润给予奖励。引导监狱企业管理民警追求改造社会效益,罪犯劳动积极性、劳动效能必然会提高,国有资产保值增值也会随着劳动改造效能提高而实现,这样才能真正有利于劳动改造宗旨的实现和监狱企业的良性发展。

■二、罪犯劳动权利保障与促进

对于监禁状态下的罪犯,失去自由是最大的惩罚。但事实上狱内罪犯劳动与发展因人身禁锢而受到限制和剥夺。在以人为本、重返社会范式下,只有尊重和保障罪犯合法的劳动权益,才能真正激发罪犯自主劳动、自我改造和自我价值实现,进而促进罪犯向社会人的复归与自由的不断实现。

(一)劳动选择权进一步拓展

劳动选择权主要包括对劳动及劳动形式、内容的自主选择权。从欧美一些发达国家监狱实践来看,罪犯劳动是一种处遇,而不是一种强制措施,有劳动意愿的罪犯可以向监狱申请参与劳动项目,与监狱订立劳动契约关系参加劳动。如,挪威、荷兰等西方国家的罪犯可以根据罪犯劳动的具体情况和兴趣爱好自由选择技能培训项目和狱内工作任务。随着我

国特色社会主义法治理念和"宽严相济"行刑思想的日益深化，尊重和保护罪犯作为特殊劳动者劳动选择权也将成为趋势，罪犯劳动的自愿性和自主性色彩将更加浓厚。

罪犯劳动改造的效果很大程度上取决于劳动项目使用的多类型，劳动项目与个体匹配度，这体现了因人施教的必要性，也体现了赋予罪犯劳动项目选择权的现实意义。监狱将充分考虑罪犯的劳动改造需求和罪犯年龄、性别、文化程度、体力、智力、就业志向、特长等个体情况，设置多种类的劳动项目和劳动方式，尽可能创造条件保障罪犯合理合法的劳动项目选择权，提高罪犯劳动改造需求与改造目的的匹配度和融合度，激发罪犯劳动的热情和创造性，使自主劳动、自我改造功能更好发挥。

随着劳动改造思路调整和劳动项目社会化推进，罪犯劳动项目选择性将大大拓展，生产性劳动外，狱内服务性劳动、社会公益性劳动、习艺性劳动、重返社会适应性劳动等多样性劳动将同时存在，符合条件的罪犯还享有到社会企业参加生产性劳动等开放性劳动之处遇。劳动项目选择权扩大，既可以提高生产性项目和技能培训的适用性和针对性，满足劳动改造个性化、多样化需求，也能有力提升罪犯就业谋生能力和再社会化的适应能力。劳动选择权保障程度是建立在监狱实力、改造科学性和行刑效率等因素综合平衡前提下，个别化的劳动改造需要大量的人力、财力和设施，目前我国监狱发展总体水平还达不到这样的要求，基于劳动选择权基础上的罪犯个别化劳动改造只能作为特殊性手段，在实践中不断完善和推进。

（二）罪犯劳动处遇差别化推进

"体现区别，宽严相济"是宽严相济刑事司法政策指导下监狱行刑发展的一个重要方向。[1] 在监禁状态下服刑的罪犯，其劳动权利的范围应根据服刑表现和悔罪程度等因素进行收缩或扩展，若其变化与处遇状况呈相关性的动态变化，将起到很好的惩罚或激励作用。

劳动处遇应当根据"宽严相济"的原则，实行"当宽则宽、当严则严、宽严结合"的思路，进行分级分类管理。对人身危险性很高的罪犯，可以不考虑给予提供劳动岗位；对于人身危险性较高或改造难度大的罪犯，应对其实施劳动项目、劳动工具、劳动场所等方面限制，应组织适合监管、安全隐患较低的劳动，在组织劳动过程中注重对其思想观念、劳动态度和行为习惯的培养和改造；对人身危险性一般、改造难度适中的罪犯，应以培养他们掌握实用技能为主的生产性劳动，结合个人兴趣爱好及个人特长、激发他们的学习欲望，促使他们学有所长、学有所用；对没有人身危险倾向、改造表现好、刑期不长的罪犯可以给予管理更宽的开放性劳动处遇。

从国内外实践看，开放性劳动主要有劳动释放、外出劳动等监外劳动形式。监外劳动的优点是有助于罪犯提高身心健康水平、增强社会适应性、获得更好的劳动改造项目。当然，在实施开放性处遇政策时，要特别注意以下三点：一是严格规定享受开放性劳动处遇的罪犯限制性条件，特别要确保罪犯的社会危险性低；二是确定开放性处遇劳动比狱内劳动更符合改造和罪犯自身需要；三是开放性劳动处遇应当在有效管控和监督之下进行。

---

① 戴艳玲：《论宽严相济刑事司法政策下监狱行刑的发展趋向》，载《中国监狱学刊》2011 年第 2 期。

（三）劳动保障权益不断深化

劳动保障权益包括劳动报酬、社会保险以及劳动安全等方面的保障。罪犯劳动报酬权是作为特殊劳动者的基本权益。科学合理的罪犯劳动报酬激励政策是非常必要的，一方面，充分尊重罪犯的人力资本所有权，实现罪犯劳动收益与其劳动激励兼容；另一方面，减缓回归后暂时没有获得就业机会或超过就业年龄等原因所造成的经济困境，降低罪犯因物质匮乏而重新犯罪的可能性。随着法治社会的构建，罪犯应得报酬标准的公民一致性原则将得以实现。罪犯劳动报酬可用于狱内生活、赡养家人、继续教育等合理消费，用于支付养老、医疗等社会保险的个人部分费用。

《中华人民共和国社会保险法》于 2011 年 7 月 1 日正式施行，这是新中国成立以来第一部社会保险制度的综合性法律，是党和政府履行"让人人享有社会保障"承诺的法律保证。"2021 年年末，全国社会保障卡持卡人数为 13.5 亿人，覆盖 95.7％人口。"[①]目前，罪犯在服刑期间仍无法缴纳养老、医疗保险，享受与其他公民一样的养老、医疗保险待遇，这不仅不利于罪犯顺利融入社会，也影响了他们服刑期间的安心改造。由于建立养老保险受年龄、年限条件和个人收入的限制，罪犯被捕前没有参加社会养老保险的，因服刑期间不能参保，刑释后超过退休年龄，就可能享受不到社会养老保险。不到退休年龄的即使刑释后可以重新参保，也因刑期而推迟起保年龄，存在一次性交费困难、收益减少、收益预期不合算等问题。罪犯也是公民，其基本权益应当受国家法律保护，理应逐步建立罪犯社会保障制度，逐步解决罪犯的基本养老保险、医疗保险等社会保险问题，保险经费可由地方财政、监狱企业和罪犯个人按一定比例承担。监狱可考虑设立一套与罪犯社会保险制度相配套的考核办法，让罪犯在希望中实现主动改造，提高重新适应社会生活的预期。

第二节　罪犯劳动的社会化发展趋势

罪犯再社会化是行刑目的实现的核心问题。罪犯来自社会又必须回归社会，改造罪犯的过程是其重新社会化的过程。对于社会来说，使罪犯顺利重返社会是一种责任，保护社会的最佳方式就是使罪犯成功得到改造。2016 年 12 月，日本颁布实施了《预防重新犯罪促进法》，提出了预防重新犯罪的 7 个优先事项："第一，保障就业、居住等；第二，提供医疗保健和福利服务等；第三，与学校和其他机构合作提供教育支持等；第四，根据犯罪人员个人特点实施有效指导等；第五，促进民间合作，加强宣传和提高认识活动等；第六，加强与地方政府的合作等；第七，完善相关机构的人力和物力体制等。"[②]截至 2019 年，日本雇佣犯罪人员的企业数量达到 1556 家，至 2019 年，没有住所的监狱释放人员数量已减少至 2 人，"不重返犯罪/不协助他人重返犯罪"宣言提出的目标基本实现。[③] 罪犯重新适应社会，实

---

① http://n2. sinaimg. cn/finance/ea3dcf43/20220607/2021NianDuRenLiZiYuanHeSheHuiBaoZhangShiYeFaZhanTongJiGongBao.pdf，最后访问日期：2023 年 2 月 28 日。

② 周勇：《日本预防重新犯罪促进法及其促进计划简介》，载《犯罪与改造研究》2022 年第 10 期。

③ 周勇：《日本预防重新犯罪促进法及其促进计划简介》，载《犯罪与改造研究》2022 年第 10 期。

现成功回归社会,体现了一种代价小、效益高、更加人道文明的刑罚政策。从这个意义上讲,罪犯劳动目的还应当被定位为保持和增强罪犯刑满释放后就业谋生和社会适应能力,充分利用社会资源实现罪犯劳动社会化。

一、罪犯劳动项目选择社会化

一个良好而有效的劳动改造制度,应是在促进罪犯接纳社会共同基本规范和适应社会经济技术变化的同时,又为其提供一个适度、相对个性化的空间,提供一个适度开放的改造环境,一个与社会经济发展大体保持同步的生产劳动环境和条件。人的社会化是人的个性与社会生活方式互动的过程。监狱固有的封闭性和监狱化,是自身难以克服的。充分利用社会资源参与劳动改造,能为罪犯提供更多接触社会、适应社会的机会,并能促使他们重新参与社会、顺利回归社会,成为适应社会规范的劳动者。

罪犯生产性劳动项目可以由监狱企业提供,也可以由社会企业提供。监狱企业产业组织方式变迁受政治因素、市场经济和社会发展综合因素的影响。从国际视野来看,社会企业提供生产性劳动项目相当普遍,美国、德国、波兰、匈牙利、日本等多数国家都已先后采用这种方式。德国 2001 年开始,为在狱内强化劳动组织工作,将一些监狱企业以合同方法交由外面的企业经营。[①] 波兰 1998 年出台的《监狱劳动法》允许监狱劳动者直接或间接参加市场竞争,雇佣罪犯的社会企业也可以部分免税。这里特别要介绍关于美国的“监狱企业证书”项目的一项研究成果。由联邦司法协助局监督的“监狱企业证书”项目允许私人企业在监狱内开展经营活动。“监狱企业证书”项目允许罪犯在一个相对自由的空间内为私营企业主劳动,获得工资。这种制度鼓励联邦与州的监狱机构与私营企业建立伙伴关系,向罪犯提供参加劳动的机会。巴尔的摩大学的研究人员对参加“监狱企业强化”劳动形式、“传统的监狱劳动”与“其他类别的监狱劳动形式”的罪犯进行了比较研究[②],结果表明通过“监狱企业证书”释放的罪犯重新被捕率、重新定罪率与重新被监禁率都比参加传统监狱劳动方式与其他劳动组织方式的要低。[③]

近年来,不少监狱企业原有的主导产业呈现萎缩、消亡趋势,加工业在我国监狱系统快速发展,成为总量最大、从业人数最多的最主要罪犯劳动产业。由于组织目标、资源禀赋、体制机制、人员构成、技术创新等局限性,监狱企业原有主导产业难以适应市场竞争而被淘汰出局,这也体现了监狱企业不是以生产产品、追求利润为最终目标的,它是以改造人为宗旨的特殊性质。监狱加工业发展的实质是罪犯劳动的社会选择和交换,劳动项目由社会企业根据市场需求变化提供,使罪犯劳动更顺利地纳入社会大生产分工体系,实现价值交换。

---

①　Smartt,U.(2004),What Works in Prison Industries:A Comparative Look at Different European Industries,*Prison Service Journal* ,No. 155,pp.9-12.

②　该研究样本包括 5 个州 46 个监狱释放的 6464 名罪犯,参加“监狱企业证书”劳动形式的时间是从 1996 年 1 月 1 日至 2001 年 6 月 30 日。传统的监狱劳动特点是劳动由矫正官员监督,已经有 150 年历史;其他类型是近年探索的罪犯劳动组织形式。

③　瞿中东:《国际视域下的重新犯罪防治政策》,北京大学出版社 2010 年版,第 462～467 页。

目前,加工业发展并未真正转入以改造为宗旨的阶段,加工业项目单一化、改造功能不强的问题还难以有效解决。

虽然设置监狱企业的核心目标之一是向罪犯传授劳动技能,但是监狱企业技能更新太慢,监狱企业所传播的技术不能与社会发展同步。[①] 这实际上是监狱企业所面临的共同问题,是监狱化与社会化矛盾作用的结果,暂时无法改变。监狱产业社会化无疑是缓解和改善这一问题比较经济和可行的方式,这并不否定监狱企业在产业社会化中的主导作用和推进作用。

监狱企业以改造社会效益最大化为追求目标,应当充分掌握罪犯劳动改造和回归就业需求,选择开发社会发展中具有一定竞争力、适当技术含量、社会劳动就业容易的项目,当然也要考虑经济规模、经济效益问题。而罪犯是流动的,其个体的劳动改造需求也是不断变化的,监狱企业难以适应这种需求更新而带来的对生产性劳动项目、技能培训要求的变化,或者说适应这种变化的经济成本是很高的。监狱企业通过自身力量来开发和创设生产性劳动项目,显然是一种不科学、不经济的方式。监狱企业自身力量不足和社会技术不断更新变化趋势之间的矛盾,决定了监狱产业选择社会合作项目的合理性和必要性。监狱企业应充分整合优质的社会生产项目,吸引创新发展的社会企业参与罪犯劳动改造的公益事业,为罪犯提供与社会发展相适应的劳动场所、岗位和项目,不失为一种既有经济效益又能可持续发展的劳动组织方式。具体劳动形态应根据罪犯各自特点、就业谋生需要以及当地社会经济发展现状等进行确立,应注重社会实用性,如农业种植、畜牧养殖、家电维修、汽车维修、烹饪、缝纫、计算机应用、电工、洗衣等,这些简单适用、教育投放少、培训时间短、社会需求量较大的实用技术,可以为罪犯刑满释放后提供更大的就业空间。

二、罪犯职业技术教育培训社会化

罪犯职业技术教育是罪犯劳动教育与社会化的重要方式,其目标是通过培养职业技能促使罪犯成功回归社会、顺利融入社会。对职业技能教育内容和方式应当以社会需求为导向,在对罪犯个体情况和就业意向进行充分调研的基础上,根据社会就业市场对劳动力需求情况,研究确定和实施专业课程和社会实践教育活动。社会就业需求与个体需求充分结合的职业技能教育是最有生命力的教育培训,是提高培训效能的重要前提。长期以来监狱组织职业技能培训受培训师资专业程度不高、设施短缺、培训信息不对称等诸多因素影响,难以满足罪犯技术培训多样化、个性化需求。按照行刑社会化发展趋势,以刑释就业为目标的技能培训,属于职业教育性质,理应纳入地方职业技术教育体系,实行地方政府统一规划、监狱企业组织落实、社会机构广泛参与的职业技能培训社会化机制,最大限度满足罪犯对职业技能的需求,实现供需有效衔接,提高培训的投入产出率。

教育投资对受教育者来说是一种消费。教育投资既可带来社会收益,也可带来个人收益,所以增加教育投资,提高罪犯职业技能使他们在劳动市场上保持竞争优势,以获取满意

---

① 翟中东:《国际视域下的重新犯罪防治政策》,北京大学出版社 2010 年版,第 467 页。

的职业和较高的收入。既然是对罪犯自身有益,按照教育成本分担的原则,罪犯有责任来分担一部分教育费用。[①]职业技能教育经费,一部分可来源于政府补助,另一部分从罪犯生产劳动的报酬中列支。在教育公共产品供给的理念下,监狱企业应充当职业技能培训服务的组织者和购买者,积极整合社会职业技术培训资源为监狱所用,不断拓展社会办学途径和思路,完善罪犯技术培训需求调查机制、社会培训机构选择机制、培训质量考核评价机制,进一步提高罪犯技能培训的实用性和社会适应性,提高罪犯职业技术培训的教学质量和实际效果。监狱企业可以对罪犯入监和出监阶段分别进行技能培训需求调查,设置多样化的技能培训方案,在生产过程和特定培训时期,进行有针对性的培训。通过招标、签约等形式引入和购买社会职业技能培训服务,选择社会劳动保障部门、职业技术院校、劳动就业培训中心和社会企业,开展职业技能培训、多岗位轮训、就业技能培育,切实提高技能培训效果。探索建立开放式罪犯职业技能教育专职机构模式,把罪犯职业技能教育体系分为两部分:一个是管理体系,由监狱职教机构负责,保证对教育中心的组织和领导;另一个是教学体系,由地方职业学校负责,保证对罪犯职业技能教育的专业化。[②]另外,也可以探索与社会企业开展定向培训合作,由企业派出高水平专业技术人才,为监狱培养特种职业技能的劳动力,实行定单式培训。

三、劳动改造参与力量社会化

社会组织源于社会,拥有更为丰富优质的教育改造资源和劳动项目资源。加强监狱企业与社会企业、公益组织之间的合作和良性互动,有利于充分利用社会动力机制与社会活力,克服监狱固有的监狱化和封闭性的弊端,有利于提高罪犯劳动的实用性和社会适应性,满足多样化、个体化的罪犯劳动改造需求,进而降低罪犯劳动改造成本,提高罪犯劳动改造效率。社会组织参与虽然会增加监狱监管难度,但对劳动改造功能和社会公共利益最大限度实现无疑是有利的。在司法体制公正、公平、公开和行刑社会化大趋势下,政府控制下官方民间结合的罪犯劳动组织体制将会逐步形成和发展。如劳动改造组织董事会或委员会,可吸收政府工作人员、工商界、学术界、社会团体等人士为各个方面的董事代表,为劳动改造公共利益共同决策,相互制约、相互合作、协调各方利益。同时吸引社会志愿者参与劳动改造公益事业,实现劳动改造社会化。随着社会的发展和人权保障的深化,监狱执法透明度将进一步提升,社会劳动监察部门和社会力量逐步参与到罪犯劳动和劳动改造中,将进一步促进罪犯权利保障和劳动改造效率提升。社会组织参与罪犯劳动监督和评价,有利于引入一种社会化的非政府力量,可以利用非权力性的社会行为评价机制,进一步规范和合理构建劳动改造权力的运行机制,有利于实现刑罚过程与社会预防犯罪过程的连续性,让公众近距离地了解监狱及其行刑运行的状况,增加罪犯劳动改造的透明度和规范性,增强罪犯自身预防犯罪的责任意识和参与意识。

① 冯宇平:《以人力资本理论谈开放式罪犯职业技能教育模式》,载《犯罪与改造研究》2011年第7期。
② 冯宇平:《以人力资本理论谈开放式罪犯职业技能教育模式》,载《犯罪与改造研究》2011年第7期。

第三节　罪犯劳动组织发展趋势

组织是制度的产物,是按制度要求来设计和运作的,是制度功能实现的载体。任何组织制度的变迁都依赖社会存在和经济基础,新的组织制度需求总是随着制度环境的改变而不断产生。影响和决定罪犯劳动组织制度变迁的主要因素有刑罚思想、经济基础、社会环境和技术进步等。从罪犯劳动发展史看,由于制度环境变化,罪犯劳动沿着折磨残害—苦役—营利—改造四种价值诉求的变动发生演变,劳动组织也随之相应变迁。在西方一些经济发达、法治程度较高的国家中,出现了改造性劳动由非营利组织实施的一种发展趋势。美国国家矫正工业协会(NCIA)[①]、西班牙监狱劳动和服务组织机构(OATPP)[②]等都是从事劳动改造的非营利组织,它们不以营利为目的,通过广泛动员社会机构、私营企业和志愿者,为罪犯提供多样化改造性劳动项目,致力于培养罪犯专业技能、提高就业谋生能力、帮助克服再社会化障碍等组织公益使命。这也从实践层面上进一步论证了非营利劳动改造组织存在和发展的现实合理性和必然性。

当经济发达、社会进步、法治完善等条件具备时,以改造人为宗旨的罪犯劳动组织将由营利组织逐步演变为非营利组织。非营利劳动改造组织应当是基于国家和社会意志,以改造罪犯为宗旨而组织其从事生产劳动,追求社会公共利益最大化的非营利组织。它具有非营利性、组织性、公益性、专业性,政府在非营利罪犯劳动改造组织发展中居于主导地位,吸

[①]　美国国家矫正工业协会(National Correctional Industries Association , NCIA)是一个国际性的非营利性专业协会,其成员代表了 50 个州惩教业机构、美国联邦工业、外国教养行业机构和市县监狱工业项目,部分私营公司作为惩教工业的供应商和合作伙伴关系也是其成员。它的核心使命是致力于为罪犯提供专业技能发展和创新行业机会来实现矫正产业本身的优越性和可靠性,不以营利为目的,主要负责为罪犯提供劳动项目,帮助罪犯克服再社会化的障碍,完成改造任务。NCIA 设有一个委员会,委员会成员由总统任命。委员会下设标准委员会、途径与方法委员会、组织联络委员会、通信委员会。标准委员会制定了安全、行为矫正、人权保障等工作标准。NCIA 积极创造条件使合作伙伴关系的私营公司、劳工组织等能为罪犯创造更多的就业机会,提供多样化的机会。该协会在提高公众安全、降低犯罪率、降低纳税人负担、促进经济发展和恢复性司法中发挥了积极作用。About NCIA：http：//www.nationalcia.org/about,最后访问日期：2022 年 6 月 12 日。

[②]　西班牙政府根据皇家 1995 年第 326 号法律成立"监狱劳动和服务组织机构",西班牙语称为OATPP。OATPP 是依照国家法律成立的为监狱罪犯生产劳动、文化体育活动和罪犯后勤保障服务的非营利组织,组织的主要目的是有利于罪犯释放后再社会化、使罪犯在服刑期间学习一定的技能,具备劳动能力。OATPP 的全部人员工资福利由政府财政资金予以保障,不从生产利润中支付。根据工作需要和财务状况允许,OATPP 可向社会聘用雇员。OATPP 董事会负责 OATPP 的总体运作,把握它的方向和总体目标,但不直接管理。监狱与 OATPP 职责明确,收支分开,协调配合。监狱只负责对罪犯进行监管、教育、心理治疗等刑罚执行活动。OATPP 有自己的管理组织、独立的编制、独立的预算(不包括在监狱预算之内)。OATPP 是非营利机构,它的收入全部用于支付罪犯的劳动报酬和创造更多的生产岗位,而且必须收支平衡。王戌生、孟宪军：《英国西班牙监狱考察报告》,载《犯罪与改造研究》2003 年第 3 期。

收社会多方力量,共同参与罪犯劳动改造[1]。

一、非营利罪犯劳动改造组织定位的理论分析

(一)非营利性是罪犯劳动改造组织的重要属性

公共性是劳动改造组织的根本特性,而劳动改造组织的重要特性是非营利性。罪犯劳动改造组织的非营利性既源于它的公共性,也源于劳动改造组织生产公共产品交易费用过高的现实。导致交易费用过高主要有两个方面的原因:一是罪犯劳动改造组织与社会公众之间存在的最明显的交易成本是由信息不对称引起的度量罪犯劳动改造公共产品品质的费用。二是劳动改造组织缺少市场测试机制。罪犯劳动改造组织是以改造人为宗旨的组织,而改造人的成本和绩效很难有具体量化的评价标准。如果劳动改造组织可以在竞争市场上以某种价格推出反映劳动改造公共产品或服务,它们就可以从市场的反应测试出服务或产品的成效,但这种市场机制的交易成本过高几乎无法实现。如果组织以营利为目的,委托人和代理人能对组织拥有控制权、处置权和索取权,势必会造成组织以利润为主要目标,导致组织改造人这一宗旨形同虚设。因此,罪犯劳动改造组织本质上要求构建非营利机制,保障和纯化监狱企业的根本特性——非营利性。

(二)非营利机制能有效协调监狱企业改造和经济两大功能

罪犯劳动改造组织具有改造功能和经济功能,改造功能是组织的原生性功能,经济功能是次生性功能。罪犯劳动改造组织在面对改造质量和经营利润双重目标时,监狱企业在没有制度性制约的前提下,监狱企业管理者总是理性地偏好经济效益,并会极力将此偏好上升为监狱的执行目标。因此,统筹兼顾改造功能和经济功能,实现两者有机统一,是实现劳动改造功能最优化和公共利益最大化的关键所在。

从非营利组织的运行机制看,它能够把市场机制和社会自治力量有机结合起来,现代经济学指出在公共物品领域市场和政府失灵的同时,既不能抛弃市场机制,也不能放弃政府作用,而是重点解决如何将二者有机结合起来。非营利机制既可以使劳动改造组织既能够像政府部门那样,以提高公共利益为宗旨,又能够采取类似于企业的方式运行,突出效率目标,实现公平与效率的完美统一。

监狱企业和社会公众之间因信息不对称所引起的度量罪犯劳动改造公共产品品质的交易费用过高,而非营利机制可以作为减少这种交易费用的一种有效机制,它使管理者无须为了获取利润而减少罪犯劳动改造公共产品供给,因为他们所获得的利润不能直接参与分配。这将在很大程度上抑制监狱企业管理者以占有和分配利润为目的而实施营利行为

---

[1]　在论及非营利组织时,有必要区分一下营利与赢利的概念,营利的"营"有谋求之意,即以追求利润为目的,而"赢"则是赚取利润但不一定以此为目的。劳动改造组织的非营利定位不影响其赢利,关键是赢利应当以经营行为目的的合理性和经营收益分配的合理性为衡量和约束之标准。

的动机,从而维护社会公共利益。

(三)非营利组织行使劳动改造权力的合理性分析

非营利组织作为一种组织类型,在国外已有上百年的发展历史,它与政府部门、营利机构共同构成了社会经济组织形式,在解决市场失灵和政府失灵,协助政府办好公共事业方面发挥了极为重要的作用。正如储槐植教授所指出的,在当代社会背景下提高犯罪控制效益的根本出路在于改变刑罚运行模式,即刑罚权和刑事司法权从国家手中分出一部分还给社会,使刑法运行模式由"国家本位"向"国家、社会"双本位过渡,加强国家力量和社会力量在犯罪控制方面的协同和配合。[①] 近年来,行刑社会化已成为当代监狱制度变迁的重要趋势,行刑社会化应该体现行刑主体社会化、行刑目的社会化、行刑手段社会化、行刑评价社会化,而核心是行刑主体的社会化,没有主体的社会化就难以从根本上实现行刑社会化。罪犯劳动改造产业在一些国家也呈现向民间组织采购或委托经营的趋势。例如美国通过立法授权民间实体经营矫正工业。1981 年美国佛罗里达州立法机构授权民间公司经营该州矫正工业。1999 年佛罗里达州的矫正工业以及 PIECP 合作项目管理全部由矫正部门转交给 PRIDE 公司经营并享受包括设施投资税收豁免在内的各种优惠。委托经营这种模式大多要求民营矫正工业实体必须是非营利性的,或者说是政府以招标的形式向民间采购矫正管理服务。但由于组织的非营性机制的缺位导致改造功能与经济功能的错位。

从公共管理的角度来看,监狱是一种特殊的公共组织,其根本目的是维护公共利益。随着公共管理社会化进程的加快,刑事领域日益向社会开放,刑事制度与社会组织之间的关系越来越紧密,社会组织以更积极的方式、经常性地参与刑事司法,由此形成所谓的"参与型模式",社会自治对政治统治的渗透,不同国家以不同方式展开,如源于英国并盛行欧美等国的社区矫正[②],其实质就是社会直接参与刑罚的过程。非营利组织具有"非分配约束机制"、社会性等诸多优势,有利于降低组织交易费用,充分整合社会资源,其行使劳动改造罪犯的权力,提供劳动改造公共产品,是基于组织宗旨有效实现的需要,也符合行刑社会化的变革发展趋势。从这个意义上讲,非营利组织行使劳动改造权力具有合理性。

■ 二、非营利劳动改造组织发展的若干构想

随着经济社会的发展,影响我国罪犯劳动改造组织制度变迁的政治、经济、法治环境正在发生变化。一是罪犯劳动改造价值取向发生变化,就罪犯劳动而言,改造性劳动日益成为当前占主导地位的劳动价值取向。二是中国经济发展使罪犯劳动改造组织逐步摆脱营

---

① 储槐植:《刑事一体化和关系刑法论》,北京大学出版社 1997 年版,第 409~410 页。

② 在美国,公民参与罪犯矫正工作被认为是美国社会的传统,是市民社会自治精神和公益观念的体现。美国每年大约有 30 万至 50 万志愿者加入社区矫正工作。他们的活动主要包括:通过与罪犯亲属联系来帮助罪犯矫正;开展一些技能和智力活动;举办教育项目,为罪犯授课与辅导等。美国公民积极参与社区矫正,使罪犯感受到社会的支持和温暖,有利于提高罪犯对社会的认识,从而推动罪犯复归社会目标的实现。http://www.china.com.cn/chinese/zhuanti/××sb/1159748.htm,最后访问日期:2022 年 12 月 5 日。

利导向、追求更高层次的改造社会效益成为可能。司法部将监狱企业定位为"为改造罪犯服务,不同于以营利为目的的社会企业,但也要讲效益",已深刻反映了对劳动改造组织现行制度的一种扬弃和革新要求。三是社会化进程促使罪犯劳动改造主体发生变化。随着我国行刑社会化进程的推进,社会组织凭借其自身优势参与到社区矫正事业中,发挥其特有的作用。在未来,非营利劳动改造组织将成为罪犯劳动改造的新生力量。

(一)探索政府主导下的非营利劳动改造组织模式

我国《监狱法》虽然确立了监狱经费国家财政的保障体制,但劳动改造经费投入不足问题尚未得到根本解决。因此,国家只有给予非营利劳动改造组织履行职能所需合理必要的财政保障,才可能使其真正成为以追求改造社会效益为最终目标的公益性组织。同时,税收激励政策也是非营利劳动改造组织持续运行的重要政策依托。国家要通过完善税法、调整税率、简化手续、降低捐赠成本,创造条件促使社会企业营利与公益有机结合,形成有效的捐赠和救助制度激励。劳动改造组织作为公益性组织,应本着公共性税收豁免原则,不仅要免除其与监狱生产直接相关收益的税收,对于取得的其他收入,因用于公益性活动也应予以免除,国家要给予其增值税先征后返、免征营业税和所得税、免征房产税和土地使用税等税收优惠政策。

从公共性角度看,给予参与组织罪犯劳动的社会企业一定税收优惠政策是必要的、合理的,应以社会企业为实现公共利益,在提供技能培训、安排生产性劳动项目等过程中产生的公益性耗费为限,这样有助于在公共利益与私人利益之间找到平衡,有利于调动社会企业投入罪犯劳动改造事业的积极性和主动性。在优化产业扶持政策上,可借鉴国外经验,使监狱企业成为政府和社会公共产品的供应者之一,使其集中精力更好发挥罪犯劳动改造职能。

(二)积极推进劳动改造组织法治化进程

劳动改造组织作为追求改造公共利益的公益性组织,虽然组织成员有着明确的组织宗旨和公益使命,但由于受个人或集团利益驱动,如果没有强有力的法律制度加以规范,很可能会偏离组织宗旨、危及社会公共利益,进而为个人或小集团谋利益。因此,非营利劳动改造组织更有赖于构建法律制度和完善的治理结构来保证其平稳、健康地运转。政府应积极制定相关法律,以法律的形式界定非营利劳动改造组织性质、宗旨和任务,合理划定其权力和责任,明确规定组织资产权属、分配机制,通过制度设计强化其自律和他律的机制,加强对组织运作动态过程的监督、评估和控制。

(三)妥善协调好改造功能与经济功能之间的矛盾

非营利机制可以在很大程度上避免管理人员因追求营利目标而偏离组织改造宗旨的倾向。劳动改造组织从事经营行为,应在确保经营目的合法合理的前提下,合理分配经营收益,其收益可以用于支付罪犯劳动报酬,回归社会后失业、养老等必要的保险,社会帮教费用,补偿被害人损失以及有利于组织宗旨实现的其他活动。

(四)积极培育劳动改造公益文化,大力推进劳动改造社会化进程

志愿精神和奉献精神是非营利组织工作人员取得较好绩效的前提条件。社会应不断培育慈善文化和公民志愿公益精神,培育企业社会责任意识,加快建立企业公益行为制度化机制,营造企业与劳动改造组织合作的政策环境。对于非营利劳动改造组织,应提出明确的组织使命和愿景,构建核心价值观和组织文化,增加社会公众参与罪犯劳动改造公益事业的吸引力,并用公益文化凝聚组织成员。同时,应加强劳动改造组织整合社会资源参与劳动改造事业的能力建设,引入社会化的非政府力量,规范和合理构建劳动改造的权力运行机制,加强劳动改造组织与社会企业、公益组织之间的合作和良性互动,进一步提高劳动的实用性和社会适应性,降低劳动改造成本,提高劳动改造效率。

阅读资料

香港善导会[①]

香港善导会(前称释囚协助会)创立于1957年,是政府认可的注册慈善团体。早年由于经费短缺,工作人员皆以义务性质为主。1959年起,该会获得政府财政支持,刑释人员康复工作由此全面展开。1966年9月23日,该会正式注册为非营利有限公司,每年主要的经费皆由政府资助。该会致力于通过不同服务单位提供优质康复多元化服务,以协助涉嫌触犯法纪、曾违法及刑满释放的香港居民康复更生,并提供社区教育、预防犯罪及精神健康等服务。其服务种类包括:个人和家庭辅导、住宿服务、社交及兴趣发展活动、法院社工、培训及就业服务、精神健康服务、社区教育和义工活动等。其使命"提供优质康复及多元化的服务,以协助曾违法人士改过迁善、推展预防犯罪及匡助有需要人士的精神健康"。

研究与思考

1. 简述罪犯劳动的发展趋势。
2. 如何理解罪犯劳动的社会化趋势?
3. 如何理解罪犯劳动的人本化趋势?
4. 如何理解罪犯劳动的组织发展趋势?

---

① https://sracp.org.hk/cn/about.html,最后访问日期:2023年1月25日。

实训内容

实训一　罪犯劳动队前讲评教育模拟演练

■ 一、相关知识

进行罪犯劳动教育,必须把握科学的教育方法,才能保证劳动教育预期目标的顺利实现。劳动教育采用的方法往往要根据劳动对象的不同而作必要的调整和创新。我国监狱在长期开展劳动教育的实践中运用了大量的教育方法,已经形成了有中国特色的罪犯劳动教育经验。在我国监狱中被广泛使用的劳动教育方法主要包括:课堂授课法、个别教育法、练习法、劳动竞赛法、榜样激励法、讲评教育法,其中队前讲评教育是当前基层民警使用最多的一种教育方法。

（一）对罪犯劳动情况的讲评教育

对罪犯劳动情况的讲评教育包括对罪犯劳动生产情况,劳动中出现的一些正面的、积极的人与事以及劳动过程中出现的一些违纪违规行为进行及时的讲评,及时肯定罪犯劳动成绩、指出存在问题、提出要求,有利于提高罪犯劳动教育效果。对罪犯劳动情况的讲评教育通常涵盖于罪犯日讲评、周讲评、月讲评、专题讲评等讲评教育中,对罪犯劳动情况的讲评是讲评教育的重要内容。

（二）对罪犯劳动情况讲评教育的具体要求

对罪犯劳动情况进行讲评教育的具体要求:

1. 拟好腹稿,做好充分准备。这就要求讲评民警对讲评内容心中有数。首先要求民警对罪犯劳动的有关法律、法规以及罪犯劳动奖惩考核办法有深刻的理解和把握;其次要求讲评民警对罪犯劳动的实际情况了如指掌。这就要求民警对罪犯劳动的整个过程包括罪犯劳动过程中的劳动生产情况、劳动态度的转变、遵规守纪等情况有清晰的了解和把握,这样在讲评过程中才能言之有物,准确通报,才能对罪犯进行及时教导与告诫。

2. 讲评要鲜明直观。对劳动情况的讲评要突出劳动的主题,目标明确,观点鲜明。讲评劳动中存在的问题要开门见山,态度明确。提倡什么、反对什么,必须直接讲明,对罪犯应当怎么做,要直观、直接地讲清楚、讲明白。

245

3. 摆事实、讲道理。对劳动情况的讲评教育要善于运用数据。罪犯劳动改造的效果可以通过数据展现出来。在讲评教育中运用数据，可以客观、准确地反映罪犯的改造情况，让民警能够更加直观地对劳动改造情况有所了解，做到心中有数。罪犯劳动情况的数据可以包括劳动数量、质量情况、劳动增长率情况、劳动技能掌握情况、生产任务的完成率以及罪犯的遵规守纪情况等。

4. 运用语言艺术，以情感人。讲评民警讲话时话语要坦率、感情要真挚，不掩饰、不回避，用贴切的语言表达讲评的内容，不能含糊不清，似是而非。把抽象语言形象化、具体化，给罪犯直观真切的感知，让罪犯易于领会讲评要求。在讲评中切忌语言暴力。

5. 肢体语言端庄得体。第一，讲评民警要着装整齐规范，警用装备佩戴齐全。第二，讲评时民警要站直站稳，不能东倚西靠。站姿要端正、自然、大方。第三，讲评民警手势运用要得体大方，不可以做作，注意控制不良动作。第四，初次讲评的民警要避免紧张，视线保持平直，统摄全体罪犯，注意与罪犯的目光交流，让罪犯感觉到谈话中的被关注。第五，表情自然、亲切、坦诚，不矫揉造作、生硬僵滞，不应摆出一副盛气凌人或者自负矜持的面孔。

6. 站位突出。保证讲评民警所站位置能够全方位观察罪犯和传达信息。

7. 时间适度。现场讲评时间适度，日常讲评一般控制在 3～6 分钟。切忌长篇大论，偏离主题。

二、有关罪犯劳动的法律、规定

（一）《刑法》

第 46 条规定："被判处有期徒刑、无期徒刑的犯罪分子，在监狱或者其他执行场所执行；凡有劳动能力的，都应当参加劳动，接受教育和改造。"

（二）《监狱法》

第 69 条规定："有劳动能力的罪犯，必须参加劳动。"

（三）司法部《监狱计分考核罪犯工作规定》（司规〔2021〕3 号）

第 4 条规定："计分考核自罪犯入监之日起实施，日常计分满 600 分为一个考核周期，等级评定在一个考核周期结束次月进行。"

第 9 条规定："日常计分是对罪犯日常改造表现的定量评价，由基础分值、日常加扣分和专项加分三个部分组成，依据计分的内容和标准，对达到标准的给予基础分，达不到标准或者违反规定的在基础分基础上给予扣分，表现突出的给予加分，符合专项加分情形的给予专项加分，计分总和为罪犯当月考核分。"

第 10 条规定："日常计分内容分为监管改造、教育和文化改造、劳动改造三个部分，每月基础总分为 100 分，每月各部分日常加分分值不得超过其基础分的 50%，且各部分得分之间不得相互替补。"

第 13 条规定:"罪犯劳动改造表现达到以下标准的,当月给予基础分 30 分:

(一)接受劳动教育,掌握劳动技能,自觉树立正确的劳动观念;

(二)服从劳动岗位分配,按时参加劳动;

(三)认真履行劳动岗位职责,按时完成劳动任务,达到劳动质量要求;

(四)遵守劳动纪律、操作规程和安全生产规定;

(五)爱护劳动工具和产品,节约原材料;

(六)其他积极接受劳动改造的情形。"

第 14 条规定:"罪犯有下列情形之一,经查证属实且尚不足认定为立功、重大立功的,应当给予专项加分:

(一)检举、揭发他人违法犯罪行为或者提供有价值破案线索的;

(二)及时报告或者当场制止罪犯实施违法犯罪行为的;

(三)检举、揭发、制止罪犯自伤自残、自杀或者预谋脱逃、行凶等行为的;

(四)检举、揭发罪犯私藏或者使用违禁品的;

(五)及时发现和报告重大安全隐患,避免安全事故的;

(六)在抗御自然灾害或者处置安全事故中表现积极的;

(七)进行技术革新或者传授劳动生产技术成绩突出的;

(八)省、自治区、直辖市监狱管理局认定具有其他突出改造行为的。

罪犯每年度专项加分总量原则上不得超过 300 分,单次加分不得超过 100 分,有上述第一至五项情形的不受年度加分总量限制。"

第 16 条规定:"对因不可抗力等被暂停劳动的罪犯,监狱应当根据实际情况并结合其暂停前的劳动改造表现给予劳动改造分。"

第 17 条规定:"对有劳动能力但因住院治疗和康复等无法参加劳动的罪犯,住院治疗和康复期间的劳动改造分记 0 分,但罪犯因舍己救人或者保护国家和公共财产等情况受伤无法参加劳动的,监狱应当按照其受伤前 3 个月的劳动改造平均分给予劳动改造分,受伤之前考核不满 3 个月的按照日平均分计算。"

第 20 条规定:"对老年、身体残疾、患严重疾病等经鉴定丧失劳动能力的罪犯,不考核劳动改造表现,每月基础总分为 100 分,其中监管改造基础分 50 分,教育和文化改造基础分 50 分。"

三、罪犯劳动队前讲评方法的模拟训练

(一)实训目的

通过对罪犯劳动队前讲评方法的模拟训练,使学生掌握劳动教育中队前讲评教育方法的基本要领和要求,包括队前讲评教育的方法、内容和要求,同时在实训过程中,提高沟通、合作能力。

（二）实训时数

4 课时

（三）实训分组

学生自由组合,每区队同学分为×组,分别确定小组长 1 名。

（四）实训任务

教师按照队前讲评的基本要求,根据日常罪犯劳动过程中可能出现的情况,拍摄罪犯劳动现场模拟视频,各组同学根据视频情况,查找罪犯劳动现场中出现的问题,同时针对这些情况,开展有关劳动情况的队前讲评稿的撰写和队前讲评的模拟训练。

（五）实训过程

实训分为 3 个阶段:

第一阶段:讲评稿撰写。学生根据实训要求,利用课余时间根据视频中展现的罪犯劳动场景与劳动具体情况,查找罪犯劳动中出现的各种问题并简单分析原因,并依此来设计讲评主题及撰写队前讲评稿。要求:对问题概括准确全面。

第二阶段:模拟演练。学生根据讲评稿进行队前讲评模拟训练。（2 课时）

要求:全员都进行角色模拟训练,时间控制在 3～6 分钟。

第三阶段:队前讲评过程展示。（2 课时）

1. 实训展示

(1)组长将队员按照队列要求带到指定地点,并进行整队、整理着装和整齐报数、报告。

(2)各小组指定 1 名成员进行队前讲评。

(3)由教师抽取另一名小组成员进行队前讲评。

2. 交流提问:小组根据讲评演练过程中存在的问题交流并提出解决改进建议。

3. 教师点评与建议:教师对本次实训总体情况、存在问题进行点评并提出改进建议。

（六）实训地点

学院实训场馆

（七）评分标准与考核方式

1. 考核方式

(1)考核方式采用教师和实训小组长评分相结合的方式。教师评分占 80％,小组长评分占 20％。

(2)教师评分主要根据实训小组队前讲评演练情况以及提交的实训报告情况打分,主要考核学生对队前讲评流程以及各环节的把握情况、队前讲评技巧的运用情况,以及队前讲话稿的撰写情况。

（3）学生小组长的评分主要根据小组成员参与实训的积极性、主动性以及在实训中发挥的作用来进行的。

（4）个人最后实训成绩为：教师的小组评分＋小组长的组员评分。

表 1　教师对小组的评分项目、要求及评定等级

序号	评分项目	要求	评定等级	分值
1	队列	入场、口号、报告、整队、整理着装、整齐报数符合规范	优：9～10 分；良：8 分；中：7 分；及格：6 分；6 分以下为不及格	10 分
2	讲评内容	熟练掌握和使用法律、法规	优：9～10 分；良：8 分；中：7 分；及格：6 分；6 分以下为不及格	10 分
		讲评内容完整、规范	优：30～27 分；良：24～27 分；中：21～24 分；及格：18～24 分；18 分以下为不及格	30 分
		注重语言表达艺术（包括肢体语言）	优：14～15 分；良：12～14 分；中：11～12 分；及格：9～11 分；9 分以下为不及格	15 分
		讲评时间适中	3 分钟以下：3 分；3～5 分钟：3～5 分	5 分
3	交流情况	清晰表达观点，有见解有想法	优：5 分；中：4 分；及格：3 分；3 分以下为不及格	5 分
4	团队合作	整体配合性好，成员参与率高	优良：5 分；中：4 分；及格：3 分；3 分以下为不及格	5 分
合计				80 分

表 2　小组长对小组成员的评分项目、要求及评定等级

序号	评分项目	要求	评定等级	分值
1	任务完成情况	圆满完成安排的各项任务	优：5 分；良 4 分；及格：3 分；3 分以下为不及格	5 分
2	发挥作用	积极参与队列指挥及讲评稿的撰写	优：5 分；良：4 分；及格：3 分；3 分以下为不及格	5 分
3	团队合作	积极配合服从安排	优：5 分；良：4 分；及格：3 分；3 分以下为不及格	5 分
4	参与积极性	积极参与	优：5 分；良：4 分；及格：3 分；3 分以下为不及格	5 分
合计				20 分

实训二　罪犯劳动改造活动方案设计

一、相关知识

罪犯劳动改造活动方案设计是指为了改变罪犯劳动态度,养成劳动习惯,学会生产技能而针对罪犯劳动中存在的问题进行的专门性活动设计。罪犯劳动活动方案设计是实现我国罪犯劳动改造工作精细化与科学化的重要途径,是实现罪犯劳动改造针对性、有效性必不可少的关键环节。

(一)罪犯劳动改造活动方案设计的几个重点考量因素

1. 劳动改造活动的具体目标

就罪犯劳动改造而言,任何一个劳动改造活动方案都要有明确的目标,并且这些目标应紧紧围绕我国罪犯劳动改造目的的实现展开。活动方案的目标设定得越清晰、越具体就越有利于其在活动方案的实施过程中实现。同时,在罪犯劳动改造活动方案目标的设定过程中,应充分考虑目标实现的现实可能性以及现实需求,否则方案策划就会失去其应有的意义和价值。

2. 罪犯劳动改造活动的适用对象

罪犯劳动改造活动方案的策划中,对象确定是一个关键环节。就罪犯而言,其劳动态度、劳动习惯、劳动技能、劳动安全技术等方面存在着较大的差异,所以劳动改造活动的参与对象的定位要求精准,这样才能凸显活动方案设计的价值和意义。

3. 罪犯改造活动的具体内容

罪犯劳动改造方案内容设计是指针对不同罪犯劳动方面存在的问题而针对性地设计罪犯劳动改造活动实施的内容维度。活动内容的选择是建立在活动目标以及活动参与对象准确定位的基础之上。不同罪犯,劳动恶习不同,组织其参加劳动的项目内容不相同,采取的流程和方法也不相同。

劳动改造活动的内容很多,它既可以是针对罪犯劳动态度转变方面的活动,比如在日常劳动中开展"我能用我的双手为家人做什么"主题教育活动;也可以是提升罪犯劳动技能方面的活动项目,比如美国爱达荷州的罪犯矫正项目中就有涉及专门技能教育的项目;专门的技能教育,教授特别的就业技能,包括"劳动力准备"项目,这个项目的内容是帮助刑释前罪犯学习找工作、持续工作与理财;"工作经验"项目是帮助罪犯提高劳动技能;"工作特别技能"培训项目包括:电脑使用,高级办公软件,自动化,厨具制作,木工、清理、旧物改造、食物制作、园艺、金属制作、办公支持,管道印刷、焊接、林木方面的劳动。罪犯改造活动还可以针对罪犯劳动习惯养成,开展劳动知识、劳动技能以及劳动安全知识竞赛等内容的活动。

4. 活动的组织流程

活动的组织流程是整个策划活动的主体部分,是该活动区别于其他活动的精髓所在。

在罪犯劳动改造实践过程中我们发现,同样的活动内容因为设计者采取的形式不同,设计的流程不同,最后达到的效果也不相同。这是一个考量设计者策划能力的关键环节。在流程设计中,一方面,应研究参与罪犯的实际需求和现实状况,提高罪犯参与活动的积极性和主动性,提高整个设计活动构思的吸引力。另一方面,应考虑活动顺利开展的现实可行性,在策划活动时应充分考虑罪犯的年龄结构、劳动能力、改造情况以及活动的时间、地点、参加人员及民警数量、物料准备、细节安排、安全及经费预算等诸多因素。

5. 活动方案的撰写

罪犯劳动改造活动方案撰写包括以下几个部分:策划书的名称、活动目的、活动的参与对象、活动的资源需要、活动的开展流程、经费预算、活动中应注意的问题及突发事件的处理。

(1)活动的名称:尽可能写得具体,如"××监区××活动策划书"。

(2)活动目的:活动的目的要简明扼要,要具体化,如"增强参与罪犯的防火意识,增加防火知识,提高火灾逃生技能"等。

(3)参加人员:策划的时候一定要根据监区的具体情况在人员数量和特质要求上选择合适的参加人员。

(4)资源需要:具体列出所需的人力、物料、场所、设备等。

(5)活动开展:作为策划的主体部分,对策划的各项工作,按照时间发展的先后顺序来撰写。对于人员的组织配置、相应的权责及时间地点应当有明确的说明。

(6)经费预算:对整个活动所需经费要进行具体的计算,可以用列表的方式,清晰明了地展现。

(7)活动注意事项:主要是对活动开展期间的不确定因素,以及采取的相应调整对策做具体的策划,尤其是对一些应急措施的策划,以确保活动的顺利进行。

6. 对活动开展效果的评估

活动结束时可以对参与民警及罪犯参加者设计一个包含从活动策划到个人收获的问卷、个别访谈或座谈等活动,评估活动开展的效果和建议。

二、罪犯劳动改造活动方案的设计

(一)实训目的

通过对劳动改造活动方案的设计,使学生掌握劳动改造活动设计的基本要领,掌握罪犯劳动改造活动设计的内容、要求及流程,同时在团队活动中提高沟通与合作能力。

(二)实训时数

4 课时

(三)实训分组

学生自由组合,每区队同学分为×组,分别确定小组长 1 名。

（四）实训任务

1. 根据给定的设计方案，按照方案设计的原理和要求，对给定方案进行诊断与修改。
2. 设计一个与罪犯劳动改造有关的活动方案。

（五）实训过程

本次实训分为两个阶段：

第一阶段：方案的辨识与修改（2 课时）

1. 根据给定的设计方案（具体方案见附件），按照方案设计的原理和要求，对给定方案进行诊断，找出方案中存在的问题汇总并进行修改。（1 课时）
2. 各组指派 1 名代表展示和解释本组的主要观点和修改建议。（1 课时）
3. 教师点评并提出完善建议。

第二阶段：方案的设计与展示（2 课时）

1. 方案设计：提前布置设计任务，学生小组收集有关资料并进行方案设计。
2. 设计方案的展示与分享：各组指派 1 名代表展示本组策划的方案包括策划活动的背景、目的、活动流程、活动创新点、策划中的难点。
3. 交流提问：其他小组成员对方案展示小组进行提问，展示组组员回答有关提问。
4. 教师点评与建议：教师点评与分享对学生小组设计的方案的看法和修改建议。
5. 小组修改方案：根据同学与教师的点评与修改建议，进行设计方案的修改。

（六）实训地点

学院实训场馆

（七）考核方式与评分标准

1. 考核方式

（1）考核方式采用教师和实训小组长评分相结合的方式。教师评分占 80%，小组长评分占 20%。

（2）教师评分主要根据实训小组提交的实训报告，其中方案诊断和修改占 20 分，考核主要围绕问题诊断是否准确、修改是否妥当等方面进行考核；方案策划为 60 分，主要考核活动的设计情况，包括活动是否属于劳动改造范畴、活动目的是否明确、活动策划过程是否完整、是否可行，以及各小组在分享中的表现等。

（3）学生小组长的评分主要是根据小组成员参与实训的积极性、主动性以及在实训中发挥的作用来进行。

（4）个人最后实训成绩为：教师的小组评分＋小组长的组员评分。

2. 评分项目和评分标准

表 1　教师对小组的评分项目、要求及评定等级(标准)

序号		评分项目	要求	评定等级(标准)	分值
第一阶段		方案诊断情况	准确	比照方案设计的每个环节及要求,缺少一个环节扣1分	10分
		修改情况	准确	比照方案设计的每个环节及要求,修改不完整每个环节扣1分	10分
第二阶段		实训报告	符合实训报告撰写要求,内容完整准确	优:18～20分;良:16～17分;中:14～15分;及格:12～13分;12分以下为不及格	20分
		方案设计效果	目标清晰,内容完整,流程规范	比照方案设计的每个环节及要求,修改不完整每个环节扣2分	30分
		成果展示	PPT清晰展示内容、效果好	优:5分;良:4分;及格:3分;3分以下为不及格	5分
		交流情况	清晰表达观点,有见解有想法	优:5分;良:4分;及格:3分;3分以下为不及格	5分
合计					80分

表 2　小组长对小组成员的评分项目、要求及评定等级

序号	评分项目	要求	评定等级	分值
1	任务完成情况	圆满完成安排的各项任务	优:5分;良4分;及格:3分;3分以下为不及格	5分
2	发挥作用	积极参与方案诊断与新方案设计等活动	优:5分;良:4分;及格:3分;3分以下为不及格	5分
3	团队合作	积极配合服从安排	优:5分;良:4分;及格:3分;3分以下为不及格	5分
4	参与积极性	积极参与	优:5分;良:4分;及格:3分;3分以下为不及格	5分
合计				20分

附件：

罪犯劳动改造活动策划方案

以下方案是某监区设计的一次劳动改造活动，请大家根据活动设计的具体思路与要求，仔细阅读下面的策划方案，指出本方案存在的问题并修改。

××监区第三届监狱安全活动方案

一、活动主题：安全与家庭

二、活动时间：××年×月×日8时30分—11时

三、活动地点：监狱大操场

四、活动目的

安全是监狱工作的基石，也是每个家庭获取幸福的保障，服刑人员在刑罚执行期间的安全问题，不仅是监狱工作的重心，也是每位服刑人员家属关注的焦点。这些年，监狱在保障服刑人员生命安全、健康权甚至财产安全方面，投入了大量的人力、物力。通过监狱的反复教育和工作实践，服刑人员的安全意识得到了大幅度的提升。但是，由于服刑人员的思想意识和素质等方面的差异，不少服刑人员对安全的重要性依旧认识不足，违反监规纪律、违反安全操作规程的现象还时有发生，如打架斗殴，特别是持械打架斗殴；私制点火器材或违反吸烟规定，在高危火情场所用火或吸烟；不重视安全教育，违反安全操作规程，如不执行工前安检，收工安全检查、堵塞安全通道，光脚上机台、私自拆卸安全防护装置等等。这些现象，直接给监狱安全和每个服刑人员的家庭安全带来了巨大的隐患。

安全是根绳，连着千万家；安全是根线，牵着孝亲的情。我们将此次活动主题定位为"服刑安全与家庭"的目的，就在于通过一系列的活动，让服刑人员和家属们一起，共同感受监狱安全的重要性，共同感受服刑人员自觉遵守监规纪律和安全制度的重要性，使全体服刑人员提高安全意识。时值消防安全日到来之际，我们特此将监狱经常性开展的消防安全工作，演示在众位尊敬的家属面前。我们衷心地期望通过此项活动，促进服刑人员家属对监狱工作的理解并共同来促进监狱各项安全措施得以进一步的健全和完善。

五、活动参加人员

活动参加人员为一监区当班民警、一监区全体服刑人员、特邀部分服刑人员家属。

六、活动内容

本次内容可概括为"四个一"，即开展一次安防体验及隐患协查工作，开展一次安全知识竞赛，开展一次服刑安全与家庭的讨论活动，开展一次"遵纪守法、平安服刑"表决心活动。

七、前期筹备

（一）人员确认

1. 参与活动帮教的人员名单。各分监区筛选出合适的服刑人员及其家属，通过电话

确认参加活动的具体人员、人数和身份信息。

2. 分监区民警分工名单。各分监区根据方案进行分工,确认当天参与活动的民警及其负责内容。

3. 协助民警开展活动的服刑人员名单。各分监区选取若干服刑人员协助民警开展活动,包括布置操场、消防器材培训、参与消防疏散演练、急救培训等。

(二)物资筹备

1. 宣传物料。制作一张大型海报贴于监狱操场的舞台中央;制作若干活动宣传海报,粘贴于各分监区宿舍显眼处。

2. 消防使用品的申领与使用。各分监区应提前检查车间的消防器材数量以及功能,准备消防钢瓶(35 公斤)、泡沫灭火器、消防水带、逃生面具各一套(件),确保人手一只防烟口罩,确保当天活动能够正常使用;另外一分监区应提前与安监科沟通领取消防疏散需要使用的烟雾弹。

3. 二分监区准备活动所需的哨子、宣传海报、桌椅、相机、摄像机和饮用水等。

4. 三分监区负责借取音响设备和调试音响,准备小品道具,并安排鼓乐队迎宾。

八、活动过程

时间:×月×日(周×)7:00—8:20

地点:监狱大操场

物料:大型海报、课桌椅若干、音响设备一套、饮用水等

具体内容:

1. 迎接家属

(1)各分监区民警在监狱正门迎接服刑人员家属,核对身份、人数和携带入监物品。汇总证件,现场由××副教导员统筹指挥,争取在 9:00 前带领服刑人员家属到监狱大操场就座。其间开展鼓乐队迎宾和舞龙表演。

(2)主持人简要向家属讲解此次活动主题的内容和意义,并提出活动的具体要求和提醒注意事项。(9:00—9:05)

2. 安防体验及协查隐患活动

活动当天,服刑人员先行到达车间进行准备。待家属到达车间后,进行出工三部曲演示,然后开始生产。由民警分组带领家属对生产现场进行参观讲解(讲解内容应事先统一规范,如工具管理、机台保养、操作规程培训等内容)过程中民警应引导、鼓励家属指出一些典型的违反现场管理和生产安全规定的现象。(9:05—9:30)

3. 消防疏散演练:各分监区按照消防预案开展消防疏散演练(9:30—9:35)

4. 消防安全竞赛(9:35—10:05)

每个分监区各选择三个家庭参加消防安全竞赛:

(1)灭火组人员对参赛家属和服刑人员进行消防器材使用培训;

(2)以三个家庭为单位,分别进行推送钢瓶、抛送水带和使用泡沫灭火器,以先达到目的地喷射泡沫者为胜。

5. 财产安全讲解(10:15—10:25)

分析监狱实际生活中服刑人员出现的关于经济方面的问题、危害和监狱应对的处置措施。

6. 由家属反馈在参观过程中发现的各类安全隐患,宣布现场活动奖励结果(10:25—10:30)

7. 家属代表发言及赠送吉祥物活动(10:30—10:40)

8. 亲情规劝活动(10:50—11:20)

九、活动后续事项处理

1. 将此次活动过程中拍摄的照片、视频和撰写的文字稿件进行整理,选择具有宣传报道题材,上报监狱审批。获批后在服刑人员、犯人家属、监狱、司法系统、社会等不同层面,通过新闻采访、社交工具、传统媒体等平台进行宣传,传播正能量。

2. 对此次活动进行总结,整理出经验和心得体会,反思不足之处,形成书面材料,作为今后举办类似活动的参考。

十、活动策划经费预算

1. 制作宣传海报材料若干(××元);

2. 饮用水(××元);

3. 音箱设备及小品道具(××元)。

十一、注意事项

1. 各分监区分别对重点犯制定稳妥的安全保卫预案。

2. 清点并提醒家属保管好贵重物品,提醒并检查,杜绝违禁品进入监区。

3. 欢送家属离开时提醒检查物品,避免遗漏,并提醒返程旅途安全。

4. 若遇雨天,活动照常进行,将活动地点转移至室内活动场所。

××监区

××年××月××日

实训三　罪犯出收工管理模拟演练

■ 一、相关知识

根据司法部《监管改造环境规范》第 15 条规定"罪犯生活区应与生产区分割封闭"的要求,罪犯劳动的出收工过程的管理必然是罪犯劳动管理的重要组成部分,成为罪犯管理质量提升、安全防范的一个重要环节。

（一）罪犯出工管理流程与规范

1. 出工前整队与集合

（1）执勤民警需确保警容端正，主值班民警按规定装备齐全。

（2）出工时间到达时，由1名民警发出"出工集合"命令，罪犯须在指定位置迅速、有序集合。

（3）罪犯自行站好并稍息，严禁喧哗。每列队的首位罪犯负责检查本队人员是否到齐，并向民警报告。

（4）民警确认人数无误后，组织罪犯下楼。

2. 下楼与出工集合

（1）1名民警开启走廊大门，并设置1~2名罪犯作为监督岗，带领其他楼层的监督岗和举牌罪犯下楼。每个楼层楼梯拐角处都安排1~2名监督岗罪犯，以协助民警维持秩序。

（2）其他罪犯需依次紧随民警下楼，途中不允许停留、插队、讲话、开玩笑或勾肩搭背。待所有罪犯下楼后，监督岗罪犯再依次下楼集合。

（3）其他民警在最后一名罪犯出门时检查是否有罪犯逗留，锁好走廊大门后跟随下楼。监区值班领导需在出工现场进行指挥与监督。

3. 出工整队与站位

（1）罪犯到达操场后，按照出工顺序及指定位置成横队排列。先下楼的民警负责在操场组织罪犯列队。

（2）值班民警在全体罪犯到齐后负责组织并清点人数，其他民警则负责安全警戒并协助核实出工人数。

（3）值班民警在集合时位于队列中间，其他民警位于队列背面排头或排尾处，形成对集合队伍的全方位监控。

（4）罪犯在集合时，必须确保队列排面整齐划一。罪犯之间应保持适当的距离，左右间隔10公分，前后相距75公分。举牌的罪犯应站在第一方块第一排罪犯前方1米的正中央位置，而老病残犯则应安排在最后一个方块的位置。

4. 搜身与抽查

（1）罪犯在完成报数后，需按照规定的步骤和要求相互进行搜身，民警需密切观察搜身情况。

（2）搜身完成后，民警需对至少15%的在押犯进行抽查，特别是重点人员或搜身不规范、不认真的罪犯。

（3）值班民警在完成分监区集合整队后，需向监区值班民警报告，并返回队列居中位置，组织队列罪犯行进。

通过上述规范流程，确保了罪犯出工管理的严谨性和安全性，提高了整体的管理效率。

（二）行进过程与规范

1. 对民警的行进要求。在分监区，通常需有2名以上的民警组织犯人出工。根据民警的人数,进行明确的分工。在犯人行进过程中,注意民警的站位要求。一般情况下,带队的民警会位于队列的 1/3 处,离左侧队列 1.0～1.5 米,负责指挥队列,而其他的民警则会合理地分散在队列的左右两侧的前后 1/3 处,配合管理与指挥队伍正常行进。每个分监区至少有 2 名民警佩戴执勤装备,不允许携带其他无关物品。带队民警的口令要准确、有力、洪亮,动作要符合要领,在行进途中指挥犯人唱歌、喊口号。

2. 犯人的队列行进规范。每个分监区会安排罪犯举着分监区标识牌,位于队列的第一列中央。出工队列开始行进时要听从带班民警的口令要求,认真完成。犯人在行进时,排头要控制好方向、步数和步幅,注意队列排面整齐。途中如遇监狱领导和来宾,带队民警应敬礼。犯人队列行进中,医药箱等后勤保障物品须指定专人携带,排列在队伍的最后排末端,一般情况下犯人个人不得携带任何物品。

3. 队列到达及进入车间规范。当队列行进到车间门口时,带队民警会下达口令,进行整队。然后由监区的分管生产领导对一天的生产任务进行布置与强调,其中每日必说的内容包括劳动安全、劳动纪律、劳动质量。随后,举牌和楼层监督岗的犯人会出列排成一列。1 名民警会带领楼层监督岗的犯人上楼,并在打开车间大门及开启电源后,站在安检门旁边,监督进入车间的所有犯人逐位通过安检门,同时安排 2 名监督哨的犯人协助。犯人进入车间后,应直接到达自己的工作台位置,端正坐好,双手放置膝盖上,没有民警的口令不得做其他事情。值班长在核实人数无误后,下令开始劳动,犯人则按各自的生产要求开展劳动。

(三)罪犯收工管理流程与规范

1. 收工信号与整队。罪犯在听到收工信号后,立即停止劳动,关闭设备并迅速进行设备的清理、保养,打扫劳动现场,工具部件需按要求摆放整齐。主值班民警主导现场,其他民警协助进行劳动现场的检查。检查内容包括水、电、设备的维护情况,劳动工具的收缴和保管登记,以及车间的门窗上锁情况。

2. 集合、点名与检查。罪犯根据民警的口令到指定地点集合,值班长实时监控收工情况,确保罪犯有序集合,罪犯按要求面向车间大门站立成队,罪犯进行点名报数及互相搜身,民警仔细核对人数并对罪犯携带的物品进行严格检查,确保违禁品不流入生活区。

3. 收工队前讲评。带班民警根据所收集的罪犯劳动信息进行评价,对表现积极的罪犯进行表扬,对完不成任务或质量不达标的罪犯提出批评,并分析原因,对下一个班次的任务提出要求。

4. 收工带回。队列行进的要求与出工时相同,罪犯的收工队列动作与出工队列保持一致。当收工队列带至生活区大门时,主值班民警需在门卫值班民警的监督下进行点名报数,经核对无误后,双方签名并由主值班民警将罪犯带入生活区大门,直至带回宿舍。完成收工后,罪犯需在号房内按规定站好,等待民警进行人数清点,值班民警清点人数之后向监区值班领导汇报,监区值班领导再向指挥中心进行汇报。

二、罪犯出收工管理模拟演练

（一）实训目的

罪犯出收工管理模拟的实质是一个综合的模拟演练,通过罪犯出收工管理过程的模拟演练,使学生理解和把握罪犯出收工管理的流程和具体要求,了解值班民警的职责要求,进一步提高学生的队列指挥技能和队前讲评的能力和技巧,以及提升应急突发事件的处理能力,从而提高学生对罪犯出收工管理制度的重视。

（二）实训时数

2 课时

（三）实训分组

学生自由组合,区队成员分为×组,分别确定小组长 1 名。

（四）实训地点

学院实训场馆

（五）实训过程

1. 准备阶段

事先要求学生小组自学课程中有关罪犯出收工管理的课程内容,在此基础上要求学生小组根据对教学章节内容的理解,对小组成员进行分工,同时以小组为单位,提交两份模拟实训报告,即出工模拟与收工模拟,详细介绍每一模拟流程和执行人员及工作内容,同时绘制出收工流程图及撰写出收工队前讲评讲话稿。

2. 模拟演练阶段

由任课教师随机抽签每个小组的模拟内容,小组按事先设计好的流程与分工进行模拟展示。在演练时,小组成员之间应密切合作,有专人对本小组的实训过程全程录像。其他小组成员扮演罪犯,配合完成实训过程。（1 课时）

3. 制作 10 分钟模拟微课

学生收集图片与实训视频资料,课后制作一个 10 分钟以内的关于罪犯劳动出工或收工实训内容介绍的微课。

4. 分享交流阶段（1 课时）

（1）各组微课展示。

（2）学生交流、分享实训感受和实训时的困惑。

（3）任课教师解答学生困惑并分享模拟实训的看法和建议。

5. 各小组在交流的基础上修改和完善模拟实训报告

（六）提交作业

1. 各小组出工和收工模拟实训报告各一份,出收工流程图要求 A4 打印作为实训报告的一个部分呈现。

2. 各小组提交微课电子档一份。

（七）考核方式与评分标准

1. 考核方式

(1)考核方式采用教师和实训小组长评分相结合的方式。教师评分占 80％,小组长评分占 20％。

(2)教师评分主要根据实训小组出收工模拟情况、实训报告的撰写情况以及微课情况进行评分,其中微课 15 分,出收工模拟及报告 55 分,展示与交流 10 分,共 80 分。

(3)学生小组长的评分主要根据小组成员参与实训的积极性、主动性以及在实训中发挥的作用来进行的,共 20 分。

(4)个人最后实训成绩为:教师的小组评分＋小组长的组员评分。

2. 评分项目和评分标准

表 1　教师对小组的评分项目、要求及评定等级(标准)

评分项目		要求	评定等级(标准)	分值
出收工模拟演练	出工或收工流程	是否符合规范与流程	比照出收工的每个环节及要求,缺少一个环节扣 1 分	10 分
	队列指挥情况	口令、站位准确,声音洪亮	优:9～10 分;良:8 分;中:7 分;及格:6 分;6 分以下为不及格	10 分
	队前讲评	内容完整,时间控制得当,语言表达精准	优:9～10 分;良:8 分;中:7 分;及格:6 分;6 分以下为不及格	10 分
	出收工流程图	准确科学	优:5 分;良:4 分;及格:3 分;3 分以下为不及格	5 分
微课制作	内容	内容完整逻辑清晰	优:9～10 分;良:8 分;中:7 分;及格:6 分;6 分以下为不及格	10 分
	制作	有思想有创意	优:5 分;良:4 分;及格:3 分;3 分以下为不及格	5 分
交流情况		清晰表达观点有见解有想法	优:9～10 分;良:8 分;中:7 分;及格:6 分;6 分以下为不及格	10 分
实训报告		符合实训报告撰写要求,内容完整准确	优:18～20 分;良:16～17 分;中:14～15 分;及格:12～13 分;12 分以下为不及格	20 分
合计				80 分

表 2 小组长对小组成员的评分项目、要求及评定等级

序号	评分项目	要求	评定等级	分值
1	任务完成情况	圆满完成安排的各项任务	优:5分;良:4分;及格:3分;3分以下为不及格	5分
2	发挥作用	积极参与出收工演练及撰写队前讲评稿	优:5分;良:4分;及格:3分;3分以下为不及格	5分
3	团队合作	积极配合服从安排	优:5分;良:4分;及格:3分;3分以下为不及格	5分
4	参与积极性	积极参与	优:5分;良:4分;及格:3分;3分以下为不及格	5分
合计				20分

实训四 罪犯劳动现场定置图设计与绘制

一、相关知识

定置管理是对生产现场中的人、物、场所三者之间的关系进行科学分析研究,使之达到最佳结合状态的一门科学管理方法。

管理目标及场所的特殊性决定了罪犯劳动现场的定置管理除了应遵循一般社会劳动现场管理要求,还须根据罪犯劳动的目的以及罪犯劳动的特殊性要求对罪犯劳动现场进行定置。

(一)罪犯劳动现场定置管理的基本原则

罪犯劳动现场既是劳动现场,也是罪犯的教育现场。所以对罪犯劳动现场的定置要考虑教育的因素、安全的因素以及生产效益的因素。

1. 切实保障安全

没有安全就谈不上生产,罪犯劳动现场的定置必须以安全生产为前提。生产设备的布局、原材料的摆放、生产工具的固定以及消防安全设施等方面的设置都应符合生产安全、劳动保护的要求,符合监狱的有关规定,并根据罪犯的特点做到科学定置。

2. 发挥劳动现场的教育功能

罪犯劳动现场是罪犯改造的重要场所,因此在劳动现场的布置上可以为教育改造工作营造一些浓厚的氛围。同时,在设备安排上有其特殊性的要求,如劳动车间的宣传标语、一些绿植的摆设等都要有利于营造教育改造的氛围。

3. 定置流程符合监狱生产特点

(1)符合现场管理的"7S"管理要求,"7S"管理即整理、整顿、清扫、清洁、素养、节约、安全。

（2）符合效益最大化要求，即符合最大限度利用空间，最大的操作方便和最小的不舒服，减少由于生产要素设置不当造成的体力疲劳和精神疲劳，最短的运输距离和最小的装卸次数等要求。

（二）罪犯劳动现场定置管理内容

罪犯劳动现场区域的定置包括设备的定置，工具的定置，运料设施及装置的定置，制品、半成品、成品的定置，不良品、合格品的定置，操作者本人的定置，质量控制点与质量检验人员的定置，消防设施、安全设施的定置等方面的内容。

1. 区域划分的定置。按生产运行区域和工艺流程对劳动现场的划分进行定置，设立生产区、检验区、堆放区等区域。

2. 设备的定置。通过合理的规划对现场的设备、工具、仪器等实行标准化和规范化的定置。

3. 非流动物品的定置。对一些非流动的设备、备用品，废弃物堆放，绿植区等进行定置，定置后不能随意变动。

4. 流动物品的定置。对周转工具、辅料、半成品等要按区域定置摆放，用后及时收回、清理，保证现场整洁，道路畅通。

（三）罪犯劳动现场定置图绘制要求

定置图是对生产现场存在物进行定置，并通过调整物品来改善场所中人与物、人与场所、物与场所相互关系的综合反映图。其种类有室外区域定置图，车间定置图，各作业区定置图，仓库、资料室、工具室、计量室、办公室等定置图和特殊要求定置图（如工作台面、工具箱内，以及对安全、质量有特殊要求的物品定置图）。

1. 定置图可按正视、俯视或立体示意图表示，定置图绘制以简明、扼要、完整为原则，物形为大概轮廓、尺寸按比例，相对位置要准确，区域划分清晰鲜明。

2. 固定设备和物品用粗实线绘制，可移动设备和物品用虚线绘制，区域界线用细点划线绘制。

3. 定制图中所有定置物品均用阿拉伯数字表示，并在明细栏中给出汉字对照表，设在图的右方或下方。

4. 定置图应按定置管理标准的要求绘制，但应随着定置关系的变化而进行修改。

二、罪犯劳动现场定置图的设计与绘制

（一）实训目的

一方面，通过实训使学生了解劳动现场定置的必要性，掌握罪犯劳动现场定置管理的规则及管理要求，学会对罪犯劳动现场的定置设计及定置图的绘制；另一方面，在团队合作中，提高学生的人际交往和沟通能力。

（二）实训时数

2 课时

（三）实训分组

区队成员随机分为×组,分别确定小组长 1 名。

（四）实训地点

监狱模拟中心

（五）实训任务与要求

1. 任务:以学院监狱模拟中心的模拟车间为绘制对象并放大 10 倍面积,在此基础上根据罪犯劳动场所定置管理要求,绘制一幅服装生产车间的俯视定置图。

2. 要求:按定置图绘制要求进行,图中要有明确的比例尺和图示,定置图用电脑绘图,对绘制作详细的说明,定置图最后用 A4 纸打印(可彩色)。

（六）实训过程

1. 测量阶段。小组成员对学院的模拟车间进行测量并绘制车间平面图。

2. 劳动场所的定置图的设计与绘制。严格按照定置图的绘制要求,在先前绘制的车间平面图上,绘制一幅服装生产车间的俯视定置图。

3. 定置图的展示与交流

(1)展示与分享:由各小组学生展示服装生产车间定置图的绘制图片(电子版)以及分享设计与绘制理由。

(2)交流互动:其他组同学可以提问和指出问题,展示组同学负责解答记录。

(3)任课教师分别指出定置图存在的问题及修改建议。

4. 修改和完善。各小组在交流的基础上修改和完善定置图(课后)。

（七）提交实训报告

以小组为单位,提交一份定置图设计与绘制的实训报告,报告中要有打印的模拟车间的定置图,并详细说明该定置设计的意图。

（八）考核方式

1. 考核方式采用教师和实训小组长评分相结合的方式。教师评分占 80%,小组长评分占 20%。

(1)教师评分主要根据实训小组提交的实训报告中定置图的设计情况,包括定置图是否符合定置要求,服装车间必备的物品是否展示,比例尺以及图示是否正确使用以及各小组在分享中的展示和交流等情况进行考核。

(2)学生小组长的评分主要根据小组成员参与实训的积极性、主动性以及在实训中发挥的作用来进行考核。

(3)个人最后实训成绩为:教师的小组评分＋小组长的组员评分。

2. 评分项目和评定等级

表1　教师对小组的评分项目、要求及评定等级(标准)

序号	评分项目	要求	评定等级或评分标准	分值
1	实训报告	符合实训报告撰写要求,内容完整准确	优:18~20分;良:16~17分;中:14~15分;及格:12~13分;12分以下为不及格	20分
2	定置图设计效果	版面清晰,符合规范	比对定置要求,不符合要求一项扣3分	40分
3	成果展示	PPT清晰展示内容,效果好	优:9~10分;良:8分;中:7分;及格:6分;6分以下为不及格	10分
4	交流情况	清晰表达观点,有见解有想法	优:9~10分;良:8分;中:7分;及格:6分;6分以下为不及格	10分
合计				80分

表2　小组长对小组成员的评分项目、要求及评定等级

序号	评分项目	要求	评定等级	分值
1	任务完成情况	圆满完成安排的各项任务	优:5分;良:4分;及格:3分;3分以下为不及格	5分
2	发挥作用	积极参与设计和绘制定置图	优:5分;良:4分;及格:3分;3分以下为不及格	5分
3	团队合作	积极配合服从安排	优:5分;良:4分;及格:3分;3分以下为不及格	5分
4	参与积极性	积极参与	优:5分;良:4分;及格:3分;3分以下为不及格	5分
合计				20分

实训五　罪犯劳动考核操作模拟

▌一、相关知识

(一)罪犯劳动考核

罪犯劳动考核是指监狱机关按照一定标准,采用科学的方法对罪犯在劳动过程中所表现出的思想、行为及劳动成果进行考查和评定的管理活动。罪犯劳动考核是罪犯考核的重要内容,劳动考核主要考核罪犯劳动态度、劳动产量、产品质量、材料消耗、文明生产等方面

的表现。罪犯的劳动考核是罪犯劳动管理的一项重要工作,是对罪犯在劳动过程中所表现出的状态的一种判断,是有效开展罪犯劳动改造的依据,是保证罪犯正常从事生产劳动、完成生产任务的必要手段。

(二)罪犯劳动考核的原则

1. 依法考核

对罪犯劳动考核,应符合《刑法》《监狱法》等法律精神,符合监狱工作有关规章制度。考核的指标体系、考核方法和程序、考核结果的运用都必须符合法律规定,遵循现行监狱劳动改造制度的有关规定。

2. 循标考核

对罪犯劳动考核不能离开罪犯劳动改造目标而进行,《监狱法》明确了监狱组织罪犯劳动的目的是"矫正恶习、养成劳动习惯、学会生产技能并为释放后就业创造条件"。对罪犯劳动的考核必须始终确保考核方法和结果与罪犯劳动改造目标相一致,能够确保罪犯劳动改造工作的顺利进行。

3. 科学考核

对罪犯劳动考核,是评定监狱劳动改造水平的重要依据,关系着监狱劳动改造工作的发展方向。因此,罪犯劳动考核体系必须科学、客观、真实地反映罪犯劳动阶段性成效,符合监狱劳动改造工作的基本要求。

(三)罪犯劳动考核的主要内容

罪犯劳动考核,是监狱及民警对罪犯劳动改造情况进行的阶段性考查和评定。这是监狱开展的一项经常性工作,对正确执行刑罚,促进罪犯劳动改造具有重要意义。劳动考核是对罪犯实施奖励和处罚的重要依据。罪犯劳动考核是罪犯考核的重要组成部分。罪犯劳动考核主要包括以下几个方面的内容:

1. 罪犯劳动态度考核

罪犯劳动态度包括对劳动的认识、对劳动的情感以及劳动的行为。劳动态度是否端正,是积极认真还是消极怠工,是重质量讲效益还是弄虚作假,直接决定着劳动改造行为的发生、发展和变化。

2. 罪犯劳动行为考核

罪犯劳动行为由罪犯劳动的需要及动机引起,并受罪犯自身状况和客观环境的制约,评价罪犯劳动行为通常有两个参照系,即罪犯面对的具体劳动任务,与本人的劳动行为相关联的其他罪犯的劳动行为。罪犯劳动行为既要符合劳动任务的客观要求,又要与相关联的其他罪犯的劳动行为相配合。一方面,表现在对劳动纪律包括安全生产规章、生产工艺纪律、操作规程情况、爱护工装等纪律的遵守上,另一方面,也表现在劳动中与其他罪犯的合作与关系上。

3. 罪犯劳动能力考核

劳动能力是指人类进行劳动工作的能力,包括体力劳动和脑力劳动的总和。罪犯劳动能力并不是一成不变,通过罪犯生产产品数量和质量的提高可以很好地考核罪犯在劳动能力和劳动态度上的改变。

二、罪犯劳动的计分考核

(一)司法部《监狱计分考核罪犯工作规定》(司规〔2021〕3号)

(二)参照各省具体实施的《监狱计分考核罪犯实施细则》

三、罪犯劳动考核操作模拟

(一)实训目的

通过对罪犯劳动考核实际操作的模拟,使学生了解罪犯劳动考核的重要性以及实现科学考核的原则,掌握罪犯劳动计分考核的指标体系和考核方法;同时通过小组实训,提高每位学生的团队协作能力。

(二)实训时数

2课时

(三)实训分组

区队成员分为×组,分别确定小组长1名。

(四)实训地点

学院实训场馆

(五)实训任务

根据下面给定的某罪犯当月的劳动具体情况,根据《监狱计分考核罪犯实施细则》中罪犯劳动考核的具体规定,计算该罪犯当月的劳动考核得分情况。

案例:罪犯袁××,男,1985年2月14日出生,汉族,大学文化,户籍所在地:江西省萍乡市安源区,2010年因贩卖毒品罪被判刑6个月。2018年3月16日因涉嫌犯运输毒品罪被刑事拘留,后被判刑。罪名:贩卖、运输毒品罪;刑期:15年。入监后工种:车工;出工天数为21天;日均任务定额为6.5小时,本月实际日均生产7小时。袁××本月参加夜间值星8次,本月因身体原因休息1天。

(六)实训过程(1~2为1课时;3~4为1课时)

1. 熟悉各省《监狱计分考核罪犯实施细则》,尤其是对加分和减分部分。根据给定案例中罪犯袁××当月的具体劳动情况,依据罪犯劳动计分考核的具体规定,计算该罪犯当月的劳动考核得分情况。

2. 在此基础上小组对考核结果进行评估并讨论对计分考核工作的看法。

3. 以小组为单位展示考核结果和分享对考核的认识。

4. 任课教师总结点评。

(七)提交作业

1. 以小组为单位,按照要求提交一份关于罪犯劳动考核模拟的实训报告。报告中要单独一页列表计算罪犯袁××当月的劳动考核分数,每个得分点和扣分点要有明确的依据说明。

2. 以小组为单位提交对劳动计分考核工作反思一份。

(八)考核方式及评分标准

1. 考核方式

(1)考核方式采用教师和实训小组长评分相结合的方式。教师评分占80%,小组长评分占20%。

(2)教师评分主要根据实训小组提交的实训报告情况进行考核。主要对罪犯袁××当月的劳动分数的精准程度、考核的依据清晰程度、各小组在成果展示与经验分享的情况以及对罪犯考核工作的反思是否有见解等方面进行考核。

(3)学生小组长的评分主要根据小组成员参与实训的积极性、主动性以及在实训中发挥的作用及任务完成情况来评价。

(4)个人最后实训成绩为:教师的小组评分+小组长的组员评分。

2. 评分项目和评分标准

表1　教师对小组的评分项目、要求及评定等级(标准)

序号	评分项目	要求	评定等级或评分标准	分值
1	实训报告	符合实训报告撰写要求,内容完整准确	优:18～20分;良:16～17分;中:14～15分;及格:12～13分;12分以下为不及格	20分
2	考核结果	结果准确,依据清晰	对扣分和加分项一项分值或依据错误均扣10分	40分
3	成果展示	成果展示效果好	优:5分;良:4分;及格:3分;3分以下为不及格	5分
4	交流情况	清晰表达观点	优:5分;良:4分;及格:3分;3分以下为不及格	10分
5	反思	有见解、有想法	优:5分;良:4分;及格:3分;3分以下为不及格	5分
合计				80分

表 2 小组长对小组成员的评分项目、要求及评定等级

序号	评分项目	要求	评定等级	分值
1	任务完成情况	圆满完成安排的各项任务	优:5分;良:4分;及格:3分;3分以下为不及格	5分
2	发挥作用	积极参与罪犯劳动考核工作	优:5分;良:4分;及格:3分;3分以下为不及格	5分
3	团队合作	积极配合服从安排	优:5分;良:4分;及格:3分;3分以下为不及格	5分
4	参与积极性	积极参与	优:5分;良:4分;及格:3分;3分以下为不及格	5分
合计				20分